教育部人文社会科学研究规划基金项目"区域义务教育均衡发展的联动机制和立体化路径研究"（编号：13YJA880113）研究成果。

重庆市教育科学规划"十一五"重点课题"新课程背景下重庆市中小学教育评价体系研究"（编号：2006-00-011）研究成果。

走向均衡

DEVELOPMENT OF FIVE – LEVEL SYSTEM OF EDUCATION EVALUATION

教育评价五级系统开发

主　编　郭　洪　陈　亮　杨　鸿

副主编　周永平　姜利琼　张薇薇　张媛媛

教育科学出版社

·北　京·

序

　　社会公平和教育公平自古以来就是人们追求的理想信念和价值取向。从某种程度上说，人类几千年的发展历史就是一部人民群众不断追求社会公平的奋斗史。教育公平是社会公平的重要基础与关键表现，没有教育公平，就谈不上社会公平。教育公平是一个不断发展变化的概念，它随着历史的发展而不断发展，随着社会公平的推进而不断推进。但教育公平成为一种政策化、制度化的要求，却是近现代的事情，当今，教育公平更成为各国追求的教育理想。在此背景下，均衡发展成为 21 世纪以来各国教育发展的战略重心，也成为我国教育发展的时代主题。

　　我国推进教育均衡发展的历程，从 20 世纪 80 年代至今，经历了非均衡发展、非均衡发展向均衡发展过渡和均衡发展三个阶段，主要聚焦于义务教育领域。2002 年，教育部《关于加强基础教育办学管理若干问题的通知》提出"积极推进义务教育阶段学校均衡发展"，标志着非均衡发展向均衡发展过渡的开始。2010 年，教育部《关于贯彻落实科学发展观进一步推进义务教育均衡发展的意见》提出"把均衡发展作为义务教育的重中之重"，则是均衡发展开始的标志。《国家中长期教育改革和发展规划纲要（2010—2020 年）》明确提出"均衡发展"是义务教育发展的战略性任务，而党的十八大报告则从办好人民满意的教育的角度，提出了"均衡发展义务教育"的新论断，并将其作为全面建成小康社会进程中义务教育领域的战略性任务。至此，促进义务教育均衡发展已经成为关切小康社会建设的重要指标。

如何实现均衡发展的目标？不同时期具有不同的策略取向。比如，在义务教育由非均衡发展向均衡发展的过渡时期，主要借用了经济学中的均衡概念，因而特别强调教育资源的均衡配置，力图通过教育资源的均衡配置实现教育的均衡发展；到了义务教育均衡发展时期，"均衡"这一概念逐渐超越经济学的范畴，内蕴了社会学、伦理学、政治学、新公共管理理论的精神，因而主张通过全方位的整体设计与行为为每位学生提供平等受教的机会和适合的教育。从理论上讲，教育均衡涵盖"教育机会均等"和"教育发展平衡"两层意思。教育机会均等是指所有适龄儿童与少年都能享受到一定质量的公共教育服务，它是教育均衡发展的着眼点、目标指向。教育发展平衡是指城乡、区域、校际以及不同群体之间在教育质量上的基本平衡，它是教育均衡发展的着手点，也是教育均衡发展的重要保障。因此，推进教育发展平衡成为破解义务教育均衡发展难题的切入点。

如何实现教育发展平衡？或者说，推进教育发展平衡的突破口又在哪里呢？本书的观点是教育评价！因为教育评价是对教育现象进行价值判断的活动，具有强烈的导向作用。因而，以教育评价为突破口去推动教育平衡发展，其实就是想牵住平衡发展的"牛鼻子"，彰显了"评价引领均衡"的发展理念。以"评价引领均衡"为核心理念，紧紧围绕素质教育中"区域、学校、课堂、教师、学生"五大要素构建的五级评价系统是本书最大的亮点与特色。素质教育的生动实现既体现在宏观层面的区域教育均衡发展，也体现在中观层面的学校教育内涵发展、课堂教学有效发展、教师素质专业发展，更体现在微观层面的学生素质全面发展。本书以素质教育三个层面、五大系统的有效实现为目标指向，科学构建了与之相适应的五级评价系统，即指向于推进区域教育的均衡发展评价系统、推进学校教育的内涵发展评价系统、推进课堂教育的有效教学评价系统、推进教师素质的专业发展评价系统、推进学生素质的多元发展评价系统。

"顶层设计、分层推动"是本书的显著特点。从整体结构看，五级评价系统经过科学严谨的顶层设计，抓住基础教育系统中最主要、最关键的发展要素，聚焦区域教育、学校发展、课堂教学、教师发展和学生发展五个子系统，突出五级评价系统的整体着力点与分层突破点，整体着力点即五级评价系统终极的价值取向——走向均衡，分层突破点即是各自的评价基点，显现出顶层设计、分层推动的特点。

"理论是先导、技术是支撑、实践是根本"的研究与写作思路是本书的又一亮点与特色。理念建构篇将五级评价系统深深根植于古今中外的教育评价理论与研究成果之中，为五级评价系统的开发奠定了坚实的理论基础；过程设计篇将评价系统开发所需的基本程序与操作技术进行了详细梳理，为五级评价系统的开发提供了全方位的技术保障；五级系统开发篇集中展示了五级评价系统的开发背景与开发成果，这是本书的落脚点。

本书以五级评价系统的开发为核心，将教育评价理论、技术、实践有机融为一体，既紧扣了基础教育实践，又汲取了教育评价研究的最新成果，既在教育评价理论研究上有一定的创新，又具有非常强的指导性与操作性，是一本难得的佳作。

宋乃庆

2015 年 8 月

目　　录

理念建构篇

过程设计篇

五级系统开发篇

绪　　论

公平正义与自由平等是现代民主社会积极追求的核心价值。美国教育家贺拉斯·曼（Horace Mann）曾指出："教育是实现人类平等的伟大工具，它的作用比任何其他发明都大得多。"[①] 教育是民族振兴的基石，教育公平是社会公平的重要基础。从孔子的"有教无类"到陶行知的民主教育，从亚里士多德（Aristotle，前384—前322年）"平等地对待平等的"到杜威的教育民主化，体现了古今中外教育家都在追寻的美好理想——教育公平。从美国的《不让一个孩子掉队》法案到英国的《每个儿童都重要》白皮书，从法国的《让所有孩子都成功》草案到联合国教科文组织"办有质量的全民教育"的要求，体现了世界各国、各组织都在努力地实现教育公平。教育均衡发展是实现教育公平理想的现实之路，推进教育均衡发展，成为努力实现教育公平的必要举措。走向均衡发展，实现教育公平，已然成为世界各国教育改革与发展的主要目标，成为人类社会发展的基本趋势。在世界各国推进教育均衡发展和实现教育公平的发展趋势中，教育均衡发展成为我国全面建设小康社会和构建和谐社会的重大任务，成为我国教育改革和发展的时代主题，更成为学术研究的焦点和实践推进的难点。

由于教育评价具有强烈的导向作用与推动力量，常常成为教育改革的突破口与支撑点。在世界各国全力促进教育公平和均衡发展的过程中，如

---

① 约翰·S.布鲁贝克.高等教育哲学［M］.王承绪，等，译.杭州：浙江教育出版社，1987：66.

何更好地依托教育评价这个"阿基米德支点"，从更高的定位、更广的视野，用更系统的视角、更科学的方法，以更好的实践、更实的举措来研究与探讨教育评价，是促进教育公平和均衡发展的战略选择。从某种程度上说，教育均衡发展能否实现，关键在于相应的评价改革是否成功。因此，在教育均衡发展成为教育改革的时代主题之境域下，引领教育均衡发展的评价理所当然地成为我们高度关注与重点探究的课题。

均衡发展是一个历史的、相对的、动态的概念。从哲学上看，均衡是一个用来表示事物差异协同运动状态的范畴。它常被用于描述事物之间是相互联系、相互制约的关系和状态，事物或者系统内部的各要素、各子系统之间处于稳定、协调、有序的状态。在自然科学中，均衡用来描述事物或系统状态的基本量在事物内部的各部分或者各子系统之间是分布均等的。如物理学中的温度、压强等分布均等时，则可认为其处于热力学平衡状态，在受力相等时处于静止状态。从历史角度来讲，它会随着世界各国政治、经济、文化发展而不断变化，不同的国家、不同的历史时期，均衡标准是不断变化的。均衡发展是一个从不均衡到均衡、从均衡到不均衡的循环往复的过程。因此，走向均衡也是一个相对的、动态的过程，其目的在于通过评价来引导教育系统内外的各要素，在结构上保持相对稳定，在关系上保持相对协调、相对有序，在质和量上保持合理的"度"。

多年来，我们一直"情系基础教育改革，心挂教育均衡发展"，同时，我们深知评价对于教育均衡发展的重大意义，因此，我们将"均衡发展"与"评价"进行整合研究。经过多年的理论研究与实践探索，我们建构了走向均衡、引领均衡的教育评价体系，开发了五级评价系统。中小学教育是一个复杂系统，是一个要素众多、结构复杂的系统，它涉及区域教育、学校教育、课堂教学、教师发展、学生发展等多个要素。在这个复杂的系统中，区域教育是支撑，是学校教育的基础；学校教育是主阵地，学校是课堂教学的载体；课堂教学是核心，是教师发展的具体场域；教师发展是关键，是学生发展的前提；学生发展是根本，学生是教育服务的对象。因此，我们提出了"区域—学校—课堂—教师—学生"一体的五级系统，其中区域系统的重心在于均衡发展，学校系统的关键在于内涵发展，课堂系统的核心在于有效教学，教师系统的焦点在于专业发展，学生系统的根本重在多元发展，在此基础上，我们建构了相应的五级评价系统。因为，只有通过评价来引导区域教育系统内外的各要素，才能达到区域教育在结构上保持相对稳定，在关系上保持相对协调有序，在质和量上保持合理的"均衡度"。区域的均衡发展又具体表征为在学校层面上的内涵发展，在课堂层面上的有效教学，在教师层面上的专业发展，在学生层面上的多元发展。但区域教育的均衡发展并不意味着学校教育的"同一"发展和"千校一面"，而是内在地蕴含着学校的特色发展和内涵发展。学校的内涵发展又需要课堂的有效教学和教师的专业发展，它们共同支撑着学生的多元发展和个性发展。也就是说，区域均衡发展的表现指标内在包含着学校内涵发展、课堂有效教学、教师专业发展和学生多元发展。因此，教育评价五级系统旨在导航与监测区域均衡发展、学校内涵发展、课堂有效教学、教师专业发展和学生多元发展。这五级系统是相互联系、相互制约的，五级系统既彼此独立，又相融一体，各级系统均有自己的发展重点，但都共同作用于教育均衡发展，这就是"走向均衡——教育评价五级系统开发"的追求与重心。

本书的研究脉络与写作框架遵循"理论—技术—实践"的路线，如下图所示。理论是先导，理念建构是基础；技术是支撑，过程设计是关键；实践是根本，实践应用是归宿。

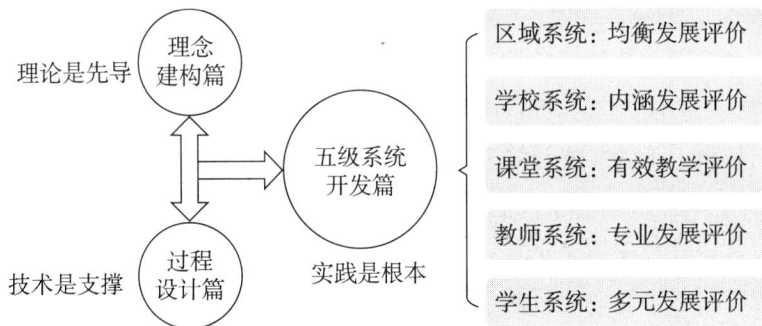

"理论—技术—实践"路线图

理论是先导。构建中小学教育评价体系，需要克服"重要素轻系统、以要素个体优化代替系统整体优化"的不足，需要构建"兼顾要素与系统，兼顾要素个体优化与系统整体优化"的评价体系，形成要素优化、结构优化、功能强大的评价体系。理论是中小学教育评价体系的重要元素，评价理论的创新是构建评价体系的基础工程。新的评价理论可以提供新思维与新视角，可以为五级评价系统的开发提供先导、奠定基础。

技术是支撑。五级评价系统的实施，需要提供一套科学、先进、可行、有效的操作技术，要系统地设计评价过程，科学地开发评价指标，全面地收集评价信息，有效地分析评价信息。可以说，技术为理论转化为实践提供了可能，技术是美好的评价图景转化为生动的评价现实的支撑。

实践是根本。教育改革的顺利实施与深入推进，关键还需要教育评价的有力支撑，要科学地建构区域评价、学校评价、课堂评价、教师评价和学生评价体系，要有效地实施"区域—学校—课堂—教师—学生"一体的五级评价系统，要正确引导方向，科学规范管理，及时激励发展，准确诊断问题，有效促进发展。

本书是教育部人文社科研究规划基金项目"区域义务教育均衡发展的联动机制和立体化路径研究"（编号：13YJA880113）、重庆市教育科学规划"十一五"重点课题"新课程背景下重庆市中小学教育评价体系研究"（编号：2006-00-011）的研究成果。基于特定的学术追求与实践诉求，全书着力在以下几个方面体现创新。

1."三位一体"的写作体例。本书提出了"理论—技术—实践"的研究路线和写作路线，设计了理念建构篇、过程设计篇和五级系统开发篇三篇十二章。理念建构篇侧重于对教育评价的内涵与范畴、产生与发展、功能与类型、方法与工具进行深入探讨；对教育评价的主要问题进行聚焦分析，对教育评价的发展趋势进行展望分析，在此基础上提出教育评价五级系统；对五级系统的基本理念进行阐释，对五级系统的主要模式进行介绍。过程设计篇侧重于对教育评价的过程、教育评价的指标体系、教育评价信息的收集、教育评价信息的分析进行设计。五级系统开发篇则集中介绍区域均衡发展评价、学校内涵发展评价、课堂有效教学评价、教师专业发展评价和学生多元发展评价的实施与案例剖析。这样的研究路线与写作体例，可以充分保障教育评价活动有扎实的理论基础、完整的理论体系，有较强的技术支撑、全景的评价过程，有真实的评价实践、鲜活的实践案例。

2．"教育评价五级系统"的提出与实践。本书依据教育评价的主要对象与评价实践的重要需求，设计了"区域—学校—课堂—教师—学生"一体的教育评价五级系统，包括区域教育评价、学校发展评价、课堂教学评价、教师发展评价和学生发展评价等。五级系统既明确提出各自的目的与重心，如区域教育评价体现均衡发展，学校评价体现内涵发展，课堂评价体现有效教学，教师评价体现专业发展，学生评价体现多元发展，又共同作用于教育的均衡发展。可以说，走向均衡是五级系统的灵魂，也是五级系统的出发点与归宿点。因此，本书明确提出教育评价的五级系统，五级系统一体化设计、整体性发力，也是我们在研究内容上的新尝试。

3．"扎根研究"的长期探索应用。本书着眼于教育的均衡发展，着力于构建走向均衡、引领均衡的五级评价系统，尝试通过评价来引导教育系统内外的各要素，在结构上保持相对稳定，在关系上保持相对协调、相对有序，在质和量上保持合理的"度"，尝试通过评价来引导学校系统的内涵发展、课堂系统的有效教学、教师系统的专业发展和学生系统的多元发展。基于评价如此的定位与目的，我们主要采用了扎根研究方法来探索实践教育评价。本书充分汲取国内外教育评价的新思想、新理念、新理论，吸收其成熟、合理的部分，建构适合我国国情的教育评价理论体系，开发教育评价五级系统，将所建构的理论体系和五级系统应用于教育评价实践，并根据评价实践来不断修正与完善评价理论和五级系统。自 2008 年启动教育评价的实践探索以来，在六年多的时间里，我们对数十个区域、近百所学校、数千个课堂、数万名教师、数十万名学生开展了评价实践，进行了真实、深入的扎根研究，并对所建构的理论体系和五级系统进行不断完善。

4．"科学性与可读性一体"的写作手法。本书在撰写过程中充分把握评价理论体系的科学性，既注重理论的高度与深度，又注重理论的广度与宽度，更注重理论的引领性与示范性。同时，本书充分彰显评价实践活动的操作性，用全景的评价过程和真实的评价案例来展现教育评价实践。在语言表述上，力求用简明扼要、通俗易懂的语言来表达思想，用直观生动的方式呈现理论，用来自一线的鲜活案例来展现具体操作，体现科学性和可操作性的有机结合。

本书既可作为师范院校相关专业的本科教材，也可作为教育改革、评价改革与实施等相关主题的培训教材，又可作为众多研究者和一线教师的学习教材。本书由郭洪、陈亮、杨鸿进行整体规划与设计，并负责对全书进行统稿、修改与定稿。各章的撰写者分别是：杨鸿（绪论、第一章、第二章、第三章）；陈亮（第四章、第五章）；姜利琼（第六章、第七章）；张媛媛（第八章）；周永平（第九章）；张薇薇（第十章）；郭洪（第十一章、第十二章）。

本书仅是我们对方兴未艾的教育均衡发展和评价课题所做的探索，加之编者的水平有限，书中可能会存在一些不足或不当之处，恳请读者批评指正。在编写过程中，我们参考和借鉴了国内外同行的研究成果，对此，本书尽可能给予详细注解，并在此表示最诚挚的感谢。若有遗漏或错漏之处，还请谅解并深表歉意。

本书的完成还得益于相关学校和专家的大力支持。在此，衷心感谢策划专家朱德全、沈军、张静的设计与指导，衷心感谢重庆市巴川中学的大力支持与配合，衷心感谢张家琼、施丽红、任运昌、吴成国等专家的指导和帮助，衷心感谢西南大学教育学部相关博士团队的用心参与和帮助，衷心感谢教育科学出版社领导和编审人员的关心和支持！

编　者

2015 年 9 月

理念建构篇

　　理论引导中小学教育评价实践活动的方向。构建中小学教育评价体系，需要克服"重要素轻系统，以要素个体优化代替系统整体优化"的不足，需要构建"兼顾要素与系统，兼顾要素个体优化与系统整体优化"的评价体系，形成要素优化、结构优化、功能强大的评价体系。理念是人们经过理性思考或实践探索所形成的思想观念，是对某事物或现象所形成的相对稳定的一套观念体系。在教育评价体系中，理念可以提供新思维与新视角，可以重新认识评价对象的基本特点与内在规律，可以指引人们进行评价理论研究与实践探索，也是五级评价系统开发的航标与基础。因此，理论篇侧重于理念建构，将对教育评价的内涵与范畴、产生与发展、功能与类型、方法与工具进行深入探讨，对中小学教育评价的主要问题与发展趋势进行深入分析，对中小学五级评价系统的基本理念和主要模式进行建构与阐释。其框架结构如图所示。

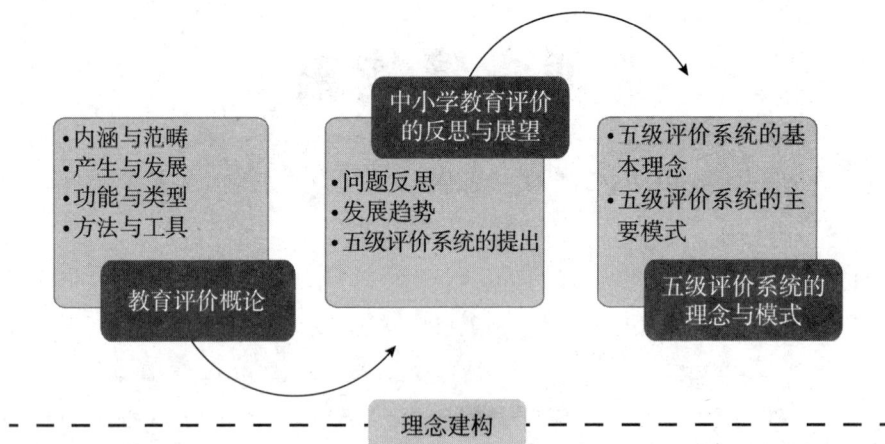

- 内涵与范畴
- 产生与发展
- 功能与类型
- 方法与工具

教育评价概论

中小学教育评价的反思与展望

- 问题反思
- 发展趋势
- 五级评价系统的提出

- 五级评价系统的基本理念
- 五级评价系统的主要模式

五级评价系统的理念与模式

理念建构

理念建构篇框架结构图

第一章　教育评价概论

教育评价研究与教育基本理论研究、教育发展研究是当代教育科学研究的三大领域，教育评价在教育领域中占据着极其重要的地位。它不仅是教育教学实践中最重要、最关键的一项工作，也是教育改革中的热点和难点问题；它不仅是教育教学工作运行的重要环节，也是教育管理与决策的重要支撑。因而，它受到学生、家长、教师、管理者、社会等各界人士的高度关注，也受到各国政府与教育行政主管部门的高度重视。因此，了解教育评价的内涵与范畴，探讨教育评价的产生与发展，明确教育评价的功能与类型，掌握教育评价的方法与工具，是开展教育评价研究和教育评价活动的基础和前提。

第一节　教育评价的内涵与范畴

教育评价的内涵与范畴，是教育评价理论与实践的逻辑起点。教育评价的内涵指向教育评价的概念，教育评价的范畴反映教育评价所涉及的主题。

一、教育评价的内涵

（一）评价

理解教育评价的内涵，首先必须明确评价的含义。在英语中，评价一般用"evaluation"来表示，从英语词源上来说，它的意思是引出和阐发价值。在汉语中，"评"有评定、评判之意，"价"就是价值，"评价"的意思是评定价值。"评价"一词最早出现在北宋时期（960—1127 年），《宋史·戚同文传》中有"市物不评价格，市人知而欺"的记载，这里的"评价"是指讨价还价、评论货物的价格。《辞海》中，除"市物不评价格，市人知而欺"的解释外，还有"衡量评定人或事物的价值"的意思。从中、英词义来看，评价必涉及价值问题。

对于什么是价值，学术界众说纷纭，不同学科、不同角度有不同的理解。从日常生活来说，价值一般是指事物或人的功能和作用，客体的某种效用性或积极作用，如好、真、善、高等。在经济学上，价值是凝结在商品中的一般的无差别的社会劳动，表示物对人有用或使人愉快等属性。在哲学上，价值是一种关系范畴，表示客体对主体的意义，客体满足主体需要的关系。如果客体的属性与功能满足主体的需要，客体就是有价值的；如果客体的属性与功能不能满足主体的需要，客体就无价值；如果客体的属性与功能对主体的利益和需要构成损害，客体就具有负价值。价值的有无和大小，由客体满足主体的需要程度决定。一般来讲，哲学反映事物最普遍、最本质的特征，因而这里对价值的认识，可以认为是价值的本质特征。也就是说，对价值的大小、有无、正负的判断就是一种评价。也就是说，评价在本质上是一种价值判断。在日常生活中，人们总是习惯于对自己或者他人的所言所思、所作所为的真与假、善与恶、优与劣等进行判断，这种判断过程就是一种原初形态的评价。但这些评价不是科学意义上的评价，只有那些有意识、有目的、有计划的，采用科学、系统的方法技术进行判断的，才是真正意义上的评价。

（二）教育评价

在对评价和价值的认识中，明确了评价的本质是对人、事或物进行价值判断。相应地，教育评价就是对教育领域中的人、事或物进行价值判断。虽然学术界对教育评价是一种价值判断没有异议，但对教育评价的概念却没有达成共识。

美国学者泰勒（R. W. Tyler）在 1930 年最早提出教育评价的概念，在这八十多年的时间里，随着经济社会的发展和教育环境的变化，各国学者分别从不同的角度对教育评价的概念进行了阐释，主要有以下几种观点。

第一种是"目标说"，以泰勒为代表，强调教育评价是判断教育目标或教育计划的实现程度。根据其八年研究的思想，泰勒认为，"评价过程在本质上是确定课程和教学大纲在实际上实现教育目标的程度的过程"[①]。这个概念是对教育评价最早的界定。台湾学者李聪明提出："教育评价是利用所有可能的评价技术评量教育所期望的一切效果。"[②] 日本筑波大学教育学研究会在编写的《现代教育学基础》中，将教育评价定义为："教育评价是系统地、有步骤地从数量上测量或从性质上描述儿童的学习过程与结果，据此判定是否达到了所期望的教育目的的一种手段。"[③] 从这几个界定可以看出，教育评价活动开展之前，首先要确定教育目标，教育评价就是要根据目标来评价教育效果，最后来判断教育目标的实现程度，明确教育目标与教育实践的差距，这就使得教育评价演化为促进教育活动趋近教育目标的重要手段。这种思想自提出以来，对世界各国都产生了重要的影响，至今仍然影响着很多国家的教育。但这种观点过于注重对教育目标实现程度的判断，侧重衡量可量化的显性目标，而对某些非既定目标却无法观照，也忽视了对教育过程的评价。

第二种是"收集信息说"，以克龙巴赫（L. J. Cronbach）为代表，他们认为教育评价是为教育决策提供信息和依据的过程。1963 年，克龙巴赫提出，"教育评价是一个搜集和报告对课程研制有指导意义的信息过程"[④]。目标不应该成为评价的中心，而应该是决策的思想。评价者要关心既定的目标，判断目标的实现程度，还要关心谁是决策人，做了什么决策，是怎么决策的，评价应该为决策收集和提供信息。1966 年，斯塔弗尔比姆（D. L. Stufflebeam）提出，"评价的目的不在于证明（prove），而在于改进

---

① 瞿葆奎、陈玉琨、赵永年. 教育学文集·教育评价 [M]. 北京：人民教育出版社，1989：263.

② 同①，301.

③ 日本筑波大学教育学研究会. 现代教育学基础 [M]. 钟启泉，译. 上海：上海教育出版社，1986：233.

④ 同①，82.

（improve）。评价是一种为决策者提供信息的过程"①。从这些观点来看，"收集信息说"是在突破"目标说"的基础上提出的，它突破了"目标说"单纯对目标实现程度进行判断的思想，从另外一种角度对评价进行界定，突出了评价对于教育决策的重要性。但它并没有说明什么是教育评价，只强调评价在决策服务上的功能，有将评价功能狭窄化的嫌疑。

第三种是"方法手段说"，以日本学者长谷川荣为代表，主张教育评价是考查教育成绩的一种手段、方法。长谷川荣提出，教育评价就是系统地、有步骤地从数量上测量或性质上描述儿童的学习过程与结果，据此判定是否达到了所期望的教育目标的一种手段。② 美国斯坦福评价协作组提出，评价是"对当时方案中发生的事件以及方案结局的系统考查——一种导致帮助改进这个方案或其他同样总目的方案的考查"③。这种观点将评价视为一种手段、方法，它突出了评价的工具性，但没有抓住评价的本质，有窄化教育评价的倾向。

第四种是"描述和判断说"，以斯克里文（M. Scriven）、豪斯（E. R. House）为代表，他们认为教育评价就是对教育现象进行描述和价值判断。"评价是一种对优缺点和价值的评估，是一种既有描述也有判断的活动。"④ 这种观点认为，教育评价应该侧重于判断教育活动、教育过程和教育结果所产生的效益，看其是否具有价值。虽然这种界定还并不十分完善，但它已经逐渐靠近教育评价的本质特征。

第五种是"满足需要说"，以我国学者陈玉琨为代表，突出满足社会和个人需要程度的判断。陈玉琨认为，"评价是一种价值判断活动，是对客体满足主体需要程度的判断；教育评价是对教育活动满足社会与个体需要的程度做出判断的活动，是对教育活动现实的（已经取得的）或潜在的（还未取得，但有可能取得的）价值做出判断的过程，以期达到教育价值增值的过程"⑤。虽然这种观点强调评价是对客体满足主体需要程度的判

① 瞿葆奎，陈玉琨，赵永年. 教育学文集·教育评价 [M]. 北京：人民教育出版社，1989：301.

② 王景英. 教育评价 [M]. 北京：中央广播电视大学出版社，2004：7.

③ 同①，346.

④ 北京教育行政学院. 学校管理的技术与手段 [M]. 北京：文化艺术出版社，1990：215.

⑤ 陈玉琨. 教育评价学 [M]. 北京：人民教育出版社，2005：7-8.

断，但同时也明确评价是一种价值判断，更提出评价要达到教育价值增值的过程，因而明确地揭示出教育评价的本质特征。

第六种是"综合说"，以美国教育评价标准联合委员会和我国部分学者为代表，认为教育评价是对教育目标和它的优缺点与价值判断的系统调查。1981 年，美国教育评价标准联合委员会提出："教育评价是对教育目标和它的优缺点与价值判断的系统调查，为教育决策提供依据的过程。"[①]我国学者王汉澜认为，"教育评价是根据一定的目标和标准，采取科学的态度和方法，对教育工作中的活动、人员、管理和条件的状态与绩效，进行质和量的价值判断"[②]。这种观点明确了评价的判断性质，揭示了教育评价的本质特征，指出了客观描述对于正确进行价值判断的重要意义。

以上几种观点都是不同时期的学者们在理论研究与实践活动中提出的，它们分别从不同的角度界定了教育评价的概念。但是，对于"目标说"这种观点，从今天的角度来理解，教育评价不仅要确定教育目标实现程度，还应该包括非目标性的内容，比如方案、机构、人员，等等。对于教育目标实现程度的判断，仅是教育评价的一个重要内容。对于"收集信息说"，教育评价不仅是为决策提供信息或依据的过程，严格意义上，为决策提供信息或依据，已经走出了教育评价过程本身。对于"方法手段说"来说，教育评价是考查教育成绩的一种手段、方法，这同样涉及教育评价的功能。可以看到，这些概念都是在不同时期提出的，这说明教育评价是一个发展中的概念，是受到经济社会发展和教育环境影响的，学者们对其本质的揭示也是一个渐进的过程。

尽管这些概念不尽相同，但这些界定为我们认识教育评价提供了依据和启示，其一，教育评价是一个过程，是一个有严格程序的、连续的系统活动过程；其二，教育评价以某种教育价值观、教育目标为依据；其三，教育评价要借助科学的评价方法和技术手段；其四，教育评价的本质是进行价值判断。基于此，我们把教育评价定义为：教育评价是依据一定的教育目标，制订科学的评价标准，采用科学、可行的评价方法和技术手段，对教育要素、过程及其效果等做出价值判断的过程。

---

① 钱在森．普通教育评价原理与方法 [M]．沈阳：辽宁大学出版社，1992：5．
② 王汉澜．教育评价学 [M]．开封：河南大学出版社，1995：15．

二、教育评价活动的范畴

教育评价活动涉及这样几个关键问题：根据什么来评价，采用什么方法来评价，如何开展评价。根据什么来评价，实质就是教育评价的理论；采用什么方法来评价，核心在于教育评价的方法与技术；如何开展评价，关键在于教育评价的实践与实施，即教育评价的理论、技术和实践三大范畴。据此，本书设计了三大内容：理论篇，侧重于理念建构；技术篇，侧重于过程设计；实践篇，侧重于实践开展。明确了这三大范畴，教育评价活动才能正常有序地实施。

为了更加全面地探讨教育评价活动，本书分别从理论、技术、实践等范畴入手，系统地介绍中小学教育评价的理论体系、技术规范和实践探索，既完整介绍中小学教育评价的主要理论，又分析评价在实施中的方法技术，最后以五级系统的形式展现区域的均衡发展评价、学校的内涵发展评价、教师的专业发展评价、课堂的有效教学评价和学生的多元发展评价。教育评价理论与实践的范畴体系如图 1-1 所示。

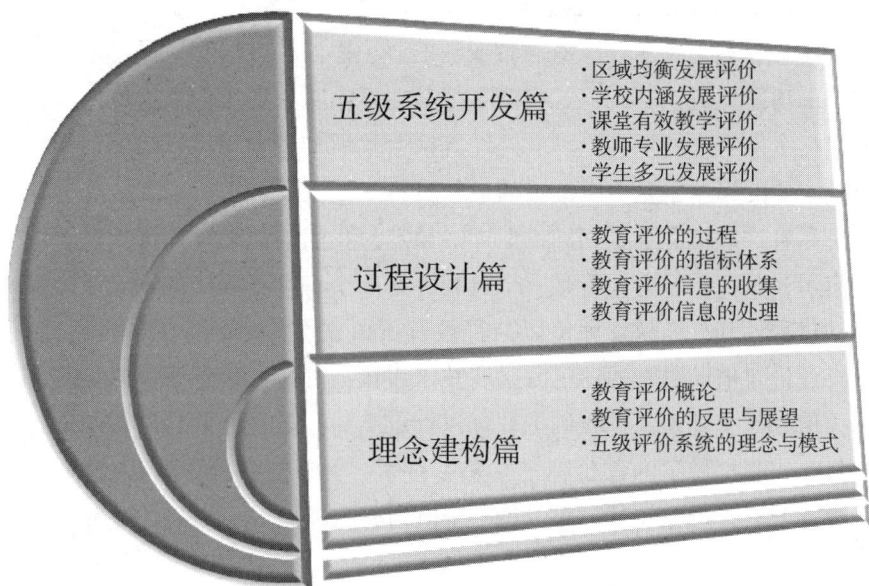

五级系统开发篇
· 区域均衡发展评价
· 学校内涵发展评价
· 课堂有效教学评价
· 教师专业发展评价
· 学生多元发展评价

过程设计篇
· 教育评价的过程
· 教育评价的指标体系
· 教育评价信息的收集
· 教育评价信息的处理

理念建构篇
· 教育评价概论
· 教育评价的反思与展望
· 五级评价系统的理念与模式

图 1-1　教育评价理论与实践的范畴体系

（一）根据什么来评价——教育评价的基本理论

理论指导中小学教育评价实践活动的开展。长期以来，我国中小学教育评价一直存在重实践轻理论、理论与实践脱节的问题。其原因可能在于评价的理论研究者对实践层面上的问题关注得不够深入、不够具体，往往是根据评价的"应然"状态进行研究，对评价的"实然"状态研究得不够，甚至存在脱离国情照搬照抄的情况，因此使得评价理论不能转化为指导评价实践的依据，评价理论与评价实践之间出现"两张皮"现象。因此，本书着力于搭建理论与实践的桥梁，专门用一个篇章来介绍教育评价的理论与建构相应的理念。理念可以提供认识中小学教育评价体系的新思维与新视角，可以把握中小学教育评价体系的基本特点与内在规律，可以指引人们进行评价理论研究与实践探索，也是五级评价系统开发的航标与基础。理论篇对教育评价的内涵与范畴、产生与发展、功能与类型、方法与工具进行了深入探讨，对中小学教育评价的主要问题与发展趋势进行深入分析，对中小学五级评价系统的基本理念和主要模式进行建构与阐释。

（二）采用什么方法评价——教育评价的方法技术

教育评价是一种具有科学性、实践性、操作性的活动，评价活动的顺利开展在很大程度上取决于评价技术和评价方法的科学性、有效性。任何一次教育评价的开展，必须要科学设计与有效选择与本次评价的目标、内容相适应的评价方法和评价技术，按照一定的评价程序，规范、有序、有效地组织实施教育评价活动。可以说，技术为理论转化为实践提供了可能，技术为把美好的评价图景转化为生动的评价现实提供了可能。因此，本书在第二篇章中专门介绍教育评价的技术，这个部分包括四大内容：一是中学教育评价的过程，主要涉及评价准备阶段、评价实施阶段和评价反馈阶段的各项工作；二是中小学教育评价的指标，主要涉及指标与指标体系的内涵、指标体系的设计、指标权重的确定和评价标准的制订；三是中小学教育评价的方法，主要涉及数量化评价法和非数量化评价法的介绍；四是中小学教育评价的工具，主要涉及测验、问卷、观察、访谈等方法的介绍。

（三）如何开展评价——教育评价的实践

实践是根本。教育改革的顺利实施与深入推进，关键还需要教育评价的有力支撑，要科学地建构区域教育、学校教育、教师发展、课堂教学和学生发展的评价体系，要有效地实施"区域—学校—课堂—教师—学生"一体的五级评价系统，要正确引导方向，科学规范管理，及时激励发展，准确诊断问题，有效促进发展。本书最后介绍中小学教育评价的五级系统开发，主要包括五大系统：一是区域均衡发展评价，二是学校内涵发展评价，三是课堂有效教学评价，四是教师专业发展评价，五是学生多元发展评价。

第二节　教育评价的产生与发展

历史、现在和未来是一个连续的统一体。了解教育评价的历史，可以探寻教育评价的历史规律，可以观照教育评价的现实发展，可以把握教育评价的未来趋势。因此，本节将对古今中外教育评价的历史发展进行探讨，全面探索教育评价的历史概貌，清晰透视教育评价的演绎路线，准确把握教育评价的未来路向。

一、我国教育评价的发展脉络

（一）古代教育评价（从产生至 1905 年）

由于教育评价这个概念是 20 世纪上半叶才提出来的，因此教育评价在历史上与教育测量、教育考试是相互交替使用的。从某种程度上来说，教育评价与教育测量、教育考试这几个概念并没有严格区分，基本是同义的。

1. 西周的人才评价选拔制度

从我国古代教育评价的发展来看，教育评价的产生与学校教育的出现是同步的。自出现系统实施教育的机构后，教育评价就随之产生。我国是最早开始实施教育评价的国家之一，在西周时期就建立了学校考试制度和人才评价选拔制度。《礼记·学记》记载："古之教者，家有塾，党有庠，术有序，国有学。比年入学，中年考校，一年视离经辨志，三年视敬业乐群，五年视博习亲师，七年视论学取友，谓之小成。九年知类通达，强立而不反，谓之大成。"① 这是我国目前发现的最早关于考试的记载，它不仅规定了学业考试的时间和步骤，还规定了学业考试的内容和标准。

西周的人才评价选拔制度包括乡里选士、诸侯贡士和学校选士。选士考查评价的内容是德行和道艺，具体为六德（知、仁、圣、义、忠、和）、六行（孝、友、睦、姻、任、恤）、六艺（礼、乐、射、御、书、数）。六德、六行为道德品质标准，六艺为学识能力要求。乡里选士一年举行一次，第三年举行大考。《周礼·地官司徒》记载："三年则大比，考其德行道艺，而兴贤能者。"乡里选士的内容和标准是德行和道艺。诸侯贡士是指诸侯向周王贡献人才，即所谓"诸侯岁献贡士于天子"，一般大国三人，次国二人，小国一人。而天子通过射试进行考核，"行同而能耦，别之以射，然后爵之"。学校选士在大学里进行，与大学考试制度直接相关。大学考试合格者，为"造士"向王宫申报，选其中俊秀的升送司马，由司马负责审选、试用、任命和颁发官禄。由此可见，西周的人才评价选拔制度具有严密的规定和章程，它为中国古代的教育评价及选士制度的发展奠定了基础。

2. 两汉的察举制

两汉时期，教育考试在学校教育中的功能得到巩固，学校教育考试制度基本成型，人才评价选拔制度逐渐完善。汉代统治者为了统治的需要和适应庞大的官僚机构对官吏的需要，逐渐建立了一套选拔统治人才的制度，包括皇帝征召、私人荐举和长官察举等方式，其中相对完善的是察举制。

所谓"察举"，是指经过考察后予以举荐之意。察举制肇始于高祖，初步形成于文帝，定制于武帝。② 《汉书·武帝纪》记载：建元元年（公元

---

① 孙希旦. 礼记集解 [M]. 北京：中华书局，1989：642.

② 刘虹. 中国古代选士制度史 [M]. 长沙：湖南教育出版社，1992：29.

前 140 年），武帝诏"举贤良方正直言极谏之士"。董仲舒的贤良对策被列为上第，汉武帝接受董仲舒的建议，重选举取士，察举遂成为一种制度。察举分定期举行的岁举和不定期举行的特举。岁举是常科选士制度，分孝廉和茂才两个科目，由中央各官署及各郡国定期定额举荐属吏和士子参加审选。特举又称诏举，是皇帝根据需要下诏书临时确定的特科选士制度，由皇帝亲自策试，据对策水平授官。据《汉书·文帝纪》所载：汉文帝前元十五年（公元前 165 年）举贤良，文帝出题，题目为"朕之不得、吏之不平、政之不宣、民之不宁"四个策目。这是我国最早的试题，也是世界上最早有记载的笔试。察举制开考试制度之先河，开辟了我国古代教育评价的新纪元。

察举制设置之初，能较好地体现选贤任能的精神，为统治阶级选出了不少优秀人才，也极大地促进了尊儒重教的良好风气，民间甚至流行着"遗子黄金满籝，不如教子一经"。但由于察举制主要由地方长官或中央各部门长官来推荐，要得到这些官员的推荐，士人或者攀附权贵，贿赂请托，或者沽名钓誉，弄虚作假，甚至名门望族把持察举，成为结党营私的工具，导致士风日下，察举不实。

3. 魏晋南北朝的九品中正制

自汉代创立察举制以后，人才选拔制度已初具规模。但察举重在考察，而德行难有客观准则。在魏晋南北朝时期，社会动荡，战争频繁，士人迁移流徙，导致以"乡举里选"为主的察举制度很难实施。而此时又逐渐形成了门阀世族集团，他们势力强大，统治者也必须依赖他们的支持才能为继。因此，魏文帝采纳吏部尚书陈群的建议，实行有利于著姓大族的"九品中正制"（或称"九品官人法"），以代替两汉的察举制。

九品中正制就是各地方政府设立中正官，州设大中正，郡设小中正。中正官依据所举荐人才的家世（被评者的族望和父祖官爵）、才能和德行三项内容，以"三品九等"的原则对被荐人才进行分品定等。三品九等包括上上、上中、上下，中上、中中、中下，下上、下中、下下九个等级。品第士人的材料要逐级审核，郡的小中正上报州的大中正，大中正报司徒，司徒呈吏部。吏部根据中正品第的等级授官，品第越高，官职越大。九品中正制以"唯才是举"宗旨问世，主要针对东汉末期察举制度滥选的流弊，使官吏的任命与升降有一定的客观标准。九品中正制的实施，中正官起着非常关键的作用。中正官如果"中正"，就能选拔到有用人才。但到后期，九品中正制的发展演化逐渐背离了初衷，门阀世族完全把持了官吏选拔之权，中正官几乎都来自大的门阀世族，他们往往把门第家世作为唯一的评选标准，导致在西晋时期出现了"上品无寒门，下品无士族"的局面。这样就严重地挫伤了寒门士子的积极性，使他们仕进无门、品第无路，而那些门阀世族子弟由于出身门第好，根本不用下功夫来学习，就能得到好的品第，谋到好的官职。到了隋代，随着门阀制度的衰落，九品中正制被废除取缔。

4. 隋唐及以后的科举制度

（1）隋朝的科举制度

隋唐以前的选士制度均是以推荐或者举荐为主，而隋唐之后的选士制度是以考试为主的选士制度，以科举制为代表。产生于隋朝、发展于唐朝的科举制，是我国封建社会持续时间最长、影响最广的选士制度。科举制主要依据考试成绩来选拔人才，其选拔方式以考试为主、荐举为辅。科举制自隋朝产生，经过唐朝的发展，经历宋元明清的演变，逐渐定型、完备。应该说，科举制对隋唐以后封建社会的发展产生了重大的影响，它作为一种选士制度是具有合理性和划时代的意义的。

隋朝统一中国后，为了加强中央集权统治，扩大封建统治阶级参与政权的要求，隋文帝收回地方辟举权，开皇年间废除以门第取人的"九品中正制"，由皇帝下诏举人。隋炀帝大业三年（607年），诏令文武官员有职事者，可以"孝悌有闻""德行敦厚""结义可称""操履清洁""强毅正直""执宪不饶""学业优敏""文才秀美""才堪将略"、"膂力骄壮"10科举人。其中"文才秀美"一科，被后代学者称进士科。进士科，用考试办法来选取进士。进士科的开始标志着科举制的正式产生。大业五年（609年）正月，又诏令诸郡以"学业该通，才艺优洽""膂力骄壮，超绝等伦""在官勤慎，堪理政事""立性正直，不避强御"4科举人。这种分科取士，以试策取士的办法，在当时虽是草创时期，并未形成制度，但把读书、应考和做官三者紧密结合起来，揭开了中国选举史、考试史上新的一页，确立了中国古代教育评价的基本形式。

（2）唐朝的科举制度

由于隋朝较为短暂，科举制也未能发挥应有的作用。唐朝继承了科举制度，唐朝的科举制表现出制度完备、科目繁多、标准严格、考试方法多样的特点，逐渐形成了一套较为完备的人才选拔制度。唐朝的科举制对考生的来源和报考的办法、考试的科目和内容、考试的方法等都做出了明确的规定。

从考生来源看，唐朝参加科举考试的考生主要有生徒和乡贡。生徒是由官学从在馆学生中选拔到尚书省参加考试的人员。中央官学和地方官学的学生只要修业期满，在毕业考试中合格，就可应举参加科举。乡贡是由各级政府从私学或者自学中选拔出到尚书省参加考试的人员，这些人员一般是跟随地方向京师进贡的粮税物产同行，所以称其为"乡贡"。

从考试程序来看，一般有乡试、省试。乡试有县试和州试，私学或自学的人员要首先参加县试，合格之后再参加州试。州试三年举行一次，一般在秋天举行，又称为"发解试"或者"秋试"，州试的第一名称为"解元"，第二名称为"亚元"。乡试每隔三年举行一次。在乡试之后的第二年春天，考生集中于尚书省的礼部参加省试，又称为"春试"或者"春闱"。礼部下设贡院，考试、阅卷、放榜等都在贡院举行。省试最早由吏部的考功员外郎主持，但由于品位太低难以服众，后来改由礼部侍郎主持，故又称为"礼部试"或"礼闱"。省试的第一名称为"省元"。

从考试科目来说，考试主要分为常科与制科两类。常科是在固定时间举行的固定科目。常科设立的科目众多，常设科目有秀才、明经、进士、明法、明字、明算等，尤其以明经、进士两科备受尊崇。制科是由皇帝根据需要下诏举行，通常都由皇帝亲自主持，考试内容和录取标准，都凭皇帝本人的喜好。

从考试方法来看，主要有帖经、问义（墨义、口义）、策问、诗赋等方法。贴经相当于填空题。"贴经者，以所（试）经掩其两端，中间开唯一行，裁纸为贴，凡贴三字，随时增损，可否不一，或得四、得五、得六者为通。"即，将经书某一页的左右两边遮蔽，中间只留一行，用纸贴住其中的3个字或者更多的字，要求考生将所贴的内容写出来。问义类似于问答题，问义是阐述回答经义。考生根据题目要求，叙述经书中的史实与大义。用纸笔的方式称为墨义，用口头的方式称为口义。策问类似于现在的命题作文，要求考生根据题目要求，做出对应的文章。策问的难度较大，要求考生既要熟读经史，又要善于观察、思考社会现实问题，更要有较高的写作技巧和鲜明的思想主张。诗赋就是命题创作诗赋。诗赋不仅要求考生具有丰富的知识积累、较高的文化修养，还要有良好的表达能力和写作水平。

（3）宋朝及以后的科举制度

宋代的科举制基本沿用了唐制，但又有许多创新和发展。唐代的科举还只是取得做官资格，取士名额较少，及第的要通过吏部考试才能做官。而宋代，及第者不仅有显耀的地位，而且立即为官，升官也较快。同时，宋代不仅扩增了选拔录取名额，还对多次应试不中者，开辟特奏名的科目，降低考试难度，甚至对于应试达到足够年数的应试不中者，会授予一个相当于科举的某种出身的称号。

宋代在科举形式和内容上进行了重大的改革。在唐代两级制的基础上，宋代增加了皇帝主持的殿试，确立了三年一次的州、礼部、殿试三级考试制度。殿试与省试在同一年举行，由皇帝亲自主持考试，第一名为"状元"。从考试科目来看，宋代常科的科目比唐代减少，但进士科仍然最受重视。从考试内容上看，宋代对科举考试的内容也进行了改革，取消诗赋、帖经、墨义，专以经义、论、策取士。对于科举管理，宋代也采用了一些新的尝试。一是为了防范冒名伪荐，实行"互保连坐"，完善报考手续。二是确立糊名和誊录。为了防止泄密，要把考生的姓名、籍贯等信息密封起来。不仅如此，还将考生的试卷由誊录官进行誊录，防止考官通过笔迹或事先商定好的记号作弊。三是实行锁院回避制。考官在受命之日，必须立即前往贡院锁居院内，回避与外界的一切往来与信息，防止考题泄露，这就是今天的"入闱"。四是建立考场监守六禁及巡察制度。贡院的院门安排专人监守，仔细搜索考生所携带的任何物品，防止任何夹带混入其中。巡察官就是负责监察考官及考生的一切举动，保障秩序井然和考试的公平、公正。

在科举制历史上，明朝算得上鼎盛时期。因为明朝统治者对科举高度重视，科举方法的严密性与规范性也超过了以往历代。在明朝以前，学校只是向科举输送考生的途径之一。到了明朝，学校成为科举的必由之路，学校教育围绕科举进行。"学校教育—科举选拔人才"已经成为一个完整的统一体，标志着科举制度程式化正式定型。

从考试程序来说，明代正式科举考试分为乡试、会试、殿试三级。但在乡试前还有县府院校，选拔取得地方学校生员资格（即秀才）的考试。只有取得了生员资格，才能参加乡试。乡试同宋代一样，每三年一次，在秋季举行。每次考试有三场，分别考经义、本朝诏诰律令、史事时务策，乡试取中者称举人。会试在乡试的第二年举行，在春季举行。会试由礼部主持，参加会试的考生必须是乡试取中者。会试的考试程序与内容与乡试相似。殿试是科举最高级别的考试。殿试根据考生的表现情况排出名次等甲，出榜有三甲：一甲赐进士及第，数量为三人，称号分别为状元、榜眼、探花，可立即授予官职，状元授翰林院修撰，榜眼和探花授翰林院编修。二甲赐进士出身，第一名为传胪；三甲赐同进士出身。二甲和三甲进士考选庶吉士。

明宪宗成化年间（1465—1487 年）开始盛行八股文。八股文的内容主要来源于《四书》和《五经》。八股文包括破题、承题、起讲、开始，正文部分包括起股、中股、后股和束股，每个部分包括两个部分，而且两两对偶，构成八股。从教育评价的角度，八股文是一种格式比较标准、评审易于客观的考试方式，是标准化考试的一种探索。但由于八股文取士格式呆板、内容空泛、僵化繁琐、套话连篇，加之八股文严重束缚人们的思想，使无数士子皓首穷经而不得志。

清代科举大体仿明，略有变更，更为繁密周详。清代科举有"童试—乡试—会试—殿试"四级考试。每一级考试中又有若干考试，考试层次较多，考试类型复杂。以童试为例，童试的应试者是那些没有取得生员资格的。童试分为县试、府试和院试。仅县试就分为四场或者五场，每场放榜一次，每场淘汰若干应试者，取中者方能参加府试。府试考一场，中选者参加院试。院试分为岁试和科试。岁试是为了防止生员荒怠学业，实行"六等黜陟法"，对生员根据岁试等级实行赏罚。科试是为选拔参加乡试的士人。会试和殿试与明代相仿。

清道光以后科举考试明显衰败，晚清戊戌变法后，废科举兴学校已成为历史发展的必然趋势，1905 年慈禧太后发布上谕，宣布从 1906 年丙午科起停止科举考试。至此，作为封建王朝选士制度的科举制，在经历了一千三百多年的发展演变后因其种种弊端正式退出了历史舞台。

对于科举制，我们要科学地、辩证地认识，要"扬其长、避其短"。总的来说，科举制开创了人才测评选拔的新纪元，在教育评价史上具有特别重要的作用和地位。科举制作为一种选士制度，不仅在历史上发挥了重要作用，而且对近现代各国政体中文官制度的形成与发展，具有直接的、深刻的影响。更重要的是，科举制作为一种人才测评制度，对于现代教育评价的发展具有较大的启发和借鉴意义。它所追求的公平性、真实性，在评价制度上的科学化，在评价方式上的多样化，仍然具有现代意义。

（二）近代教育评价（1905—1949 年）

虽然中国在 20 世纪之前的人才评价选拔制度走在了世界的前列，也催生了一些现代教育评价思想，但这种优势却并未能在 20 世纪伴随着西方教育测量和评价运动而率先发展起来。中国于 1905 年废止承袭已 1300 余年的科举制度，迫切需要新的评价制度来填补，此时西方正兴起教育测量和评价运动，因此西方教育测量和评价的理论迅速传入中国，并在 20 世纪二三十年代得以蓬勃发展，但却因遭遇 1937 年开始的日本帝国主义侵略而被迫中断，从此与世界教育评价发展拉开了距离。我国近代的教育评价呈现出多元化格局，具体表现在以下方面。

其一，积极翻译、引进国外的测验量表。1922 年，费培杰将比纳智力测验量表译成中文，陆志伟修订比纳-西蒙智力测验。

其二，自编各种测验量表。1918 年，俞子夷编制了小学国文毛笔书法量表，这是我国最早的标准测验。这个时期盛行智力测验的编制与实施，比如，廖世承编制的团体智力测验，刘廷芳编制的中学智力测验，刘湛恩编制的非文学智力测验，陈鹤琴研制的图形智力测验等。1926 年，陶行知本着"教学做合一"思想，编制了我国最早的一份较全面的学校评价量表《乡村小学比赛表》。全表涉及教师、学生、教学设施、教学的自然和社会成果、经费等各方面的评价。并且，量表中体现的评价学生全面发展、个性发展，评价教学改革结果（表现为对自然环境和社会环境改造），评价财力物力的实际效益的思想，是比较有创见的。

其三，开设测量课程，创办研究组织和专门杂志。1920 年，廖世承和陈鹤琴在南京高师开设测验课程，并用心理测验量表来测量学生，这是我国正式开始应用科学心理测验。1921 年廖世承和陈鹤琴出版了《智力测验法》，这是我国第一本系统介绍智力测验知识的著作，是我国教育测验运动开端的标志。1931 年中国测量学会成立，开始了测验理论研究，并取得了一定的进展。1931 年《测验》杂志创刊。

我国的教育测量运动，从"五四"前后到 20 世纪二三十年代可谓蓬勃发展时期。我国学者在翻译、引进国外相关成果的同时也结合中国的具体情况做了修订、改造，积极开展了自己的探索和研究工作，并出版了一大批教育测验类理论著作。然而这场发展力强劲的教育测量运动因日本帝国主义的侵略而被迫中断，这个时期美国兴起的"八年研究"成果也未能及时引进中国，这直接导致了此后我国教育评价的发展不能与世界同步甚或走在世界前列。

（三）现代教育评价（1949 年之后，尤其是 1977 年以来）

新中国成立后，由于政治上的原因，我国开始全盘照搬学习苏联模式，全面否定西方的教育和旧中国的教育，教育评价也不例外。20 世纪二三十年代逐渐兴起的中国教育测量运动也随之遭遇否定，各种测量理论、方法、技术等全部被抛弃。此时教育评价研究主要是以五级分制为核心的苏式成绩考评法。20 世纪 50 年代末 60 年代初，由于中苏关系彻底破裂，教育评价研究陷于无所适从的困境而被迫中断。"文化大革命"时期，教育评价活动也基本处于停滞状态。到 1977 年恢复高考，我国教育评价理论和实践才逐步得到恢复和发展。整体来看，这段时期我国的教育评价实践和理论研究基本处于单一化的学生评定阶段，教育评价完全受到政治因素的左右，此阶段我国的教育评价没有得到实质上的发展。

虽然我国开展教育评价活动具有悠久的历史，但真正的教育评价却始于 1978 年党的十一届三中全会以后。教育评价的兴起和发展是基于当时反思历史和重建秩序的需要，基于教育实践发展的需求和国外教育评价实践、理论发展的影响而走上科学化、规范化道路的。

1. 教育评价的恢复和兴起阶段

1977 年，我国恢复了全国高校统一招生考试制度。为了迅速提高教育质量，部分地区、部分学校开展了教育质量评价研究和实践。1981 年和 1983 年，国务院学位委员会对全国高等学校进行评议。1982 年，浙江大学开展了对光仪系的评议试点工作。同年，华东师范大学心理系、上海市教科所联合开展了新的学科考试研究，这可以算是我国学科评价的开端。这些评价实践活动为我国日后在大范围内开展评价活动奠定了扎实的基础。20 世纪 80 年代初，我国台湾学者李聪明出版了《教育评价的理论与方法》，之后有学者翻译了加拿大维多利亚大学教授梅森（G. Mason）的《教育与评价》，通过翻译这些论著，现代教育评价的基本思想、概念和方法被逐渐引入国内。1983 年 9 月，教育部邀请"国际教育成就评价协会"（IEA）的相关专家来我国讲学。这一年，我国加入 IEA，于 1984 年 1 月签署入会文件。为了做好相关工作，我国成立"国际教育成就评价中心"。但总体来说，这一时期的教育评价发展还处于分散状态，所开展的活动主要是尝试性地进行评价实验和引进、介绍国外的研究成果，还没有进行本土化、自主化、创新性的研究，更多的是吸收国外的先进成果，很少输出我们自己的成果。

2. 教育评价的蓬勃发展阶段

由于教育事业改革和发展的需要，在系统引进和学习国外教育评价理论和方法的基础上，我国开展了有组织、大规模的教育评价工作。20 世纪 80 年代中后期的工作重点与主要成果表现在以下几个方面。

（1）举行了一系列全国性教育评价研讨班和学术会议，推动了我国教育评价理论研究的兴起与发展。1985 年 6 月，教育部在黑龙江省召开了"高等工程教育评价专题讨论会"。这是第一次全国性的教育评价研讨会，它标志着我国真正开始了教育评价研究和实践。

（2）开展了一系列教育评价理论研究的对外交流和合作活动，拉近了我国与世界先进国家的距离。1986 年 9 月，华东师范大学邀请心理学家布卢姆（B. S. Bloom）教授来华举办"教育评价专题学术报告会"；1987 年 8 月，由北京大学和美中教育服务机构发起，在北京大学召开了第一次中美教育评估研讨会，对教育评估的相关理论进行了交流与讨论。这些交流活动对我国教育评价研究的发展起到了促进作用。

（3）评价工作得到制度化的保证。1990 年 11 月 23 日，国家教委发布了《普通高等学校教育评估暂行规定》，这是新中国成立以来我国第一个关于教育评价的行政法规性专门文件，标志着我国教育评价的理论和实践工作走向了规范化与制度化。1993 年 2 月，中共中央、国务院颁布了《中国教育改革和发展纲要》，明确指出："建立各级各类教育的质量标准和评估指标体系"，进一步推动我国教育评价的理论研究和实践活动向纵深发展。

（4）研究工作和研究队伍进一步组织化、规范化，从组织和机构上保证了研究的深入发展。从行政上来看，我国设立了相应的督导机构、评估机构和招生考试机构。就学术研究而言，也陆续成立了多种学术组织和研究机构。1990 年 10 月，全国普通教育评价专业委员会在上海成立，这是由中国教育学会批准成立的全国第一个教育评价研究学术团体。1991 年 6 月 25 日，"中国教育评估研究协作组"在天津大学成立，协作组的成立有利于我国统整协调各方力量"攻坚克难"，以推动教育评价理论创新与实践探索。1992 年年底，原国家教委成立了全国高等学校设置评议委员会。1998 年，普通高等学校本专科教学工作评估专家委员会成立。

随着教育评价的理论发展与实践需要，各地还先后成立了一些中介评价机构，北京高等学校教育质量评议中心（1993 年）、上海市高等教育评估事务所（1996 年）、江苏省教育评估院（1997 年）等教育评价中介机构的正式挂牌，标志着我国教育评价工作在理论与实践的层面已经步入了新阶段。此外，我国还先后创办了教育评价的专业杂志——《中国高等教育评估》《教育评价》《中国考试》《中国教育评估》《教育督导与评估》，为教育评价的理论发展和实践探索提供了研讨平台。

（5）在吸收国外先进的评价理念的基础上进行本土化实践探索，构建符合素质教育要求的教育评价体系。20 世纪 90 年代末至 21 世纪初，我国教育评价在国外教育思潮和评价理论的影响下，在多元智能、建构主义、全纳教育等理论的直接推动下，逐渐走上革新除旧的改革之路，其变化在第八次基础教育课程改革中体现得尤为突出。我国第八次《基础教育课程改革纲要（试行）》指出，评价改革的目标是"改变课程评价过分强调甄别与选拔的功能，发挥评价促进学生发展、教师提高和改进教学实践的功能"。同时，又要求建立三个评价体系，即要"建立促进学生素质全面发展的评价体系，促进教师不断提高的评价体系，促进课程不断发展的评价体系"。可以看出，一场"一切为了促进学生发展"的教育评价改革已经形成，以价值多元、尊重差异为基本特征的主体取向评价在基础教育课程改革中正在落实，构建符合素质教育要求的教育评价体系的理念即将成为现实，我国教育评价朝着以人为本、关注过程、关注发展的方向迈进。

纵览我国自 20 世纪 80 年代开始的教育评价研究和实践，最突出的特点是起步晚但进展快，用短短 20 年的时间走过了西方国家 60 年的发展历程。教育评价不论在理论上还是实践上都得到了一定的发展。从理论研究上来看，我国教育评价理论和方法体系逐渐成形。从实践探索来看，我国教育评价的实践模式也基本成型，我国教育评价制度的基本框架初步建立起来。但由于教育评价在我国只有 30 余年的发展历程，在很多方面都需要进一步深化与完善，再加上近年来世界教育评价发展势头迅猛，我们要把握好世界教育评价发展动态，创建有中国特色的教育评价理论体系与实践形态。

二、国外教育评价的发展脉络

尽管在 20 世纪之前，多个国家都建立了各自的人才评价选拔制度，也萌发了教育评价的思想雏形。但明确提出教育评价这一科学概念，把教育评价作为一门学科的是美国。从西方教育评价的产生与发展来看，真正的教育评价是在 20 世纪左右产生的，因此我们不再探讨西方各国 20 世纪之前的教育评价。具体而言，西方教育评价大致经历了 19 世纪末 20 世纪初的教育测量运动、20 世纪 30 到 50 年代的教育评价形成时期、20 世纪 50 年代末到 70 年代的教育评价发展时期和 20 世纪 70 年代至今的教育评价专业化时期四个阶段。这四个阶段的变化，又是一个由狭义、非专业的评价向广义、专业化评价拓展、深化发展的过程。

(一) 教育测量运动 （19 世纪末—20 世纪 30 年代）

从源头来看，现代教育评价的产生源于 19 世纪末 20 世纪初兴起的教育测量运动。准确地说，现代教育评价是在对这场声势浩大的教育测量运动的反思与批判中发展起来的。19 世纪末到 20 世纪 30 年代，实验心理学、统计学与智力测验发展成果的逐渐兴起与壮大。为提高教育测验的客观性、标准化程度，学者们开始对学校中的考试进行积极改革，随着规模的扩大与涉及人群的增加，逐渐形成教育测量运动。

1. 教育测量的萌芽阶段

在教育测量运动兴起之前的教育评价活动主要采用考试的形式，而且主要是口试，其基本方法是对学生逐个口试。工业革命后，经济和科学技术得以迅速发展，大批劳动者因亟须提高素质和技能而进入学校，加之各国开始逐步普及义务教育，在此背景下，学校对学生逐一进行口试已不现实。因为不能对不同的学生问相同的问题，如果问题不同，又不能评价衡量学生的表现。1702 年，英国剑桥大学首先以笔试代替口试，开西方学校笔试考试之先河。美国首先在公立初等、中等教育阶段使用笔试。1845 年，笔试在波士顿文法学校首次使用，倡导者是美国教育家贺拉斯·曼，此后，笔试很快得到推广和发展。从口试转向笔试，是教育评价致力于客观化发展的重要进步，但这个时期的笔试主要采用论文的形式，没有统一的评分标准，具有较大的主观性。因此，为了提高测验的客观性，许多学者为此做出了不懈的探索。

为了尽可能地进行客观评分，英国学者费舍尔（G. Fisher）收集了许多学生的成绩样本，于 1864 年编制成《量表集》作为衡量学生成绩的标准。这是第一个依据一定的价值程度进行评分的标准量表。由此，费舍尔被视为致力于考试客观化的先驱者。美国的莱斯（J. M. Rice）博士在 1895—1905 年编制了算术、拼字、语言等测验。1897 年，他发表了对 20 个学校 16000 名学生所做的拼字测验的结果。后人高度评价了他的拼字测验，并称他为客观测量的先驱、教育测量的创始人。

2. 教育测量运动

20 世纪初，在教育实践的需求和自然科学使用数量测定法对人文科学的刺激和影响，以及个人差异心理现象研究的影响和推动下，一场教育测量运动逐渐兴起。1904 年，桑代克（E. L. Thorndike）在《心理与社会测验学导论》（*An Introduction to the Theory of Mental and Social Measurement*）中提出"凡是存在的东西都有数量，凡有数量的都可测量"的理念，该理念奠定了教育测量的基础，桑代克因此被称为"教育测量之父"。之后，他与他的学生陆续编制了《拼字量表》《书法量表》《作文量表》等各科标准测验和标准测量，这些量表对教育测量运动的蓬勃展开产生了重要的影响。之后 20 年（1909—1928）的时间里，美国开发了学业测验、智力测验和人格测验等类型的测验，从数量上来看，仅美国就达三千多种测验。

在学业测验上，1909 年，高斯（C. F. Gauss）编制出了算术的标准测验。美国的麦柯尔（W. A. McCall）进行了"考试信度实证研究"，于 1920 年前后发明了 T. B. C. F 制。在智力测验上，法国的比纳（A. Binet）与西蒙（T. Simon）于 1905 年编制出了第一个智力量表即《比纳–西蒙量表》，1908 年该量表的修订版引入了"智力年龄"概念，1911 年该量表再次被修订。此量表奠定了智力测量的基础。美国斯坦福大学心理学教授推孟（L. M. Terman）1916 年发表了《斯坦福量表》。在人格测验方面，1921 年，华纳德（G. G. Fernald）着手试编人格测验；1924—1929 年，哈芝红（H. Hartshorne）等人组织了人格教育委员会，着手研究人格测量工具，并不断加以改进，使之进一步精密。

在这一时期，测量和评价基本上是同义的，教育评价者的主要工作与测量技术员的工作基本相同，主要集中于选择测量工具、组织测量、提供测量数据等。因此，这一时期也被称为"测验"或"测量"时期。

（二）教育评价形成时期（约 1930—1957 年）

逐渐地，人们认识到，教育测验尽管能使考试客观化、标准化，把人的能力换算成数字，但它毕竟还不能测出人的全部学力内容，它无法测量学习态度、兴趣、鉴赏力、品德、性格、情操等难以数量化的方面。专业领域普遍认为教育测量产生这一缺陷的根源在于忽视了教育目标。

1933—1941 年，美国进步教育协会（Progressive Education Association）发起、泰勒主持的有关课程与评价的"八年研究"开始实施。该研究以

"从重知转向全人教育"为理念，首先对课程内容进行实验研究，然后由以泰勒等人为成员的评价委员会进行分析，"史密斯－泰勒"报告在1942年正式提交。此报告鲜明、正式提出了教育评价的概念，这个概念的提出使教育评价与测量运动区别开来，泰勒因此被称为"教育评价之父"。在这个报告中，泰勒提出了以目标为中心的评价思想，其侧重点就在于通过具体的行为变化来判断教育目标实现的程度，当然，制订目标是教育活动和教育评价的关键。除了以目标为中心的评价思想，泰勒还提出了比较规范、可操作性强的过程步骤，这就形成了著名的泰勒模式（行为目标模式）。

在泰勒的行为目标模式的基础上，为了进一步做好具体的工作，使教育目标更为科学化，1956年，美国心理学家布卢姆发表了《教育目标分类学——认知领域》，后面，克雷斯沃尔（D. R. Krathwohle）等人又研究出了情意、技能方面的教育目标。这样，就基本建立起了完善的教育目标分类体系，这个目标体系极大地促进了教育评价活动的开展和科学化的步伐。

从教育评价形成时期的评价理论和评价实践来看，评价过程成为一种对照教育结果与预定教育目标的过程，成为一种根据预定教育目标对教育结果进行客观描述的过程，整个评价工作的关键就在于明确分解一系列可操作的行为目标。这一时期还将评价与"考试""测验"分开来，尽管"考试"和"测验"是评价的一部分，但并不完全等同。这些理论与实践上的探索，也推动着教育评价走上了科学化的道路。

（三）教育评价发展时期（1958—1972年）

20世纪50年代后期，伴随着美国因苏联卫星上天而开始推行的教育改革，曾经风靡一时的泰勒模式经受了质疑和批判。在对泰勒模式进行质疑和批判的过程中，不断涌现出多种新的评价思想和模式。

1963年，格拉泽（R. Glaser）指出，教育评价必须重视目标评价（绝对评价），提出用标准参照测验代替常模参照测验。同年，克龙巴赫（L. J. Cronbach）提出评价者不应该过分地偏爱事后评价，也不能完全根据竞争的成绩来进行评价判断，应该把评价作为一个搜集和报告对课程研制有指导意义的信息的过程。1966 年，斯塔弗尔比姆（D. L. Stufflebeam）提出 CIPP 评价模式，也称为决策模式，由背景评价（Context-evaluation）、输入评价（Input-evaluation）、过程评价（Process-evaluation）、成果评价（Product-evaluation）四种评价构成。斯克里芬（M. Scriven）于 1967 年提出了目标游离模式（goal-free），他认为评价并非只是测量事物或决定目标是否达成，而是要判断目标的达成是否满足被评价者的利益与需要。因而评价的依据不是方案制订者预定的目标，而是被评价者的意图。同年，斯克里芬发表了论文《教育评价方法论》，他首次明确地提出将评价分为形成性评价和总结性评价的分类思想。1967 年，斯塔克（R. E. Stake）发表重要论文《评价的面貌》，首先肯定了判断是评价的两个基本活动之一（另一活动是描述）。

这些评价理论打破了泰勒的目标评价模式一统天下的局面，相继提出了其他模式，扩大了评价的功能。泰勒于 1969 年在美国全国教育研究会（NSSE）上提出的报告中指出："第二次世界大战以来，特别是过去的近 10 年里，教育评价发生了重大的变化。"实质上，这个阶段的评价走出了"价值中立性"的误区，确认了价值判断是评价的本质，确认了评价的过程性。[①]

（四）教育评价专业化时期（1973 年至今）

20 世纪 70 年代以来，各国经济开始迅速增长，对受教育者的素质要求也相应提高，教育改革开始全面推行，尤其是教育评价领域的改革率先提出。在人本主义等多种思想的影响下，教育评价进入专业化发展时期。专业化评价主张评价是"心理建构"的过程，倡导价值多元、全面参与和共同建构，尽力实现教育民主化。可以说，1973 年以后的教育评价作为一个独立的专业已趋成熟，逐渐走向专业化发展道路。从方法论上来看，教育评价呈现出从实证科学主义向人文主义的转向趋势；从评价实践来看，各类评价研究机构、专业组织和专业杂志不断涌现。

1973 年，斯塔克提出了应答模式，这一模式主要以问题，特别是以直

---

① 桥本重治. 新教育评价法要说［M］. 东京：金子书房，1979：12.

接从事教育活动的决策者和实施者所提出的问题为评价的先导，而确定评价问题和制订评价计划的过程是一个评价者与评价有关人员之间持续不断的"对话"的过程。1989年，古巴（E. G. Guba）与林肯（Y. S. Lincoln）提出"第四代教育评价"理论。在他们看来，人们对教育评价的认识经历了一个不断认知和建构的长期过程，他们认为，评价本质上应是一种心智建构的过程，即评价的过程应是参与评价的人员与被评者共同建构而形成的一致的、共同的看法的过程。"第四代评价"提出了"价值多元化""全面参与""共同建构""评价中的伦理道德问题"等观点。在评价方法上，采用"应答性资料收集法"和"建构主义方法"，以"回应—协商—共识"为主线，带来了许多新看法、新思路。它倡导了一种民主的评价精神，倡导了一种为加深认识改进工作而评价的方法。这不仅有利于革新传统教育评价的方法，变革了诸多评价观念，也将进一步推进人们对教育评价内涵的认识和对教育评价实践的深入探索。

从教育评价这些年的发展看，中外教育评价不论在观念、功能上，还是在方法、手段、技术上，抑或是在实践、操作上，都显现出日趋多元化、人文化等特征。在观念上，教育评价的人文化特征与后现代精神更加凸显，它更加关注过程、关注个性、关注本质、关注反思。在功能上，教育评价的发展与激励功能更加突出，它更加关注评价对象的发展，更加关注促进评价对象的发展，更加激励评价对象的发展。在方法上，教育评价的方法更趋多元，更加关注手段的多样化，更加关注技术的多元化。尤其是在当今大数据时代，研究者们也在逐步探索大数据时代下的教育评价方法与评价实施，以及如何更加充分地利用最新的计算机技术来服务于教育评价。

第三节　教育评价的功能与类型

评价功能是教育评价系统结构的内在机制，是构成评价系统的各个要素的组成形式在运动状态下所发挥的功效。评价类型是教育评价系统结构的外在表现，是具有共同特征的系统要素所形成的种类。明确教育评价的功能和类型，可以更好地开展教育评价，更好地为教育改革与发展服务。

一、教育评价的功能

功能指的是事物或方法所发挥的有利作用、效能。在社会学中，功能指的是事物依据自身的特点及其在社会系统中的位置，对社会系统及构成该事物的各要素所产生的影响和作用。综合来看，教育评价的功能实质上是指依据自身的特点及其在教育系统中的位置，对教育系统、社会系统所产生的积极影响和有利作用。如果我们把教育活动看作一个系统，那么教育评价就是这个系统的调节、反馈、监控中枢子系统，这个子系统与教育系统内的其他子系统以及教育系统外的其他系统存在着普遍的联系。

教育评价的功能受到教育评价活动的结构及运行机制的影响。评价活动的结构是复杂多样的，在不同的时代社会中、不同的教育环境中、不同的评价目的中，即使评价要素相同，评价系统也会呈现出不同的形态，表现出不同的评价功能。因此，教育评价结构的不同决定了评价功能的多样性。从理论上来说，教育评价的功能可以是检查鉴定功能、反馈指导功能、预防功能、补救功能、成果推广功能，等。从实践来看，虽然我国开展教育评价活动的时间不长，但教育评价对于教学质量的提高、教育管理的改进、教育改革的深化具有重要作用。综合理论价值与实践作用，教育评价主要具有以下几个功能。

（一）导向功能

教育评价的导向功能是教育评价所具有的引导评价对象朝预定目标前进的功用和能力。在教育评价中，常常根据国家和社会的需要，根据教育改革的需求，明确特定的评价目的，设计具体的评价指标和标准。为了获得好的评价结果，在评价实践中，就会形成这样一种现象：有什么样的评价内容，评价对象就会学习这些内容；有什么样的评价标准，评价对象就会努力趋近这个标准。即，评什么，就做什么；怎么评，就怎么做。也就是说，评价常常成为"指挥棒"。因此，要全面推行素质教育，有效、彻底地实施素质教育，必须建立起方向正确、标准科学、执行有力的评价体系，引导全社会实施素质教育。发挥教育评价的导向功能，可以引导某项教育活动朝着正确的方向、特定的目标开展。例如，我国学生多年来普遍存在着创新精神和实践能力不够的问题，我们可以通过突出对学生创新精神和实践能力进行评价，加大相应权重的办法来弥补这个不足。

具体地说，教育评价的导向功能内含于教育评价的评价目标、评价指标体系等要素中，主要通过对评价目标与指标体系的学习、评价活动的开展、评价信息的反馈、评价结果的利用等机制得以实现。因此，要发挥评价的导向功能，关键在于教育评价必须严格按照教育目标的要求制订教育评价指标体系，开展教育评价活动来引导教育过程以及教育结果，并合理地利用评价的信息、结果来引导被评者朝着教育目标方向努力；重点在于使评价对象的学习和工作能够通过评价不断地趋近目标、达到目标，要让趋近目标的行为得到强化，让偏离目标的行为得到弱化，从而逐渐引导评价对象按照目标的要求来开展学习活动与实践活动。

（二）鉴定功能

鉴定功能是指教育评价判断评价对象合格与否、优劣程度、水平高低的功用和能力。由于教育评价是按照一定的评价标准来开展，能够对评价对象的优劣程度、等级区分、名次排列、先进评选、资格审查等进行鉴定，其鉴定结果常常成为选拔、晋升或者奖惩的依据。从词义看，"鉴"是指观察、审察，鉴别；"定"是确定。鉴定其义在于辨别并确定事物的真伪优劣，即通过仔细观察、审察评价对象，给出确定的观察结果（评价结果）。从教育评价的发展历程来看，鉴定功能是伴随着教育评价的诞生而存在的。泰勒的"目标模式"强调的就是鉴定功能。泰勒认为，评价的过程实质上是判定课程与教学计划在多大程度上实现了教育目标。而目标的用意在于使学生的行为类型产生某些期望的变化，因而，评价就是判定这些行为变化实际发生的程度的过程。[①]

在教育领域，鉴定常常用于学生评价、教师评价，也可以用于教育机构或者教育方案。鉴定主要包括两类：一是水平鉴定，这类鉴定主要用于

---

① R. W. Tyler. Basic Principles of Curriculum and Instruction ［M］. Chicago：The University of Chicago Press，1949：105-106.

对教育机构或组织（如学校）、方案（如课程方案或者教学方案）、人员（教师或学生）等对象在某方面或者各方面的情况，衡量其是否达到应有的标准，是否能实现相应的目的和任务，对评价对象的优劣进行甄别，评定相应的等级；二是资格鉴定。这类鉴定常用于判断评价对象是否具备从事某种活动的资格，如教师资格鉴定。在具体的教育评价实践中，鉴定功能的发挥必须基于科学的事实判断与价值判断。要得出科学的价值判断，首先要通过对教育评价对象相关资料的搜集、整理、分析，在此基础上通过全面的检查、比较、判断来达成。要注意的是，鉴定仅是教育评价的一种功能，并不是教育评价的根本目的。教育评价的根本目的在于通过评价，促进评价对象的发展与优化，而不是鉴定其优劣程度、水平高低。因此要合理、恰当地运用此功能，使教育评价成为提高教育质量有力的推进器。

（三）激励功能

教育评价的激励功能是指教育评价具有激发评价对象的行为动机，调动评价对象的内在动力，使评价对象逼近及实现预期目标的功用和能力。心理学研究表明，若个体的高层次需要（如学业成就、事业成功等）得到满足，会使个体产生愉快的情感体验，从而极大地激发其动机，调动其奋发向上的积极性，促进个体的自我发展。由于评价结论往往直接影响评价对象的形象、荣誉和利益等，对于先进的评价对象，评价结果往往是对评价对象过去成绩的一种肯定与认同，会对成功的做法起强化作用，因此能激发其成就动机，使他们追求好的评价结果，激励他们更加努力、更加主动，全力以赴地做好有关工作，以保持或者创造更大的教育成就。即使评价对象获得的评价结论并不甚好，但只要合理引导，帮助其发现自己的不足，并为其寻找努力的方向或目标，同样也是一种鞭策，也能起到激励的效果。

评价激励功能的发挥，要求评价标准不可过高也不可过低。一般来说，评价标准要根据评价目的的指向和评价对象的实际情况来合理建构，评价标准一般建立在评价对象的"最近发展区"，大部分评价对象经过努力，就能够达到标准的要求。教育评价激励功能的发挥，需要建立客观公正的评价环境和科学合理的评价方法与过程，并积极引导评价对象参与评价过程，建立起畅通的评价信息反馈渠道来实现。只有建立起公平、公正、科学、客观的评价体系，它才能真正起到激励作用。

（四）发展功能

教育评价的发展功能是指教育评价活动具有使评价对象反省自身状态、克服自身不足、促进自身发展、实现目标的功用和能力。发展功能主要运用"反馈原理"，通过评价获得关于评价对象的信息，从而对教育管理或教学活动的各个环节与步骤、各个要素的科学性与合理性进行分析和研究，判断学校管理、教师教学和学生学习的薄弱环节与存在问题，为有效地指导和改进提供可靠的依据，从而"对症下药"，以达到促进评价对象发展、提高教育教学质量的目的。在"八年研究"中，泰勒就将评价列为课程编制过程的一个重要步骤，通过测验和评价，帮助学校和教师改进课程和教学。1963 年，克龙巴赫提出"通过评价改进教程"，并取得了一定的发展，进一步论证了评价在改进学校教育教学、促进教育质量提高等方面的功能。这些都充分显现出传统的教育评价非常强调评价的发展功能。现代教育评价更是重视改进、发展功能，强调评价要用发展的眼光，着眼未来，要善于发现和发展评价对象多方面的潜能，了解评价对象发展中的需求，使评价成为评价对象发展的"脚手架"，真正地促进评价对象的发展。教育评价改进功能的发挥，主要通过全面了解评价对象的实际状况、评价信息的有效反馈、评价结果对评价对象行为的指导等运行机制得以实现。

要注意的是，在教育评价活动中，人们常常把评价目的与评价功能相混淆。评价目的是对未来教育评价实践活动观念的预演，是对评价所发挥的功用和能力做出的设想和规定，因此，评价目的更多地表现出主观性的特点。而评价功能是教育评价系统结构的内在机制，是构成评价系统的各个要素的组成形式在运动状态下所发挥的功效，是评价系统内部所固有的一种潜在能量。从系统论来看，这种潜能只有在评价实践中才能表现或释放出来，这种功能的外在表现即是作用，因而它具有客观性。从理论上来说，教育评价追求的理想状态是主观与客观的一致性，也即评价目的与评价功能实现高度的统一。在教育评价实践中，评价目的的实现依赖评价功能的发挥，评价功能的正常发挥也需要评价目的提供正确的方向，评价目的与评价功能相互作用、相互依赖，共同实现评价中的主客观统一。因此，我们必须正确地把握评价目的与评价功能的关系，有效地发挥评价所具有的功能，为特定的评价目的服务。

二、教育评价的类型

明确教育评价的类型，可以更好地理解和应用教育评价，更好地服务于教育改革与发展。教育评价的类型众多，分类的视角与标准不同，评价的类型也不相同。这里，我们以评价目的、评价标准、评价范围、评价主体、评价方法为视角，对教育评价进行分类介绍。

(一) 按教育评价作用分类

根据教育评价在教育教学中所发挥的不同作用，教育评价可分为诊断性评价、形成性评价与终结性评价。

1. 诊断性评价

诊断性评价又称为事前评价或准备性评价，是指在某项活动开始之前，对评价对象的现实状况、存在问题及问题成因做出的评价。布卢姆认为，诊断性评价就是在学期、学习单元的教学活动开始之前所实施的评价，其目的主要是了解学生是否具备接受新的学习任务所必需的基础知识、技能和能力；是为了制订课时教学计划而进行的评价。[①] 在新学期学习开始之前，新任教师为准确地了解学生开始新学习的准备状态，确定学生现有基础，以便制订科学有效、切实可行的学习方案，常常采用一些方式对学生进行诊断性评价。

诊断性评价有两个显著的特点：其一是重诊断，即对低效、无效甚至负效的教育教学活动进行分析，并找出其根本原因；其二是重治疗，根据诊断出的问题及其原因制订出改进方案。因此，有针对性地改进是诊断性

---

① 刘淑兰. 教育评估和督导 [M]. 上海：华东师范大学出版社，2000：32.

评价的根本目的，这也是教育评价追求的终极目的所在。

在教育评价实践中，诊断性评价主要用于教学领域。它可以诊断教师在教学中面临的问题，诊断学生在学习中存在的问题，学生在前一阶段学习中知识储备的数量和质量，学生的性格特征、学习风格、能力倾向及对本学科的态度等。要注意的是，诊断性评价既要确定学生存在的共性问题，又要找出学生具有的个性化风格与个体差异。这有助于教师在教学中切实地实施因材施教，使每个学生都得到最大可能的发展。在教学中，摸底测验、智力测验、态度和情感调查、观察、访谈等方式，成为教师对学生进行诊断性评价的常用手段。

2. 形成性评价

形成性评价又称进行性评价或过程性评价，是指对教育活动过程中的表现、存在的问题、取得的成绩等进行评价，从而为正在进行的教育活动提供反馈信息，引导教育活动正确、有效地进行而采取的评价。可以看出，形成性评价是在教育活动过程中或事物发展过程中展开的，它不以区分评价对象的优良为目的，不对评价对象的水平高低与优劣程度进行判断，不对评价对象进行等级划分，主要目的是全面了解教育活动的开展情况，以不断反馈调控、改进完善。例如，在教学过程中，可以通过形成性评价来发现教学中存在的问题及其原因，并及时反馈，调整、修改或重构教学方案，以达到提高教学质量的目的。形成性评价的概念最早由美国哈佛大学斯克里芬提出，布卢姆首先将其应用于教学领域。

从形成性评价的应用来看，它有两个基本特点。一是在教育活动的过程中开展；二是强调对正在进行的教育活动给予问题诊断与反馈调节。由于形成性评价是在活动过程中进行的，它能收集到较多的过程性信息，能真实地反映教学过程与学习活动中的本真状态，能在一定程度上揭示评价对象活动过程中的发展变化走向，反映影响终结性评价结果的具体原因，所得出的评价结果能有效地帮助、改进评价对象的活动。其不足之处在于：评价操作比较复杂，评价标准不好统一制订，评价者不可能收集到反映每个评价对象的具体资料，因而评价依据也不一定都准确。

3. 终结性评价

终结性评价也称为事后评价或总结性评价，是指对评价对象在一定时期内的目标达成程度、表现情况及活动结果进行全面考察与判断的评价。终结性评价一般在教育活动结束后进行，旨在对教育活动的效果进行考察。一般而言，终结性评价会对评价对象进行水平高低、优劣程度、等级划分的判断。从次数上来看，终结性评价的次数比较少，一般是一个学习进程结束时进行。比如，在一学期或一学年结束时进行。期末考试、毕业会考、高考等均属此类。与诊断性评价、形成性评价不同，终结性评价具有两个独特的显著特点。一是在评价内容上，终结性评价更广泛，能更全面地考察评价对象的发展状况。二是在评价周期上，终结性评价考察周期更长。因为评价对象的发展是一个长期的、持续的过程，如果有更长的周期来考察评价对象的发展，会使评价更加科学、客观。

终结性评价由于其简便易行而备受推崇，已广泛地运用于评价实践中。其主要作用有两点。第一，判断某个评价群体或其中的评价对象的整体发展水平，为评优、选拔、晋升等提供重要依据。因此，终结性评价在我国历来都受到重视，甚至在很长一段时间内成为学生评价的唯一方法。但要注意的是，由于评价对象的发展是受多种因素、多种变量、多种条件综合影响的，比较容易出现波动性、反复性、非连续性，所以，在运用终结性评价来评优、选拔时，一定要注意评价结论的全面性和过程性。第二，总体把握评价对象在知识掌握、技能水平和能力层级上的总体情况，为教育教学的后续过程提供教学起点依据。但终结性评价也存在一定的缺陷，它是从外部进行的完成性评价，在评价应用实践中，它过于关注结果，不能在活动过程中提出改进和完善的建议，其应用也具有一定的局限性。

总体来说，诊断性评价、形成性评价与终结性评价是三种常用的评价形式。这三者既相互区别，又相互联系。其区别主要表现在：三种评价的目的、功能、实施时期、强调的重点与结果的反馈均有不同。但它们的区别也不是绝对的，三者也是相互联系，相互作用的。主要表现在以下几点。其一，三种评价的根本目的都是促进评价对象的发展，提高其工作能力和水平。因此，任何评价都带有诊断、形成的性质。其二，三种评价是相互渗透的。在教育教学过程中，诊断性评价是形成性评价的开始，形成性评价是诊断性评价的延续，诊断性评价、形成性评价为终结性评价提供鉴别评定的依据，而终结性评价的结论亦可为下一次教育活动中的诊断性评价提供依据。因此，三种评价形式各有所长，在教育评价活动中，要在重视形成性评价的前提下，注重三种评价形式的有机结合，促进教育教学质量的提升，为学生的全面发展奠定坚实的基础。

（二）按教育评价参照标准分类

按照评价参照标准的不同，教育评价可分为相对评价、绝对评价和个体内差异评价。

1. 相对评价

相对评价是指在评价对象群体中选取参照标准，以确定评价对象在群体中的相对位置或与群体中某一个体之间的差距的评价。相对评价的参照标准，一般是该群体的常模，因此，相对评价也被称作常模参照评价。由于相对评价的标准来自评价对象群体内部，它只适用于所选定的群体，对另外的群体未必适合。在某个班级中，可以按照一定的标准来评定每个学生在这个群体（班）中的相对位置，却无法判断其他班级同学的相对位置。在图 1-2 中，A_1、A_2、$A_3 \cdots A_n$ 为 A 班级的学生，A_0 为参照标准，A_1、A_2、$A_3 \cdots A_n$ 通过与 A_0 相比较，获得自身在 A 班级中所处的相对位置，但是却无法判断其他班级同学的相对位置。

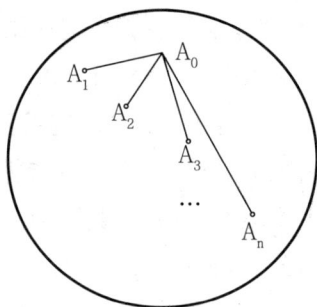

图 1-2　相对评价示例

相对评价的标准来自评价对象内部，这一特性也决定了相对评价所具有的优缺点。其优点在于：第一，相对评价的标准是建立在群体测评基础上，以此标准进行评价，能找准评价对象在群体中的位置和名次，能对评价对象做出比较准确、客观、公正的判断；第二，相对评价能确定评价对象在群体内的相对位置，使个体了解自己的优势与不足，有利于激发评价对象的竞争意识和进取精神。相对评价也有自身无法克服的缺陷：其一，由于相对评价的标准来自群体内部，没有一个客观的标准，判断出来的"高手"未必是真正高水平、高质量的，它只是反映了评价对象在一定范围内的相对水平；其二，相对评价是通过群体内部相互比较来实现的，因此总会有优胜者和失败者，若长时间采用这样的评价方式，容易形成不良的竞争环境，给评价对象带来心理负担，挫伤其自信心与积极性。

2. 绝对评价

绝对评价是指在评价对象的集合外选取某一参照标准，将评价对象与这个标准进行比较，判断其达到客观标准程度的评价。绝对评价关心的是评价对象是否达到了既定的参照标准及其达到程度，因此也称为目标参照评价。例如，对学校办学条件、对教师基本素质的要求，均是以是否达到某种标准进行评定。在图 1-3 中，A_1、A_2、A_3…A_n 为 A 班级的学生，M_0 为参照标准，A_1、A_2、A_3…A_n 通过与 M_0 相比较，获得它们达到 M_0 的程度，同时，以 M_0 为标准，也可以获得其他班级同学的达到程度。

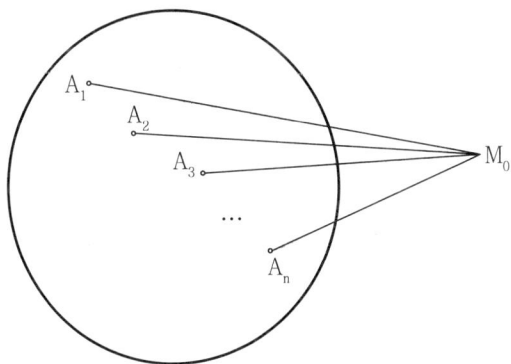

图 1-3　绝对评价示例

绝对评价的特点是评价标准与评价对象所在的群体无关，它是独立于评价对象群体之外而相对客观的要求和尺度。如国家制订的中小学规范化办学条件、教育目标等方面的标准就可作为评价中小学的客观标准，它与学校实际的办学水平无关。绝对评价所具有的优点在于：其一，由于评价标准是客观、可靠的，为评价对象提供了明确的目标，可以提高其积极性和成就感；其二，绝对评价是一个单向封闭系统，操作流程相对简单，结构紧凑，条件限制也较少，易于为大多数人所接受、掌握和应用。但绝对评价也存在一定的局限：其一，与相对评价相比，绝对评价标准的制定或确定更难，难以避免主观性，很难做到完全的客观、公正、合理；其二，绝对评价要求评价对象所达到的目标与既定目标相比较，也就是说只重视对"成果"的比较，而忽视"输入"、过程或其他非预期成果的评价，因此这种评价比较片面；其三，绝对评价用统一的标准去判定评价对象的目标达成度，从根本上说，这是不能为现代教育所接受的。因此，绝对评价适用于达标性的评价，如普及义务教育质量评价、"两基"攻坚评价等。

3. 个体内差异评价

个体内差异评价是把评价对象集合中各元素的过去和现在相比较，或者对一个元素的若干侧面相互比较。例如，一位曾经只能说几句英语的学生，经过几个月的学习后，能比较流利地说英语（即使是有些地方不那么准确），我们可以说他取得了很大的进步。我们再对这个学生的听说读写能力进行考查，相比之下，发现他的阅读能力更强一些。这种评价就是个体内差异评价。在图 1-4 中，A_1、A_2、$A_3 \cdots A_n$ 为 A 班级的学生，A_1、A_2、$A_3 \cdots A_n$（学生现在的水平）通过与 A_1'、A_2'、$A_3' \cdots A_n'$（学生过去的水平）相比较，获得他们的变化情况。

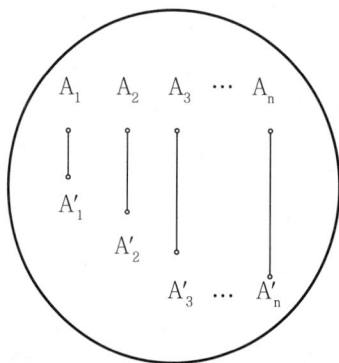

图 1-4　个体内差异评价示例

个体内差异评价的特点是充分考虑个体间或个体内某些方面的差异，不会对评价对象产生压力。但也存在一些弊端：第一，由于个体内差异评价既不以客观标准为参照点，也不与其他评价对象进行比较，容易使评价对象产生自我满足而停滞不前；第二，个体内差异评价是一种没有标准的比较，其评价结果很难令人信服。所以，个体内差异评价常常与其他评价结合起来使用。

（三）按教育评价范围分类

按照教育评价涉及范围的大小，可将教育评价分为宏观教育评价、中观教育评价与微观教育评价。

1. 宏观教育评价

宏观教育评价是指以教育的全领域为对象的评价。如，对教育体制、教育性质、教育方针与政策、教育目标、教育结构、教育制度、教育内容、教育的社会效益等的评价。宏观教育评价对教育活动过程的影响是总体性的，对教育活动范围的影响是全局性的，对教育发展的影响是战略性的，所以是宏观性的评价。

2. 中观教育评价

中观教育评价是指以学校内部各方面为对象进行的评价。如对学校的办学水平、办学条件、领导班子、教师队伍状况、办学特色等的评价，它的基本特点是以学校为评价单元。

3. 微观教育评价

微观教育评价是指对某项具体的教育活动过程，对实施、管理教育活动的个人，对教育活动指向的具体对象等进行的评价。如对学生的学业水平、身体健康、劳动技能、智力水平、思想品德、情感态度与价值观等的评价。它的基本特点是以具体的教育活动及教育活动的参与者为评价单元。

（四）按教育评价主体分类

按照评价主体的不同，教育评价可以分为自我评价与他人评价两类。

1. 自我评价

自我评价又称内部评价，是指评价对象依据评价原理，对照一定的评价标准对自身进行的价值判断。自我评价的主体可以是个人，也可以是团体与组织，如学生的自评、教师的自评、学校的自评等。自我评价的优点表现在：第一，不受时间和场合的限制，简便易行，无论管理者还是教师或学生，都可以随时随地经常性地对照目标要求进行自我评价；第二，省时、省力，耗资较少；第三，可在较长时间内连续操作，机动灵活。从评价者自我提高、自我完善的角度来看，它有利于评价主体的角色内化、有利于激励评价对象的内在动机、有助于评价主体形成良好的自我反馈环节以不断地调节自身行为和心理状态。其不足主要在于主观性强，容易出现偏差，难以进行横向比较。

2. 他人评价

他人评价又称外部评价，是指被评价者以外的人按照一定标准对评价对象进行的价值判断。他人评价的优点表现在：第一，客观性强，用他人的视角审视同一事物可以避免主观片面性；第二，真实性强，可避免对自己评价过高或过低；第三，要求严格，参与评价和组织评价的人员都十分清楚自己的身份与职责，能够比较认真负责地完成评价工作。不过，在他人评价过程中也要注意处理好几个问题。第一，要端正评价态度。评价者要树立正确的评价指导思想，学习教育、教学的科学理论，遵循教育规律，正确理解和把握评价的目的和标准；要提高评价者的思想觉悟、政策水平、道德品质，力求使评价者认真、公正、负责、坚持原则、实事求是；要加强对评价者的专门培训。第二，注意克服各种偏见。第三，注意对评价对象的心理调控。

（五）按教育评价方法分类

以评价方法为标准，教育评价可以分为定量评价与定性评价。

1. 定量评价

定量评价是指在评价过程中运用数学方法去处理、分析信息，取得数量化评价结果的一种评价。定量评价的特点是侧重于对事物的量的评价，有客观的评价标准，获取的资料也较为客观，统计分析科学，具有较高的客观性与可靠性，能使一些模糊的概念精确化，减少评价中的主观随意性。所以，在教育评价中，对能够量化的事物要尽可能地量化，以提高评价的信度与效度。

教育评价中通常采用的数学方法主要有教育统计方法与模糊数学方法。教育统计方法主要是描述统计与推断统计。模糊数学方法是指运用模糊数学的理论对一些模糊事物以数量化的描述和运算做出连续性的评价结论。例如，对某个班级的语文学习状况进行评价，若要对学生的语文考试成绩进行评价，则要运用推断统计的方法检验其平均分数与年级平均分数之间的差异，从而做出评价。而在学生综合素质评价中，由于每个学生的素质或能力体现在许多方面，仅考查少数几个方面难以体现学生的综合素质，因此，可以采用模糊数学方法，首先确定学生应该具备的基本素质，进而建立学生综合素质评价的数学模型，最后利用一定的计算工具来得出评价结果。

2. 定性评价

定性评价是指在评价过程中采用非数量化的方式，对事物发展过程和结果采用观察和质性分析的方法进行描述、分析和评价，得出定性的评价结论。定性评价侧重于对事物的质的方面进行分析和判定，可以对教育领域中那些比较隐蔽、模糊性的现象进行评价。这种方法可以弥补定量评价难以揭示评价对象表现较少、比较隐蔽特征的不足，通过深入的观察、细致的分析抽象出评价对象的某些规律，抓住事物的本质特征。因此，定性评价的关键是要实事求是，抓住要点，评价用语要具体准确，切忌大而空的语言。此外，由于定性评价要依赖评价者的已有背景与经验做出判定，很难避免评价中主观因素的影响。所以，在具体的评价实践中，定性评价应尽量与定量评价结合使用，这就能使定性评价有量有据。定性评价主要采用评语评价、评定评价、等级评价等方法，表现性评价、档案袋评价也属于定性评价的范畴。

由于教育活动是一个极其复杂的系统，容易受到多种因素的制约，也容易受到教育评价技术和手段的限制，所以，没有一种教育评价方法是万能的，每一种教育评价方法都有自己独特的优点和缺点，也有特定的适用范围。同时，任何事物都具有质的规定性和量的规定性，表现为质与量的统一。教育评价要准确地对复杂的教育现象做出价值判断，就必须要将定量评价与定性评价结合使用，使之相互补充，取长补短，从而做出全面、准确的评价。在教育评价活动中，前面已谈到定量评价与定性评价已有结合的趋向，并已在评价实践中得到一定的体现。但如何保证评价中定量与定性之间的必要张力，消除二元对立走向多元融合，仍然是现代教育评价在方法层面需继续探讨的一个重要问题。

第四节　教育评价的方法与工具

评价方法是关于如何评价的问题。评价目的、评价对象、评价内容不同，所采用的评价方法也不相同。评价方法不同，所需要的评价工具自然不同。本节根据中小学教育评价的需要，重点介绍几种常用的评价方法与对应的评价工具。

一、教育评价的方法

（一）文档法

评价中的文档法主要是指根据评价目的，围绕评价内容和评价标准，收集反映评价对象的书面资料、音像材料和实物文档的方法。这些资料涉及的内容比较广泛，包括学校的发展规划、发展过程、发展成果，学校各个部门的工作情况及原始记载，教师的教学设计、教学录像、教学成果，学生的学习表现、学习成果、学习档案袋，校本课程、校本教材、调研报告、研究报告等。文档法在传统教育评价中应用比较广泛，它所收集的资料是评价信息的主要来源，也是得出评价结果的主要依据。评价中的文档法具有以下显著特点。

一是可以超越时空的限制。评价者可以了解不能亲自获得的资料，超越时空的限制，扩大评价者的视野，使评价信息更加全面、多样。二是比较中立。这是一种非直接接触，评价者通过文档来了解评价对象，既可消除评价对象在面对面的直接接触中所表现出来的积极应付之类的行为，也不会因为评价者对评价对象的主观偏见而发生改变。三是更加经济高效。

评价者在短时间内可以了解到评价对象更多的情况，了解评价对象的发展过程、具体活动和发展成效，同时，费用也不高，是一种更加经济高效的方法。

虽然文档法是一种经济高效的评价方法，但也存在不足。其中最大的不足在于非现场完成，容易造假。由于所有的文档都是提前准备好的，不是现场完成或者即时呈现的，这些文档的生成时间究竟是什么时候，文档的作者是谁，都是很难推究的。这些年来，中小学教育评价被人们所诟病，很大一部分原因就在于评价过多地依赖于成堆的资料，而这些资料很多都是为了应付评价检查临时准备的，更有甚者全校一起来准备资料，这些资料并非原生态的、反映评价对象真实状态的原始资料。如果评价过程完全依赖于这些文档，评价将成为准备资料、查阅资料、分析资料的过程。因此，在使用文档法时，首先要确保文档具有完整性、历史性和真实性。其次，评价者应基于多种资料，研究分析各种资料之间的相关性，通过大量的资料和数据来分析评价对象的真实情况，对评价对象做出科学、准确的判断。

（二）测验法

测验法主要是指根据评价的目的，借助一定的测验工具，对评价对象的知识、技能、能力或者某些心理特征进行测量，以收集评价信息的方法。按照不同的标准来划分，测验有不同的类别。根据测验的目标可分为学业成就测验、能力倾向测验、人格测验和智力测验。学业成就测验主要用于测验学生的学习效果，是关于教学目标的考试。能力倾向测验主要用于测验学生在某种能力上的现有水平与潜在水平。人格测验主要用于测验气质、兴趣、情绪、动机、性格等方面的个性心理特征和个性倾向。智力测验主要用于测验学生的智力水平高低。测验常常通过量表或者试卷来进行。人格测验、智力测验一般采用量表，学业成就测验和能力倾向测验一般使用试卷。

测验法是我国中小学教育评价中应用非常广泛的一种方法，其特点主要有：一是便于定量处理，通过测验法所收集的资料基本上是数据，经过对数据进行一定的归类和整理，可以借用统计学的方法对其进行描述分析和推断分析，从而了解数据背后的规律与特点；二是便于大规模组织实施，由于有统一、标准的量表或者测验，测验法可以在同一时空内对大规模的被试进行测量评价，收集得到更多的评价信息；三是比较客观公正，通过测验法收集的资料，能够真实地反映评价对象的真实状态与真实水平，而不会因为评价者的喜怒哀乐而有所改变，能够在很大程度上保证评价的客观、公正，这也是现在很多学生评价仍然广泛使用测验法的原因所在。但测验法也有一定的缺陷，比如，通过测验仅能考量出评价对象在简单目标上的水平，而对于复杂层次的目标则很难准确测量。同时，如果量表或试卷本身的质量不高，信度与效度不高，也会影响测验的质量。

（三）观察法

观察法是在自然或者人为创设的情境中，评价者通过感官或者借助一定的工具，有目的、有计划地对评价对象的活动过程、活动状态进行全面、深入、系统的观察，以真实、全面地获取评价信息的方法。它主要涉及三个要素：观察的对象、观察的手段、观察的内容。观察的对象主要是指中小学教育评价所指向的对象，或者能反映评价对象的人或者活动。比如，在学校评价时，要通过观察教师的教学活动或者学生的学习活动来反映学校的发展状态与发展效果。观察的手段，可以借用一定的现代技术手段，如摄像机、照相机、录音机等，提高观察的准确性、敏锐性与全面性，也可以仅凭感官来观察，但观察者一定要具备相应的观察技巧与经验，确保观察的客观性和真实性。观察的内容，可以是教师的教学行为，如教师的教学流程、教学情境的创设、教学冲突的处理；也可以是学生的学习行为，如学生回答问题的情况，完成练习的情况；还可以是能反映评价对象的其他活动。

一般而言，中小学教育评价实践中所采用的观察是在自然情境中进行的，不需要对评价对象进行任何的干预和控制。因此，观察者能够获得真实的、原生态的信息。如，在教师绩效考核中，校长通过观察教师的课堂教学行为，借助一定的课堂观察表，了解教师在教学思想、教学能力、教学效果上的情况；在学生评价中，教师通过观察学生在课堂中的表现，了解学生对知识的掌握情况、相关技能的习得情况、情感态度价值观的内化情况等。由于观察法操作简便、经济易行，在评价实践中备受青睐。

与其他方法相比，观察法有几个突出的特点。一是直接性。评价者与评价对象是直接接触的，评价者通过自己的感官了解、感受和判断评价对象的表现，不需要通过一定的刺激物来诱使评价对象做出反应，而是观察评价对象在活动过程中自然表现出来的行为。二是自然性。由于观察是在自然状态下进行的，评价者实地了解、关注评价对象的活动与操作，评价对象的行为表现不能有任何虚假，所有的动作、行为均是自然的、真实的，因而具有较强的自然性。三是主客观二重性。虽然在观察过程中，评价对象的行为是自然流露的，是客观、真实的，但由于评价者是借助自己的感官来进行观察的，同样的行为对于不同的评价者而言，可能会有不同的理解与判断，因而又具有相对的主观性。

总体来看，虽然观察法简便易行，所收集的资料自然、真实，但观察的样本量比较小，导致所收集的资料具有一定的个体性与独特性，可能不具有代表性和典型性。同时，观察法是在自然的情境下进行，可能会受到无关因素的影响，为保障评价信息的普遍性和全面性，一般会将观察法与其他方法结合起来使用。

（四）调查法

教育评价中的调查法主要包括问卷调查法和访谈法。

1. 问卷调查法

问卷调查法是中小学教育评价实践中应用比较广泛的方法。它是根据特定的目的，以评价对象回答问题的方式来系统收集评价信息的方法。观察法是通过评价者单向地收集相关信息，至于这些信息是否有代表性和典型性，无法通过评价对象去确认。而问卷调查法是由评价对象回答评价者提出的问题，能够更加真实地反映评价对象的内在状态与本真表现。

概括来说，问卷调查法具有几个突出的特点。一是取样灵活。问卷调查法不受时间、地点的限制，可以在相对灵活的时空中进行；不受规模的限制，可以面向全校、全年级、全班，或者面向全县、全市等，根据特定的评价目的，调查的样本量可大可小，取样灵活。二是充分尊重评价对象。由于大多问卷调查是匿名调查，评价对象可以根据自己的实际情况如实回答，而不用担心自己的作答会给自己带来不良影响。评价者和评价对象不需要直接接触，就能充分尊重评价对象的真实意愿，更能充分尊重评价对象的隐私。三是充分保证样本的代表性。问卷调查一般会根据评价的需要，在调查之前进行科学抽样，抽取具有代表性和典型性的样本，选择足够容量的样本，以保证调查结果具有代表性和典型性。

与其他方法相比，问卷调查法虽然能够了解到具有普遍性和典型性的问题，但由于通过问答的方式仅能收集一些表面性的信息，不能深入了解和挖掘深层次的问题，因此问卷调查法一般也会和访谈法、观察法等方法结合使用。

2. 访谈法

访谈法是评价者与评价对象面对面地交流，深入了解评价信息的一种方法。它和日常谈话不同，具有较强的计划性与目的性，还需要一定的访谈技巧与技术，因此，它有自己独有的特点。一是具有明确的目的性。在评价中所使用的访谈，可以依据特定的评价目的，围绕特定的评价标准和评价内容，借助一定的访谈提纲，了解评价对象在某方面的真实感受、真实想法和真实表现，了解存在的问题，探究问题产生的缘由，以及问题解决的策略或者建议。二是具有较强的灵活性。评价中的访谈，访谈者与被访谈者面对面直接接触，访谈者可以对访谈的问题进行具体解释，帮助被访谈者准确理解访谈的问题，以确保达到预期的目的。一般来说，评价者会对访谈的问题及内容进行一定的设计，但在实际的访谈过程中，评价者可以根据具体情境进行适当调整。与其他方法相比，访谈法不是预设僵化的，具有较强的灵活性。

访谈法虽然相对灵活，但也有自身的局限。一是操作比较繁琐，需要更多的人力和时间。一般来说，访谈的对象数量有限，因此访谈的时间需要相对充足，甚至几次访谈才能完成。同时，正式访谈之前需要做相应的准备，访谈之后也需要进行整理与分析，因此操作起来比较繁琐，需要更多的人力和时间。二是标准化程度低，不便进行数量分析。虽然一般会有统一的访谈提纲，但由于访谈者不同，访谈对象的态度和情绪不一样，访谈的环境也不一样，因此所收集的资料标准化程度较低，会存在一定的主观性和差异性。这些资料主要以文本的方式存在，一般来说不便于进行数量分析。因此，访谈法一般与问卷调查法结合使用。

二、教育评价的工具

（一）文档评价表

在评价实践中，评价者可能要在较短的时间内查阅众多的文档，结合评价目的、评价内容和评价标准，对文档的真实情况、详实情况、水平情况等多方面内容做出判断。一般来说，为了提高查阅的效率，做出准确的判断，评价活动的组织者会为评价者提供相应的文档记录表。评价的目的、对象、内容不同，文档记录表的结构也不相同，一般包括：评价指标、评价标准、观测点、查阅情况、存在问题和得分情况等。文档记录表既可方便评价者在较短的时间内做出正确的评价，又能方便组织者在评价后迅速整理、汇总不同的评价者所做出的评价。为了清楚地展现文档评价表的结构，这里提供一个来源于教育评价扎根研究的案例，如表1-1所示。

表1-1　中小学教育质量评价文档记录表

评价指标	评价标准	观测点	抽查情况	存在的问题	得分
C3 常规管理制度（5分）	1. 有校长、分管校长、教务（导）主任、年级（教研）组长管理职责和听课评课制度各得 0.5 分，按规定完成听课节数得 1 分，有点评记载得 1 分；（3分） 2. 有定期的教研活动和集体备课制度，落实情况好；（1分） 3. 坚持每学期定期检查教师教案 3 次以上得 1 分，1 次以上得 0.5 分。（1分）	1. 管理职责情况； 2. 听课评课制度情况； 3. 听课节数完成情况； 4. 听课点评记载情况； 5. 教研、备课情况； 6. 教案检查情况。			

续表

评价指标	评价标准	观测点	抽查情况	存在的问题	得分
C4 质量管理制度 (5分)	1. 有专门的教学质量管理机构，职责明确，履行职责好；（1分） 2. 坚持每学期考核评价教师教学活动得2分，每学年一次考核评价得1分；（2分） 3. 全面开展学生综合素质评价，对学生个性全面发展导向正确。（2分）	1. 质量管理机构职责情况； 2. 教师教学考核评价情况； 3. 学生综合素质评价情况。			

为便于开展评价，该文档记录表列出了相应的评价指标、评价标准、观测点、抽查情况、存在问题及得分，这些详细的资料既便于在评价过程中快速地实施评价，又便于后期的数据分析。

（二）测验量表

量表或试卷是测验的主要工具。量表的质量直接决定评价工作的成功与否。因此，编制或者选用量表，是评价工作中比较重要的一个环节。编制或者选用量表，首先要保证其质量，必须遵循以下几项原则。一是目的性原则。编制量表必须具有目的性，应针对评价目的来编制量表，明确测验指向哪些内容和哪些测试对象。如果评价的目的在于判断学生的学业成就水平，必须以各学科的内容和教学目标为依据，考量被试在教学目标上的完成情况，判断学生掌握知识的多少以及能力水平。二是灵活性原则。编制量表必须要根据实际情况，灵活选择适当的题型，主客观试题相结合，灵活选择相应的素材，编制难度适当的题目。三是科学性原则。测验每一个题目的语言要清楚准确，不能出现模糊不清的语言，明确测试的目的和测试的重心。题目编排要科学，题干语言要准确，答案要清楚明确。

编制好量表后，还要对量表的质量进行分析，对信度、效度、区分度和难度进行分析。信度指的是测验工具的稳定性，它是指测验能否稳定反映被试的实际水平。信度实际上反映的是能否有效控制误差的能力。误差控制得好，信度就高。效度指的是测验工具的有效性，它是指测验能够测出所要测量的特性的程度。如能否测出被试的某种心理特性、某些知识、某种能力，如果能测出则效度高。难度指的是测验项目的难易程度。评价目的不同，测验的难度水平也不一样，如标准化常模参照测验与标准化目标参照测验的难度分布是不一样的。区分度是指测验的区分能力，它反映的是对被试水平高低进行判断的能力。应该说，高水平被试测验所得分数应该高，低水平被试测验所得分数应该低，如果高水平被试和低水平被试在测验上所得分数没有差别，那么测验的区分度就很低；如果高水平被试测验所得分数较低，而低水平被试测验所得分数相对较高，那么这个测验区分度就是负的。因此，编制量表时，必须要确保量表具有良好的信度、效度、区分度和适当的难度。

（三）观察提纲

有效的观察，一般要借助一定的观察工具，如观察提纲、行为记录表等。观察提纲主要明确观察哪些内容，收集哪些信息，即回答观察什么的问题。依据特定的评价目的，观察提纲可将评价内容具体化为序列观察点，将某些重要事件拆解为一个个时间序列单元，将某些复杂情境转化为一个个彼此联系的空间单元，观察结束之后再对序列观察点的时间单元与空间单元进行定格、扫描、分析等操作，为评价提供重要的信息。由于同一时间内评价者对评价对象的观察受时空限制，通常来说，一个评价活动可以从不同的侧面来观察评价对象的活动与行为，因此，通常由不同的观察者来对同一对象进行多侧面、多角度的观察。比如，对教师课堂教学行为进行观察，可以分别观察教师的教学组织、教学方法、教学语言、师生互动、课堂结构、资源利用、时间分配、教学效果等。在评价活动中，为了提高评价信息的收集与相关数据的采集，一般会将观察提纲设计成表格的形式，对观察点的评价常常采用量化的方式，这里呈现一个评价中实际采用的课堂观察表，如表1-2所示。该课堂观察表列出了观察项目在评价指标体系中的序号与内容、观察点，设计了评定等级及得分情况，方便评价者具体观察和做好相应的记录。

表1-2　课堂观察表

学　　校：　　　　　班　　级：　　　　　学生人数：

课　　题：　　　　　执　教　者：　　　　时　　间：

项目	观察点	评定等级				得分
		A	B	C	D	
C2 教师 教学观	1. 教师有正确的教育教学观，坚持把学生发展放在教学的中心地位；（1分） 2. 学生对教师的教育教学观认可度高。（1分）	2	1.5	1	0.5	
…	…	…	…	…	…	
C19 学生 学习方式	1. 学习方式多样，能动用多种感官参与学习活动，有效参与自主学习、探究学习、合作学习。（2分）	2	1.5	1	0.5	
总体评价		专家签名： 　　　年　　月　　日				

（四）调查工具

1. 调查问卷

调查问卷的编制是问卷法的关键环节，问卷的质量决定着问卷调查法的使用质量。根据问卷的回答方式，问卷可分为结构式问卷和非结构式问卷。结构式问卷提供了答案选项，被试只需在选项中进行选择或者排序。非结构式问卷需要被试结合自己的情况，用语言表达自己的看法。在评价过程中，结构式问卷和非结构式问卷常常结合起来使用，以便收集到更加全面、完整的信息。就是说，问卷中既有结构式问题，又有非结构式问题；或者一个问题中既有结构式选项，又有非结构式选项。一般而言，结构式问题多于非结构式问题。本书将在第六章对问卷的编制做详细介绍。

总的来说，在编制问卷的过程中，要严格遵循两个基本前提：一是问卷能尽可能多地收集到评价者所希望了解的信息；二是问卷的呈现方式应尽可能让被试乐于回答。基于此，问卷的编制应该贯彻以下原则。一是针对性强。问卷中所设计的问题必须与评价目的、评价内容一致。除少数测谎题或者背景性问题外，每个问题都应该有特定的针对性，指向评价内容或者评价指标体系中的某个方面。二是可读性强。问卷的编制要针对被试的年龄、职业和其他情况，在问题的设计、语言的表述等各方面必须契合被试的特点，语言直白、通俗易懂、可读性强。三是数量适当。为了提高问卷的回收率与有效性，问卷的长度不宜过长，数量要适当。如果篇幅过长，数量过多，被试会反感与厌烦，导致被试采用应付或者逃避的方式来对待，这样就失去了调查的意义，也就无法收集到有用、有效的信息。四是便于处理。由于问卷调查可以面向众多被试，在大范围内开展调查，收集到大量的数据信息，采用计算机进行分析处理，可以提高数据处理的效率与准确性。因此，在问卷编制时，问题的设计要便于调查资料的编码、录入、汇总和分析处理。具体的问卷设计方法将在后面的章节中详细介绍。

2. 访谈提纲

为了提高访谈的针对性和有效性，一般会在访谈前根据相应的评价目的、评价内容，编制专门的访谈提纲。没有提纲的访谈，可能会使访谈没有方向，漫无目的地进行，既浪费时间，又不达到特定的目的。

从访谈的结构来看，访谈分为封闭型、开放型和半开放型。封闭型访谈中，访谈者根据访谈提纲来引导和掌握访谈的问题与进程。开放型访谈中，没有固定的访谈问题，访谈者只起辅助作用，鼓励被试用自己的语言来表达自己的看法。半开放型访谈介于封闭型和开放型之间，访谈者对访谈有一定的引导与控制，允许被试积极参与访谈过程。访谈者根据预先设计的问题，对被试进行访问，允许被试进行拓展，并根据被试的作答情况，采用恰当的访谈技巧，对某些比较有价值的问题进行深入挖掘。

访谈提纲的设计，要围绕评价的目的和评价内容，针对相应的主题，精心设计访谈的问题，问题要自然亲切，符合对话交流的要求。一般来说，会涉及几类问题：工作的开展情况、存在的突出问题、问题解决的策略等。访谈的问题一般会设计一些简单的、容易激发起被试兴趣的问题，再逐渐由简单到复杂，设计一些更为复杂的、敏感的问题。

第二章　教育评价的反思与展望

　　教育评价是我国教育改革与发展中的一个难点和热点问题，它对于当前基础教育课程改革的重要性是无可置疑的。近些年来，根据基础教育课程改革的要求，教育评价在不断调整与变化，在评价理论、评价理念等多方面取得了不少进展。但从评价实践来看仍然存在很多问题。这些问题阻碍着基础教育课程改革的纵深推进，遮蔽了教育评价的本真追求。因此，全面分析与反思教育评价存在的主要问题，寻找问题解决的主要思路，展望评价的未来发展趋势，是基础教育课程改革纵深推进进程中非常重要的课题。

第一节　教育评价的问题反思

　　新一轮基础教育课程改革实施以来，教育评价成为改革的难点与热议的焦点。综观近些年来教育评价的发展，主要表现出以下两个方面的特点。一是新的评价理念在不断更新中深入人心。调查显示，第八次基础教育课程改革进行十余年来，随着各项改革方案在实践中得到逐步实施，经过一轮又一轮的新课程培训，新课程提出的评价理念已被众多学校、广大教师所认同，发展性、表现性、多元化等理念已经深入人心，成为广大教师话语体系中的重要组成部分。二是新的评价理论在不断探讨中日趋成熟。随着"教师即研究者，教室即研究室"理念被广大教师所认同，众多教师也结合自己的教学实践不断涉足评价的研究，并建立起一系列的评价理论，如发展性评价理论、多元化评价理论、生命化评价理论、表现性评价理论等，他们分别从不同视角对评价理论进行了丰富与完善。

尽管评价理念不断深入人心，评价理论日趋成熟，但实践样态的评价活动与理想状态的评价图景还是有相当的差距。比如，在评价功能上，过分强调评价的选拔和甄别功能，弱化评价的诊断与发展功能；在评价标准上，过分强调标准的统一性，弱化标准的多样性与个体性；在评价内容上，过于注重显性的、知识性的内容考核，弱化对实践能力、创新精神、情绪、态度方面的考查；在评价方法上，过于倚重定量方法，弱化定性方法；在评价主体上，过分依赖外在的、他人的评价，弱化内在的、自我的评价；等等。深入分析中小学教育评价实践问题，可发现一些共同的问题倾向，比如，在评价取向上，倾发展鉴定，少均衡引领；在评价观念上，趋二元对立，少相融结合；在评价目的上，重功利主义，轻持续发展；在评价实施上，偏形式主义，乏实质关注等。因此，这里我们对这些不良倾向进行深入剖析，以明晰教育评价的问题所在。

一、评价取向：倾差异鉴定，少均衡引领

评价取向是指在对评价对象进行价值判断时所选择的一种倾向性。教育评价纷繁复杂，取向各异，标准不一。任何一项教育评价活动，首先要明确评价取向。然而评价取向的确定是一项比较艰难的工作，因为教育评价取向的选择与确定受到多个因素的影响，会受到不同时期经济社会发展水平和教育发展水平的影响，会受到教育思想和教育理论的影响，会受到评价主体和评价对象需求的影响等。

国内关于教育评价的理论研究与实践探索的深度和广度已经到达一定的水平，也积累了许多宝贵的经验。但从现有的文献资料看，教育评价的理论与实践取向多倾向于对评价对象的发展水平与发展差异进行鉴定，而对侧重于引领教育均衡发展的评价探究比较少；且这类差异鉴定性研究多以宏观层面的区域评价或者中观层面的学校评价为主，很少能够关注到从宏观、中观到微观，从区域评价、学校评价到课堂评价、教师评价、学生

评价这样的整个体系。这可能是由于多年来我国教育受到经济社会发展的影响，教育发展处于非均衡状态，教育评价也主要以发展鉴定为主，显现出"倾发展鉴定，少均衡引领"的特点。

如果评价仅仅关注发展水平、发展差异，那这种评价是基于现实的状态评价；如果评价能更多关注未来发展、走向均衡，那这种评价是着眼未来的引领评价。如果教育评价仅仅关注宏观层面的区域评价或者中观层面的学校评价，就会缺乏对教育系统中最核心的要素——教师和学生的关注；反之则会形成"既有系统，又有要素；既有整体，又有局部"的生态环境，更会设计出一套整体、引领均衡的评价指标体系，这套评价指标体系既具有单个指标体系的科学性与完整性，又具有整套指标体系的相互关联性与共同指向性。因此，未来我国教育评价的取向，应该集中于引领均衡、走向均衡的评价取向，建立未来导向的、系统规划的、整体推进的、渐进发展的、引领教育均衡发展的评价体系。

二、评价观念：趋二元对立，少相融结合

长期以来，中小学教育评价的很多方面都被认为是单一的、非此即彼的。从评价所涉及的功能来说，人们常常简单地将评价的选拔甄别功能与发展增值功能对立起来，并认为：只要有考试，只要看分数，就是选拔性、甄别性评价；只要取消考试，只要不看分数，就是发展性、增值性评价。甚至有人提出：只要不取消高考，就不能实施真正的素质教育，教育改革就不能得到深入贯彻，就相当于"戴着镣铐跳舞"。在各种新的评价理念深入人心的今天，大家都非常认同评价的发展性功能，但很多人并没有真正理解发展性评价的实质内涵。不少人强烈地批判评价的选拔性、甄别性功能，似乎它们已经没有存在的空间与必要了。认为如果还使用选拔性、甄别性评价，就会成为新一轮基础教育课程改革的阻碍；只有完全实行发展性评价，课程改革才能得到有效实施。理论上，评价的功能受制于评价的结构，但评价的结构是教育者与评价者们建构的，建构什么样的评价结构，取决于教育者和评价者们坚信的评价目的。评价的目的本身是要判断教育活动是否能够促进学生身心和谐发展。因此，评价的结构和功能

都应该是在"发展"的统摄下融合其他功能，为"发展"服务。在"发展"的统摄下融合甄别、选择、诊断、导向、激励等功能。也就是说，发展性评价与选拔性评价并不是二元对立、非此即彼的，它们可以是相互依存、相互融合的。评价的选拔性、甄别性功能和发展性、增值性功能，各有积极的一面和消极的一面，犹如硬币的正反面，二者是可以相互结合、相辅相成的。

在评价关注的环节上，传统评价更多关注教育教学活动的结果，把重心放在判断结果对目标的实现程度上。一些人认为，只要在最后的结果上表现优秀或者取得成绩，中间的过程是怎么样运行的，大可不必关注。因此，评价只需要关注最后的成果，只需要终结性评价，不必花费人力、物力、财力开展过程性评价。比如，教师评价把学生的考试成绩和升学率、优秀率等作为核心内容，把评价的重心放在考试和考试结果上，忽视对学生的培养过程，忽视学生的全面发展，忽视教师教学水平与能力提高的过程，让广大教师感到异常反感。应该说，结果性指标是评价标准中重要的指标，但把它作为唯一指标或者核心指标是不合理的。这些年来，随着基础教育课程改革的深入推进，大多数人的观念也在逐渐发生转变，人们开始关注并强调过程性评价，也逐渐关注学生成长的过程、教师成长的过程。因为过程与结果是一个有机的统一体，过程是结果的必然基础，结果是过程的自然产物。结果的完美是由过程的完美所引起的，结果存在的问题也是过程中的问题所导致的。因此，关注结果的评价必须要关注过程，也就是说，终结性评价与过程性评价本身是融合在一起的，不能将二者人为割裂。

从评价方法所涉及的定性评价和定量评价来说，常常也被简单地认为是相互独立、不可并存、非此即彼的。传统评价只重视测验之类的定量评价，而现代评价又注重定性评价，因此，使用定性评价时，就不能使用定量评价，使用定量评价时，就不能使用定性评价。实际上，定量评价与定性评价的角度、侧重点、方法、技术均不一样，任何单一的视角都无法全面而完整地认识、判断评价对象的发展情况，只有将这两类评价结合起来使用，才能对评价对象进行科学、准确、全面的分析与判断。

类似于这样的二元对立思维在中小学教育评价实践中比较常见。二元对立思维本质上是一种线性思维，其实质是将原本纷繁复杂的世界进行简单对立，将偶然性与必然性、线性与非线性、确定性与随机性做机械式分解，然后进行"非此即彼、非彼即此"的一元化处理，其结果是一切偶然性、非线性、随机性的因素全部忽略不计。在评价中，不论是评价的选拔性与发展性功能，还是定量与定性评价方法，抑或是自评与他评，都不是二元对立的，是可以融合统一的，只是在不同的时候强调的程度不同。传统评价与现代评价也并不是非此即彼、二元对立的关系，而是相互继承、相互依存的关系。简单将两种属性对立起来，在二元对立中侧重一元，对另一元进行消解，看不到二者之间的统一性与转化性，是评价研究者与实践者们需要克服的问题，也是教育评价理论持续发展的一个重要论题。

三、评价目的：重功利主义，轻持续发展

目的是指行为主体在行为之前心目中想要实现的行为目标或预期达到的行为结果。目的是行为的核心，目的规定着行为的价值和方向，目的贯穿于行为的全过程。因此，评价目的是整个评价体系的灵魂，规定着评价行为的价值和方向，影响着评价行为的全过程。科学、合理的评价目的，对评价标准、评价内容、评价方法、评价主体等起着关键的导向作用。调查显示，受传统文化、环境条件、评价习惯等众多因素的影响，中小学教育评价显现出过于重视评优、晋级、加薪、奖励、录取等功利性目的，而对于改变、成长、优化等发展性目的比较轻视。即使近些年来发展性评价理念已经深入人心，发展性目的在评价实践中仍然体现得不够充分。

功利主义过分注重物质上、经济上、事务上的利益，不考虑精神层面的、社会效益上的利益；仅考虑个人的利益，不考虑社会的、公众的利益；仅考虑眼前的、现实的利益，不考虑长远的、持续的发展。传统中小学教育评价的目的多属选拔、甄别、奖励、惩罚，通过对评价对象的考核，最后赋予一定的等级以进行区分，给予一定的分数进行排名，做出晋级、加薪、奖励、录取或者降级、减薪、惩罚、落榜等处理。由于这类评价成为管理的一种有效手段，评价和奖惩是连续一体的，导致评价本身有了更多的功利性，滋生了各种弄虚作假行为，败坏评价风气。

传统中小学教育评价往往与奖惩制度有关联，涉及相应的利益分配。学校评价结果往往作为校长考核和绩效考核的依据，会有合格、优秀之分，会有相应的物质与精神奖励，这种结果会影响学校今后的办学方向与办学资源的多少，或者影响学校办学水平高低的定位。比如，特色学校评价、示范性高中的评选，这些评价既可以争取大量的办学资源，还可以获得更好的社会效益与经济效益。为了获得更好的评价结果，获取更多的办学资源，一些学校在评价过程中可能会弄虚作假，做表面文章，制造"美好的形式"。

教师评价主要用在学期或者学年结束时对教师的任职情况与提高学生成绩的能力进行终结性评价，其目的主要是绩效考核、奖金分配与人事决策，据此安排教学工作、加薪奖金、评优升职等。这种评价直接与奖惩挂钩，如果评价结果不好，教师会担心得不到领导、同事的信任，得不到学生、家长的尊敬，担心自身利益受到影响。因此，有些教师会采取一些不正当的方法，使用一些形式化的东西，把自己"装裱"得更加优秀、更加能干。比如，优秀教师、骨干教师、名师、学科带头人等的评选，这些评选对于教师而言，其重要性是不容置疑的，教师们各显神通，想尽办法争取在评选中获得好的结果。从某种程度上说，这种评价是学校或者教育行政部门的例行工作，只是学校管理教师的一个重要手段，也是教育行政机构对教师监督和控制的手段，没有达到促进教师改进教育教学工作和专业发展的目的。这种单纯鉴定性的评价导致教师滋生出急功近利、投机取巧的不良倾向，做课题是为了奖金，写论文是为了年终绩效考核。长此以往，过分强调功利性的教师评价，在一定程度上影响了教师对于教学育人的奉献精神，不利于调动教师持续的专业发展的积极性，甚至会使教师产生对抗、逆反等负面情绪，甚至会使学生形成错误的学习观，认为成绩好就代表一切都好，这与促进教师的专业发展和学生的全面发展的最终目标背道而驰。

目前中小学教育评价显现出的功利主义倾向，让人们对评价日益反感。学校为了"迎评"，大兴土木、塑造形象工程、恶补资料、制造虚假信息。评价组织部门为了达到自己的目的，把评价对象的真实需求抛之脑后。评价者无视评价对象，评价对象糊弄评价者，已经越发演变为一种常态化的现象。这种不正常的现象让人不断质疑与思考：评价的本质是什么？评价的状态应该是怎么样的？在目前条件下，中小学教育评价不能完全摒弃以奖惩为目的的评价，不能摒弃形式化的东西。追求优秀、荣誉本无可厚非，功利主义也并非一无是处，但如果一味追求这些，并且为实现这些而不择手段，那么评价就失去存在的必要了。

四、评价实施：偏形式主义，乏实质关注

目前，多数评价活动都是带有一定强制性的自上而下的模式，这是一种外在的、强制的、政府主导的评价，并不是评价对象内在发展需要的、自发的、自我主导的评价，导致这些评价在评价标准的制订、评价时间的选定、评价组织的实施、评价主体的选择等方面显现出一些不良倾向，凸显出偏形式主义、乏实质关注的倾向。

（一）评价标准的统一性与单一性

为了有效地实施中小学教育评价，实现比较、管理的需要，一般会制订一个统一的评价标准作为评价依据，相关单位或学校就用这个统一的标准来要求不同地区的学校、不同学校的教师、不同学校的学生，以此来判断学校的办学质量、教师的专业发展、学生的学业成就。

在教师评价中，多数学校在制订评价指标前，基本不会考虑教师的需求和差异。评价指标、评价方案的制订可由领导层决定，或者邀请专家协助制订，甚至直接使用网络上既有的评价标准。学校这些评价标准一般是面向全体教师的，使用统一、共性的评价方案，经过标准、同一的评价程序，采用相同的评价指标和评判标准。评价标准没有体现区别性与差异性，编制过程也缺乏科学性与严谨性。比如，新手教师由于对各种教学规范与要求还不熟悉，需要通过评价来规范他们的教学行为；而有经验的教师在站稳讲台之后，需要通过评价来促进教学特色的形成。然而，评价实践中无论是新手教师还是有经验的教师，不论其发展基础、教学风格是怎样的，均采用同一把尺子，从同一个角度去衡量和评价教师，没有根据教师发展的不同特点来制订不同的评价标准，忽视了教师工作的特殊性和个

体差异性，这是极为不合理、不科学的。再比如，现在的教师绩效评价一般包括德、能、勤、绩、效五个方面，为了便于统一管理与具体操作，很多学校已经将绩效评价演化为一种机械的公式演算，所有指标都有量化标准。例如，对教学常规要求会有如下量化标准："每周要听课两节，参加评课一节。""每学期到图书馆 20 次，撰写读书笔记 5 万字以上。"实际上，如果绝对地依赖量化标准，既不能体现出差异性，也不能考察出整体性，严重削弱评价所能发挥的作用。

同时，在教师评价中，还常常由于评价内容的单一性和狭窄性而陷入形式主义的窠臼。在评价实践中，教师评价标准以学生考试分数为主，使得教师评价转化为教学评价，进而又转化为学生的成绩评价。很多教师评价标准也没有整体考察教师的多个方面，忽视了教学活动的集体性、复杂性与持续性等特点，更忽略了不同发展阶段、不同学科、不同年龄教师的发展需求与成长属性。这种片面、单一的评价标准不尊重教师的发展差异，必然导致评价结果的片面与失真。

事实上，中小学教育评价的对象，无论是教师、学校，还是学生，都是有差异的个体。这些有着差异的个体，要接受统一的评价标准的衡量，为了在评价者面前表现得更好，他们常常采用虚假的方式来应付评价者的检查。

（二）评价时间的集中性与短暂性

在评价时间上，出于管理和效率的考虑，多数学校评价常常集中在特定的几天，几天的时间内要对辖区内多所学校进行评价，每所学校的评价时间也就是一天左右。追求效率是好事，但过分追求效率，会产生浮躁，导致形式主义。由于评价时间相对紧张，在短短一天时间内要对学校方方面面的事情进行详细考量，基本上是不现实的，因此，评价过程中就会有选择性地进行筛选考量。比如，在评价过程中过分注重文字资料，缺少现场考察；注重最后的数据统计，缺少过程关怀；注重显性的成绩，缺少隐性的发展。无论是学校评价，还是教师评价，都或多或少存在着这样的倾向，都不同程度地存在着应付了事的现象。"评价前突击准备材料，评价中全力搞接待"，不论评价者还是被评价对象，对于这样的形式，都是非常清楚的，甚至已经成为公开的秘密。

（三）评价组织的形式化与随意性

学校评价主要由政府机构或者教育行政管理部门组织。在实施过程中，评价组织机构在评价前会以公文的形式下发通知，交代评价的时间、内容、标准、方法等。学校则根据通知的要求组织教师编写材料，形成一摞摞的评价材料，同时做好迎接检查的各项接待工作。一些教师事前对评价的目标、内容、标准、要求并不了解，缺乏参与的热情与积极性，只是按部就班地落实学校的安排。在教育理念倡导合作、协商、参与、沟通的今天，评价组织实施却依然保持着单向度的热情、强制性的安排与效率主义的管理，评价对象把参加评价作为屈从于上级压力的"应付"，这必然导致他们对这种强制性的评价有心理抵触，会导致潜意识中的对抗性，导致形式主义，最终带来评价的低效甚至无效。

调查显示，在教师评价中，很多学校比较随意，既缺乏书面性的评价方案，也缺乏科学性、规范性的评价操作，导致教师对评价的目的、过程、操作不明确，完全在盲目、被动的情况下应付学校的检查、评价。在这样的状态下，教师不仅没有参与的积极性，还会产生反感，出现应付、讨厌或者焦虑的态度，出现一些弄虚作假的应付行为，使评价完全流于形式。由于这种随意化的评价，常常出现明显的趋同现象，出现"你好，我好，大家都好"或者"你差，我差，大家都差"的反常现象，导致评价演变为一种"过场""形式"，严重影响了评价的信度和效度，也失去了评价存在的意义。

（四）评价主体的强制性与排己性

评价主体是指那些参与评价活动的组织与实施，按照一定的标准对评价客体进行价值判断的个人或团体。一般而言，不同的评价主体，由于其身份、角度不同，在评价中所发挥的作用也不尽相同。在传统评价组织实施过程中，评价过程完全由评价者来掌握与控制，评价者高高在上，掌握着相当的主动权与话语权，评价对象则处于被检查与被管理状态，缺乏主动性与积极性。评价主体基本由相关的政府部门或者教育行政管理部门组建的专家组担任，具有强制性和排己性，很少有评价对象本身参与进来。评价对象的主要任务就是把大部分精力都放在琢磨评价意图和评价标准上，放在各种材料的准备、制作之中，而没有时间来自我认识、自我反思、自我改进和自我发展。这种以他评为主的评价忽视评价客体的价值，评价只是按照外在的价值取向和标准执行，评价客体自己的意志难以在评价活动中得到体现，导致评价客体对于评价的态度是应付、抗拒、逃避等。渐渐地，评价客体也学会有选择性地呈现信息，对自我有利的，就无限放大，对自我不利的，就尽量隐藏，甚至为了达到利己的目的，不择手段、弄虚作假，这在一定程度上严重影响了评价的真实性和有效性。

第二节　教育评价的发展趋势

纵观我国和西方教育评价的发展历程，深入分析近年来现代教育评价的发展状况，可以归纳出现代教育评价具有如下较为突出的发展趋势与特点。

一、评价取向：均衡性与差异性同在

众所周知，多年来，受到经济社会非均衡发展的影响，我国的教育发展也处于非均衡状态。为了检验教育发展的水平，教育评价也主要取向于非均衡状态的检测，取向于发展鉴定类评价。比如，对区域教育、学校教育的发展水平进行排名定级，从而给予相应的奖励与惩罚。前已述及，未来我国教育评价的取向，应该集中于引领均衡、走向均衡的评价取向，建立未来导向的、系统规划的、整体推进的、渐进发展的、引领教育均衡发展的评价体系。但要特别注意的是，均衡发展是一种理想状态的目标，实现教育均衡是一个渐进的、漫长的过程。在这个过程中，在教育发展差异较大的前提下，教育发展不可能完全没有差异，也不可能在短时间内缩小差异。均衡发展不等同于均等发展，不等同于同一发展，也不等同于平均发展，均衡发展允许存在差异。这种差异可能不是水平上的差异，可能是发展方向上的差异，可能是发展特征上的差异。即使是发展水平上的差异，也可以在走向均衡的过程中不断缩小差异。也就是说，均衡与差异并不矛盾，均衡允许存在一定的差异，差异化的发展也可以是均衡发展。因此，未来教育评价的取向应该是均衡性与差异性同在。

区域教育的均衡发展，包含着学校的内涵发展、课堂的有效教学、教师的专业发展、学生的多元发展。因为没有学校的内涵发展，就不可能有区域教育的均衡发展；没有课堂的有效教学，就不可能有学校的内涵发展；没有教师的专业发展，就不能有课堂的有效教学；没有教师的专业发展，没有课堂的有效教学，就不可能有学生的多元发展。学生是一个个独立的、特殊的个体，学生在学习风格、学习倾向、学习基础等各方面均不相同，学生的发展不应该是标准化、模式化的，应该是多元化、个性化的，不仅要看重学业成绩，更要看重学生的心理素质、创新精神、实践能力等非学业成绩上的发展。而学生的多元化、个性化发展，首先需要教师的专业发展，需要课堂的有效教学。每一个学生都要得到多元化、个性化发展，必须要有学校的内涵发展，要有区域的均衡发展。可见，在学校教育体系中，学生发展是核心，课堂教学、教师发展、学校发展、区域均衡都是为了更好地为学生的发展服务。因此，区域教育的均衡发展评价注重均衡与差异，也理所应当地包含着学校的内涵发展评价、课堂的有效教学评价、教师的专业发展评价和学生多元发展评价。

二、评价目的：发展性与鉴定性统整

传统的中小学教育评价过分强调鉴定性、甄别性，强调用同一把尺子去测量差异化的评价对象，旨在检验评价对象是否实现既定的目的，是否达到既定的标准。这种评价的核心理念是工业化生产时代对标准化的追求。它是一种面向过去的评价，只看评价对象过去的表现，并不关注其未来发展；只看评价对象是否达到标准、实现目标，并不关注其在其他方面的发展；只注重"选拔适合教育的儿童"，并不注重"创造适合儿童的教育"……这样的评价被社会各界所质疑与批判：评价功能失调、评价内容片面、评价标准机械、评价形式单调、评价主体单一、评价结论偏狭，无法对教师的有效教学、学生的全面发展发挥真正的导向、激励、诊断和监控作用。

现代中小学教育评价注重评价的发展性，力求用多把尺子去测量不同的评价对象，旨在促进评价对象的持续发展。在重心上，基于评价对象的现状，着眼于未来发展，为其创设条件促进发展目标的达成；在内容上，重视评价对象的主体意识和创造精神，以促进其素质的全面发展。这样的评价是一种面向"未来"的评价，关注的重点是评价对象在发展过程中出现的问题以及有效的问题解决的方式，真正把评价作为促进学校发展的手段。正如斯塔弗尔比姆所言："评价的目的不在于证明（prove），而在于改进（improve），评价是一种为决策者提供信息的过程。"评价可以提供给评价对象优缺点的有益信息，使评价对象及时发现问题、寻找原因、分析问题、提出解决对策，成为现代中小学教育评价的发展趋势。

从评价目的来看，虽然现代教育评价非常强调发展性，但综合我国的文化土壤、社会环境、教育生态、评价实践来看，如果单纯强调评价的发展性，舍弃评价的甄别性、鉴定性，不仅非常不现实，也不符合评价的本质属性与基本功能。因此，现代中小学教育评价着眼于寻求发展性和鉴定性的结合点，适当吸收鉴定性评价中的积极因素，将鉴定作为发展的外在"催化剂"，既为评价对象的理想发展提供指导，又为评价对象的现实目标提供鉴定依据，引导评价对象朝着既定的发展目标持续前进。

在学校评价中，随着社会的进步和人民生活的好转，对教育的追求由"有书读"向"读好书"转变，举办高质量的教育以满足社会不断进步、个人素质全面提高的需要成为教育评价的热门话题。在这一大趋势下，学校评价面临的问题绝不是合不合格的问题，而是好不好、优不优的问题。因此，学校评价既要关心学校当前的发展水平和状态，又要考虑学校未来发展趋势和可持续发展能力；既要考察数量、规模上的情况，又要考察结构优化、质量提升和效益提高。其评价视角在于，依据学校办学发展规律，基于现有的办学现状和未来的发展目标，对学校的发展现状、存在问题及未来潜能进行价值分析与判断，指导学校制订科学、有效、适合的发展规划，挖掘学校发展特色与发展潜力，增强学校可持续发展能力，使学校最终成为独具特色的办学主体。在这个过程中，鉴定性评价可为学校目标的达成提供诊断与鉴定，发展性评价可为学校目标的达成提供指导与支持。二者有机结合，相辅相成，共同为学校的发展贡献力量。

在教师评价中，评价的重心不仅注重教师现在的工作表现，更加注重教师的专业发展，不仅对教师的发展状况与绩效表现做出鉴定，提供管理教师的依据，更要对教师的专业知识与专业情意的发展给予指导、支持，依据评价结果制订发展目标、创造发展条件。这种评价强调着眼于教师职业发展的目标，根据教师的实际情况与学校的实际环境，给予适当激励，把教师的成就、进步、特长和优点作为评价重点，逐渐提高教师的教育教学能力和整体素质，以渐进的步伐引导与激励教师朝着理想的目标努力，从而促进教师的专业发展。

在学生评价中，要始终体现以促进学生素质的提高为目的。这类评价不再着眼于学生的过去表现，而是着眼于现在的进步、未来的发展；不再按照单一的标准来挑选适合接受教育的对象，而是充分尊重学生的个性与差异，采用不同的标准来激励与引导学生的发展，使所有学生都能得到主动、积极、有效的发展。因此，现代学生评价是"为了创造适合儿童的教育"，通过评价诊断学生存在的问题，依靠评价提供改进的依据，发现并选择适合孩子的教育方式，使儿童得到全面的、最大限度的、充分的发展。

三、评价视角：过程性与终结性并重

人与事物的发展是一个过程，需要经历一个动态的、持续的过程。杜威认为，生活、生长和经验改造是循序渐进的积极的发展过程，教育目的就存在于这种过程之中，生长的目的是获得更多更好的生长，教育的目的就是获得更多更好的教育。[①] 杜威在"教育无目的"的理念中阐明了他的过程思想。评价作为一种导向，应该关照到教育的全过程，不仅要评价教育结果，还应该对教育过程进行评价。在泰勒的目标评价模式影响下，传统评价被认为是确认目标和表现的吻合程度，只把评价重心放在确认学习

---

① 约翰·杜威. 民主主义与教育 [M]. 王承绪，译. 北京：人民教育出版社，2001：21.

效果上，导致人们"重终结性评价，轻过程性评价"。逐渐地，人们意识到，学习的质量不仅反映在学习的效果上，也反映在学习的过程中。评价不仅应关注学习的效果，还应关注学习的过程和方法，学习的情感、态度和价值观等。因此，现代中小学教育评价应该采取结果与过程并重的价值取向，不仅对最终的学习效果进行评价，也要对学习过程以及与学习密切相关的非智力因素进行全面评价；既重视预期结果，也要重视非预期结果；既关心现在，也要考虑过去，更要着眼于未来。

终结性评价和过程性评价是中小学教育评价不可或缺的两种评价方式，它们分别从不同的角度、不同的时间来判断学生的学习状况。终结性评价是在一个学习周期或者发展周期结束时，用于全面确定学习或发展目标达成程度的评价。过程性评价是在学习过程中或者发展过程中，用于了解发展情况或进步程度的评价。两种评价各有优劣、各有所长，相互补充、相互联系，也是可以相互转化的。比如，学生评价中的期末考试可被认为是一个学习周期结束后的终结性评价，但对于高考来说，它又是一个过程性评价。高考对于基础教育阶段的学习来说，是一个终结性评价，但对于整个人生来说，又只是一个过程性评价。因此，在中小学教育评价中，不论是学校评价、教师评价，还是学生评价，都应将终结性评价和过程性评价结合起来，实现优势互补，把评价工作贯穿到整个教育教学过程。

四、评价标准：全面性与独特性并存

全面是指从整体上来看某一物体或事件。这里的全面性主要针对评价标准和评价内容，具体的意思是指评价标准、评价内容要能反映评价对象的全貌与整体。独特的意思是独一无二的，与众不同的。这里的含义是指评价标准、评价内容要能反映评价对象独一无二、与众不同的特点。每个评价对象都有不同的个性与特点，其发展目标、发展速度和轨迹会呈现出一定的独特性。为了充分做出科学、合理的价值判断，中小学教育评价的评价标准要做到全面性与独特性并存。要关注评价对象的共同要求与个体差异，建立"因材施评"的评价体系，正确判断每个评价对象的发展潜能，为每个评价对象制订独特的发展目标，提出适合其发展的建议。

在学校评价中，由于办学历史、区域经济社会、文化基础和学校实际情况不同，每个学校的办学方向、办学定位与办学特色各有不同，发展基础、发展目标也有所差异，评价既要用共同的要求来规范学校的办学，又要用个性的要求来引导办学特色的形成。美国《新闻周刊》曾对世界上办得最好的多所中小学进行研究，发现这些学校都有自己独特的办学思想与办学特色，这些所谓的"最好"，其实就是"个性"或"特色"。特色是学校建设的本质追求和必然选择，是学校核心竞争力的本质表征。如果一所学校没有特色，就会失去存在的生命力；如果千所学校没有特色，就会使教育失去生命力。因此，学校评价应该制订科学的评价标准和评价内容，规范学校的办学行为，引导学校建设朝着正确的方向前进。

在教师评价中，由于教师在教学风格、教学背景、职业素养等方面存在着差异，既要用共性的标准来促进教师的发展，又要用个性的指标来尊重教师的差异。既要评价教师的教育教学能力，也要评价教师的职业道德、合作意识与合作能力；既要评价教师的现有发展状态，也要评价教师未来的发展潜能；既要关注教师的专业素质，也要关注教师的教学风格与独特个性，以充分挖掘教师的潜能，发挥教师的特长，更好地促进教师的专业发展和自主创新。

在学生评价中，既要评价学生的知识与技能、过程与方法、情感态度与价值观等内容，又要评价学生的实践能力、创新意识与精力、人文素养等。比如，在评价学生参与探究性学习的情况时，评价的重点并不在于衡量学生对相关知识的记忆程度与相关技能的使用熟练程度，而在于考查学生在探究性活动中的参与情况，在调查实践、研究讨论、实地考察等过程中的参与质量，在这些过程中所表现出来的兴趣、投入程度、参与程度、合作程度、探索精神、意志力等，所形成的热爱祖国的情感和行为、关心自然和社会的意识与行为等。既要关注学生的共性发展情况，也要关注学生的个性发展差异。因为每个学生都有自己的成长环境与先天素质，有自己的独有特点与优缺点，有不同的兴趣爱好、心理倾向与行为习惯，评价要尊重每个学生的个性与差异，关注学生个体发展的需要，依据学生的不同个性与特点，运用差异化的评价体系，有效判断每个学生在发展中存在的问题与未来潜能，给出适合其个性特点的发展建议。

五、评价过程：主体性与开放性兼有

评价主体一般是指根据评价标准对评价对象进行价值判断的团体或个人。传统中小学教育评价是一种单向、外部评价，学校评价的主体是政府，教师评价的主体是学校，学生评价的主体是教师，这种评价把评价对象排除在主体之外，形成了一种外部的控制性评价，也会带来评价对象的应付与抗拒。教育评价是一种价值判断的活动。早期的教育评价更多是从"依据社会的需要"对教育活动的"社会价值"进行判断。事实上，这一判断忽视了社会和个体作为评价主体的存在，忽略了社会和个体需要在教育评价中的地位。所以在这种教育评价中，常常是管理者作为单一评价主体存在，被评价者只能被动、无条件地接受评价。这种受行政控制且主体单一的评价随之带来了评价不准确、形式化、脱离实际等弊端。

随着我国社会经济体制的优化与社会的深刻转变，我国教育领域也悄然发生着转型变革。现代教育评价则倡导多元化的评价主体，力争把教育评价信息的使用者、教育活动的利益相关者、教育活动的参与者等都纳入到教育评价的主体中来。于是建立起学生、教师、家长、管理者、社区和专家等共同参与的评价制度，以多渠道的反馈信息促进被评价者的发展。这种评价尤其强调自我评价，要求充分调动被评价者的自觉性与积极性，使他们从被动接受评价转为主动合作、参与评价。重视自我评价，可以改变评价者与被评价者的对立关系，建立起彼此信任、相互合作关系，有利于营造民主、和谐的评价氛围；可以听取被评价者的意见和看法，克服评价者的主观性，从而增加评价的针对性与有效性；评价变成了被评价者主动参与、自我反思、自我觉悟、自我教育、自我学习的过程；评价者与被评价者在评价过程中是"交互主体"的关系，评价过程是一种民主参与、协商和交往的过程。

中小学教育评价要强化教育管理体制中政府、学校、社会所分别扮演的裁判员、运动员和观众的角色。政府要对学校的教育教学质量是否符合学生发展的需要、是否符合社会进步的需要做出公正的判定。学校是教育服务机构，应该竭尽所能地满足学生和社会发展的需要。社会类似于观众，既是受益者又是裁判员。基于这样的关系，要建立起政府、学校、社会共同参与的教育评价管理体制。

在教师评价中，教师自评往往因各种原因而流于形式。因为评价标准大多由教育行政部门或者学校来确定，教师所要做的仅是根据评价标准来进行评价，这种自上而下的评价标准，很难适应教师内在发展的需要。如果没有将评价标准融入教师的自身发展中，评价就会流于形式。因此，在确定评价标准时，就应充分调动教师的主动性和积极性，教师积极参与评价标准的制订过程，既能充分体现教师内在发展的需要，也能更好地开展评价工作。教师自评是一个教师自我反思、自我改进的过程，也是一个不断激发内在动机、催生教育激情的过程，更是一个评价自身在专业知识、专业能力、专业情意等方面发展程度的过程。因此，要重视教师的主体地位，充分尊重和信任他们，调动他们参与的积极性。

在评价过程上，现代中小学教育评价显现出从封闭走向开放的倾向。从某种意义上说，教育教学是一个围绕培养目标不断运行的系统，此系统内含多种要素或子系统，系统的有序运行与目标的有效达成需要系统内各要素或子系统之间的密切配合、共同作用、和谐共振才能实现。教育评价作为教育教学系统的调节反馈器，不仅要对某一要素或某子系统发挥作用，更要对各要素、系统间的运行与效果进行监控，成为一个开放式的调节反馈器。在教育教学中，教育评价是一个调节与反馈的系统，用于判断教学过程及其各个环节是否有效，分析和选择改进教学的方法和途径，调控教学的进程；评价是系统收集证据，用于确定学习者实际发生的变化和变化的数量和程度。评价是"活动—评价—调整—再活动—发展"过程中的一个重要环节，是发展性的，而不是终结性的，它是教育新阶段的起点，是为了诊断、改进、激励与发展下一个教育活动，因此，教育评价过程是开放的，而不是封闭的。

六、评价实施：多元性与多源性一体

从评价的实施来看，现代教育评价日益强调评价方法的多元性，信息搜集上的多种来源与多种手段，评价主体的多元化和评价信息的多源化，可以使评价结果更加全面、真实、准确、客观。

中小学教育评价是一项复杂的系统工作，不仅牵涉到方方面面的人员关系，而且需要多种评价方法来搜集多种评价信息，以做出科学、正确的价值判断。评价方法是实现教育评价目的的手段，是教育评价的重要组成部分。正如中医医生诊察病人时采用的望、闻、问、切或西医医生利用温度计测量体温，以求判断病症，并对症下药一样，在教育评价活动中，评价者必须借助某些评价方法进行教育评价。为保证教育评价的质量，就应该选择科学、有效的教育评价方法。传统评价过于注重数量化、客观化的评价方法，导致中小学教育评价仅限纸笔测验、片面追求分数，但评价对象（如学生、教师等）往往又是不易量化甚至不能量化的，因此现代中小学教育评价强调评价方法的多元性与搜集评价信息的多源性。

处理教育评价信息是教育评价实施阶段的最后一项工作，其作用十分重要。杂乱无章的信息搜集到之后，必须进行处理才能得出准确的评价结论。处理评价信息阶段的主要任务包括汇总信息、检验结果和解释结果。在教育评价活动中，通过各种调查、测验会获取大量数据，这些原始数据一般都是零乱、分散的，需要评价者运用统计分析方法对原始数据进行整理、组合、转换和推断，分析原始数据的内在规律，推断样本数据与总体数据之间的关系。教育现象并不是非此即彼的，而是具有模糊性的，所以常常要使用模糊综合评判法。模糊综合评判法先将评价的各项指标分配适当的权重，然后确定指标的等级分值，运用模糊矩阵进行运算，最后得到精确的评判结果。

教育现象纷繁复杂，使用一种评价方法往往不能搜集到全面的评价信息，因此，中小学教育评价提倡多元性的评价方法结合起来使用，搜集多源性的评价信息，才能对评价对象做出科学、正确、合理的价值判断。

第三节　走向均衡：中小学教育评价五级系统的提出

中小学教育评价是一个复杂的系统，在这个系统里，有若干个相互联系、相互作用的要素（或子系统）。从评价对象来看，其中最主要的有区域层面的评价、学校层面的评价、教师层面的评价、课堂层面的评价、学生层面的评价等。从相互关系来看，中小学教育评价系统内，系统与要素、要素与要素之间是"牵一发而动全身"的。系统内任何一个要素（或子系统）的运行，都会受到其他要素（或子系统）的影响，同时也会影响到其他要素（或子系统）。因此，中小学教育评价系统内任何一项评价的开展与实施，都需要整体设计与统筹规划，需要对整个大系统与每个子系统进行设计与规划，需要对整个大系统与每个子系统的开展与实施进行部署，这样才能确保中小学教育评价工作的科学开展与有效实施。传统中小学教育评价仅考虑系统本身的运行，没有考虑系统与要素之间的相互关系，割裂了系统与系统、系统与要素、要素与要素之间的关系，导致这些评价在实际运行中受到诸多障碍与困难。基于此，我们提出强调系统与系统、系统与要素、要素与要素之间相互影响、互为联系的中小学五级评价系统。

中小学五级评价系统包括区域教育评价、学校发展评价、课堂教学评价、教师发展评价和学生发展评价五个子系统，它们既相互独立、自成体系，又相互渗透、互为一体。

第一，五级评价系统注重顶层设计与统筹构建。五个子系统是中小学教育评价中最主要的要素，也是中小学教育评价中最关键的因素，只有这五个子系统能科学、有效地运行，整个中小学教育评价才能科学、有效，体现了"只有抓主要、抓关键，才能抓整体、抓全局"的思想。

第二，五级评价系统注重理念建构、过程设计与体系开发。五个子系统全面体现现代教育评价的先进理念，在评价体系中渗透发展性、多元性、增值性、表现性等评价思想，引导中小学教育评价的未来发展。五个子系统注重过程设计，对评价指标体系的开发、评价信息的收集、评价信息的分析进行了科学设计，引导中小学教育评价的实践操作。五个评价系统注重体系开发，在评价观念上注重多种理念的相融结合，在评价目的上注重持续发展，在评价实施上注重实质发展，力图突破中小学教育评价的现有问题，顺应评价的未来发展趋势。

第三，五级评价系统注重理论的丰满性与实践的操作性。五级评价系统既注重建构评价理论体系，每一类评价都建构了相对完整的评价理论，又以生动的案例展现评价实践的操作，体现了理论的丰满性与实践的操作性的特点。

第四，五级评价系统凸显各自的目的与重心。任何一项评价都有特定的评价目的，评价目的不同，评价内容、评价标准、评价重心、评价方式、评价主体等都不相同。因此，五级评价系统明确提出评价的目的与重心，区域教育评价体现均衡性发展，学校评价体现内涵式发展，课堂评价体现有效性教学，教师评价体现专业性发展，学生评价体现多元性发展。按照评价对象所涉及的范围，构建了五级评价系统模型，如图2-1所示。

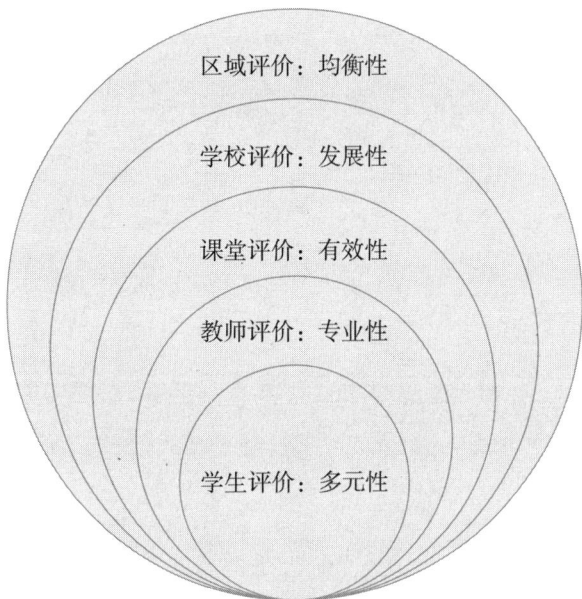

图2-1　中小学五级评价系统模型

在五级评价系统中，学生评价是核心，其他四级评价系统都服务于学生的发展。从模型图2-1看出，学生评价处于模型的内核圈。因为，在中小学教育中，学生发展是核心，教师发展、课堂教学、学校发展、区域均衡都是为了更好地为学生的发展服务。学生发展的关键主体是教师，有了教师的专业性发展，才有学生的发展。因此教师发展评价处于五级评价系统模型的次内核圈。教师发展的主战场是课堂教学，教师的专业发展水平体现课堂教学的水平。课堂教学依托于学校，学校要为教师的专业性发展提供基础和平台，因此学校评价处于课堂评价的外圈。而学生、教师、课堂、学校的发展都需要区域教育的场域，区域教育的均衡性发展是五级评价系统的基础，因此区域评价处于外壳圈。由此可见，学生、教师、课堂、学校、区域这五级评价系统是相对独立、自成体系，却又相互影响、相互渗透。

第三章 五级评价系统的理念与模式

　　理念是人们经过理性思考或实践探索所形成的思想观念，是对某事物或现象所形成的相对稳定的一套观念体系。理念对于五级评价系统来说有着非常重要的影响与作用，它是基础与方向，是指引人们进行评价理论研究与实践探索的航标。模式是依据某种教育思想或者教育理念，建立一定的操作规则、方法和步骤所形成的相对完整的评价体系。理念是模式的基础，价值是模式的导向，模式是理念和价值的具体化。只有正确把握理念，科学分析既有的评价模式，才能正确理解和把握五级评价系统。本章将着力探讨五级评价系统的两个方面：五级评价系统的基本理念和五级评价系统的主要模式。

第一节 五级评价系统的基本理念

　　基于五级评价系统的理论追求与实践需求，提出了几个基本理念，它们分别是：体现公平的均衡性，以人为本的发展性，强调价值的多元性，注重任务的真实性，倡导主体的协商性和面向事件的过程性。

一、体现公平的均衡性

　　从世界各国的教育发展史来看，教育公平是世界各国制定与教育有关的法律、政策、制度的一个基本出发点，是世界各国教育改革所追求的一个基本目标。在我国，尽管由于之前受到经济非均衡发展的影响，但在近年来，教育公平也成为教育改革与发展的一个基本取向。教育均衡发展是实现教育公平的核心和关键，只有努力实现教育均衡发展，才能实现教育公平。因此，教育均衡发展成为我国高度关注与努力解决的问题，教育的均衡发展成为五级评价系统的重要追求，体现公平的均衡性也成为五级评价系统的核心理念。

从评价目标上来说，均衡性评价目标不是"削峰填谷"，而是"造峰扬谷"；不是低水平的均衡，而是高水平的均衡；不是"千校一面"的发展，而是"千校千面"的样态。均衡性评价目标蕴含着学校的特色发展、学生的多元发展。因此，体现公平的均衡性充分彰显每个学校的发展特色，充分尊重每个学生的多元发展，这对于学校发展和学生发展来说，可以充分地扬长避短，实现真正的公平。

从评价标准上来说，均衡评价标准会随着经济社会发展的变化而变化，会随着时间、空间和条件的变化而变化，这是一个持续的、动态的、变化的过程。因此，均衡评价标准没有绝对的、永恒的标准，只有相对的、暂时的标准，甚至可能没有完全统一的标准，会根据评价对象的差异性和特殊性，制订既体现均衡要求又体现个性差异的均衡标准体系。

从评价内容上来说，五级评价系统的均衡性体现在多个层面，既指教育机会均衡、教育规模均衡、教育结构均衡、教育效果均衡，又指区域均衡、城乡均衡、学校均衡、群体均衡，还指课程均衡、教学均衡、资源均衡和师资均衡等。因此，从宏观上来看，均衡性评价对象包含区域评价、学校评价、课堂评价、教师评价和学生评价等。从微观上看，均衡性评价内容既包括共性内容，也包括个性特色，这对于每类评价对象来说既能促进其发展，又能充分实现公平。

二、以人为本的发展性

从词义上来看，发展有多层意思，一是指人或事物由小到大、由简单到复杂、由低级到高级的变化；二是指变化的趋势；三是指组织规模等扩大；四是指发挥，施展等。根据评价的内涵，这里应该取发展的第二种含义和第三种含义。评价范畴的"发展"指向评价对象在组织规模上的扩大或者变化的趋势。发展性理念是 20 世纪末、21 世纪初逐渐成形的一种理念，它是针对传统的以奖惩为目的的终结性评价的弊端提出的。发展性强调"评价不是为了证明，而是为了改进""评价不是为了甄别，而是为了发展"。这是一种依据目标、超越标准、强调过程、科学反馈、促进发展的评价活动。因此，发展性是五级评价系统内在的精髓，以人为本的发展性是五级评价系统的价值追求。

从评价目标来说，在学生评价中，应该是面向全体学生的、面向学生的各个方面的生动、活泼、主动发展；各个方面的发展包括知识的增加与技能的提高，身心素质能够获得持续的变化，在过程与方法、情感态度价值观、动手实践能力、创新精神与创新能力、合作交流与交往能力等方面的整体发展。在教师评价中，教师发展是面向全体教师的、面向多个维度的，不仅是教书育人能力的提高，也包括职业素养与职业道德的提升，还包括参与意识、合作能力、反思能力、终身学习等多个维度的发展。对于学校评价来说，学校发展不仅是培养多少优秀学生，也包括办学方向、办学特色、办学绩效、社会服务等方面，更包括为每一个学生提供成长的平台，为每一位学生的全面发展和每一位教师的专业发展与终身发展提供支持与帮助。

从评价标准来说，既要考量绝对标准，又要比较相对标准，还要参照个体内差异标准。比如学校评价，在相关指标上既要达到国家相关规定要求的基本标准，在某些指标上又要显现自己的个性特色，在具体指标上更要超越过去、不断进步，评价结果要综合三类标准，时刻以评价对象的发展为目的，从而做出客观公正的价值判断。

从评价内容来说，不仅关注显性发展，更要关注隐性发展；不仅关注关键要素的发展，更要关注全面整体的发展；不仅基于现实状况与当前需求，还要考虑历史背景和发展基础，更要关注潜在可能和未来发展。比如，对于学生评价来说，不仅要关注学生的身体素质，还要关注学生的心理素质，更要关注学生的社会素养；不仅要考查学生的文化科学素质，还要考查学生的思想道德素质和审美艺术素质，更要考查学生的公民素质。

评价的意义在于引导和促进评价对象的发展和完善，用可持续发展的理念指导评价全过程。发展性理念特别强调，评价不是面向过去，而是面向未来；不以奖惩为目的，而以发展为目的；不是面向少数，而是面向所有。评价既看到评价对象现在的发展状况与发展水平，又挖掘可能的发展潜力，更要创造未来的发展空间，让每一个对象都能在原有基础上得到最大程度的发展；既要重视发展变化的结果，也要关注发展变化的过程，让每一个对象都能通过评价获得最大空间的成长。这些理念要渗透到评价体系的各个环节，要实实在在地促进评价对象的变化，要真真切切地引导评价对象的成长。

三、强调价值的多元性

随着世界经济一体化和信息全球化的推进，各种思想、文化与价值观不断涌入，在与中国本土文化、价值观的碰撞中，价值多元性的趋势已经显露无遗。不可否认，各行各业已经弥漫渗透着价值多元的气息，价值多元也渗透融入教育领域，并成为五级评价系统的重要理念。价值是客体对主体需要的满足，价值多元的基本意思是指对于不同主体，其所需要的客体可能是多种多样的，对于同一主体，在不同时期或者不同条件下所需要的客体可能也是多种多样的。主体需要的多元性决定价值的多元性。比如，在经济领域中，对于不同价值取向的消费者，商家会尊重价值差异的存在，提供多样化的商品，为不同价值取向的消费者提供不同服务。同样的，在教育领域，对于不同环境、不同个性、不同取向的学生，我们不可能提供同样的教育教学服务，也不可能把学生培养成同一规格的"产品"，更不可能用同一把尺子去衡量不同的学生。对于不同基础、不同取向的教师，我们不可能要求教师有同一的素质和能力，也不可能用同样的评价来考查不同的教师。教育应该提供多样性的产品，为多样化的教师、学生提供多元性的服务。评价作为构建这种服务的导航器和测量仪，应该率先实践价值的多元性，引领整个服务体系的建设。兴起于20世纪80年代的"第四代教育评价"一直很重视价值多元。它认为，由于社会背景、文化环境不同，人的价值是多元的，而不是同一的。因此，要采取多元的评价来促进共同建构，采取多元的评价来引导人的发展。

评价的多元性主要表现在以下三个方面。一是在评价目的上的多元性。传统评价的选拔性目的与现代评价的发展性目的都很重要，不同需求的评价选择不同类型的评价，不同类型的评价可采用不同目的的评价。二是在评价功能上的多元性。评价在不同场合可发挥不同的功能。导向功能，对实际的教育教学活动或者学习活动提供定向引导；诊断功能，对正在进行的教育教学活动进行分析，聚焦问题，找到症结，为解决问题提供有效的信息；调节功能，通过评价让评价对象了解自身的优势与不足，调整自己的行为，促进自身的发展；激励功能，判断评价对象的进步情况，提供反馈与激励；反思功能，通过主动参与评价，促进评价对象的深刻剖析与全面反思。依据不同的评价目的，面对不同的评价对象，评价可以发挥多种功能。可以帮助教师发现优点、缺点、特点、进步和成就，关注教师发生的实际变化，帮助教师改进自身存在的问题，引导教师表现出符合现代教育教学理念的、符合人的发展规律的教育行为；可以帮助学生不断认识自我、改变自我、完善自我，促进全体学生的发展，促进学生的全面发展。三是在评价方式上的多元性。传统的纸笔测量是评价的一种主要方式，但不是唯一方式，这种单一的方式并不能全面地反映评价对象的实际水平，过分依赖这种方式会导致评价功能的异化与评价结果的失真。因此，现代评价强调评价方式的多元性，注重课程作业、成长档案袋、日常观察、表现性评价等方式，重视定性评价与定量评价相结合、自评与他评相结合，发挥每类评价方式的优势和特长，使评价结果更加公平、公正、客观和全面。因此，多元性的五级评价系统尊重每个评价对象的个体差异，关注不同评价对象的发展基础和个性特点，构建多元化的评价体系，依据多元的评价目标，发挥多元的评价功能，采用多元的评价方式，努力促进每一位评价对象的发展。

四、注重任务的真实性

在工具理性的影响下，传统中小学教育评价在执着地追求"科学主义"，为了获得准确、实在的资料，"科学主义"倾向引导评价有意识地把评价对象和其存在的生活世界划分开来。因此，评价并不是生活的一部分，是外在于人之存在的事物，人在其中失去了本真的生活，丧失了存在的意义。"科学主义"倾向过分强调理性，压抑人的情感和意志，将人与真实生活隔离，导致评价过度追求对评价对象的有效控制，追求对评价世界的改造和控制。

真实性评价最早由美国评价培训学会的专家威金斯（Grant Wiggins）在 1989 年提出。真实性理念强调评价必须要有基本的四要素。一是真实情境的评价任务。这一任务是真实情境或者模拟真实情境中的真实任务。二是评价对象的参与和活动。评价对象不仅要参与整个活动，还要运用必要的知识、技能去分析、解决问题，应用必要的技术和方法去完成真实任务。三是过程的记录和成果的展示。评价过程中要通过不同形式的方法来记录活动过程，展现评价对象解决问题的过程，表现评价对象对任务的完成情况。四是明确又详细的评价标准。真实情境的评价任务一旦选定，评价者要制订明确又详细的评价标准，说明任务完成的决定性因素和任务完成的等级水平。

这是一种基于真实任务情境的评价，要求评价对象运用必要的知识、技能去完成真实情境中的真实任务，或者模拟真实情境中的真实任务。通过对评价对象在完成真实任务时所采用的方法技术、技能技巧，所表现出的情意态度，所完成的效果等进行综合考试，对其所反映出的问题解决能力、实践操作能力、交流合作能力、批判性思考等多种能力进行价值判断。在具体开发和设计时，真实性理念的落实应考虑以下问题。

首先，评价标准要具有可测性。评价标准的制订和说明为判断评价对象任务完成的质量提供了依据和工具。评价标准的设计要从实际出发，根据评价任务的特点，设计出一套切实可行、实际可测的指标体系。具体指标要用操作化的语言来界定，它所规定的内容是可以通过实际观察或者直接测量来收集信息的。大而空、不可操作的指标尽管在理论上可能比较严密，但由于在实际中太难实现，也会因为不具有可测性而流于形式。

其次，评价任务要具有真实性。在评价活动中，要提供真实的评价任务，提供情境化的内容，使评价对象能直接面对有价值的任务，运用自己所具备的知识与技能、技术与方法去解决问题，在解决问题的过程中提高和发展自己，并以自己的创造性解决方案与任务成果全面展示素养和能力。

再次，评价过程要具有灵活性。由于评价任务是基于真实情境或模拟真实情境而展开的，真实情境中可能会发生许多突发事件或者意外问题，评价过程并不能按照提前设计的步骤展开，而要根据实际的情况进行灵活调整。

最后，评价信息要具有真实性。这是指评价任务或者活动能够反映评价对象的真实状态，基于真实情境或者模拟真实情境，收集评价对象成长、进步、变化的状况，获得能够反映评价对象的真实情况的信息。真实性评价的目的就是避免形式主义，通过完成真实的任务，真实地描述和判断评价对象的发展情况，全面地展示和表现评价对象的实际能力。在这个过程中，评价者会运用观察、记录等多种方式来收集各种有价值的资料，从而提供关于任务完成过程的重要信息，要求这些信息必须是客观的、真实的，而不是评价者主观臆测的、推断的。

五、倡导主体的协商性

20世纪80年代，美国学者古巴和林肯提出了第四代教育评价理论。它认为，评价是评价者和评价对象"共同协商"的"心理建构"过程。评价过程需要民主协商与主体参与，需要评价者和评价对象的共同参与、民主协商，而不是评价者对评价对象的控制过程。自此，评价的协商性进入人们的视线，目前，这种评价思想已经被很多人接受，在评价实践中也得到广泛运用。

从词义上来看，协商的意思是共同商量以便取得一致意见。协商性评价意味着让评价对象主动参与到评价活动中，从评价指标的制订、评价内容的选择、评价方法的确定、评价结果的呈现，评价者与评价对象一样，都作为主体共同参与、共同商议，以便取得一致意见。传统评价是自上而下的实施模式，完全由评价者操纵和控制，从拟定评价标准、选择评价方法、确定评价时间到呈现评价结果，评价对象没有任何话语权，只是一个被动的、被控制的对象。因此，评价过程中评价对象谈不上有主动积极性，也没有任何激情与兴趣参与，只需要按部就班地做好配合工作，评价者与评价对象根本没有商量的时间和空间，更不能取得一致意见。事实上，协商性理念倡导对评价对象的"赋权"与"解放"，评价不再是控制与被控制的过程，而是评价者与评价对象进行共同协商、共同探索的过程，评价对象成为主动、积极的参与者，评价成为一种新的开拓、学习与创造的过程。

协商性评价在具体实施与协商之前，必须要掌握各方的见解以及他们所提出的事实、资料，协商的目的就是要共同讨论这些事实和资料，并赋予其各方能共同接受的意义。要阐明每一个需要协商的主题或问题，让每一个人都明白主题或问题的含义，明确为什么需要协商这些主题或问题，提供这些主题或问题的背景材料，开展必要的协商技术训练，以便能够共同建构。要注意的是，不论是评价者还是评价对象，在协商过程中都是平等的，谁也不能控制谁。同时，协商之后各方还需要进行反思，包括：是否实现最初的目标？获得了哪些未曾预设的目标？评价标准是否适合？评价内容是否周全？评价方法是否可行？评价结果是否真实、准确？还有哪些地方值得修改或完善？

与传统评价不一样的是，协商性评价通过随时协商和深入对话，可以激发评价对象的兴趣和参与的欲望，防止评价对象在评价中出现防卫、焦虑、应付等不良心理倾向，使评价对象能够放下包袱，真实地展现自己的本真状态，因而能够建立起各方都满意的评价制度，能够增加评价对象参与评价的能动性与对评价结果的认可度。

六、面向事件的过程性

过程性评价是20世纪80年代以后所形成的一种评价范式，其理论来源主要与过程哲学相关。过程哲学批判了"预成论""主客二元对立"等观点，它认为过程是世界的根本，世界的实在性就在于它的过程性。过程就是世界，世界就是过程；过程就是实在，实在就是过程。一切事物，包括自然、社会和思维都是活生生的、有生命的有机体，这种有机体的根本特征是活动，活动又表现为过程。也就是说，过程是有机体的本质属性，是一切事物的本质属性。按照过程哲学的观点，中小学教育评价中的评价对象并不是一种永恒不变的客观存在，而是在认识的过程中生成的，伴随着评价者的存在而存在。评价的重心应该由关注评价对象的客观存在转向关注过程中的事件。要贯彻落实过程性理念，必须要注意三个问题。

一是及时。过程性评价与发展过程、学习过程同时进行，能及时地反映过程中的情况，有利于快速、及时地发现存在的问题，并迅速地解决问题；有利于及时肯定取得的成绩，恰当地给予肯定与赞扬，引导评价对象的发展方向，朝发展目标持续前进。二是深入。过程性理念强调，评价可以从教师、学生、家长、社区、行业等不同的角度搜集评价信息，可以从显性的、隐性的视角来反映评价对象的真实状态，可以从表面的、深入的层面来表现评价对象的发展情况，从不同的角度、层面来搜集深层次、全方位的评价信息。三是持续。过程性评价不只存在于某一个阶段，而是贯穿于学习、发展的始终。评价不只关注评价对象在过程中的整体表现，还关注其在学习、发展进程中的具体表现；不只关注评价对象在某一方面的发展情况，还关注其在多个方面的发展情况；不只关注评价对象纵向的发展状态，还关注其横向的发展状态。通过整体与具体、单一与多维、纵向与横向的发展比较，全方位观照评价对象发展的每一个环节、每一个阶段、每一次进步、每一次成就，因而评价是持续不断的。

第二节　五级评价系统的主要模式

中小学教育评价模式是依据某种教育思想或者教育理念，建立一定的操作规则、方法和步骤所形成的相对完整的评价体系。每种评价模式都有着特定的教育理念，并且教育理念贯穿模式的始终，这也是一种模式区别于其他模式的根本所在。20 世纪以来，教育评价的研究者和实践者们构建了多种评价模式，根据理论需求与实践诉求，五级评价系统借鉴了目标模式、CIPP 模式、目标游离模式和应答模式等模式的思想。

一、目标模式

20 世纪 20 年代末 30 年代初，美国经济陷入大萧条状态，社会各界开始反思学校教育与社会发展的适应性问题。在进步主义教育联盟的倡导下，美国掀起了声势浩大的教育改革实验，实验涉及 30 所中学和 300 所大学，这即是泰勒主持的"八年研究"（1933—1941 年的"课程与评价"研究）。研究成果《史密斯—泰勒报告》被称为"划时代的教育评价宣言"，该报告不仅提出了教育评价的概念和以教育目标为导向的课程编制原理，还根据课程改革的需要，提出了以目标调控为理念的目标模式，也被称为泰勒模式。

（一）目标模式的基本内容

"八年研究"的研究成果提出了泰勒的课程原理，这个原理关注四个基本问题：一是确定目标；二是选择经验；三是组织经验；四是评价结果。课程编制活动以课程目标为导向，课程目标分解为可测量的行为目标，根据这些行为目标编制出实际的课程、教材，凭借这些课程、教材实施教学活动，最后以行为目标为标准，对教学活动的效果进行评价，以此判断教学活动达到预期目标的程度。泰勒认为，"评价的过程，实质上是判定课程与教学计划在多大程度上实际实现了教育目标的过程"[①]。因此，目标模式的核心理念是，教育活动是实现教育目标的过程，学生的行为变化程度是判断实际教学活动效果的依据。根据泰勒的评价思想，可把其思想和过程浓缩为四个步骤，如图 3-1 所示。

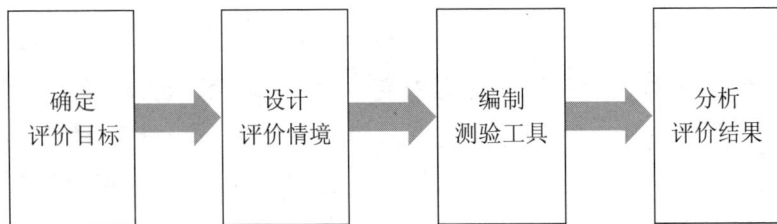

确定评价目标 → 设计评价情境 → 编制测验工具 → 分析评价结果

图 3-1 目标模式的基本思想

第一，确定评价目标。教育目标是课程编制的依据，也是教育评价的

---

① R. W. Tyler. Basic Principles of Curriculum and Instruction ［M］. Chicago：The University of Chicago Press，1949：105-106.

依据。任何一类评价，必须首先确定评价目标。评价目标的确定既要考虑社会和学习者的实际需要，也要考虑学科专家提出的学科目标，运用哲学、心理学和教育学等理论设计评价目标，并转化为可操作、可测量的行为目标。这里列出的教育目标实际上是一个目标系统，包括知识、技能等多个方面的目标。确定教育目标后，需要对教育目标做行为化表述。它包括三个要素：行为的表述、行为条件的表述、行为标准的表述。

第二，设计评价情境。确定了教育目标，还要设计评价的实施情境，规定评价实施的条件，创造使学生产生预期行为的情境。

第三，编制评价工具。根据行为目标，编制测量评价的工具，以尽可能地搜集行为表现的资料。这些工具要能够引发教育目标所期望的特定行为，要能够观察到教学活动实施后学习者的行为变化情况，并对学生的行为达到教育目标的程度进行判断。

第四，分析评价结果。依据评价标准对所搜集的资料进行分析，与确定的行为目标进行研究比较，从而判断教育目标的达成度。

在图 3-1 所示的四大步骤基础上，目标模式的具体操作程序可进一步具体化，可分解为更加详细的操作步骤：一是提出一般目标或具体目标；二是对目标进行分解；三是将具体目标用行为语言表现；四是拟定实现具体目标的标准要求；五是相关人员对评价策略和目的进行解释等；六是选择与评价目标相适应的测量方法；七是全面搜集表现行为的评价资料；八是比较分析所搜集的资料，与确定的行为目标进行对比分析。

此外，泰勒还提出了几种评价手段可供使用：一是测验，由评价专家进行测验，通过测验来搜集学生行为变化情况的资料；二是提问，用提问的形式创设学生表达观点的机会，借此了解学生在知识和能力上的掌握情况；三是观察，将学生置于特定的情境之中，了解学生特定行为的表现情况。

（二）目标模式的评价

目标模式是第一个比较完整的评价模式，也是教育评价理论发展历史上影响力较大的模式。它既有自己独特的优点，也有诸多缺陷。正确认识和评价目标模式，是开展五级评价系统理论研究与实践活动的客观需要。

1. 目标模式的优点

综合来看，目标模式的主要优点表现在四个方面。

一是扩大了评价内容。泰勒之前的测量主要关注学生的成就，而学生的成就也仅聚焦于各种测验、测量工具所测定的事项上，不能根据实际的教学情况进行评价。目标模式将评价的焦点从学生身上转移到教学及其他方面。评价的内容不仅可以考查学生对知识的记忆能力，还可考查理解、应用、分析、综合等复杂的能力；不仅可以评价学生的学习成就，还可对教学的多个方面进行评价。

二是扩充了评价方法。不仅可以运用纸笔测验，还可以应用观察法、访谈法等方法来搜集行为目标是否实现及实现程度。

三是提高了评价功效。泰勒之前的评价一般都要通过实验组与控制组之间进行对比分析，这种做法比较费事，不易操作且费用高，有时还具有破坏性。更重要的是，这种评价主要以区分学生为目的，关注学生之间成绩的差异性，实际上并不能了解教学的实际效果，也不能了解学生的进步情况。而目标模式通过将目标与结果进行直接比较，将评价的焦点从条件的控制转为衡量结果是否达成目标，并能反映出目标的实现程度与差异程度。这种评价活动既能准确地判断学生的学习进展情况，又能为学生的后续学习提供有用信息，使评价与教学活动结合起来，不仅能判断教学活动的效果如何，还能在一定程度上改进教学，从而有效提高评价的功效。

四是使评价结构具有严谨性。目标模式以确定教育目标为起点，以教育目标为评价标准，经过分解目标、实施目标、提供反馈、判断目标实现等过程，使评价活动成为一个严谨、规范的序列化过程。

2. 目标模式的缺点

尽管目标模式的提出在教育评价发展历史中具有重要的意义，但也存在一定的缺点，主要表现在以下三个方面。

一是"重"结果评价"轻"过程评价。可以说，目标模式以目标为中心，非常重视对各种反映目标实现情况的资料的搜集，以得出结论，如是否实现教育目标，教育目标实现的程度如何，等等。因此，目标模式非常注重将教育目标与教学活动结果进行比较，使评价始终聚焦在终结性结果上，而对教学活动进行中的过程性结果却比较忽视，使得它在评价教育教学活动的过程性方面比较薄弱。

二是"重"预期性结果"轻"非预期结果。评价活动紧紧围绕特定的目标进行，使得教学活动朝着目标所规定的方向开展，从而引发预期性结果的产生。但教学活动是一个复杂的过程，会产生各种各样的结果，包括非预期的结果。由于非预期的结果并不在教育目标范围之内，会造成忽视这些非预期结果，丧失这些重要的发展机会，甚至会因为一味地遵从预设的教育目标，扼制创造性教学，从而影响学生全面的、充分的、个性的发展。同时，目标模式无法对教育目标本身的合理性进行评价，使得目标模式显得比较僵化与封闭。

三是"重"显性目标"轻"隐性目标。确定目标是目标模式最基础、最关键的环节，在前期确定目标时很难将所有目标都罗列出来，即使是罗列出来的目标也并不是都能用具体的、行为化的、可测量的目标表述出来。因此，对于教师和评价人员来说，把每一个目标都列出来很难，把列出来的目标都转化为行为化的目标也很难，这就容易导致大家只注重将可以具体化、行为化的显性目标列出来，而忽略那些不能具体化、行为化的隐性目标，被忽略的这些隐性目标中，还有些是比较重要的目标，比如态度、情感等目标。

综合来看，泰勒的目标模式不仅在 20 世纪对评价理论与实践产生了重大影响，更为评价理论与实践在当今及未来的发展开辟了道路，至今为止仍是各国采用的主要教育评价模式。主要原因在于目标评价具有四大优势特征。

首先，目标模式开创了目标参照测验这一新形式。在这之前以智力测验为主的常模参照测验，主要以区分考生为目的，对于判断学生的学习进展情况起不了实质性作用。而新创的目标参照测验不仅可以判断学生的学业进展情况，还可以据此改进课程和教学方案。其次，目标模式逻辑严密，操作性强，操作程序完备，建立了包括目标群、筛选、目标、学习情境、工具与测验、信息检验等首尾一贯的具体环节。[①] 再次，目标模式用具体的教育目标作为评价标准，以预定的目标作为尺度衡量学生的进步水

---

① 李雁冰．课程评价论［M］．上海：上海教育出版社，2002：75．

平，在一定程度上避免了评价的主观性和随意性。最后，尽管情感目标和技能目标编制得不成功，目标模式提出了认知领域的行为目标。之后，泰勒的学生布卢姆进一步发展了他的目标理论，提出了教育目标分类学说，丰富和发展了他的目标评价思想。

二、CIPP 模式

1957 年，苏联发射第一颗人造卫星，引起了美国朝野的巨大反响。美国经过深入讨论后得出结论：科技上的落后反映了教育上的落后。由此，美国出台了一系列教育法令，并展了声势浩大的教育改革。1965 年，美国国会通过了《美国初等教育与中等教育法案》（America's Elementary and Secondary Education Act，ESEA）。此法案向美国各学区提供几十亿美元的资助，以提升整个初等教育、中等教育的质量。但联邦政府要求凡是接受该法案的项目必须接受严格的评价。在评价过程中，专家们意识到目标模式并不能够及时地为改革项目方案提供整体的、全面的信息，不能够有效地为研究计划的修订、研究方案的实施提供帮助。通过研究，斯塔弗尔比姆提出，"评价最重要的目的不在于证明而在改善"，"评价是提供有用资料以做决定的历程"。1966 年，在斯塔弗尔比姆及其同事的努力下，CIPP 评价模式正式提出。CIPP 是由背景评价（Context-evaluation）、输入评价（Input-evaluation）、过程评价（Process-evaluation）和成果评价（Product-evaluation）四种评价构成，名称也是由这四种评价的英文首字母组成。

（一）CIPP 模式的基本内容

CIPP 模式也称为决策模式。一般来说，教育领域主要有四种教育决策：计划决策、组织决策、实施决策和再循环决策等。与此对应，教育评价应该有背景评价、输入评价、过程评价和成果评价。背景评价主要对目标本身进行评价，确定目标，为计划决策服务；输入评价主要对教育方案的可用性和效用性进行评价，选择确定活动方案，为组织决策服务；过程评价主要对教育方案的实施情况进行评价，指导活动实施，为实施决策服务；成果评价主要对教育方案的实施结果进行评价，为下一次决策（再循环决策）服务。因此，CIPP 模式可以对教育活动从计划到实施的整个过程进行监控，保障教育教学活动取得良好的成效，其具体描述如表 3-1 所示。

表 3-1　CIPP 模式描述表

模式	目标	方法	解决问题
背景评价	确定机构背景，明确评价对象需要，诊断需要的问题，判断目标是否达到了评定的需要。	系统分析，调查，座谈诊断，测验，德尔菲法（Delpni method）。	对象的需要是什么？现存目标在多大程度上反映了被评价者的需要？
输入评价	确定机构系统备择方案的策略，实施设施预算及进度表。	调查分析人力、物力、资源及程序的可行性及经济性。	各种方案的成本预算、优势与劣势、合法性与道德性等，为什么选择此方案而不选择其他方案，实现目标的可能性？
过程评价	确定过程不足之处，为搞好计划的决策提供信息。	描述真实过程，与工作人员相互了解，观察其活动。	预定方案实施的情况如何，是否需要调整与修改，如何调整，如何修改？
成果评价	收集对成果的描述与目标背景，输入过程信息联系起来对价值优劣做分析。	确定操作和测量结果标准，对结果进行判断、分析。	明确方案满足其服务团体需要的程度，衡量方案的预期和非预期效果，以及积极和消极的效果；收集和分析该方案与备择方案的比较结果；明晰成果与目标的差异；分析未达到目标与未实施方案之间的相关程度。

1. 背景评价

背景评价要对教育目标本身进行评价，从而确定目标。其目标一般为：确定机构背景，明确评价对象需要，诊断需要的问题，判断目标是否达到了评定的需要。通过系统分析，采用调查、座谈、德尔菲法（专家意见法）等方法，对学生的行为和背景材料进行鉴定，组织相应的诊断测验，检查教育目标和教育重点是否与学生的需要相协调，借助这个评价为教育目标和教育重点的调整决策提供依据。例如，斯塔弗尔比姆在评价哥伦布市公立中学实施"中小学教育法案"方案时发现，方案目标本身就存在问题，这些问题主要表现在：（1）制订目标的人并不了解学生的学习情况，这就导致目标制订时没有考虑学生的基础，目标与学生的实际不相符合；（2）不同的教师对目标的认识不一样；（3）实际上，制订一套统一的目标体系，很难和学生复杂的发展水平、不同的需要相对应。因此，要根据社会需要和评价对象对提出的方案目标做出价值判断，从而修正教育目标。对方案目标的合理性进行评价和判断，应回答以下问题：对象的需要是什么？现存目标在多大程度上反映了被评价者的需要？

2. 输入评价

确定了方案的目标后，输入评价要完成的任务是：确定机构系统备择方案的策略，实施设施预算及进度表，对各种可选方案能否实施做现状调查，同时对它们的优点、缺点、可能存在的障碍进行分析，明确为什么不选择其他方案而选择这个方案，最终形成一个最佳方案。这个过程就是输入评价，它可以不断地调整修改计划，避免盲目实施，避免造成不必要的人力、物力、财力的浪费，避免不良方案导致的失败。它所采用的方法主要为：调查分析人力、物力、资源及程序的可行性及经济性。它涉及的问题主要包括：各种方案的成本预算、优势与劣势、合法性与道德性等，为什么选择此方案而不选择其他方案，实现目标的可能性，等等。输入评价的操作一般要先收集各种方案的优缺点、改进想法，接着要分析方案实施的有效性和可能性，然后综合各种方案改进计划的精华，提出一份有效可行的最佳方案。

3. 过程评价

过程评价阶段要确定过程不足之处，为搞好计划的决策提供信息。一般来说，在教育方案实施过程中，一方面需要对实施情况进行评价监督，向决策者与操作者提供实施方案过程中的反馈信息，为不断完善方案提供信息；另一方面，需要不断调整与改进实施过程，定期评定方案实施的深度与实施对象接受的程度，描述在实施过程中的价值以及参与者和旁观者对实施效果的评判。这两个方面所涉及的内容即是过程评价。过程评价常用的方法为：描述真实过程，与工作人员相互了解，观察其活动。它所涉及的问题主要有：预定方案实施的情况如何，是否需要调整与修改，如何调整，如何修改，等等。过程评价的目的是使方案得到及时修正、不断完善，使方案的实施过程少走弯路、偏路，确保实施效果。

4. 成果评价

在教育方案实施结束后，需要收集对成果的描述与目标背景，输入过程信息联系起来对价值优劣做分析，对方案的实施效果进行评价，从而判断目标实现的程度，这个过程即是成果评价。成果评价经常采用的方法是确定操作和测量结果标准，对结果进行判断、分析。它要解决的问题是：明确方案满足其服务团体需要的程度，衡量方案的预期和非预期效果，以及积极和消极的效果；收集和分析该方案与备择方案的比较结果；明晰成果与目标的差异；分析未达到目标与未实施方案之间的相关程度等。结果评价不仅要搜集实施方案的效果，包括预期结果和非预期结果、肯定和否定的结果，还要搜集与实施方案有关的各方人员对实施效果的评判，分析和解释没有达到目标的原因。成果评价报告也是多样化的，包括在实施过程中期提交的反映方案满足预测需要程度的中期报告，在实施结束后提交的反映达到预期目标的结果及贯彻实施的程度的终期报告。这样的报告可以为下一个方案的制订提供方向性指导，使方案更好地为所有人的需要服务，确保方案更有效、更有价值。

（二）CIPP 模式的评价

1. CIPP 模式的优点

CIPP 模式是在改进与完善目标模式的基础上产生的，具有两个独特的优势。

一是将目标本身纳入评价过程。该模式首先要评价目标本身的合理性，使目标更加符合社会需要和学生需要。也就是说，CIPP 模式克服了目标模式的不足，使评价体系更加全面、科学和完整。

二是评价的内容更加广泛。CIPP 模式贯穿教育活动的全进程、全领域，可以对教育活动不同阶段、不同方面进行评价，涉及需求、问题、目标、条件、计划、实施、结果、结果的影响等多个方面，可以为各类决策提供重要信息，使评价更具方向性和实用性，也将评价的诊断性、形成性、终结性等功能充分发挥出来。

2. CIPP 模式的缺点

尽管 CIPP 模式克服了目标模式的一些不足，但它自身仍然存在一些不足需要改进。

一是评价缺乏价值判断。由于 CIPP 评价模式的重点在于为决策者搜集信息，而且多是描述性的信息，在背景评价、输入评价、过程评价和结果评价的任何一个环节，整个评价活动都围绕着特定的目标展开，而对将要做出的决策和将要采取的方案缺乏真正的价值判断。基于这点不足，有人认为 CIPP 模式的评价并不能称为真正的评价。

二是评价人员的作用受到限制。由于评价活动是为决策服务，评价人员的作用就在于为决策搜索所需要的信息，而决策者就要来筛选信息，选择最优信息与最优方案。从这个角度来看，评价人员的职能就是按照有关的决策，为决策者搜集相关的信息。决策者处于主动地位，评价人员处于被动位置，几乎完全依附于决策者，评价人员的作用受到太多的限制，评价活动能够发挥的作用也受到限制。

三是评价实施受到一定限制。由于 CIPP 模式常常用于大规模的方案，它的实施要求比较高，需要较多的人力、物力、财务的支持，比如，各类信息源的配合、科学的分析技术等，这就导致它在适用性上受到限制。斯塔弗尔比姆自己也曾说，CIPP 模式的重点是为机构的决策者服务，而不是用来引导个别研究的进行。应该说，CIPP 模式适用于讲究推理和习惯于条理性方法的教育环境中，而对受到诸多不可控因素影响的教育实践活动并不适用。

整体来看，尽管 CIPP 模式存在着诸多不足需要改进，但它的产生结束了目标模式一统天下的局面，使评价模式更加多样化。CIPP 模式产生后，多种多样的评价模式陆续产生，为教育评价的专业化发展奠定了理论基础。

三、目标游离模式

随着目标模式应用得更加深入和广泛，它的缺点和不足也暴露得更加突出，其他评价模式也不断涌现，与 CIPP 模式同一时期提出的还有目标游离模式，该模式于 1967 年由美国斯克里文提出。针对目标模式只强调对目标实现程度的评价，忽视对目标本身进行评价，忽视非预期效果的不足，斯克里文提出了"非预期效应"这个概念。他主张，为了降低评价方案制定者对评价活动的影响，可以不把预期目的告诉评价者，让评价者全面收集关于教育方案实际结果的各种信息，评价结论要依据活动参与者所取得的实际成效，而不是方案制订者所预期的特定目标。这种不受预期目标、预定目的影响的模式被称为"目标游离模式"。它与目标模式、CIPP 模式的主要不同在于：评价结论的依据不是方案制订者的目标。它把评价的重点由"方案想干什么"转移到"方案实际干了什么"。

（一）目标游离模式的基本内容

从基本操作上看，目标游离模式没有完整的评价程序，斯克里文只是提出了需要遵循的基本步骤，如图 3-2 所示。

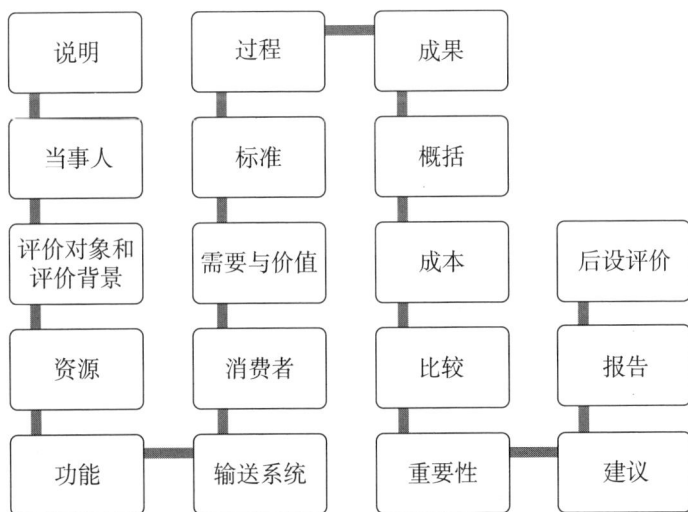

图 3-2 目标游离模式的主要步骤

1. 说明。比较客观地描述评价对象的主要特点与基本情况。

2. 当事人。明确该次评价是受谁委托的，同时要明确评价委员会，知晓其他评价的资助者、发起者，或者某项方案的设计者。

3. 评价对象和评价背景。说明与评价有关的各类人员，如学生、行政人员、教师以及赞助者、社区代表等，深入了解他们对评价的期望和需求，可以采用的评价形式和评价方法等。

4. 资源。详细列出用来支持评价实施的资源、经过、科技等。

5. 功能。对活动的功能进行分析，弄清楚想要做的、实际上要做的，尤其要分析参与活动的教师、学生的实际表现。

6. 输送系统。明确评价开展的可行性，研究评价活动如何"输送"到"市场"，如何具体实施，如何进一步完善，如何训练操作者，等等。

7. 消费者。说明使用和接受评价方案的群体，包括预期的目标群体和实际的群体，即实际的消费者群体，哪些人从中受益，等等。

8. 需要与价值。判断可能使用方案的人员的需要，比如，发起者的需要。在此基础上，要判断可能价值、理想标准、目标的意义等。

9. 标准。明确评价的标准，包括判断已经存在并且有效的价值，并从消费者的需要评价和方案的目标与功能的分析中来明确评价的标准。

10. 过程。检查评价实施的过程，发现评价方案使用的限制，包括在政治上的、道德上的、法律上的、科学上的、管理上的、成本上的、审美上的等多种限制，明晰不适合方案实施的情境，或者只能在某特定的环境中实施的部分。

11. 成果。全面检查方案实施所产生的预期、非预期效果。

12. 概括。分析该方案能否用于其他场合、不同时期和不同情境的可能性。

13. 成本。全面评价方案实施时耗费的人力、物力、财力等成本，以及直接、间接的成本。

14. 比较。分析评价方案与其他可选方案，按成本—效益进行研究分析，采用以较少成本获得较好效果的方案。

15. 重要性。综合上面各个步骤的资料，建立有效的程序。

16. 建议。对以后使用该方案所需要的情境给予相关建议。

17. 报告。对整个评价活动和所有评价环节进行总结，得出结论，报告给有关人员。

18. 后设评价。对整个评价工作进行再评价，后设评价可以在方案实施后、报告出来之前进行，以强化初评，并分析该方案的优点和缺点。

目标游离模式可使评价活动更具客观性，既可以充分体现评价者的自主性，又能充分发挥受教育者的创造性，从根本上体现以个人的需要为价值取向的评价标准。在具体实施过程中，目标游离模式提出了以下需要把握的要点。

一是评价者在不受方案目标影响的情况下，全面搜集关于方案实施结果的信息，这样才能确保信息搜集的全面性与客观性。

二是要根据教育的内在价值，分析搜集到的信息，对方案的预期效果与非预期效果进行评价。

（二）目标游离模式的评价

1. 目标游离模式的优点

与目标模式和 CIPP 模式相比，目标游离模式的优点集中表现在两个方面。

一是突破了预期目标的限制，评价的重心并不是方案制订者的预设目标，而是活动参与者的实际效果。目标游离模式把评价的重心聚焦于消费者的意图，而不是生产者的愿望，是一种更具民主性的评价模式。斯克里文认为，评价中最为重要的准则并非是方案应当满足其目的的程度，而是方案在实行后取得的效果及满足需要的程度，是一种在全面收集方案实际结果的各种信息后做出的判断，是一种"以需要为基础的评价"。

二是重视对评价的再评价。在目标游离模式的评价步骤中，有一个步骤是后设评价，其主要目的是对评价进行再评价。这样既可以对整个评价活动的设计与操作进行评价，也可以对评价效果进行评价。后设评价可以提高评价的信度和效度，也可以深化相关人员对评价活动有关问题的认识。

2. 目标游离模式的缺点

目标游离模式的缺点主要有两点。

一是缺乏一致的评价标准。由于它没有考虑评价目标与评价结果的一致性，更多地考虑评价实施中消费者的需求，但这种需求又是不确定的，也是多样化的，因而在评价中很难确定哪些是真实的、主要的需求，有可能会将想象出的需求代替实际的需求，从而做出不合适的判断。

二是缺乏明确的评价操作程序。目标游离模式并没有完整、明确的定义，也没有明确、具体的评价操作程序，缺少明确、具体的数据搜集方式。严格地说来，并不是一种完善的评价模式，在具体实施中有不小的难度。

四、应答模式

应答模式也称为反应模式或当事人中心模式。它是由斯塔克在 1973 年提出，并在其他人的发展下形成的。应答模式的主要特点是以问题为先导，尤其是直接参与教育活动的决策者和实施者们提出的问题。它旨在通过评价者与决策者、需求者、实施者等有关人员之间的持续对话，充分了解他们的愿望，不断对教育方案进行修改、完善、优化，尽可能地对他们的问题做出应答，尽量地满足他们的需要，注重评价者与教育活动的决策者、实施者之间的互动，保证评价结果的可靠性和有效性。

（一）应答模式的基本内容

斯塔克指出，传统的评价大多是先确定目标，再依据目标来搜集相应的评价资料，然后在评价资料的基础上得出评价结果，从而判断结果与目标的一致性程度，并给出评价等级或写出评价报告。他认为，评价应该让各方人员都参与，并让他们在交流中对各自的价值判断标准、需要达成共识。与斯克里文一样，斯塔克认为教育本身具有内在价值，不能单纯判断它是否实现工具性价值，而应该关心事情本身做得怎么样。

斯塔克提出，要使评价产生真正的效果，首先应该听取那些关注评价结果的人们所关心的问题、焦点等相关信息。由此，斯塔克所提出的应答模式以所有具有利害关系或者切身利益的人们所关注的问题为中心，尽量地满足他们的需求，解决他们的问题。它的宗旨是为特定的人提供服务。在价值标准上，它强调价值观的多元性和发散性。在方法上，注重定量方法与观察、交往等定性方法结合起来。在人员上，强调与评价有关的各方人员都参与其中。在操作上，评价步骤灵活，反馈信息及时。应该说，它是适合多元取向、强调真实情境下的表现的一种评价模式，具有灵活性和应变性。具体操作有 12 个步骤，但这些步骤不是一成不变的，甚至一些步骤是相互交错、同时发生的。

1. 确定评价范围。由评价者与决策者、当事人等一起来确定评价范围。

2. 了解评价活动。评价者要全面了解整个评价活动的基本情况及主要特点。

3. 确定评价目的和重点。评价者要明确评价目的，了解不同利益主体、参与群体所关心的问题，从而确定评价的重点。

4. 形成议题和问题。评价者要全面分析各种观点、困惑、问题和要求，综合列表明确要研究的问题，形成评价的议题。

5. 确定所需的资料。评价者根据所确定的研究问题来选择资料，从而确定所需的资料。

6. 选择观察者、判断者和评价工具。要根据评价目的和问题，合理选择评价活动的观察者和判断者，科学地设计各种评价方法和工具。

7. 观察各种因素。评价者要观察指定的前提条件、过程和结果等因素，并搜集各种资料做出科学的判断。

8. 理论总结。评价者应该对方案进行描述性材料的准备，对某些典型资料进行深入的个案研究。

9. 检查其有效性。通过不同的评价工具，判断所搜集的证据的有效性，邀请不同的人来对证据进行检查和判断。

10. 筛选组合。对多种资料进行整理，以供评价听取人使用，分别搜集大家的反应，以照顾不同群体的需要。

11. 准备正式报告。根据评价当事人的需要，尤其是直接参与教育活动的决策者和实施者的需要来搜集信息，并撰写形成正式报告。

12. 与方案当事人、评估听取人和方案实施者交流。通过沟通交流，了解并激发他们的兴趣，为形成最好的评价做准备。

对于应答模式的操作，斯塔克借用一个类似于时钟的图形来表示，命名为"评价时钟"。时钟所标出的顺序并不是不可改变的，在实际的评价中，操作的顺序要视委托人的需求和问题而定。可以顺时针进行，也可以逆时针进行，还可以跳跃式进行。"评价时钟"的大体框架图如图 3-3 所示。

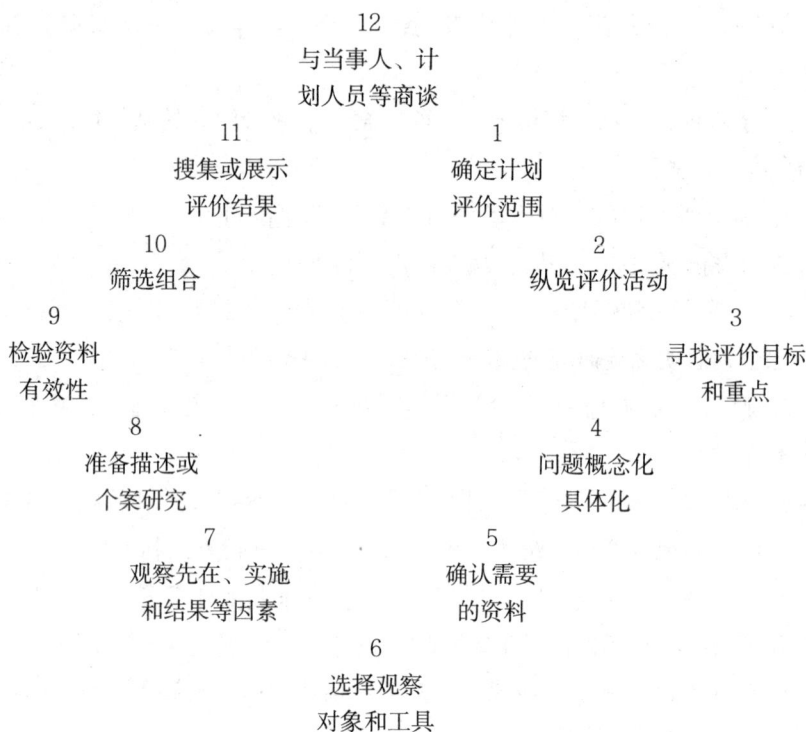

12
与当事人、计
划人员等商谈

11
搜集或展示
评价结果

1
确定计划
评价范围

10
筛选组合

2
纵览评价活动

9
检验资料
有效性

3
寻找评价目标
和重点

8
准备描述或
个案研究

4
问题概念化
具体化

7
观察先在、实施
和结果等因素

5
确认需要
的资料

6
选择观察
对象和工具

图 3-3 应答模式图——评价时钟

评价活动可以通过 12 个事件进行组织，这 12 个事件分别是：

12 时：方案的评价者与方案的委托人、方案的执行人进行交谈。

1 时：识别方案的范围。

2 时：对方案的设计做通盘考虑，统筹设计整个评价活动。

3 时：找出评价的真正目的和评价的问题、重点。

4 时：明确评价的关键性问题，给以明确表述，为确定搜集哪些资料做准备。

5 时：明确哪些资料是评价真正需要的和重要的。

6 时：设计搜集资料的活动，主要包括拟订观察计划、选择观察者和观察工具、明确样本、确定对资料进行审查的人员等。

7 时：观察并讨论前提条件、过程因素及结果因素，探讨计划的理论基础等。

8 时：综合分析所搜集的各种资料，进行理论总结，准备描述性材料，开展个案研究。

9 时：通过了解有关人员对分析描述结果所做出的反应，判断检验所得资料及做出的分析是否有效，即是否能达到为委托人提供服务的目的。

10 时：对有关人员的反应进行筛选，做出适当组合；并报告组合结果，使有关人员都能了解这一结果，从而使评价产生最大的效用。

11 时：根据委托人的需要，准备正式报告。报告的形式可以根据具体情况来确定，可以是原始的观察资料、访谈录音、文字总结等。

（二）应答模式的评价

1. 应答模式的优点

应答模式的优点主要表现在如下方面。

（1）强调价值观的多元性和发散性。应答模式坚持价值存异，承认价值多元化，强调用不同的价值观分析问题。它充分尊重所有人的需要，充分考虑与评价相关的各方的需要，重视评价者与参与者之间的充分对话、持续交流，充分了解各方的需求，聚焦关注的问题，修改教育方案，充分发挥各方人员在评价中的作用。

（2）注重评价过程的动态性。应答模式提倡自然主义的、动态的评价操作，认为评价程序不是刻板的，可以根据实际情况在评价过程中反复沟通、随时调整，评价程序具有一定的灵活性与应变性。

（3）重视评价方法的融合性。为了充分了解各方人员的需求和存在的问题，应答模式重视非正式的观察、访问、交谈等描述性的定性分析方法，但也并不否定测量这类定量方法，只有定性方法和定量方法相结合，才能有效地做出价值判断。

2. 应答模式的缺点

应答模式的缺点主要表现以下两个方面。

（1）问题的提出具有片面性。应答模式是以问题为导向的，但是与评价有关的各方人员提出的问题往往带有一定的片面性和主观性，比如计划的制订者、资助机构等在面向公众的评价中，可能会因为在种族歧视、政治上的考虑、观点的分歧等这些关键问题上不便于明确提出，而评价者也可能会因为某些原因不重视这些问题，导致评价的片面性和主观性。

（2）评价实施的困难性。由于该模式需要评价者与被评价者、评价的有关人员进行沟通，而且要对不同的群体进行报告，这必然会耗费大量的人力、物力、财力。在评价过程中，会对各种数据进行筛选，会做出多种判断，但由于不同集体常常提出不同的标准，甚至是矛盾的标准，这就使得评价很难得出一个统一、明确的结果，评价实施具有相当的困难，难以推广实施。

除此之外，欧文斯（T. Owens）和沃尔夫（Wolf）在20世纪70年代提出反对者模式。它采取了法律过程中的评委会审议形式，让持有不同意见的评价者共同参与对教育方案、教育活动的评价，通过各自出示有力证据和相对诘问，充分揭示方案正反两面的优劣得失，从而得出更全面、更合理的评价结果。反对者模式一般由争论的提出、争论的选择、辩论的准备和听证四个环节组成。整体来说，这种模式所搜集的信息更加全面，评价范围更加广泛，评价参与者更加大众化，具有更坚实的群众基础。但由于它是建立在双方争论的基础上，评价结果容易受到辩论技巧的影响，而且容易使辩论过程流于形式，不利于评价问题的解决。同时，评价过程需要付出更多的人力、物力、财力和时间，所以在实践过程中难以推广。

还有与CIPP模式相近的CSE模式，它是由美国加利福尼亚大学洛杉矶分校评价研究中心提出的一种教育评价模式。它一般由需要评定、方案计划、形成性评价和总结性评价等几个步骤组成，在课程评价中应用得比较广泛。

综上所述，目前最有代表性的、在国际上有影响的教育评价模式仍是国外的几种典型模式，五级评价系统在具体实施中借鉴了目标模式、CIPP模式、目标游离模式和应答模式的核心与精髓，但并未完全依赖于某种模式，而是在不同的评价系统中采用了不同的评价模式。

过程设计篇

　　理念引领是中小学教育评价有效实现的航标与基础，过程设计则是中小学教育评价有效实现的技术保障。中小学教育评价过程设计主要包含准备阶段设计、实施阶段设计以及反馈阶段设计。准备阶段的工作主要包括建立组织机构与设计评价方案，评价方案的核心工作是设计教育评价指标体系。因为教育评价指标体系既是教育评价目的与内容的具体化，又是评价者在对教育现象进行价值判断时的基本依据。实施阶段的工作主要包括培训参评人员、自评、他评，实施阶段的核心工作是搜集与处理评价信息，因为对大量评价信息的搜集与处理是进行科学的价值判断的基本前提。反馈阶段的工作主要包括撰写评价报告与进行评价结论反馈，评价报告的撰写既是对评价活动与评价结果的集中呈现，又是对整个评价工作的全面反思，评价结论反馈是基于评价报告展开的，是整个评价工作的最终环节。

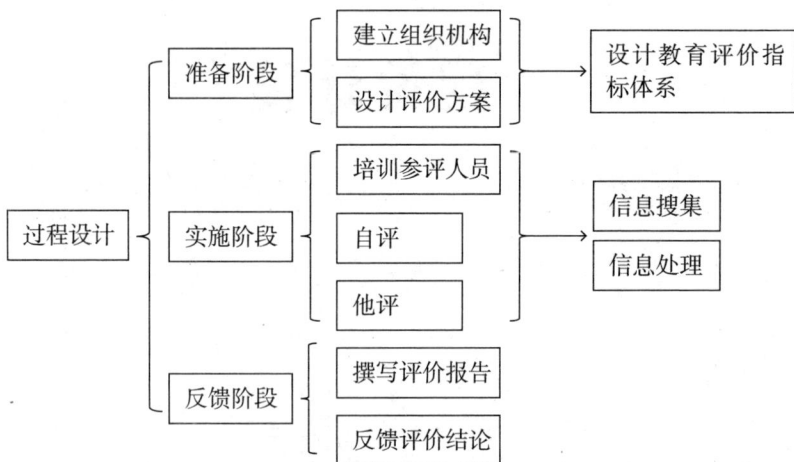

过程设计篇基本结构图

第四章 教育评价的过程

教育评价是对教育现象进行价值判断的活动，它既是一个专业性非常强的活动过程，也是一项技术性很强的系统工程。有效的教育评价必须依赖于科学可行的评价过程。科学可行的评价过程是提升教育评价质量、实现教育评价目的的重要条件。按照评价的实施程序，可将教育评价过程分为准备阶段、实施阶段、反馈阶段。本章将对如何进行各个阶段的教育评价工作进行详细阐述。

第一节 准备阶段

"凡事预则立，不预则废"。充分的评价准备是成功开展教育评价的前提和基础。教育评价准备阶段的工作主要包括建立组织机构和制订评价方案。

一、建立组织机构

组织是指按照一定的宗旨和系统建立起来的集体；机构是指机关、团体的内部组织。因此，组织机构是指按照一定宗旨和系统建立起来的集体的内部组织，其本质是发挥组织功能，实现管理目标的工具。教育评价组织机构就是为了发挥教育评价组织的功能，实现教育评价目标的工具。从类型上看，教育评价组织机构包括外部评价机构和内部评价机构两种类型。外部评价机构是指独立于被评单位的评价机构，比如国家行政部门对学校评价设置的评价机构、学术团体对学校评价设置的评价机构等都属于外部评价机构；内部评价机构是指被评单位自身开展评价工作所组织的机构。无论是外部评价机构还是内部评价机构，都主要包括教育评价领导小组（又称教育评价委员会）和教育评价工作组。

（一）建立教育评价领导小组

教育评价领导小组是教育评价工作的权力机构，负责组织和领导教育评价的具体实施，其主要任务有：聘请有关专家组成专家组，确定评价方案，解决评价过程中遇到的各种实际问题，公布评价结论等。为了切实发挥教育评价领导小组的职能，其组织成员应具备以下基本条件：其一，思想政治素质过硬，贯彻党和国家的教育方针政策；其二，教育理论素养深厚，掌握教育、教学和教育管理的规律；其三，教育评价能力较强，掌握评价方法和技术，能解决教育评价过程中产生的问题。

（二）建立教育评价工作组

教育评价工作组是负责具体实施教育评价工作的机构，主要包括两类：评价工作秘书组和专题评价组。

评价工作秘书组负责日常事务工作的处理，如分发文件、整理与统计各种信息与资料、会务工作、联络工作等。秘书组成员必须认真、负责、细心、严谨，善于沟通、组织纪律性强。

专题评价组是开展专题评价的小组，通常由评价专家组成。在教育评价工作中，一般会根据一级评价指标的个数、工作量的大小以及评价专家的人数将教育评价专家分为不同的专题评价小组，每个专题评价小组一般不少于三人。专题评价小组的主要任务是：学习和理解评价方案，尤其是评价指标体系；按照评价方案中本专题的具体要求，收集与专题有关的信息；对信息进行归纳整理，依据评价标准进行价值判断，得出初步评价结论；对本专题组评价工作进行总结，准备向领导小组和全体参评人员进行汇报。不难发现，专题评价组是评价活动的具体实施者，评价活动的质量在很大程度上取决于专题评价组成员的工作质量，因此，选择高素质的评价人员至关重要。具体而言，可从三个方面选择评价人员：其一，评价人员必须有与评价内容相关的知识水平、专业背景或工作经验；其二，评价人员必须有高度的责任感和实事求是的科学态度，能在评价工作中做到公平公正；其三，评价人员必须具备教育评价的基本理论与专业技术。

二、制订评价方案

组织机构建立起来之后，紧接着要做的工作就是制订科学的评价方案。教育评价方案是根据一定的目的和教育评价活动的一般规律，对评价的内容、范围、方法、手段、程序和组织领导等加以规范、做出规定的基本文件。它既是教育评价工作的计划，更是教育评价工作的蓝图。因此，制订评价方案是教育评价准备阶段最核心的任务。

（一）评价方案的结构与内容

一份完整的评价方案需由三部分构成（如图 4-1 所示）：一是前置部分，包括封面与目录；二是主体部分，即评价方案的正文部分；三是附录部分，包括各种评价工具用表、评价组织机构名单等。

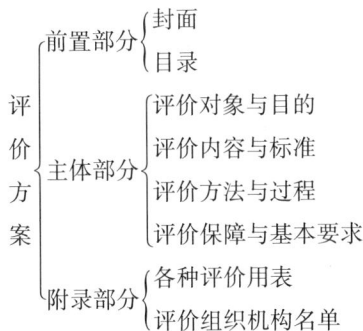

图 4-1　教育评价方案结构

1. 前置部分

前置部分主要包括封面与目录。封面要写明以下三项信息：

①评价项目名称；

②评价单位名称；

③评价时间。

封面要使人对本项活动要评价什么、谁来组织评价以及评价方案制订的时间等一目了然，排版要符合审美需要。

目录既是读者了解评价方案整体内容的概括性介绍，也是指引读者了解评价方案中各部分内容的索引，因此，目录包括内容与页码两部分。目录的编排要注意三点：一是详略得当，目录层次太多显得繁琐，太少又过于简略，因此要根据评价方案内容的详略来编排目录的层次，一般1至2层即可；二是科学合理，目录编排要合乎逻辑，与正文内容相对应，用超级链接实现与正文相应内容的关联；三是排版醒目，使读者对方案的结构与内容一目了然。

2. 主体部分

主体部分要清楚呈现评价对象与目的、评价内容与标准、评价方法与过程、评价保障与基本要求等内容。

（1）评价对象与目的

已有的评价研究表明，一切教育现象都可以成为教育评价的对象。归纳起来，典型的教育评价对象有：学生、学校教职员（教师及行政管理人员）、课程及教学资料、教育计划及设计、教育组织及机构。但教师和学生是教育评价中最为普遍的对象。

评价目的旨在说明为什么进行评价。从评价功能的角度来看，评价有四种目的：一是为了改进，即促进教育活动的不断发展；二是为了推优，即评选出优秀的教育样例；三是为了激励，即促进评价对象提高认识；四是为了管理，即推动教育活动按照国家和政府要求的方向或水平发展。将评价对象与评价目的交叉组合，便可生成出20种具体的评价目的，若将评价对象再进一步细分，便会产生无数种更为具体的评价目的。因此，教育评价对象与目的是多种多样的，应根据具体情况清晰陈述自己的评价对象与目的。在具体陈述时，主要有两种方式：一是分开陈述，即将评价对象与评价目的分别作为两个单独的内容在方案中呈现，分开陈述的优点在于可以全面、系统地展现评价对象与目的，但若用得不当便会显得冗长与刻板；二是融合陈述，即将评价对象与评价目的整合成一个内容进行专门陈述，当评价对象比较简单或易于理解时可用此法，这样可使评价方案更加简洁、精练。

（2）评价内容与标准

评价内容是对评价目的的系统化与具体化。根据评价内容数量的多少，可将教育评价分为单项评价与综合评价。单项评价指对评价对象某个侧面进行的评价。比如，对学校的办学条件、教师的教学能力、学生的学业水平等的评价都属于单项评价。单项评价能为改革某项工作提供依据，而且能使被评价者及时发现自己的优势与不足，为今后的发展明确方向。综合评价指对评价对象的各个方面进行系统评价。比如，对学校办学条件、办学效益、办学特色等进行评价，对学生德、智、体等各个方面进行评价。综合评价往往是过程、条件和效果评价的统一。评价内容的陈述，旨在让读者对要评价什么有一个大体的了解，因此在陈述时可直接展示概括化的纲要，不必展开详述。

更为详细的评价内容可通过评价标准来展示。因为评价标准是对评价内容的具体化与操作化。评价标准通常以评价指标体系的形式出现。评价指标体系既包括各项指标，还包括各项指标的权重系数、评价标准以及各项指标的文字描述等，它是评价对象进行自评、评价人员进行评价活动的重要依据。因此，建立评价指标体系是制订评价方案最重要的工作，通常评价指标体系都是作为重要工具呈现在附录部分，或者单独成册与评价方案配套使用。某市教师干部市级培训项目绩效评估实施方案中"评估内容"部分值得参考，如表4-1所示。

表4-1 教育评价方案"评价内容"部分样例

某市教师干部市级培训项目绩效评估实施方案
四、评估内容 市级教师干部培训项目绩效评估主要是对各项目的培训设计、培训实施、培训保障和培训成效等进行综合评价。具体评估内容见《某市教师干部市级培训项目绩效评估指标体系（试行）》（附件）。

（3）评价方法与过程

从不同的角度可以对教育评价方法进行多种分类。从是否采用数量化方法进行评价的角度可将教育评价方法分为两种类型。一是数量化方法。即在评价过程中采用数学方法。在教育评价中采用数学方法的形式多种多样，比如，用数学对教育活动进行描述，以数学作为工具对教育现象进行分析，用数据表示评价结果，用数字作为评价标准，当然也可综合运用以上几种方法。二是非数量化方法。比如，等级法、评定法、写评语等都属于这类方法。从不同评价阶段使用不同方法的角度可将教育评价方法分为三类：一是搜集评价信息的方法，主要有观察法、调查法等；二是整理评价信息的方法，主要有统计法；三是表达评价结论的方法，主要有量化方法和非量化方法。方法的表述力求简明扼要，一般只需要将用到的方法名称列出即可。值得注意的是，有些方法需要配套使用一些评价工具，这些评价工具一般以附录的方式在正文后面依次呈现。某市中等职业学校专业评估认定工作实施方案中的"评估方式"部分可做参考，如表4-2所示。

表4-2　教育评价方案"评价方法"部分样例

某市中等职业学校专业评估认定工作实施方案
五、评估方式 　　实行"数据采集"预评估与"原生态"现场评估相结合，采用答辩、现场核查、问卷调查、深度访谈、查阅原始材料、课堂观测、师生座谈会等多种评估方式进行。

评价过程是对评价步骤与时间安排的一个说明。一般而言，评价过程主要包括培训参评人员、自我评价、他人评价三个阶段。在具体陈述时，其内容包括各阶段的主要任务、参评人员的分工、阶段所需时间等。某市某区学校发展评估实施方案"评估过程"部分值得借鉴，如表4-3所示。

表4-3 教育评价方案"评价过程"部分样例

某市某区学校发展评估实施方案

六、评估程序

（一）学校自评。学校首先按照评估指标体系对学校现状进行评估，提交学校现状自评报告；通过一定时期的自我建设，在规定时间内向区教委提交学校发展自评报告。自评报告要求思路清晰、文字精练、重点突出。

（二）专家评估。区教委根据需要委托教育评估专业机构进行专家评估，原则上每所学校集中评估时间为一天。专家评估主要通过答辩、问卷调查、座（访）谈、课堂观察、教案抽查、作业抽查、资料查阅、校园观察等方式，对学校自评工作和发展水平进行综合评估。专家组综合学校自评和专家评估的情况，形成针对性、指导性强的书面评估报告反馈给区教委和学校。

（三）评估整改。学校根据专家组评估报告所提出问题和建议，认真分析，制订整改工作方案，落实责任，采取切实可行的措施进行整改，在规定的时间内提交整改情况报告。区教委应责成相关部门认真督促学校整改落实。

（4）评价保障与基本要求

评价保障旨在说明评价活动顺利、有效开展必须具备的条件，可从两个方面进行撰写：一是组织保障，将确保评价活动顺利开展成立的评价领导小组、评价工作组进行说明；二是经费保障，对评价活动所需的经费金额以及经费来源进行说明。某市教师干部市级培训项目绩效评估实施方案中的"保障条件"值得借鉴，如表4-4所示。

表4-4 教育评价方案"评价保障"部分样例

某市教师干部市级培训项目绩效评估实施方案

七、保障条件

（一）组织保障

在市教委统筹领导下，市教育评估院负责具体组织实施市级教师干部培训项目的绩效评估工作，市继教中心、市教科院、市技装中心等相关单位积极协助。

（二）经费保障

市教委根据评估工作需要，为市级教师干部培训项目绩效评估提供专项经费支持，以确保评估工作顺利进行。

评价要求是指评价过程中要做到的具体事项或愿望。可对评价组织者、评价者以及被评价者提出要求。某市教师干部市级培训项目绩效评估实施方案中的"评估要求"值得借鉴，如表4-5所示。

表4-5 教育评价方案"评价基本要求"部分样例

某市教师干部市级培训项目绩效评估实施方案

八、评估要求

（一）各承培单位要高度重视，认真做好市级教师干部培训项目绩效评估的自查工作，全面总结，深入反思，按时递交培训过程资料，为评估工作提供真实信息和数据，根据评估结果及时进行整改和完善。

（二）市教育评估院严格按照条件选聘并培训评估专家，根据评估程序组织实施评估工作；及时总结评估工作，建立评估资源库，建立评估质量保障机制，不断提高评估质量。

（三）评估专家要严肃评估纪律，强化廉洁自律意识，严禁收取任何礼金礼品，严禁参与营业性娱乐活动，自觉维护评估形象。对违反相关评估纪律的专家和工作人员取消资格，视其情节给予通报、纪律处分等相应处理。

3. 附录部分

一份评价方案，为了体现出逻辑与文字上的完整、规范，有些资料不宜放在方案的正文中去，但这些资料在评价活动开展过程中是十分重要的，也是读者了解整个评价方案必不可少的材料。这时，可将其作为附录列在评价方案正文的后面。附录一般包括两个方面的内容：一是各种评价用表，主要包括评价指标体系、调查问卷、访谈提纲、资料整理用表等；二是评价组织机构名单，主要包括评价领导小组的具体成员、评价工作组的具体成员与分工等。

（二）评价方案撰写的基本要求

在撰写评价方案时，应特别注意以下四个方面。

1. 注重"一个结合"，即宏观设计与微观操作相结合。评价方案既是对评价活动的整体构想与规范，也是评价工作开展的重要指南与依据，因此在撰写评价方案时既要有上位的、全面的系统设计，也要有下位的、具体的操作规定。

2. 体现"五个特性",即目的性、科学性、规范性、可行性、简洁性。一是目的性,即对评价目的的准确表述,以及紧紧围绕评价目的来设计评价内容、评价标准以及评价方法。二是科学性,即评价内容科学合理,反映了评价目标的内在规定性;评价指标体系信效度高,能够对评价对象进行科学测评;评价方法有效,能够准确搜集反映评价内容的信息,并且能对评价信息进行科学整理。三是规范性,即评价人员要严格按照评价方案规定的评价内容、评价标准、评价程序、评价方法等来采集信息、进行判断,任何人都不能随意更改评价方案或以不同的标准来评价同一类评价对象。四是可行性,即评价方案必须给出具体的、可操作的实施规定,不能只给出抽象、模糊的原则性意见;评价方案中的评价内容、评价标准、评价方法等必须切合实际,评价内容不能太泛,评价指标系统不能太繁琐,评价方法不能过于理想;评价方案实施的人力、物力、财力、时间以及评价技术手段等必须切合实际条件,任何脱离实际条件的理想的评价方案都只能成为一纸空文,无法发挥指导、规范作用。五是简洁性,即评价方案在语言上要准确、简练。准确是指评价方案所用的事实、数字正确无误;方案中的用词要肯定,不能似是而非,模棱两可;简练是指紧扣主题,运用简明扼要的语言进行表述,避免重复、啰嗦,以及做不必要的论证和使用不必要的介词。

3. 突出"一个重点"。教育评价方案的主要功能在于对评价活动进行系统设计,从而为评价活动提供操作依据。评价指标体系既是评价目的与内容的具体化与操作化,又是搜集与整理评价信息、对教育现象进行价值判断、对评价对象做出评价结论的基本依据,因此,建立教育评价指标体系是制订评价方案的重中之重。

4. 注意"两种心理",即角色心理和心理定式。一是角色心理。角色心理是身份的自我意识和潜意识表现的一种心理现象,是特定的职业责任、道德规范、行为习惯、职业利益等的反映。在教育评价方案的编制过程中,编制人员往往来自不同的工作岗位,都自有自己独特的角色心理,这些角色心理一定会在教育评价方案的编制过程中反映出来,并最终体现在评价方案当中。比如,来自高校的专家往往注重方案的理论性、系统性和科学性，来自一线的工作者往往注重方案的可行性。因此，在评价方案编制过程中，应着力发挥角色心理的积极作用，充分挖掘不同人员角色心理的互补作用，尽力避免角色心理的负面作用，力争使评价方案更加科学与完善。二是心理定式。心理定式是以往学习或解决问题的过程中所形成的相对稳定的心理反应倾向，又称思维定式，或心理定向。在教育评价方案编制过程中，来自不同工作岗位的人员往往按照自己的思维习惯来思考问题和表达见解，如果以往的工作经验与当前的评价活动具有内在的一致性，那么心理定式具有积极作用，但是如果当前的评价活动对于编制人员来讲是一种相对新颖的活动，那么心理定式就可能会产生消极的阻碍作用。因此，在方案编制过程中，相关人员必须理性、客观，具体问题具体分析。

第二节　实施阶段

教育评价方案实施的过程就是依照教育评价方案开展各项教育评价工作的过程。主要包括培训参评人员、自我评价与他人评价三个环节。

一、培训参评人员

培训参评人员是指对评价者和被评价者进行培训。培训的目的在于统一评价者和被评价者的思想认识，明确评价的目的与作用、过程与方法，这对实施评价具有重要意义。只有评价者和被评价者都从内心深处认可了评价活动的价值性和可行性，接下来的评价实施工作才可能顺利进行，否则就会出现各行其是、难以协调、阳奉阴违，评价工作难以实施的局面。

（一）培训评价者

对评价者的培训主要围绕评价方案展开，从理论学习与技能操作两个方面进行培训。理论学习，即对评价目的、评价内容、评价指标体系、评价过程、评价要求等进行学习，旨在了解评价活动的定位与基本要求，理解各自的工作在评价实施中的作用，并能按科学的评价程序与标准参与评价活动。技能操作学习，即对具体的评价方法与操作技术进行学习，比如使用观察法时重点观察哪些内容、网上评价如何操作等，旨在确保评价活动的高效开展。

（二）培训被评价者

对被评价者的培训主要围绕教育评价理论知识、评价方案两个方面展开。一是教育评价理论知识，通过组织被评价者学习基本的教育评价理论知识，使其了解评价的目的、意义和作用，从而增强被评价者的评价意识，提高其开展教育评价活动的积极性。二是评价方案，通过对评价方案的学习，评价者对为什么评价、评价什么、怎么评价、自己应该为评价做哪些准备等问题了然于胸，从而能够有目的、有意识、有针对性地参与评价活动，全程、全面做好各项评价工作。

二、自我评价

自我评价是指被评价对象依据评价标准对自身所做的评定过程，又称为内部评价。

（一）自我评价的作用

有效的自评工作不仅对教育评价活动的顺利开展具有十分重要的作用，而且对被评对象的科学发展有着积极的影响。

1. 有利于调动评价对象自身的积极性，主动进行教育改革，提升教育质量。因为教育评价活动具有鲜明的导向性和诊断性，更具有强烈的激励性，通过自评活动往往能促使评价对象按图索骥，主动对自身存在的问题进行诊断，对自身的优势进行总结，对未来的发展对策进行思考。事实上，评价的最高境界就是自我评价，只有不断地自我评价才能充分挖掘评价对象内在的发展动力、激发评价对象的发展积极性。

2. 有利于全面搜集评价信息。因为评价对象对自己的情况是最了解、最熟悉的，基于评价标准的自我评价可以获取关于评价对象最为全面的评价信息。

3. 有利于减轻评价组织者的工作负担。一方面，在择优评价中，由于自我评价过程就是自我把关与筛选的过程，对于那些明显不符合择优条件的单位或个人，通过自我评价就不再申报了，这就会减少评价组织者的工作量。另一方面，在他人评价过程中，虽然评价主体想方设法、千方百计要搜集到最准确、全面的评价信息，但是由于时间、条件、技术等多方面的限制，所搜集到的信息往往只能是其中的一部分，在这种情况下，评价组织者便可以组织评价者有重点地进行信息搜集，再结合自我评价阶段的评价信息进行价值判断。

（二）自我评价的基本步骤

自我评价既为不断改进自身工作提供重要依据，也为他评阶段提供重要资料。主要有三大步骤。

1. 成立内部评价组织机构，制订评价方案

自我评价阶段首要的工作是成立内部评价组织机构，为自我评价工作的有序开展提供组织保障。然后依据上级部门颁布的评价方案制订本单位自评阶段的评价方案，对自我评价的进程、分工等进行具体规定，以便于自评工作的顺利开展。

2. 组织学习评价方案，分工开展评价工作

组织参评人员学习评价方案，统一认识、明确职责，继而按照方案要求分头准备各项评价资料，再对各项资料进行整理、分析，并依照评价指标体系逐一进行价值判断，最后做出一个综合判断，得出评价结论。

3. 反思评价工作，撰写自评报告

整个评价工作结束之后，组织相关人员对自我评价的各个方面、各个环节，以及自身的教育工作等进行反思，撰写自评报告。

（三）自我评价的基本要求

为了提升自评工作的有效性，要注意以下两个方面。

1. 聘请外部专家参与自我评价。为了确保评价工作的有效性、客观性，建议聘请外部专家参与自评工作。一方面，应有来自上级评价组织机构的专家。在这类专家的指导下，被评价者能够更准确地理解上级部门的评价意图，以及评价工作的各项指标与要求，从而为后期的他评阶段提供更为全面、准确与可靠的评价信息。另一方面，应有来自其他机构或单位的专家。在这类专家的全程参与下，被评价者能够更为客观地开展各项评价工作，真实诊断出自身的优势、特色与问题，从而为自身的不断发展提供重要依据。

2. 克服两种心理现象，即疑惧心理与被审心理。其一，疑惧心理。在自我评价阶段，被评价者往往会产生一系列的疑问，如，自我评价能否和他人评价相符？自我评价能否被认可？在这一系列的疑问下，被评价者在进行自我评价时就会有所顾虑，比如，如果自我评价高于他人评价，就会让人觉得自我评价是在自吹自擂、缺乏自知之明，如果自我评价过低又会影响自己最终的评定成绩，他评时别人也会觉得你自己都给自己如此低的评价，别人也不好给你一个较高的评价。因此，在自我评价阶段，被评价者往往不是过低评价自己、就是过高评价自己，或者采取概括化的定性描述，给出一个模糊的评价。其二，被审心理。他人评价是教育评价当中最为重要的一个环节。在被评价者来看，他人评价环节就是一个被审查的环节。在这一环节表现好，那么最终的评分就高，若表现不好则评分就低。正是在这一观念影响下，被评价者往往不太重视自评工作，常常是敷衍应付。在写自评报告时往往也是只做表面文章，尽量多谈成绩少谈问题，多谈优势少谈不足，而不会依据评价标准对自己进行实事求是的客观评价。

三、他人评价

他人评价是指由评价对象之外的组织或个人依据评价标准对被评价者进行评价的过程。

（一）他人评价的优势

相对于自我评价而言，他人评价更客观、更可靠。

1. 他人评价更客观。尽管聘请外部专家可以提升自我评价的客观性，但由于外部专家仅是其中一小部分评价者，而且最终的自评报告往往由被评价者自己来撰写，"趋利避害"心理的存在，为了使评价结果对自己更有利，被评价者往往会报喜不报忧，甚至会过分夸大自己的成果，掩盖自己的不足。这自然会导致评价信息不准确，评价结论不可靠，进而干扰相关部门做出正确的决策，当然也不利于评价对象改进自己的工作。而在他人评价中，评价者全部由外部专家组成，完全按照预先制订的评价标准与操作程序开展各项工作，因而能避免自评阶段的弊端，使评价结论更客观。

2. 他人评价更科学。教育评价活动是一项非常专业的活动，它要求评价主体必须具备高水平的教育评价专业素质。在自我评价中，评价对象的专业性不足会影响评价活动的科学性。在他人评价中，评价主体往往来自不同的单位或群体，都是经过严格挑选的有专业知识和经验的专家，他们的评价活动具有更高的可靠性和权威性，其评价结论也更为大家所信服。

（二）他人评价的基本步骤

他人评价阶段主要有三大步骤：搜集评价信息、整理评价信息、做出程度判断。

1. 搜集评价信息

搜集评价信息是一项基础性工作，也是教育评价中信息量最大的工作。评价者要根据评价指标体系，逐项搜集信息，以全面、真实、客观地掌握评价对象的情况。高质量的评价信息具有以下几个特点。一是真实性。即搜集到与评价对象实际情况相一致的信息。这就要求评价者采取正确的信息搜集方法，以严肃认真的态度来搜集信息。二是全面性。即搜集的评价信息能够反映评价目的、评价标准所规定范围内的全部信息，不能有任何一方面的遗漏。三是本质性。即在众多反映评价对象的信息中，要搜集那些能反映评价对象本质特征的信息，对于那些与评价对象有间接关系，不能反映评价对象本质的信息要果断舍弃。四是次量性。即要搜集足够数量的评价信息。仅凭一次或单个信息很难得出正确的结论，准确的价值判断必须基于足够的信息量。为了能够搜集到真实、全面、足够数量的本质性信息，可综合采用观察法、文献法、调查法、测验法等多种信息搜集的方法。

2. 整理评价信息

整理评价信息主要是指将搜集到的全部教育评价信息进行分类、审核与建档的过程。

（1）分类。对各个评价者通过各种渠道搜集到的全部评价信息进行汇总，并初步理出类别。

（2）审核。按照既定的评价目的与指标体系，对归类后的评价信息进行去伪存真、去粗取精的鉴别和筛选。欠缺的信息要及时补充，次要的信息要果断舍弃，需要运用统计手段整理的信息，如平均数、标准分、优秀率、合格率等，要及时进行统计处理。

（3）建档。按评价指标类别，将审核后的评价信息制成表格或卡片形式，进行编号建档，为后续评价工作做好准备。

3. 做出程度判断

做出程度判断的过程就是判断评价对象达到指标程度，并进行量化处理的过程。这既是教育评价实施阶段的核心工作，也是整个评价实施工作中最重要、最关键的工作。做出程度判断的过程主要包括两个阶段，即分项程度判断和综合程度判断。

（1）分项程度判断是指对评价对象在各末级指标上的达到程度进行判断，并进行量化的过程。由于末级指标有些能用明确的数据表示，有些却是模糊的定性测量，所以，在对末级指标进行判断时获得的数据有定量数据，也有定性数据。但是，分项评价之后还需经过一个综合评价值才能得出最终的结论，这就必然要求对末级指标判断结果进行等质性变化，因为等质是数据间进行比较的条件。常用的末级指标量化方法主要有一次量化法和二次量化法。一次量化法是指可以直接对指标打分及进行某种转换的技术；二次量化法是指对不能直接定量的模糊性较大的指标的测量，先采用定性描述，再定量刻画的方法。

（2）综合程度判断是指对评价对象的达到程度进行综合判断，并进行量化的过程。事实上，综合程度判断的过程就是分项评分信息汇总的过程，即把按末级指标逐项判断赋值得到的信息进行综合，显示出评价对象的综合评价值，以为得出评价结论提供基础。一般而言，可以采用直接求和法、加权求和法、标准分数法、乘法汇总法等对分项评价信息进行汇总，从而得出综合评价值。

（三）他人评价的基本要求

他人评价工作的有效开展应注意以下几个方面。

1. 评价对象要积极配合评价工作。相对自我评价而言，他人评价更为客观与科学，但前提是能够获得关于评价对象真实、全面、足够的评价信息。而评价信息的获得又不得不依赖于评价对象的主动提供与积极配合。因为无论是评价者翻阅文献资料，还是进行个别访谈或集体座谈，又或者是通过测验与问卷调查获取评价信息，都需要评价对象提供相应的条件。这就要求评价对象对评价工作有正确的认识，并且重视评价工作。

2. 评价者要重视三类心理现象，即评价者个体自我的心理现象、评价者与被评价者关系的心理现象、评价者集体内部关系的心理现象。

（1）评价者个体自我的心理现象。单个的评价者，由于自身所处的社会地位、职业和工作环境以及所扮演的角色不同，往往会有自己独特的心理行为。这些心理行为如果控制得好，可以充分发挥每一个评价者的智慧与积极性，提高评价活动的质量，反之则会产生负面效应，降低评价活动的质量。一是角色意识。角色意识是一种身份的自我意识现象。一个人的思维模式、兴趣爱好、情感意志、性格能力等都带有强烈的职业烙印，这些职业烙印会使自己的心理行为带有明显的角色倾向。在教育评价活动中，角色意识会使评价者常常自觉不自觉地重视自己感兴趣的方面，忽略自己不熟悉或不感兴趣的方面，用自己固有的思维方式进行评价活动。角色意识既有积极作用也有消极作用。积极作用在于充分挖掘每一个评价者的智慧与潜力，每一类评价者的优势，从而使全体评价者能够达到优势互补，提升评价的有效性，确保评价质量。角色意识的消极作用在于可能导致评价者将视野仅局限在自己熟悉的范围之内从而得到不客观的评价结论，也可能导致评价者产生自傲或自卑心理，无论是因自己有丰富的评价经验、较高的职位职称等产生的自傲心理，还是因缺乏评价经验、地位较低等产生的自卑心理，都容易得出主观的评价意见，影响评价结果的客观性、公平性和合理性。因此，在教育评价活动中，应正确对待评价者个体的角色心理，充分利用每一类或每一个评价者自身的角色优势，提升评价者的责任心和思想政治修养，克服可能存在的自傲或自卑心理。二是时尚效应。时尚效应是对新颖事物的趋向、爱好、崇拜的一种现象。在教育评价活动中，时尚效应表现为对教育活动中出现的新鲜事物的好奇与崇尚。评价者对新事物、新突破的重视与肯定会极大促进被评价者的不断创新，这有利于教育改革的不断深化。但是如果不对新事物进行认真分析，不深入了解新事物产生的背景、条件、环境和效果，不管新事物的性质就对其进行盲目推崇，极容易出现以偏概全的现象，导致评价结论不客观、不公平、不合理。因此，在教育评价活动中，评价者应理性看待新事物、新现象、新做法，充分认识它在整个评价信息中的地位，客观对其进行评价。三是疲劳效应。疲劳效应是指因活动或活动环境、态度、习惯而引起的生理或心理上的疲乏从而影响评价效果的一种心理现象。当评价活动开展一段时间以后，无论是在体力上还是精神上，评价者都可能出现疲劳现象，从而导致评价活动先紧后松、虎头蛇尾。这就要求教育评价活动要有科学的实施计划，确保整个评价活动能够劳逸结合、灵活多样，从而使评价结果更可靠。

（2）评价者与被评价者关系的心理现象。在他人评价中，评价者是根据被评价者的相关信息做出价值判断。被评价者的相关信息则会对评价者的心理产生多种影响，进而影响其评价行为。具体而言，主要有首因效应、近因效应、晕轮效应、理想效应。首因效应是指第一印象比较鲜明、深刻，持续时间较长、经久不忘、不易改变的心理效应。在教育评价活动中，首因效应表现为评价者对评价对象展示出来的最初信息留下深刻的印象，即使后续的信息与最初的信息有很大的不同，但是评价者仍然会根据最初信息做出价值判断。换言之，如果第一印象很好，那么对评价对象的评分就会比较高，如果第一印象不好，那么对评价对象的评分就会偏低。鉴于此，在教育评价活动中，评价者应尽可能在充分考虑与整合每一阶段评价信息的基础上做出价值判断，防止出现"先入为主"的现象；而被评价者则应充分利用首因效应，认真扎实做好迎评准备，为评价者留下优良、深刻的第一印象。近因效应是指最新出现的刺激物促进印象形成的心理效果。在教育评价活动中，近因效应表现为评价者根据搜集到的关于评价对象的最新信息做出价值判断。相较而言，首因效应是对最先出现的评价信息印象深刻，而近因效应则是对最后出现的评价信息印象深刻。在同一个教育评价活动中，到底是首因效应还是近因效应起作用？研究表明，对自己熟悉的领域，近因效应起较大作用，对自己不熟悉的领域，首因效应起较大作用；认知结构复杂的人，容易出现首因效应，认知结构简单的人，容易出现近因效应。无论是首因效应还是近因效应，都是一种以偏概全的心理现象，在教育评价活动中，教育评价者都要尽可能克服，合理分配好自己的精力，尽量做到用同样的标准进行评价活动。晕轮效应，又称光环效应或光圈效应。是指在观察某个人时，由于他的某些品质或特性看起来非常突出，从而掩盖了对其他特征、品质的知觉和评价。在教育评价活动中，晕轮效应表现为评价者因评价对象某一方面的突出特征而对其做出价值判断。具体表现为以好概差和以差概好两种现象。所谓以好概差，是指当评价者对评价对象有了一个好印象之后，就会认为他的其他一切都好，进而对其做出过分拔高的评价，反之亦然。事实上，无论是以好概差还是以差概好都是不客观的评价。为了避免这种现象，评价者应以客观事实为依据，用统一的标准和尺度来进行评价。理想效应是指对被评价者设想得过于完美无缺的先期印象使得实际评价过低的一种心理现象。之所以会产生理想效应，是因为评价者以自己先前设想的理想状态为评价标准，而不是以评价方案中的评价标准为依据来评价。评价者自己设想的理想状态往往高于评价标准，这就极易使评价者对被评价者产生不满情绪，认为他这也不好，那也不行。这种失望心态自然会使评价者对被评价者给出偏低的评价结论。为了避免这种情况的发生，评价者应尽量控制自己的情绪和行为，严格按照评价方案的评价标准来开展评价活动，唯有如此才有可能得出客观、公平的评价结论。

（3）评价者集体内部关系的心理现象。在评价者集体讨论得出最终结论时，存在着一系列影响评价者做出评价结论的心理现象，主要有本位心理、从众心理。本位心理是指评价者个人在评价中坚持反映自己"大我"价值观的心理现象。即评价者突出强调自己所代表方面的重要性，对于在自己所代表领域取得的成绩会大加赞赏，而对于相关方面的缺点则会轻描淡写甚至认为不值一提，对于其他领域取得的成绩会比较冷漠或无视，对其缺点与不足则抓住不放。本位心理的积极意义在于，各个评价者意见的充分发挥对于全面认识评价对象、权衡各方利弊进而得出较为客观的评价结论极为有利；但是其弊端在于，如果各个评价者都过于强调自己的观点与判断，则会出现争执不下的情况，若其中某个评价者比较强势则会使评价活动失去平衡，导致评价结论有失偏颇。为了有效避免这种情况，要求每一个评价者都要从全局出发，坚持实事求是，一分为二地看待问题，都充分尊重其他评价者的意见，同时要求讨论活动的组织者要具有突出的组织协调能力、过硬的思想政治素质、心理素质与专业素质。从众心理是指个人在群体中，常常不知不觉受群体压力的影响改变自己的知觉、意见、判断和信念，在行为上与群体中的多数人保持一致的心理现象。在教育评价活动中，评价者因种种原因，比如缺乏自信、怕被认为出风头，或为了保持群体内部所谓的融洽关系等，放弃自己的意见，发表与多数人一致的意见。要遏制从众现象的发生，评价者不仅要增强自己的自信心，更要增强自己的责任心，本着认真负责、对事不对人的态度以及主人翁的精神参与到评价活动当中。

3. 被评价者要克服三种心理现象，即迎合心理、自卫心理和应付心理。迎合心理是指故意使自己的言语和行动适合别人心意的一种心理现象。在教育评价过程中，被评价者为了得到一个较高的评分，一方面可能会高规格接待评价者，百般阿谀奉承；另一方面可能会在评价者面前进行积极的表现，使评价者觉得被评价者态度非常端正、工作非常认真，从而忽视其他的评价信息，给予偏高的评分。自卫心理，又称防卫心理。是指在生活中处理自己与现实关系的一种行为方式。在教育评价活动中，自卫心理表现为处处设防或文过饰非，导致评价者很难获得真实、可靠的评价信息，从而难以进行客观公平的评价。在教育评价过程中，应付心理突出表现在对评价工作敷衍了事，消极对待评价工作。比如，不按要求提供评价信息，对评价者的要求总是推三阻四、拖拉搪塞等。被评价者的上述心理现象都不利于整个教育评价活动的有效开展，评价组织者与评价者对被评价者的上述心理现象应有充分的认识，并通过加强宣传、提高被评价者对评价的认识、采取多种评价方式等措施来避免或调节，从而提高整个评价工作的有效性。

第三节 反馈阶段

教育评价反馈是指将评价结论反馈给上级相关部门、被评价者或公众的评价活动，主要包括撰写评价报告和反馈评价结论两大任务。

一、撰写评价报告

评价报告是指评价者关于评价工作的组织领导、实施过程、评价结果、改进教育工作的建议以及评价工作优缺点的书面陈述。从不同的角度可以对评价报告进行不同的分类。比如，按评价报告的内容，可分为综合性评价报告、专题性评价报告；按评价对象，可分为地区评价报告、学校评价报告、学生评价报告、校长评价报告、教师评价报告等；按撰写评价报告的主体，可分为自我评价报告、教育督导评价报告、教育领导机关评价报告和复核评价报告等。

（一）评价报告的结构与内容

一份要素齐全、结构完整的评价报告由三部分构成：前置部分、主体部分和附录部分。根据评价活动是形成性评价还是终结性评价，报告的具体内容有所差别，如图4-2与图4-3所示。

1. 终结性评价报告的结构与内容

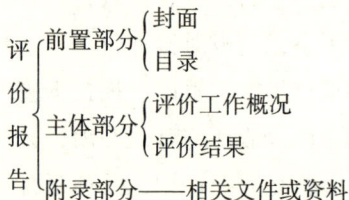

图4-2 终结性教育评价报告结构

（1）封面

封面应提供下列信息：

①报告的名称；

②报告撰写单位或个人；

③报告接收单位或个人；

④报告呈送时间。

封面应精心设计，富有吸引力。

（2）目录

目录的要求与评价方案中的目录要求一致，规范且便于使用即可。

（3）评价工作概况

评价工作概况是对评价设计与实施工作要点进行介绍，旨在让读者对整个评价工作有一个比较全面、清楚的认识。完整的评价工作概况包括以下七个方面的内容。

①评价目的。

②评价对象。

③评价原则。

④评价内容。

⑤评价方法。

⑥评价过程。

⑦评价特色。

根据阅读对象的不同，可控制此部分的要点与详略。若读者对本评价工作不甚了解，可对上述七个方面进行详细描述，也可选择上述七个方面中的某一个或几个方面进行重点描述；反之，若供熟悉整个评价工作的读者使用，本部分可以非常简短，仅罗列要点即可。

（4）评价结果

在终结性评价报告中，评价结果部分就是呈现评价最终结论，即具体分数或排序等。比如，《2005高考择校指南：中国大学评价报告》就是终结性评价报告，其中的"中国重点高校综合竞争力排行榜"就是评价结果，如表4-6所示。

表 4-6 终结性评价报告"结果部分"样例①

中国重点高校综合竞争力排行榜

总排序	学校名称	办学资源序	教学水平序	科学研究序	学校声誉序	省市序		类型序	
1	北京大学	1	1	1	2	京	1	综合	1
2	清华大学	2	2	2	1	京	2	理工	1
3	浙江大学	5	4	3	6	浙	1	综合	2
4	复旦大学	3	3	4	3	沪	1	综合	3
…	…	…	…	…	…	…	…	…	…

在表 4-6 中，评价结果部分是将总体排序和一级指标排序同时呈现在一张表格当中，也可分多个表格进行呈现。

（5）附录

附录部分主要呈现与评价活动相关的文件或评价活动当中用到的相关工具，旨在增强该评价报告的权威性、科学性与规范性。

2. 形成性评价报告的结构与内容

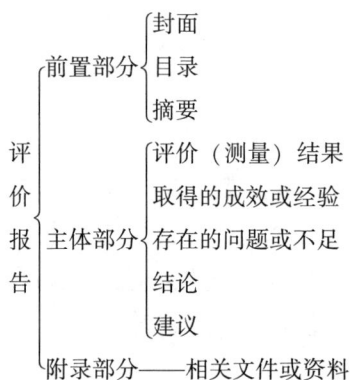

图 4-3 形成性教育评价报告结构

与终结性评价报告相同的内容不再赘述，以下只阐述不同的部分。

（1）摘要

摘要是对评价报告的简要综述，解释为什么要进行评价，以及评价的

---

① 邱均平．2005 高考择校指南：中国大学评价报告［M］．北京：科学出版社，2005：6.

主要结论与建议等。摘要一方面能够帮助那些没有时间阅读整篇报告的人快速明白评价报告的核心观点，另一方面能够帮助读者在阅读全文前了解报告的要点。因此，摘要的篇幅不宜太长，一般在800字左右。值得注意的是，虽然摘要是放在正文之前来呈现，但是却要在最后来撰写。摘要的写作要反复推敲，力求文字精练，内容全面，重点突出，切忌将其写成报告的导语或对意义的阐述。

（2）评价（测量）结果

在形成性评价报告中，评价结果并非最终的评价结论，而是指对评价活动中所搜集的资料进行整理与分析的结果，是对客观事实的呈现。换句话说，形成性评价报告中的评价结果是测量结果，而非判断结果。对测量结果的呈现，主要有两种思路。其一，将评价指标体系作为本部分内容的基本框架，并且将具体指标名称作为报告标题。比如，以指标体系中的一级指标为本部分的一级标题、二级指标为本部分的二级标题。此种呈现方式可使读者对各项指标的评价结果以及整体评价结果一目了然。其二，如果有多种评价对象，可将不同评价对象作为本部分内容的一级标题，然后再按评价指标体系中的一级指标为二级标题逐一呈现评价结果。《某市2012年"国培计划"中西部项目和幼师国培项目评估报告》就是形成性评价报告，其中的"'国培计划'项目达成度和满意度分析"就是评价（测量）结果，可做参考，如表4-7所示。

表4-7　形成性评价报告"评价（测量）结果"部分样例

某市2012年"国培计划"中西部项目和幼师国培项目评估报告

二、"国培计划"项目达成度和满意度分析

2012年"国培计划"项目绩效评估工作对中西部项目和幼师国培项目的达成度和满意度数据进行了深入了解，具体情况总结如下。

（一）中西部项目达成度和满意度分析

1. 中西部项目培训达成度分析

市2012年"国培计划"中西部项目实际培训人数共计13577人，超额完成计划人数27人。完成农村义务教育教学名师异地脱产研修，农村义务教育骨干教师置换脱产研修，三峡库区、民族地区农村教师短期培训，农村义务教育学科教师新课标短期培训，农村义务教育学科教学能力提升远程混合培训，农村义务教育教师研修基地学校指导教师混合培训6类子项、近60个培训学科（班次）。涉及承培单位26个，其中市外承培单位9个，远程培训机构6个。总体而言，以上培训项目在目标、内容、方式、师资四个方面达成度良好，能够基本完成培训申报方案的设计。

（1）中西部项目短期集中、置换脱产培训达成度

国培计划短期集中项目相对较好地执行了培训申报方案的课程设置、教学方式和师资配备，其达成度比较高。

置换脱产研修项目的课程与师资安排执行度较好，变动率基本不超过10%；师资团队中市外专家396人，占31.6%，一线优秀教师（教研员）512人，占40.9%；高级职称697人，占55.6%，结构比较合理。但置换脱产研修项目培训达成度相对稍差，只有48.91%的学员认为培训目标基本实现，超过30%的学员认为教学方式不够多样。

（2）中西部项目远程培训达成度

远程培训项目采取线上线下混合方式进行，通过观看讲课视频（或视频案例分析）、阅读文章、完成和提交作业、研讨和交流、反思和总结，帮助农村学科教师一定程度上解决了在实施素质教育和基础教育课程改革中面临的主要问题。然而，仍有20.7%的学员认为培训没能把握学员学习需求，且培训目标定位不太契合学员期望；20.1%的学员认为培训内容设置针对性不强，12.3%的学员认为学习进度安排不够合理。

2. 中西部项目学员满意度分析

（1）中西部项目短期集中、置换脱产培训学员满意度

中西部项目学员满意度调查中，短期集中培训总体抽样70%，置换脱产培训总体抽样50%，了解学员对培训整体情况、课程设置、师资水平、教学实效、组织管理和后勤保障的满意度。总体而言，学员对中西部项目短期集中、置换脱产培训总体满意度为90.30%，短期集中培训项目相对较高。具体满意度数据如表1所示。

表1　中西部项目短期集中、置换脱产培训项目的学员满意度调查结果表

指标 评价项	满意度					
	整体 情况	课程 设置	师资 水平	教学 实效	组织 管理	后勤 保障
三峡库区、民族 地区农村教师培训	94.19%	92.82%	92.14%	87.69%	90.94%	82.74%

续表

评价项 / 指标	满意度					
	整体情况	课程设置	师资水平	教学实效	组织管理	后勤保障
农村义务教育学科教师新课标培训	94.04%	92.53%	92.53%	89.24%	91.11%	85.07%
农村义务教育教学名师异地脱产研修	84.16%	82.13%	82.70%	80.90%	83.82%	79.66%
农村义务教育骨干教师置换脱产研修	80.14%	78.00%	79.38%	77.85%	78.57%	71.46%
总体	90.30%	88.66%	88.76%	86.05%	87.13%	81.28%

就培训学科（班次）而言，三峡库区民族地区农村教师培训小学数学和留守儿童班主任，农村义务教育学科教师新课标培训小学语文和初中数学4个培训子项的总体满意度相对最高，均超过了96%，在课程设置、师资水平、教学实效、组织管理、后勤保障5个具体指标的满意度也相对较高，均超过90%。然而，农村义务教育骨干教师置换脱产研修的小学语文和初中美术2个子项的总体满意度相对最低，分别为71.61%和73.85%，其中课程设置、师资水平、教学实效3个具体指标的满意度也相对最低，均在70%左右。特别值得关注的是，部分子项的具体指标满意度显著低于平均水平，如后勤保障满意度低于70%的培训子项共计12个，低于60%的培训子项有1个，表明在后勤保障方面确实存在较大问题和不足，应该引起高度关注。

（2）中西部项目远程培训项目学员满意度

中西部项目远程培训学员满意度调查中，短信调查平台抽样21.75%，网络问卷平台抽样32.61%，就远程培训的准备、保障、实施、平台和效果等维度进行了调查。

就网络问卷调查而言，学员对远程培训的总体满意度不高，仅为78.86%，就具体指标而言，学员对培训准备和研修平台评价较低，分别为74.63%和77.64%。具体满意度数据如表2所示。短信调查与网络问卷调查情况基本一致。

评价（测量）结果部分的具体内容通常以数据信息的方式呈现，常用工具就是统计图与统计表。比如，评价过程中产生的数据经过处理后用百分数、平均数等表示。展示的各种图表要简明扼要，有标题，格式规范，对标题编号后将其安排在相应的文字叙述处。另外，还应对图表的某些内容加以说明或注释，但应简明，以清晰表达评价结果为宜。列举的数据，必须是评价过程中获取的，有据可查，经得起审核，不能凭空编造。

（3）取得的成效或经验

在形成性评价报告中，取得的成效或经验是基于评价（测量）结果而来的，但它又是对评价（测量）结果部分内容的重新整合，具体而言，就是对反映评价对象成效或经验的内容进行统整与梳理。本部分的标题应精心思考，呈现观点性的语言，使读者仅通过阅读标题就能看出评价对象的成效或经验究竟是什么。

在具体内容的阐述上，此部分可围绕"是什么""为什么"以及"怎么做"三个方面展开论述。"是什么"旨在对评价对象取得的成效或经验到底是什么进行较为详细的说明。因为标题仅是对成效或经验的高度概括，所以有必要再在具体内容中对其进行详细阐述。具体而言，可从三个方面展开：一是用更为具体或操作性的语言对概括出的成效或经验进行详细阐释；二是罗列出此观点包含的更具体的成效或经验；三是举出反映此观点的实例。当然，也可综合使用上述三种方法。"为什么"旨在阐明获得成效或经验的依据，主要可从理论依据、实践依据以及政策依据三个方面阐述。"怎么做"旨在阐明获得成效或经验的具体操作路径或策略，这实质上是对成效或经验的进一步挖掘。《某市 2012 年"国培计划"中西部项目和幼师国培项目评估报告》中"'国培计划'的成效与经验"值得参考，如表 4-8 所示。

表 4-8　形成性评价报告"取得的成效或经验"部分样例

某市 2012 年"国培计划"中西部项目和幼师国培项目评估报告

三、"国培计划"的成效与经验

通过对"国培计划"中西部项目和幼师国培项目的绩效评估得出，某市 2012 年"国培计划"顺利完成了培训任务。同时，在承袭以往经验与优势的基础上，也探索出一些新的培训经验和成果。

（一）积极优化培训模式，增强培训安排灵活性

2012年《某市"国培计划"置换脱产研修"四板块"课程模式操作指南》试行，使置换脱产研修原有的理论研修、影子研修、反思研修、实践研修"四位一体"培训模式得到了进一步优化。四个板块以"反思·实践"为取向，进一步有机衔接，同时不墨守成规，在具体实施形式上进行了一定的衍生。例如农村义务教育名师异地脱产研修、幼儿教育领域带头人置换脱产研修项目等，将理论研修分为市内、市外两个阶段，内容侧重和聚焦各不相同，几个培训阶段的实施顺序也不拘泥固守，根据学员发展和认识的需要灵活安排，进而凝练出"两地四段"、"五带六步""三段式多维度"等灵活有效的培训模式。

短期集中培训项目也更加注重在有限时间内，形成相对稳定紧凑的培训模式，避免流于形式的理论灌输。农村幼儿园转岗教师传帮带培训推行的"三四五"培训模式（三段进程、四员帮带、五种实践）、农村幼儿园教师保教能力提升培训推行的"教学做合一"模式等。

中西部远程培训项目和幼师国培混合培训项目更是大胆创新，通过"线上+线下"的形式，有机整合了现场与远程培训的优势。线下培训通过培训送培到县、送教下乡等方式，让学员线上的学习心得能够充分过手，且又能产生辐射效应。

（二）积极拓展培训思路，尝试多样有机的培训方式

某市2012年"国培计划"在既有基础上进一步更新观念，拓展思路，本着学用结合、学研结合的原则，尝试了更加多样化的培训方式和手段。概括而言，包括专题讲座、案例学习、经验交流、问题研讨、教学观摩、名校考察、方案设计、作业实操、微型教学、借班上课、说课评课、反思总结等方式。各类型项目结合培训内容需要，灵活地选用培训方式和手段，针对性增强，实现了"讲授、诊断""参与、分享""任务、合作""体验、实践"一体化培训。部分培训项目还通过双导师制、课程选修、团队拓展训练等培训方式，更大程度的激发学员积极性，提高培训质量。

（4）存在的问题或不足

与取得的成效或经验相反，存在的问题或不足是对评价对象还需改进的一面进行的统整与梳理。其标题也应是观点性语言。具体内容主要围绕"是什么"和"为什么"两个方面展开。"是什么"是对存在问题或不足的详细罗列，一般采用描述性语言与具体数据或典型案例相结合的方式来表达，这样既可对问题有更为清晰与准确的阐述，也可用具体数据或案例

进行佐证。"为什么"是对存在问题或不足的原因分析。一般可从客观原因与主观原因两个层面进行分析。《某市2012年"国培计划"中西部项目和幼师国培项目评估报告》中"'国培计划'的问题与不足"值得参考，如表4-9所示。

表4-9　形成性评价报告"存在的问题或不足"部分样例

某市2012年"国培计划"中西部项目和幼师国培项目评估报告

四、"国培计划"的问题与不足

某市2012年"国培计划"项目在总体上培训效果表现优良，但也不同程度地暴露出一些新问题、新困惑，需要对这项工作进行精益求精、持续不断地深入思考。

（一）置换脱产研修的培训阶段落实不够到位

国培中西部项目和幼教项目的置换脱产研修中都反映出一个共性问题，即影子、反思和实践研修三个阶段的落实情况不太理想。学员对以上三个培训阶段的认可率（认为培训效果较好和很好的学员人数比）分别为71.35%、68.05%、69.77%。

影子研修阶段，22.21%的学员认为指导教师水平不够高，34.81%的学员认为指导程度不够深入，19.77%的学员认为基地学校管理不到位，33.38%的学员认为基地学校提供的培训资源不够丰富。同时，优质基地学校和指导教师有限，造成指导教师与学员比偏小，学员得到有针对性指导的机会减少，且指导教师相对固定，缺乏校际交流。此外，承培单位与基地学校的沟通不够，使得影子研修的规范化、任务化程度较差。

反思研修阶段，53.01%的学员认为研修内容缺乏明确且有针对性的设计，48.28%的学员认为研修过程缺乏经常性指导，22.06%的学员认为现有指导的专业水平不够高。

实践研修阶段，50.00%的学员认为研修内容缺乏明确且有针对性的设计，50.57%的学员认为研修过程缺乏经常性指导，22.49%的学员认为现有指导的专业水平不够高。此外，这一阶段监督反馈机制尚不健全，且培训安排不尽合理，部分项目实践研修阶段恰逢学校期末，学员返校后没有充分的课堂教学机会，导致实践效果不明显。

（二）中西部远程培训实效不高，幼师国培短期培训缺乏特色

……

（5）结论

在形成性评价报告中，结论部分是定量问题定性化的展现。它不是评

价（测量）结果的简单重复，而是对整个评价结果，包括取得的成效或经验、存在的问题与不足的总结归纳。结论部分的内容需分点列举，切忌妄下结论和任意引申。文字应简明扼要，措辞科学准确，肯定什么和否定什么需明确而不能含糊。结论适用的范围要同取样的范围一致。《2006 年全国中考数学考试评价报告》就是形成性评价报告，其中的"基本结论"部分借得参考，如表 4-10 所示。

表 4-10　形成性评价报告"结论"部分样例①

2006 年全国中考数学考试评价报告
（一）基本结论 　　绝大部分试卷具有较好的效度，有利于学生展现自己按照课程标准（教学大纲）所规定的要求取得的学习成就。在考试内容选取方面，绝大部分试题充分体现了课程标准（教学大纲）所规定的学习要求，试卷所覆盖的内容具有较好的代表性。在考法设计方面，……

（6）建议

根据评价结果、存在的问题或不足以及得出的结论，对评价对象提出建议。建议应从实际出发，有理有据，切实可行。

值得注意的是，如果一项评价活动有机结合了形成性评价和终结性评价，那么评价报告也应将二者有机结合，可以形成性评价报告的结构为基本框架，将终结性评价报告的结果部分作为附件的重要内容呈现。

（二）评价报告撰写的基本要求

1. 科学准确的服务定位

对于不同的读者而言，评价报告具有不同的作用，作用不同，其内容与详略自然有所不同。比如，政策制定者对评价最终的结论更感兴趣，尤其是分数与排序等，因此，给他们的评价报告可以是终结性评价报告；被评价者不仅对评价的结论非常感兴趣，而且对评价中发现的优点与不足，以及结论与改进建议等也非常关注，因此，给他们的评价报告应是形成性

---

① 华夏素质教育研究所课题组. 2006 年全国中考数学考试评价报告 [M]. 上海：华东师范大学出版社，2007：66.

报告与终结性报告的结合。

2. 坚持遵循的基本原则

评价报告要体现三个原则，即客观性、规范性和及时性。客观性原则是指在撰写评价报告时，一定要本着客观公正的立场和实事求是的态度。评价报告中所反映的评价结果，完全是评价过程中所获得的东西，所得到的评价结论完全是根据评价结果得来的，不允许有丝毫外加的成分。评价报告对结果与结论的表述，要准确、朴实、简明，不能有过多的形容和富于情感色彩的描述。只有基于事实的、客观公正的评价报告才具有参考价值，否则无论是对评价组织者还是对被评价者来讲都是毫无价值的，甚至会对其产生误导，进而妨碍教育工作与评价工作的有效开展。规范性原则是指在撰写评价报告时，要遵循评价报告的基本规范，在内容上要对评价设计、评价方案实施过程、评价结果与分析、评价结论与建议等进行全面系统的陈述，在格式上要按照评价报告的标准和规范来做。规范的评价报告具有很强的可读性，不仅报告内容一目了然，而且能够给人一种简洁愉悦之感。及时性原则是指在评价实施环节结束之后，及时拿出评价报告。这是由评价信息的有效性和评价结论反馈的时效性决定的。教育评价活动结束之后，面对大量繁琐的评价信息，相关人员务必要趁热打铁，趁着评价信息还在时效范围内，趁着对评价信息还比较熟悉，对其进行整理与分析，唯有如此才能充分利用所得的评价信息，得出科学的评价结果与结论，进而高质量地完成评价工作。评价工作完成之后，被评价者对评价结论充满期待。这时候对其进行结论反馈是最为有效的，但是如果没有及时拿出评价报告就无法及时向被评价者进行评价反馈，错过了反馈最佳期，整个评价工作的效果，尤其是评价工作的激励与改进作用就会大打折扣。因此，无论是从评价报告编写的角度还是从评价结论反馈的角度来看，及时编写出评价报告都是极为重要的。

3. 定量与定性的有机结合

评价报告比较注重事实的陈述，但它并不是对原始材料的简单罗列，而是在整理、分析的基础上，采用辩证唯物主义的观点、科学的方法进行理性的加工，并将其上升到理性认识的过程。一份好的评价报告，除所报告的评价活动权威、清晰，使人一目了然外，还要使用教育统计方法进行定量分析，用质性研究方法进行质的分析，以数据和资料来佐证评价结果，揭示评价对象取得的成效或经验、存在的问题或不足，为评价对象的不断发展与进步给出合理化建议。因此，撰写评价报告，要尽可能做到事实与数据相结合，定量与定性相结合，使评价报告真正具有学术价值和社会价值。

4. 准确简练的语言表达

评价报告在语言上的要求是准确、简练。准确是指报告所用的数字、事实或语句正确无误；评价问题要把握好分寸，用词肯定，不能似是而非，模棱两可。简练是指用简明的语言呈现评价结果，不做过多的描述；对观点的阐释，不做繁琐的论证；所引用例子要有典型性、代表性和有针对性，应紧扣主题，避免重叠、啰嗦；所发的议论要长话短说、简明扼要、恰到好处，切忌空泛。

二、反馈评价结论

反馈评价结论是整个评价工作的最后环节，但也是非常重要的环节。

（一）评价结论反馈的主要对象

一般而言，教育评价结论的反馈主要有四类对象。

1. 上级有关部门。这其实是向上级有关部门汇报教育评价的过程与结论，让上级部门了解整个评价工作以及评价的最终结论，以为相关的决策提供依据。

2. 单个被评价者。向单个被评价者反馈评价结论，必要时对有些结论做出慎重的解释，并向其提出今后改进工作的建议，旨在激励、促进其不断改进教育工作，提升教育质量。

3. 全体被评价者。向全体被评价者公布评价结果，可使同行们相互比较与借鉴。

4. 公众。向公众公布评价结论，可以引发公众舆论，从而促进被评价者不断改进教育工作。

（二）评价结论反馈的主要内容

一个完整、全面的评价结论反馈应包括三个方面的内容。

1. 评价工作概况。此部分反馈的重点是围绕"科学性"展开，即从如何在对象选取、方法选择、工具编制、过程开展等方面确保科学性的角度进行阐述，旨在增强评价结论的说服力。

2. 成效、问题与建议。此部分反馈的重点是围绕"辩证性"与"建设性"展开，即一分为二地反馈评价对象的成效与问题，并给出具有建设性的意见，以充分体现评价工作的指导性。

3. 评价结论。此部分反馈的重点是"通俗性"，即给出通俗易懂、一目了然的结论，比如排序、分数或等级等。

值得注意的是，根据不同的反馈对象，评价组织者在进行结论反馈时可选择上述三个内容中的一个或几个。比如，向公众反馈时，往往只需直接将排名呈现出来即可；而向单个被评价者反馈时，则需要将成效、问题、建议和结论一起反馈，而且问题与建议是其反馈的重点；在向上级有关部门反馈时，要将评价工作概况、成效问题与建议、结论等全部反馈，以为决策提供全面的参考信息。

（三）评价结论反馈的主要方法

归结起来，评价结论反馈主要有四种方法。

1. 文件法。即以官方文件的形式向被评价者或公众反馈评价结论，这常常用于反馈评定等级、分数或排序等。

2. 文本法。即将评价报告以文本的形式反馈给上级部门或被评价者，由上级部门或被评价者自己去阅读评价报告、获取评价信息。

3. 口头汇报法。即以口头汇报的形式专门向上级部门汇报评价工作的整体情况以及评价结论。

4. 会议法。即以会议讨论与交流的方式将评价结论反馈给全体被评价者或者单个被评价者。

在反馈评价结论时，应针对不同的反馈对象采取灵活多样的反馈方法，即使是同一类反馈对象，也可结合多种反馈方法进行全方位反馈。

（四）反馈评价结论的基本要求

1. 评价结论反馈要及时。当评价工作全部结束，评价报告完成定稿之后，就要分期分批开展教育评价结论反馈工作。一般而言，首先向上级相关部门反馈评价结论，接着向被评价者反馈评价结论，最后向公众反馈评价结论。所有的评价结论反馈工作最好能在一个月内完成。及时的评价结论反馈能够有效发挥教育评价工作的激励性、导向性等功能，推动教育教学活动的有效开展。拖得越久，反馈效果越差。

2. 反馈要有艺术。在评价结论反馈阶段，被评价者存在敏感心理、文饰心理、再评心理。敏感心理，即被评价者往往对与自身有利害关系的要素或信息很敏感，比如对评价分数或等级以及由此引起的排名非常敏感，对整个评价工作是否公正也会比较敏感。鉴于被评价者存在的这些敏感心理，评价组织者或评价者在反馈评价结论时，在导向上、态度上、措辞上、语气上必须谨慎，尽可能让被评价者心服口服、不尴尬。文饰心理，即为了掩饰不符合社会价值标准、明显不合理的行为或不能达到个人追求目标时，往往在自己身上或周围环境中找一些理由来为自己辩护的心理。比如，当评价结论不理想时，可能会出现怨天尤人或自我解嘲等文饰行为。合理的文饰心理是一种自我防御、自我调节，但是如果文饰心理过重，则会削弱教育评价的作用，影响教育目的的实现。再评心理，当被评价者了解评价结论时，往往会产生对整个评价工作进行再评价的心理。如果被评价者的再评活动动机是积极的，即是出于对教育评价工作的关心和帮助，对评价工作进行客观、公平地评价，那么这样的再评价是值得鼓励和重视的；但是如果被评价者的动机不纯或缺乏自知之明，千方百计对评价工作中出现的问题或失误进行挑剔，进而想全盘否定整个教育评价工作，那么这种再评行为就是不健康、不正常的心理行为。因此，在反馈评价结论时，要尽可能采取启发式的语言进行反馈，以启发被评价者客观地认识自己；重在进行一分为二的描述与说明，转移过分关心分数或等级的注意力；另外，反馈态度要尽可能平等、真诚。总之，要想方设法避免被评价者产生焦虑、感到挫折，尽可能发挥评价结论的积极作用。

第五章　教育评价的指标体系

教育评价指标体系是具体化与行为化的教育评价目的，是评价者在对教育现象进行价值判断时的基本依据。在教育评价活动中，教育评价指标体系不仅能够确保教育评价活动的方向性，而且能够克服评价活动的主观性与片面性，使教育评价活动更加客观与科学。教育评价指标体系的建立主要包括设计教育评价指标、分配指标权重以及制订评价标准三个重要内容。

第一节　教育评价指标体系的概述

科学的教育评价指标体系是有效开展教育评价工作的基本前提与重要内容。本节主要对教育评价指标体系的含义、作用以及制订步骤进行论述。

一、教育评价指标体系的含义

教育评价指标体系是指由教育评价指标系统及其相应的指标权重和评价标准构成的一个有机整体。

（一）教育评价指标系统

教育评价指标系统是指"由教育评价指标按照评价对象本身的逻辑结构排列组合的有机整体或集合"[①]。这里面蕴含着两层意思：首先，教育评价指标系统的要素是教育评价指标。所谓教育评价指标，是指根据一定的评价目的确定的具体的评价条目。比如，如果要对教师课堂教学的有效性进行评价，即评价的目的是判断课堂教学的有效程度，那么教学思想、教学目标、教学内容、教学过程、教学方法、教学效果等具体的评价条目就是其评价指标。由此，评价指标是评价目的的具体化和行为化，即评价指标的制订必须紧紧围绕评价目的展开，任何脱离评价目的的评价指标都是无效的评价指标。其次，教育评价指标系统是一系列教育评价指标的集合体，如图5-1所示。

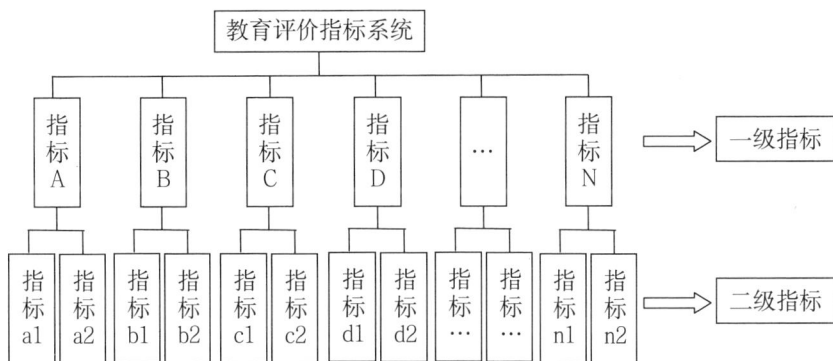

图5-1 教育评价指标系统

这个集合体并非是一系列毫无关联的教育评价指标的机械组合，而是一系列有内在逻辑关系的教育评价指标的有机整合，这里的内在逻辑关系既指同一层次指标之间应具有逻辑关系，也指不同层次的指标之间应具有逻辑关系。因此，相较于教育评价指标而言，教育评价指标系统能反映教育评价对象和教育评价目的的全部或整体。

① 陶西平. 教育评价辞典［M］. 北京：北京师范大学出版社，1998：112.

（二）指标权重

指标权重表示每项指标在指标系统中所占的重要性程度，通常用具体的数值来表示，如0.1、10%或10，这个数值就叫对应指标的权重，或叫权数。权重越大，表明该指标在整个指标系统中的作用越重要，反之亦然。

（三）评价标准

评价标准是衡量被评价者达到指标要求程度的尺度和准则。通过运用评价标准，评价者可以判断评价对象是否达到了指标的要求，或者达到了指标哪一水平的要求，一般可用优、良、中、合格、不合格，A、B、C、D，或1.0、0.8、0.6、0.4、0.2等来表示。

由教育评价指标系统、指标权重以及评价标准构成的集合体就是一份完整的教育评价指标体系。例如，某县中小学有效课堂教学评价指标体系就是一份完整的评价指标体系，由于篇幅限制，此处仅呈现一级指标"教学思想"部分，如表5-1所示。

表5-1　教育评价指标体系样例[1]

一级指标	二级指标	三级指标	评价标准[2]	
			A	C
A1 教学思想（8）	B1 教学指导思想（4）	C1 有效教学思想（4）	教学思想先进，能在备课、上课、作业设计等环节中非常清楚地看出有效教学思想；能以多种形式讲解、展示自己的有效教学思想。	有有效教学的理念，基本上能将有效教学的思想贯穿在自己的备课、上课、作业设计、教学考核等环节中；能比较清楚地讲解、展示自己的有效教学思想。

---

① 本指标体系总分为100分。

② 在评价标准中，处于A级和C级水平之间的是B级水平，此处不再显示，后同。

一级指标	二级指标	三级指标	评价标准	
			A	C
A1 教学思想（8）	B2 教学设计思想（4）	C2 以学定教思想（4）	明白"教的目的是为了学生的学"的道理，学生主体意识非常强；能结合学生实际情况设计教学活动，体现在"能以学的基础定教的难度，以学的实际定教的内容，以学的思维定教的程序，以学的有效定教的有效"。	在教学设计中基本上能根据学生实际情况设计教学目标、分解教学重难点，有比较强的学生主体意识；基本上能照顾到学生学习的速度与需要。

表 5-1 中，权重被放在了各项指标名称下面，也可将其单列出来作为一行显示，如表 5-2 所示。

表 5-2　教育评价指标体系表

一级指标	二级指标	三级指标	评价标准		权重
			A	C	
A1 教学思想	B1 教学指导思想	C1 有效教学思想	教学思想先进，能在备课、上课、作业设计等环节中非常清楚地看出有效教学思想；能以多种形式讲解、展示自己的有效教学思想。	有有效教学的理念，基本上能将有效教学的思想贯穿在自己的备课、上课、作业设计、教学考核等环节中；能比较清楚地讲解、展示自己的有效教学思想。	4

续表

一级指标	二级指标	三级指标	评价标准		权重
			A	C	
A1 教学思想	B2 教学设计思想	C2 以学定教思想	明白"教的目的是为了学生的学"的道理，学生主体意识非常强；能结合学生实际情况设计教学活动，体现在"能以学的基础定教的难度，以学的实际定教的内容，以学的思维定教的程序，以学的有效定教的有效"。	在教学设计中基本上能根据学生实际情况设计教学目标、分解教学重难点，有比较强的学生主体意识；基本上能照顾到学生学习的速度与需要。	4

二、教育评价指标体系的作用

教育评价指标体系是依据教育评价目的制定的指标体系，具有具体化与行为化的特点，在教育评价活动中，不仅具有很强的导向作用，确保教育评价活动的方向性，而且能够克服评价活动的主观性与片面性，使教育评价活动更加客观与科学。

（一）有利于确保教育评价活动的方向性

教育评价指标体系是教育评价目的的具体化。教育评价指标体系一旦确定，教育评价评什么、不评什么、重视什么、忽视什么就都明确了。用这个指标体系，教育行政部门或学校可以监督、检查、指导评价对象，评价对象也可以监控、调整、改进自己的工作。因此，教育评价指标体系具有很强的导向作用。

（二）有利于提高教育评价活动的客观性

教育评价是对教育现象做出价值判断的活动。"在评价这一价值判断过程中，如果没有一个在相当程度与范围内为大家所公认或普遍接受的内容准则作为依据，而仅凭主观意愿，即使人们对客观事物已经十分了解，仍可能对同一评价客体做出不同的判断结论。"①评价指标体系是经过一系列科学的程序制订的评价依据，能够帮助评价者克服从自己主观印象出发的笼统评价，提高教育评价活动的客观性。

（三）有利于提高教育评价活动的科学性

教育评价指标体系是从系统论的角度对构成评价对象的各要素进行科学整理的结果，它是由具有横向与纵向联系的各要素构成的一个具有序列等级与轻重主次的指标体系。因此，教育评价指标体系能够有效克服评价活动的片面性，提高评价活动的科学性。

三、教育评价指标体系的制订步骤

教育评价指标体系的制订过程实际上是对高度概括的教育评价目的进行逐级分解，进而形成多层次、多条目、有轻重、可操作的具体的评价指标项目的科学分类与不断量化的过程，具有非常强的专业性。其科学制订的过程必须经过以下六个步骤：确定教育评价对象和目标、设计教育评价指标系统、确定教育评价指标权重、编制教育评价标准、论证初拟的教育评价指标体系、修订并确定最终的教育评价指标体系。其中，设计教育评价指标系统、确定教育评价指标权重、编制教育评价标准既是教育评价指标体系制订的重中之重，又是最需专业知识的三个环节。本章将分三节分别对其进行重要介绍。

---

① 蒋建洲. 中小学教育评价 ［M］. 成都：成都科技大学出版社，1993：43.

第二节　教育评价指标系统的设计

设计教育评价指标系统的过程就是逐级分析教育评价目的的过程。本节主要对教育评价指标系统的结构、指标设计原则与方法进行论述。

一、教育评价指标系统的结构

教育评价指标系统是由多种不同类型的指标构成的。具体而言，大体有以下几种分类。

（一）条件指标、过程指标和成果指标

从指标内容的角度，可将评价指标分为条件指标、过程指标和成果指标。条件指标是指开展教育教学活动必需的基本条件。比如，教师评价中反映教师基本素质的指标，如专业知识、专业能力、职业道德等；学校评价中反映学校办学条件的指标，如硬件设施、师资力量等。过程指标是指教育教学过程本身。比如，师资评价中反映教师教育教学活动的指标，如教学工作、班主任工作、科研工作等；学校评价中反映学校办学活动的指标，如学校的教学、管理、科研工作等。成果指标是指通过教育教学活动取得的实际成果。比如，教师评价中反映教师绩效的指标，如工作量、工作业绩等；学校评价中反映办学效果的指标，如巩固率、合格率、优秀率等。在以条件、过程、成果构成的教育评价指标系统中，条件是输入系统，是基本前提；过程是加工系统，是关键环节；成果是输出系统，是目标指向。三者统整形成一个有机的评价指标系统。

（二）硬指标与软指标

从指标精度的角度，可以将评价指标分为硬指标和软指标两种类型。硬指标是指达标要求是固定的、精确的指标，即能用实物、证件、统计数据等硬件明确表示的指标。比如，办学场地、教学设备、队伍结

构、获奖情况、教师学历、考试成绩等。软指标是指达标要求不固定的、不精确的指标，即无法通过硬件显示，只能通过定性分析进行评价的指标。比如，发展定位、指导思想、学校文化、办学特色、教学理念等。

（三）必达指标与期望指标

从达标水平的角度，可将评价指标分为必达指标和期望指标。针对同一项指标而言，必达指标与期望指标分别指达标的下限与上限。例如，学校教师研究生学历的必达指标是 20%，期望指标是 50%，其意是学校应至少有 20% 的教师达到研究生学历，否则就扣分，若达到或高于 50% 就加分。针对不同的指标而言，有些指标是必达指标，而有些则是期望指标。例，对办学条件最低限度的规定就是必达指标，对办学特色或各种获奖的规定等就属于期望指标。必达指标的设计要充分考虑教育方针政策上的要求和实际的可能性，而期望指标的设计则要具有超前意识，注重发挥其激励与导向作用。

二、教育评价指标系统设计的原则

教育评价指标的设计原则是指设计教育评价指标时必须遵循的准则和依据。只有基于这些准则和依据设计的教育评价指标，才可能是科学的指标，进而才能为整个教育评价工作的科学性奠定基础。教育评价指标设计应坚持导向性原则、科学性原则、可测性原则与可接受性原则。

（一）导向性原则

教育评价指标是反映教育评价目的的内容条目，它是评价者开展教育评价活动的基本依据，也是被评价者努力与奋斗的方向。因此，教育评价指标的设计必须与党和国家的路线、方针、政策、法规相一致，不能偏离中国特色社会主义方向，不能偏离培养中国特色社会主义建设者和接班人的方向；必须与教育事业改革与发展的方向一致，不能偏离教育要面向现代化、面向世界、面向未来的发展方向。唯有如此，才能通过教育评价指标引导被评价者朝着为中国特色社会主义建设事业培养建设者和接班人的方向努力，才能引导被评价者不断推进教育改革的发展。

（二）科学性原则

科学性原则是指教育评价指标要符合教育客观规律和逻辑规律。首先，教育评价指标体系要符合教育客观规律是指指标体系要反映教育本质的主要因素和它们之间的内在联系。也就是说，要选择最能反映事物本质特点的指标列入指标体系。比如，要设计学校发展质量的评价指标体系，就要按照学校工作的特点和学校发展的规律来设计。要设计教师专业素质的指标体系，就要按照教师工作的特点与要求来设计。其次，教育评价指标体系要符合逻辑规律是指评价指标体系应遵循各指标之间内在的逻辑关系。指标间内在的逻辑关系主要表现在两个方面。一是同一层次指标之间的独立性与相容性。独立性是指同一层次的不同指标在逻辑上是并列关系，即同一层次的各指标内涵不相同、外延不交叉，也不存在包含、互为因果等关系。虽然同一层次的各指标之间内涵不能相同，外延不能交叉，但这并不意味着同一层次的不同指标之间就毫无关联，事实上，下一层次的指标是上一层次指标的具体化，下一层次指标的设计应紧紧围绕上一层次指标的内涵有逻辑地展开。这就要求同一层次的不同指标应紧紧围绕上一层次的指标展开，即在内容上要协调统一、共同指向上一个层次的指标。这就是同一层次指标之间的相容性。二是完备性。完备性是指评价指标所反映的广度和深度应包含或覆盖评价对象的全部本质属性。换言之，所有的评价指标加起来正好等于评价对象本身的整体属性。如果遗漏其中任何一项重要指标就意味着这项指标范围内的工作就失去了被评价的机会，对实际的评价工作就会造成顾此失彼的影响，进而导致评价的科学性降低。值得注意的是，评价指标的完备性重在强调将反映评价对象本质属性的指标纳入指标体系当中，这并不意味着评价指标越多越好。事实上，包罗万象的评价指标一方面不利于评价工作的开展，另一方面也会冲淡对主要指标的评价。综上所述，只有符合教育客观规律和逻辑规律的教育评价指标才是科学合理的评价指标，才能确保教育评价工作的科学开展。

（三）可测性原则

可测性原则是指教育评价指标中最低层次的指标必须是具体明确可测量的。对于评价者而言，教育评价指标的可测性一方面可以帮助评价者很容易地开展教育评价活动，即评价者可以按照教育评价指标的指示对评价内容进行逐条评价；另一方面也可以规范评价者的评价行为，避免评价者主观随意地进行教育评价。对于被评价者而言，可测的教育评价指标既为其自评行为提供了重要的依据，也为其教育工作的开展指明了方向，提供了参照。因此，无论是从被评价者还是评价者的角度来看，教育评价指标都必须是具体可测的。具体可测可以通过两种方式来实现：其一，用数量化的统计参数来表示；其二，用可操作化的语言来表述。

（四）可接受性原则

可接受性原则是指教育评价指标必须要能够为被评价者所接受。只有被评价者接受的评价指标，才可能发挥教育评价活动的激励与导向作用。可接受的评价指标一般应具备以下几个特点。其一，评价指标要有可比性，即评价指标必须反映被评价者的共同属性。因为只有基于同质的比较才能做到公平竞争，才能使被评价者对评价工作心服口服，进而达到评价的目的。在实际的教育评价活动中，可以根据不同评价对象分类制订不同的评价指标，比如，分别设计不同的评价指标对新手教师、熟手教师、专家型教师进行评价；也可以用相同的评价指标对不同类型的被评价者进行评价，比如用同一个学校发展评价指标对城市学校与农村学校进行评价。其二，评价指标要有适度性。评价指标的适度性主要表现在两个方面。一是评价指标的难易程度要与对被评价者的要求相适应。要求过高会使达到要求的被评价者过少或没有，要求过低则会使所有被评价者均能达到，过高与过低的要求都无法发挥评价的导向与激励作用，从而使评价工作失去意义。二是评价指标的数量应适度，即评价指标的具体项目不能太多、太细，也不能太少。太多的项目会使评价活动费时费力难以实行，太少的项目又会使评价活动缺乏科学性，达不到评价目的。其三，评价指标要有足够的信息可用。所有的教育评价活动都是基于一定的评价信息而做出的价值判断活动。如果评价者不能得到关于评价对象的足够信息，就无法进行价值判断。因此，在设计评价指标时，要充分考虑是否有相应的评价信息。

三、教育评价指标系统设计的方法

教育评价指标系统的设计主要包括初拟评价指标和筛选评价指标两个步骤，在这两个步骤中常用的教育评价指标设计方法主要有因素分解法、理论推演法、经验法、会议法、德尔菲法、头脑风暴法、辩论法等。

（一）因素分解法

"因素分解法是一种将评价指标按照评价对象本身的逻辑结构逐级进行分解，把分解出来的主要因素作为评价指标的方法。"[①]在运用因素分解法设计教育评价指标时应注意两点。其一，分解原则必须统一。因为只有运用统一的分解原则，分解出来的评价指标才能既具有独立性又具有相容性，而且不会出现指标交叉或重复等逻辑错误，更不会出现指标遗漏、指标混乱、指标不等价等现象。其二，分解必须逐级进行。评价指标的分解必须按照由高到低的层次逐级分解，越往下层次的指标越明确、越具体、范围越小、越可以观测，而且上一层次的指标能包含下一层次的目标，下一层次的指标决不可包括上一层次的指标，下一层次的指标之和正好与上一层次的指标相等，否则会出现指标分解过宽、过窄，或指标不等价等逻辑错误。比如，如果运用因素分解法来设计学校发展性评价指标，可围绕学校发展分解出办学思想、学校管理、学校队伍建设、教学条件的利用、教学过程、办学效果、办学特色等七个一级指标，围绕学校管理这个一级指标可分解出德育管理、教学管理、体艺科技教育管理、课程管理、科研教研管理、服务保障管理等六个二级指标。

---

① 黄光扬. 教育测量与评价 ［M］. 上海：华东师范大学出版社，2002：129.

（二）理论推演法

理论推演法是指根据有关学科的理论推演出评价指标的方法。比如，根据不同的智力理论，可以设计出不同的智力评价指标。根据传统智力理论，即智力是指一般的认识能力，主要包括观察力、注意力、记忆力、思维力、想象力，可设计出一般智力评价指标；根据霍华德·加德纳（Howard Gardner）的多元智力理论，即每个人都至少具备语言智力、数理逻辑智力、音乐智力、空间智力、身体智力、人际交往智力、自我认知智力、自然主义智力和存在主义智力，可设计出多元智力评价指标；根据斯腾伯格（Sternberg）的成功智力理论，即成功智力包括分析性智力、创造性智力和实践性智力三个关键方面，可设计出成功智力评价指标。由此不难发现，运用不同的理论依据往往会设计出不同的评价指标。

（三）经验法

经验法是凭指标设计者或筛选者的学识和经验进行指标设计的一种方法。运用经验法设计指标时要注意以下几点。其一，理由充分。设计或判断每项指标是否必要应有充分的理由，可要可不要的指标一律不要。其二，取主舍次。当评价指标过多时，就要根据取主舍次的原则对指标进行筛选，取主是指保留能够反映评价对象本质的主要因素，舍次是指舍弃不能反映评价对象本质的次要因素。其三，去难存易。确实难以测量的指标应当舍去，对于内涵复杂的指标应尽量使其简单可测。其四，优化整合。对留下来的所有指标进行整理，内涵相同或相近的合并，内容交叉的保留其一。经验法易受指标设计者或筛选者自身经验的局限，科学性和客观性较差。

（四）会议法

会议法是指组织相关专家在一起对初拟的指标进行分析、研究与讨论，然后指标设计者在综合专家们意见的基础上筛选出比较重要的指标并进行整理，最后再次征求专家们的意见，确定最终入选的评价指标。基本流程为：其一，会议组织者向与会专家阐明会议的目的、意见与程序；其二，指标设计者向与会专家阐明指标设计的意图、过程以及结果；其三，与会专家对初拟指标进行分析与讨论；其四，指标设计者整理专家们的意见，筛选出评价指标；其五，专家们对筛选出的评价指标再发表意见，最终达成共识。会议法操作起来比较简单、直接、高效，因此是指标筛选常用的一种方法。

（五）德尔菲法

德尔菲法是 20 世纪 50 年代由美国著名的咨询机构兰德公司发明的。主要采用反复向专家进行问卷调查的方式进行，具体步骤如下：把征求意见的指标写成若干意义十分明确的问话，或设计成表格的形式，寄送给专家，请专家对各项指标打分（比如，1 分代表"不要"、2 分代表"可要可不要"、3 分代表"一般"、4 分代表"重要"、5 分代表"很重要"），或者对各项指标进行排序，完成后将问卷寄回。回收问卷后，整理、统计、分析专家们的意见，对调查问卷进行修改。一般而言，若是对各项指标进行打分，那么"很重要"与"重要"两个等级相加低于 2/3 或 3/4 的指标就应舍去；若是对各项指标进行排序，那么排在后 1/3 或 1/4 的指标就应舍去，同时形成反映调查结果的简单小结。将修改后的调查问卷与小结一并再寄送给参加第一轮调查的专家，要求专家再进行打分或排序，完成后再寄回来；再次对回收的调查问卷进行整理、统计与分析，做出第二次修正与小结；如果留下的指标体系与筛选任务的要求差距很大，就再进行第三轮调查，直到取得比较满意的结果为止。

（六）头脑风暴法

头脑风暴法是一种召开座谈会，请专家们在一起讨论，充分发表自己的意见，集思广益完成评价指标筛选的方法。头脑风暴法的实施步骤如下：首先，由会议组织者向参加会议的专家们说明召开此次座谈会的目的、意义和任务；然后请各位专家自由发言，围绕评价目的与对象给出自己思考的评价指标。当专家发言时，其他任何人都不能对其思考角度或筛选的评价指标进行批判或评价，肯定或否定。在这一过程中，会议主持者除了在会议召开时说明相关的基本情况之外，还要营造民主、轻松的氛围，以确保各位专家能够毫无保留地说出自己对指标筛选的看法。座谈会结束之后，指标设计者再对座谈会上的意见和看法进行梳理与整理，筛选出需要的评价指标。头脑风暴法的有效开展既依赖于专家个人的水平，也有赖于会议的有效组织。因此，在运用头脑风暴法筛选评价指标时，要注意几点。其一，专家数量适当。专家太少会削弱座谈会的科学性，无法全面搜集评价指标的相关信息，专家太多耗时就多，时间长了容易疲倦，也会影响座谈会的效果。一般而言，10~15位专家比较合适。其二，精心准备座谈会。为了提高座谈会的质量，与会专家都要提前对筛选评价指标的工作进行深入思考。这就要求会议组织者提前将会议材料寄送给相关专家，并且将会议主题、任务等信息告知专家，以便专家提前做好准备，提升会议效率。其三，精心组织座谈会。在会议当中，会议主持人要全面把控会议节奏，同时要为各位专家的发言营造一个民主、平等、轻松、愉悦、安全的心理氛围，以便大家都能充分表达自己的看法与意见。

（七）辩论法

辩论法主要适用于当专家们对重要的指标或关键性问题有重大分歧的时候。通过事先调查，将持有不同意见的专家们分成两组，然后组织两组专家进行现场辩论，以为筛选评价指标提供更为充分的依据。在使用辩论法进行评价指标筛选时要注意几点。其一，一定要事先调查清楚，专家们是否在重要的指标与关键性的问题上有重大分歧，如果没有则不需要使用此法。其二，在使用此种方法时，一定要做好专家们的思想工作，讲明展开辩论是为了深入探讨与研究，以便筛选出最为科学与合适的评价指标。因此，在辩论中，一定要做到对事不对人，要认真倾听他人的意见并理性地进行辨析。其三，会议主持人一定要全程调控会议的方向，不带任何倾向性地做好会议主持工作，以使整个辩论会在民主、平等、客观的氛围中围绕重大分歧问题展开。

第三节　教育评价指标权重的分配

权重是表明评价指标重要程度或作用大小的数字，权重比较大就意味着该指标比较重要。正确区分各项评价指标的重要程度，并对其赋予相应的数字，就是分配评价指标权重的主要任务。

一、权重的形态

权重的形态即权重的数字形式，也就是用什么数字形式表示权重。概括而言，权重有三种数字形态。

第一，小数。权重可用小数表示。比如，0.3。用小数表示的权重之和应为1。

第二，百分数。权重也可用百分数表示。比如，30%。用百分数表示的权重之和为100%。事实上，百分数是一种比例数，它是小数的变态，在本质上与小数相同。比如，0.3就等于30%。

第三，整数。整数也可以用来表示权重。整数是小数或百分数的整倍数。如0.3的10倍就是3，100倍就是30。

总之，小数、百分数、整数都可以用来表示权重，无论以哪种数字形式来表示权重，都是在表示指标的重要程度。

二、权重分配的形式

权重分配主要有两种形式。

第一，分级权重分配。分级权重分配的意思是各个层级的指标权重之和均为1（100%或100）。具体而言，是指一级指标的各项指标权重之和为1（100%或100），一级指标下面的每个二级指标也按1（100%或100）分配，其指标权重之和也为1（100%或100），依次类推三级指标、四级指标也是如此，如表5-3所示。

表5-3　分级权重分布表

一级指标	权重	二级指标	权重	三级指标	权重
A1	0.5	B1	0.6	C1	0.8
				C2	0.2
		B2	0.4	C3	0.5
				C4	0.5
A2	0.3	B3	0.5	C5	0.6
				C6	0.4
		B4	0.5	C7	0.7
				C8	0.3
A3	0.2	B5	0.7	C9	0.6
				C10	0.4
		B6	0.3	C11	0.3
				C12	0.7

第二，直接权重分配。直接权重分配的意思是各级指标权重总和为1（100%或100）。具体做法是，将一级指标的权重直接摊派给二级指标，二级指标再将自己的权重直接摊派给三级指标，如表5-4所示。

表5-4　直接权重分布表

一级指标	权重	二级指标	权重	三级指标	权重
A1	0.5	B1	0.3	C1	0.15
				C2	0.15
		B2	0.2	C3	0.10
				C4	0.10
A2	0.30	B3	0.10	C5	0.05
				C6	0.05
		B4	0.20	C7	0.10
				C8	0.10

一级指标	权重	二级指标	权重	三级指标	权重
A3	0.20	B5	0.10	C9	0.06
				C10	0.04
		B6	0.10	C11	0.03
				C12	0.07

三、权重分配的方法

权重大小表明了评价指标的重要程度或作用大小。如何给各项评价指标分配权重既是一件非常重要的工作，因为它直接与评价指标体系的科学性相关；也是一件极其复杂的工作，因为很难找出一种绝对科学的办法来分配权重。鉴于此，很多学者从不同角度研究出了多种分配权重的方法。下面就介绍几种常用的权重分配方法。

（一）专家会议法

专家会议法是一种依靠专家的智慧与经验对各项指标分配权重，然后取其平均值，再进行归一化处理而确定评价指标权重的方法。具体而言，可以采用直接打分与排序两种方式进行。

方式一：对各项指标直接打分

例1 十个专家开会讨论五个指标的权重，按指标的重要次序得到的平均值依次为 0.36，0.31，0.25，0.22，0.14。问：五个指标的权重应该是多少？

解：0.36+0.31+0.25+0.22+0.14 = 1.28，1.28 不等于1，因此进行归一化处理：

$$\frac{0.36}{1.28} = 0.28, \frac{0.31}{1.28} = 0.24, \frac{0.25}{1.28} = 0.20, \frac{0.22}{1.28} = 0.17, \frac{0.14}{1.28} = 0.11$$

由此，五个指标的权重依次是 0.28，0.24，0.20，0.17，0.11。

值得注意的是，专家在给各项指标打分时，分数必须界于 0 到 1 之间，而且各项指标之和应等于1。

方式二：对各项指标进行排序

例2　有A、B、C、D、E五项指标，五位专家对五个指标的排序情况如表5-5所示。问：五个指标的权重应该是多少？

表5-5　专家排序表

专家 秩 指标	A	B	C	D	E
1	2	3	1	5	4
2	3	2	1	5	4
3	4	5	1	2	3
4	3	4	2	5	1
5	3	1	2	4	5
秩和 R_i	15	15	7	21	17

注：最重要的为1，最不重要的为5。

解：

根据权重计算公式：

$$a_j = \frac{2[m(1+n) - R_i]}{mn(1+n)}$$

其中，n 为指标个数；m 为专家人数；R_i 为各专家对第 i 个指标排序等级之和，a_j 为第 i 个指标权重。

得出：

$$a_1 = \frac{2[5 \times (1+5) - 15]}{5 \times 5 \times (1+5)} = 0.20$$

$$a_2 = \frac{2[5 \times (1+5) - 15]}{5 \times 5 \times (1+5)} = 0.20$$

$$a_3 = \frac{2[5 \times (1+5) - 7]}{5 \times 5 \times (1+5)} = 0.31$$

$$a_4 = \frac{2[5 \times (1+5) - 21]}{5 \times 5 \times (1+5)} = 0.12$$

$$a_5 = \frac{2[5 \times (1 + 5) - 17]}{5 \times 5 \times (1 + 5)} = 0.17$$

专家会议法集中了专家的智慧和经验，并且简单可行，因此较为常用。但是，运用专家会议法分配指标权重是对专家不同意见的折中，相对而言比较粗糙，而且专家在一起开会讨论易受权威、资历、水平、上下级关系、表达能力等多种因素的影响，主观随意性较大。

（二）德尔菲法

德尔菲法是指轮番向专家征求意见，经过几次反复调查、归纳、汇总得到结果的一种权重分配方法，具体步骤如下。

第一步，将设计好的第一轮权重咨询调查表发给各位专家。调查表主要包括指标和判断指标重要程度的等级，如表5-6所示。

表5-6 权重咨询调查表

等级 指 标	重要程度的等级				
	最重要 1	比较重要 2	一般 3	不太重要 4	最不重要 5
办学思想					
学校管理					
学校队伍建设					
教育条件的利用					
教学过程					
办学效果					
办学特色					

值得注意的是，在向各位专家发放咨询调查表时，必须列出指标的内涵及各种等级的明确定义，唯有如此才能使专家们对各项指标的理解保持一致，使各位专家在对什么是最重要、什么是比较重要、什么是一般、什么是不太重要、什么是最不重要的理解上保持一致。

第二步，收回第一轮咨询调查表，统计处理后，设计发放第二轮咨询调查表。统计处理时主要求出如下两个变量：

变量一：求每一指标权重的平均估计值

$$\overline{a_i} = \frac{1}{n} \sum a_{ij}$$

其中，$\overline{a_i}$ 为第 i 项指标权重的平均估计值；a_{ij} 为第 j 个专家对第 i 项指标权重的估计值；$i = 1, 2, \cdots, n$；$i = 1, 2, \cdots, n$。

变量二：求每一位专家的估计值与平均估计值的偏差

$$\Delta_{ij} = a_{ij} - \overline{a_i}$$

其中，Δ_{ij} 为每一位专家的估计值与平均估计值的偏差；a_{ij} 为第 j 个专家对第 i 项指标的权重估计值；$\overline{a_i}$ 为第 i 项指标权重的平均估计值。

将上述两个量数及相关说明填在表中，请专家参考第一轮的统计结果再次进行估计，也可附上自己的意见与理由。第二轮调查表如表 5-7 所示。

表 5-7　第二轮权重咨询调查表

指标＼等级	第一轮估计值		本次估计值
	平均值 $\overline{a_i}$	偏差 Δ_{ij}	
办学思想			
学校管理			
学校队伍建设			
教育条件的利用			
教学过程			
办学效果			
办学特色			

经过几轮反复咨询后，专家意见逐渐趋于一致，经统计进行归一化处理后即可确定权重。

德尔菲法也是一种依靠专家智慧分配权重的方法，但是德尔菲法采用问卷调查的方式进行，避免了专家之间的相互影响，而且经过几轮的反复调查再确定权重，因此较为可靠，但是操作起来较会议法复杂一些。

（三）层次分析法

层次分析法是 20 世纪 70 年代初由美国运筹学家托马斯·塞蒂（T. L. Saaty）提出来的。具体步骤如下。

第一步，将选取的指标两两进行比较，按"同等重要""略为重要""基本重要""确实重要""绝对重要"等进行分级，并赋值 1，3，5，7，9。例，a 与 b 两个指标进行比较，若同等重要则记为 1，若 a 比 b 略为重要则记为 3，若 a 比 b 基本重要则记为 5，若 a 比 b 确实重要则记为 7，若 a 比 b 绝对重要则记为 9。b 与 a 进行比较，则取其 a 与 b 进行比较所得结果的倒数。依照同样方法将 a 与 c、a 与 d、b 与 c 等指标进行两两比较，所有指标两两比较完毕之后，将比较结果写成矩阵的形式，记为矩阵 A。

第二步，对矩阵 A 的每一列进行归一化处理，所得矩阵记为 B。

第三步，将矩阵 B 的每一行各数字分别相加得到一个列数为 1 的矩阵，记为 C。

第四步，将矩阵 C 的各数进行归一化处理，所得结果就是各指标的权重。

例 欲评价有效的课堂教学，选取 a、b、c 三个指标。三个指标两两比较结果如表 5-8 所示。问：三个指标的权重应该是多少？

表 5-8 有效课堂教学指标两两比较结果表

	a	b	c
a	1	$\frac{1}{3}$	$\frac{1}{7}$
b	3	1	5
c	7	$\frac{1}{5}$	1

解：

（1）将比较结果写成矩阵 A 的形式：

$$A = \begin{bmatrix} 1 & \dfrac{1}{3} & \dfrac{1}{7} \\ 3 & 1 & 5 \\ 7 & \dfrac{1}{5} & 1 \end{bmatrix}$$

（2）对矩阵 A 的每一列进行归一化处理，对第 1 列的归一化处理如下：

1+3+7＝11，1÷11＝0.09，3÷11＝0.27，7÷11＝0.64

对第 2 列的归一化处理如下：

$\dfrac{1}{3} + 1 + \dfrac{1}{5} = \dfrac{23}{15}$，$\dfrac{1}{3} \div \dfrac{23}{15} = 0.22$，$1 \div \dfrac{23}{15} = 0.65$，$\dfrac{1}{5} \div \dfrac{23}{15} = 0.13$

对第 3 列的归一化处理如下：

$\dfrac{1}{7} + 5 + 1 = \dfrac{43}{7}$，$\dfrac{1}{7} \div \dfrac{43}{7} = 0.02$，$5 \div \dfrac{43}{7} = 0.81$，$1 \div \dfrac{43}{7} = 0.16$

将归一化处理的结果写成矩阵 B 的形式：

$$B = \begin{bmatrix} 0.09 & 0.22 & 0.02 \\ 0.27 & 0.65 & 0.81 \\ 0.64 & 0.13 & 0.16 \end{bmatrix}$$

（3）将矩阵 B 的每一行数字相加，结果得到一个列数为 1 的矩阵 C：

$$C = \begin{bmatrix} 0.33 \\ 1.73 \\ 0.93 \end{bmatrix}$$

（4）对矩阵 C 的各数进行归一化处理，就得到各指标的权重。

$0.33 + 1.73 + 0.93 = 2.99$，$\dfrac{0.33}{2.99} = 0.11$，$\dfrac{1.73}{2.99} = 0.58$，$\dfrac{0.93}{2.99} = 0.31$

故，a、b、c 三个指标的权重依次为 0.11，0.58，0.31。

值得注意的是，运用层次分析法准确、合理确定权重的前提是两两比较所得等级要符合实际情况。这可运用前述专家会议法或德尔菲法实现。

（四）两两比较法

两两比较法是将所选取的指标进行两两比较，并加以评分，重要者记为1分,次重要者记为0分,然后分别计算各指标得分之和,再除以所有指标得分之总和。

例 有A、B、C、D、E五项指标,两两比较的结果如表5-9所示。问:五项指标的权重分别是多少?

表5-9 两两比较法的比较结果表

指标	逐对指标比较的次数										得分
	1	2	3	4	5	6	7	8	9	10	
A	0	0	1	0							1
B	1				0	1	1				3
C		1			1			1	1		4
D			0			0		0		1	1
E				1			0		0	0	1
											10

解:

将各指标各次得分相加即为各指标的最终得分,结果即为得分栏所示。

将各指标的最终得分除以所有指标之总和即为各指标的权重:

$$\frac{1}{10} = 0.1, \frac{3}{10} = 0.3, \frac{4}{10} = 0.4, \frac{1}{10} = 0.1, \frac{1}{10} = 0.1$$

故,A、B、C、D、E的权重依次为0.1,0.3,0.4,0.1,0.1。

通过以上的分析不难算出,两两比较法与层次分析法有共同之处,即都是通过对指标进行两两比较之后,根据比较结果确定权重。但是,层次分析法将指标的重要性分为"同等重要""略为重要""基本重要""确实重要""绝对重要"五个等级,其优点在于更为细致与精确,缺点在于由于五个等级的区分标准很难制订,而且即使有人制订出了区分标准,也很难保证众多被调查者能够正确地理解和把握,因此操作起来比较困难;而两两比较法仅将指标的重要性分为"重要"和"次重要"两个等级,其优点在于区分标准很容易制订且容易理解,因此操作起来比较简便可行、比较实用,但缺点是比较粗糙。研究者在确定指标权重时可根据实际情况选择适合的权重分配法。

第四节 教育评价标准的制订

制订教育评价标准的过程就是确定教育价值判断尺度与准绳的过程。准确、合理的价值判断尺度与准绳是有效开展教育评价活动的基本前提。

一、教育评价标准的含义与特征

标准是指衡量事物的准则，也是对事物进行评判的尺度。基于此，教育评价标准就是衡量教育现象的价值，即对教育现象进行价值判断的准则与尺度。换言之，教育评价标准就是衡量被评价者达到指标要求程度的尺度和准则。具体而言，运用教育评价标准，可以准确区分出被评价者达到了什么程度或水平，是达到了合格水平，还是良好水平，又或者是优秀水平等。

良好的教育评价标准必须具备以下几个特征。

第一，方向性。即教育评价标准应对教育活动起积极的导向作用。比如，通过相应的评价标准，引导办学、教学、学习等朝着积极健康的方向发展。

第二，时效性。即教育评价标准应该具有时代精神，符合新时期对教育的要求。比如，对有效教学的评价，过去是将教师的素质与教学过程作为重要标准，现在则更重视学生的学习过程与结果。

第三，科学性。即教育评价标准应该要反映评价对象自身发展的规律。比如，根据不同学科、不同课型制订有效课堂教学的标准，根据不同教龄段教师的教学规律制订教师课堂教学的评价标准。

第四，可行性。即教育评价标准应该具有切实可行的操作性。比如，不能太繁琐但也不能太简单，太繁琐不易操作，太简单则不易准确；不能太高也不能太低，太高易使评价对象失去信心，太低则不易激发评价对象的积极性。

第五，客观性。即教育评价标准在不同情境、不同评价者中使用时，所得到的评价结果应该具有较高的一致性。这就要求教育评价标准不仅要准确反映评价对象自身的发展规律，而且要具有较高的操作性。

二、教育评价标准的类型与表达

教育评价标准有多种不同的类型与表达方式。

（一）教育评价标准的类型

从不同的角度可以将教育评价标准分为不同的类型。

1. 定量标准和定性标准

按照教育评价标准表达的形式，可分为定量标准和定性标准。

定量标准是指以数量表达的教育评价标准。比如，在学习成绩评定中，90分以上为优秀，80~89分为良好，70~79分为中等，60~69分为及格，60分以下为不及格。定量标准的优点在于评价结果较为精确、客观，容易比较。但不是所有的评价标准都能用数量表达。

定性标准是指以评语或符号等表达的教育评价标准。比如，在教育评价中，常用A、B、C、D等英文字母表示等级；也常用一段评语描述评价对象达到什么程度是好的，什么程度是较好的。定性标准较为详细地说明了评价对象达到某一程度时做了什么，不足是什么，因而有利于帮助评价对象改进工作。

2. 相对标准和绝对标准

按照教育评价标准的性质，可将其分为相对标准、绝对标准。

相对标准是指以不同的评价目的、评价对象的性质和水平为依据而制订的可以变化的评价标准。一般而言，相对标准的建立是依据被评群体的一般水平，通过该标准，可以确定个体在群体中的位置。比如，年终评选优秀教师的标准、期末评选优秀学生的标准等都属于相对标准。

绝对标准是指以教育活动为目的、要求而确定的评价标准。它只随教育目的、要求的变化而变化，而与被评群体的一般水平变化没有关系。比如，毕业会考就属于绝对标准。

（二）教育评价标准的表达方式

教育评价标准主要有数量式与评语式两种表达方式。

1. 数量式

教育评价标准的数量式表达是指以数量大小为标准来判断教育评价末级指标等级的高低。常用的数量式表达方式有数量点式和数量区间式等两种。

第一种，数量点式。即以某个数量点值为标准判断评价对象水平的高低。比如，在学生成绩评定中，60 分以上为及格，60 分以下为不及格，这里的 60 分即为学生成绩评定的数量点。

第二种，数量区间式。即以明确的数量区间为标准判断评价对象水平的高低。比如，在学生成绩评定中，90 分以上为优秀，80~89 分为良好，70~79 分为中等，60~69 为及格，60 分以下为不及格。

2. 评语式

教育评价标准的评语式表达是指将末级指标按内涵分解为若干因素，每个因素以评语式的语言叙述标准。常用的评语式表达方式有等级评语式、期望评语式和积分评语式等三种。

等级评语式即对每个末级评价指标列出各等级标准。表 5-10 即是某校有效课堂教学评价指标体系中有效教学指标所采用的等级评语式标准。

表 5-10　等级评语式教学评价标准

一级指标	二级指标	A 级	C 级
有效教学（教师行为）	内容的有效性	以社会主义核心价值体系为导向、与学生生活紧密联系、重难点突出、逻辑清晰、问题数量合理、问题有难度、问题有梯度、案例选用恰当。	满足以下任意一种情况：以社会主义核心价值体系为导向、同时完全满足 A 级要求中的其他任意 4 项；A 级中的要求都只达到了一般的水平。
	环节的整体性	教学环节清晰、过渡自然、环节之间的内在逻辑性强。	教学环节比较松散，过渡一般。

续表

一级指标	二级指标	A 级	C 级
有效教学（教师行为）	方法的适切性	方法适合目标、方法适合内容、方法能引发学生的自主参与与积极实践。	满足以下任意一种情况：完全满足 A 级要求中的 1 项；A 级中的要求都只达到了一般的水平。
	活动的有效性	设计的活动针对教学目标、紧扣教学内容、适合学生的心理特点、活动组织有序、活动开展高效。	满足以下任意一种情况：完全满足 A 级要求中的 3 项；A 级中的要求都只达到了一般的水平。
	指导的合理性	指导公平、指导有针对性、指导时机恰当、指导用语恰当。	满足以下任意一种情况：完全满足 A 级要求中的 2 项；A 级中的要求都只达到了一般的水平。

期望评语式即对每项末级指标都以期望的最理想的要求拟出相应的标准。这种表达通常只有一个等级，评价时全靠评价者根据自己的理解去判断。表 5-11 即是某校有效课堂教学评价指标体系中教学环节指标所采用的期望评语式标准。

表 5-11 期望评语式教育评价标准

指　标	标　准
教学环节	教学环节清晰
	教学过渡自然
	教学环节之间的内在逻辑性很强

积分评语式即将每项末级指标分解为若干因素，按每个因素在前一级指标中的重要程度确定一个满分值以及各因素分值，每个评价对象在各因素上得分之和便是其评分总分。表 5-12 即是某区小学教育质量评价指标所采用的积分评语式标准。

表 5-12　积分评语式教育评价标准

一级指标	二级指标	评分标准	记分（满分 60 分）
小学教育质量	及格率	抽测年级的学科及格率得分＝该学科及格率/全区某校该学科最高及格率×100×权重 15；该项总分＝抽测的所有年级所有学科及格率得分之和/学科数。	15
	优秀率	抽测年级的学科优秀率得分＝该学科优秀率/全区某校该学科最高优秀率×100×权重 15；该项总分＝抽测的所有年级所有学科优秀率得分之和/学科数（90 分及其以上为优秀）。	15
	毕业考试合格率	该项得分＝毕业考试一次性合格率×权重 15。	15
	入学率与巩固率	适龄儿童入学率达 100%得 5 分，达 99%得 3 分；巩固率得分＝5 年保留率×15。	15

三、教育评价标准的制订步骤

教育评价标准的制订必须遵循以下四个步骤。

（一）分解各末级指标为各评价要点

根据教育评价对象自身的规律与特点，将各末级指标分解为若干评价要点。比如，评价课堂教学有效性时的末级指标"活动的有效性"，可以分解为"设计的活动针对教学目标""紧扣教学内容""适合学生的心理特点""活动组织有序""活动开展高效"等五个评价要点。在将各末级指标分解为若干评价要点时，要注意以下几点。其一，科学性，即评价要点能反映末级指标的本质属性。其二，可测性，即分解出的评价要点具体可测，便于评价。其三，适度性，即分解出的评价要点不能太少但也不能太多，数量适当，换言之，抓住主要的，省去次要的。

（二）确定评价标准的等级数量和符号

常用于表示评价标准等级的数量和符号有"优、良、中、差""A、B、C、D""甲、乙、丙、丁"等。一般来说，等级数量越多，分等的精确度就越高，但分等的难度也更高。

（三）界定评价标准的等级要求

一般而言，对评价要点"非常符合"就属于 A 等，"比较符合"就属于 B 等，"基本符合"就属于 C 等，"不符合"就属于 D 等。

（四）确定标度

所谓标度，是指一系列用线或点标出来的间隔，用来计量距离、数额或数量。教育评价中的标度即是用来表示各评价等级数量的线或点。例如，"A、B、C、D"可标度为"4、3、2、1"分；"优、良、中、差"可标度为"90分以上，80~89分，70~79分，70分以下"。

第六章　教育评价信息的收集

评价方法总与评价目的相联系，方法是实现目的的手段，是为"达成目的而采取的途径、步骤、手段等"①。评价方法的选择是否恰当，直接影响评价的效果。评价方法的分类有多种划分标准，我国习惯上把评价分为定性评价和定量评价两类，西方也有硬评价与软评价之分，硬评价是以客观收集信息的方法和定量分析技术为主的评价，软评价是以主观收集信息的方法和定性分析技术为主的评价，这种分类和我国习惯的分类类似。本书按照评价的操作流程，把评价方法分为教育评价信息收集的方法和教育评价信息处理的方法。

信息收集指通过各种方式获取所需要的信息，它是信息得以利用的第一步，也是关键的一步。不同的评价目的可能需要不同的信息收集的方法，但信息的收集一定会涉及两个维度，即收集谁的信息和如何收集信息。本章将从这两个维度出发探讨中小学教育评价信息收集的方法。

第一节　选择对象方法的应用

教育评价对象的选择是收集信息的首要环节，教育评价对象选择的合理性、代表性，会直接影响评价结果的可靠性。中小学教育评价对象的选

①　李行健. 现代汉语规范词典［M］. 北京：外语教学与研究出版社，2004：369.

择要遵循两条基本原则:一是能够代表评价对象总体的特征,二是具有可操作性。一般情况下,中小学教育评价对象的选择有两种模式:总体评价和抽样评价。

总体评价是指对教育评价对象的每一个个体都进行直接评价的评价方式。这种对象选择的方法一般适用于教育评价对象范围不大,或者评价对象构成很特殊,没有办法用样本代表总体的情况。但更多情况是评价对象范围很大,没有足够的人力、物力对每个个体逐一评价,这时就可以采用抽样评价,即从评价总体中抽取一部分有代表性的对象构成样本进行评价。要保证样本的代表性,抽取样本的方法必须科学。本节将介绍几种常用的抽样方法。

一、简单随机抽样

简单随机抽样是最基本的一种抽样方法,它是其他复杂抽样方法的基础。简单随机抽样是在总体中任意抽取部分构成样本。简单随机抽样必须符合两条基本原则:一是机会均等,二是相互独立。机会均等是指从总体中抽取样本时,每个个体抽到的概率是相等的。如从100名40岁以上的教师中随机抽取40人,每个教师被抽到的概率都是40%。相互独立是指某个个体是否被抽取不影响其他个体被抽取的概率。如果张老师被抽到,李老师就必定被抽到,这种情况就不符合相互独立原则,也就不是简单随机抽样了。

简单随机抽样最常见的形式是抽签,较为严谨的形式是借助随机数码表(见附表1),随机数码表是应用抽签的方法,先对评价对象随机排序,再从随机数码表的签条中随机抽取,记录下每次的数码,达到需要的样本就停止,现在也有利用计算机的随机数码发生器抽取的。但无论采取何种方式,这些数码都是随机抽取的。例如,某学校抽样调查高三学生的体质,要从500名学生中抽选20名学生构成样本,具体步骤如下。

第一步:将500名学生编号,即001~500。

第二步:在随机数码表中,随机确定抽样的起点和抽样的顺序。假定从第一行第5列开始抽,抽样顺序从上往下,以三个数字为1组,抽取号码为 500 以内的数据。

第三步：依次抽出符合条件的号码，分别是：437、246、175、123、079、289、406、281、171、183、150、301、256、378、101、168、259、406、108、380，共 20 个号码，这 20 个号码的学生就构成了样本。

有一种更简便易行的简单随机抽样方法叫机械抽样。即评价者对评价对象的每一个个体按一定顺序随机编号，然后按照一定间隔进行取样。如为评价某中学 2000 名高三学生的学习态度，需从中抽取 200 名学生构成评价样本。评价者需先对 2000 名学生随机排序并从 1 开始编号，之后按照 10 左右的间隔进行抽样，组成样本。应用此方法抽样必须注意两点。第一，编号必须是随机编排，注意不能按一定规律编排。如每个班 40 人，排序时班长都在前面，这样就会导致 1、41、81……都是班长。这样的样本代表性就很差。第二，每相邻两个样本的间隔距离由总体数量和样本容量确定。如上述从 2000 人的总体规模中抽取 200 人构成样本，相邻两个样本间的间距就是 2000/200＝10。

二、分类（分层）按比例抽样

对于一个总体范围比较大，所抽样本容量比较小，内部结构又比较复杂的评价总体而言，要使样本具有代表性，能反映评价总体结构特征，就必须采用分类（分层）按比例的方法选择样本。这里所讲的评价总体内部结构复杂指的是总体由性质不完全相同的个体组成，个体间的差异较大。如我们要评价重庆市高三学生的学习能力，重庆市高三学生就是结构复杂的总体，它包含了性质不同的部分，包含农村学生和城市学生，重点学校学生和普通学校学生等。

分类按比例抽样和分层按比例抽样的方法基本相同，其区别是在抽样总体的性质上。总体由异质群体构成时，采用分类按比例抽样；总体由含不同层次的同质群体构成时，则采用分层按比例抽样。分类（分层）按比例抽样一般操作程序是：首先，算出各部分入样的比例，然后按比例求出各部分入样人数，最后按照简单随机抽样的方法按比例从每部分抽取个体构成样本。这样的抽样方法能使样本最大限度地保持总体的分布形态。

例如，对某城市高中教育质量进行评价，评价范围包括普通中学、区重点中学、市重点中学。抽样的第一步，应了解全市高中的总数，并分别计算出三类中学学生的比例是 7：2：1；第二步，根据样本容量计算每一部分的样本数，如果评价样本容量是 2000 名学生，那么就应该从普通中学抽取 1400 学生，区重点中学抽取 400 名学生，市重点中学抽取 200 名学生；第三步，用简单随机抽样的方法从全市各类学校中分别抽取不同数量的学生构成样本。

三、整群抽样

整群抽样又称聚类抽样，是以评价前就已经存在的群体作为评价单位的抽样。这种抽样的样本是一个集合，不是一个对象、一个对象地抽取样本，如在某学校初一年级 10 个班中随机抽取 4 个班进行评价。整群抽样适用于两种情况，一是总体数量大，二是原来存在的自然群体在研究过程中不适宜拆开重组。整群抽样的好处是有利于在自然条件下开展教育评价，评价的组织管理比较方便，所以，这是教育评价中常用的一种抽样方法。

整群抽样与分类（分层）按比例抽样在形式上有相似之处，但实际上差别很大。分类（分层）按比例抽样要求各类（层）之间的差异很大，各类（层）内个体或单元差异小，而整群抽样要求群与群之间的差异比较小，群内个体或单元差异大。另外，分类（分层）按比例抽样的样本是从每个类（层）内抽取若干单元或个体构成，而整群抽样则是要么整群被抽取，要么整群不被抽取。

整群抽样可能会出现两个问题：一是所抽到的群体成员过多，会加大评价工作量，为了避免出现这种情况，评价人员在选择评价群体时，应注意群体成员的数量；二是在所抽的群体中，可能由于某些成员具有特殊性，因而影响样本的代表性。在这种情况下，评价者可以在最后报告说明这种情况，也可以在统计时不计入这些个体。如评价者可以采用去掉一个最高分和最低分的方式弥补特殊成员影响群体代表性的问题。

四、分阶段抽样

在分类（分层）按比例抽样中，我们强调的是各个单位之间的差异要大于各个单位之内的差异。但如果总体由很多单位构成，单位数量较多，同时单位之间却没有明显差异，这种情况可以采取分阶段抽样的方法。分阶段抽样实际上是用两次随机抽样的方法选择样本。它的步骤如下：第一次以"单位"为个体进行抽样，即用分类按比例抽样的方法抽出"单位"；第二次是在单位中按随机抽样的办法抽出个体组成样本。

例如，对某地区城市一年级小学生的视力状况进行评价，评价的样本数是 2000 名学生，该市有 200 所城市小学，如果用简单随机抽样的方法抽取样本，很可能样本学生来源于上百所小学，组织起来很不方便，这种情况下可以采取分阶段抽样。首先可以按照分类按比例抽样的方法从 200 所学校中抽取 40 所学校，然后在每所学校按比例分配样本个数，用随机抽样的方法共抽取 2000 名学生组成样本。

分阶段抽样的优点在于面对庞大的总体时，用此方法选取样本较简便，便于研究的组织工作和数据的收集，同时，样本对总体仍然具有较好代表性。但是，因为要经过内次分类，两次抽样，所以样本失去代表性的风险比前几种抽样方法要大，这是值得评价者注意的问题。

以上是四种典型的随机抽样方法，科学的抽样方法可以使评价者获得与总体近似的样本，但样本永远不可能与总体完全相等。为了减少抽样的误差，我们可以采取两种方法：一是把总体分成更细的类别，使每种类别尽可能同质；二是在评价条件许可的情况下，尽可能多地增加样本容量。除此之外，科学的数据处理手段（如统计检验）也可以尽量减少抽样误差的影响。

第二节　收集信息方法的应用

确定了中小学教育评价对象后，就可以采取适当的方法，根据评价的目标收集教育评价信息了。教育评价信息资料的质量，直接影响到教育评价的质量。因此，应该选择科学的收集信息的方法。本节将介绍几种常见的教育评价信息收集的方法。在具体评价中，采用何种方法收集信息，怎样运用这些方法，要根据评价目的的要求、评价对象的特点、评价过程操作的可能性而定。

一、观察法

观察法是在自然或者人为创设的情境中，评价者通过感官或者借助一定的工具，有目的、有计划地对评价对象的活动过程、活动状态进行全面、深入、系统的观察，以真实、全面地获取评价信息的方法。观察法是一种古老的方法，也是教育评价信息收集中被广泛应用的方法。这种方法一方面可以实地观察到现象和行为，另一方面可以收集到文字不能描述清楚的信息，所以观察法收集到的信息比较直接、真实，有助于获得完整而全面的第一手资料。因此，观察法对于中小学教育评价具有特殊的意义。

（一）观察法的种类

观察法按照不同的标准，有不同的分类，比如，根据观察的情境不同，观察法可以分为实验观察法和自然观察法；根据观察者是否参与被观察者的活动，可以分为参与性观察和非参与性观察；根据观察的主体，可以分为他人观察和自我观察。本节将介绍收集教育评价信息最常用的两种观察方法，即结构式观察和非结构式观察。

1. 结构式观察

结构式观察又称系统观察，是指观察者事先确定好观察的内容和项目，制订观察计划和提纲，设计观察记录表格，系统记录观察到的现象。结构式观察一般要进行严格的设计，评价者事先要知道观察什么，能预测可能发生的行为，从而确定严格的记录表格。这种观察方法可以获得翔实的、系统的信息，但是缺乏灵活性。

结构式观察的基本操作程序如下。

首先，确定"观察什么"，并对观察内容进行分类，通过分类可以将其转化为数量化的材料，因此，分类是结构式观察的关键。分类的依据有以下几点：（1）依据实际经验，哪些现象可能会发生，如何对现象进行分类；（2）依据理论，以理论研究成果作为分类的依据；（3）借鉴他人的方法，他人是怎么分类的，依据是什么。例如，评价教师课堂教学行为是否注意和学生交流，就可以根据实际经验分类，把教师课堂与学生交流的行为分为六类：提问、发出命令、批评、接受、采纳、鼓励。

其次，对每种类别下操作性的定义。操作性定义就是对行为的具体界定，操作性定义的目的是使不同观察者的记录趋于一致。表 6-1 即是课堂上教师与学生的 6 种交流行为的操作性定义。

表 6-1　　教师与学生课堂交流行为分类

教师与学生课堂交流行为
1. 提问：就课堂内容向学生提问，就学生回答的内容向学生提问。
2. 发出命令：指示学生做某事，要求学生服从指令。
3. 批评：否定学生的行为。
4. 接受：能理解并接受学生的不同观点。
5. 采纳：能把学生的方法和观点作为教学的证据。
6. 鼓励：用言语和非言语的方式表扬和激励学生。

最后，设计记录表单。为了方便记录，保证记录速度，观察者应该先设计好简便易行的记录表单，观察实施时，观察到相应行为就在表单上打勾。表 6-2 即是关于教师与学生课堂交流行为的观察表单。

表 6-2　　教师与学生课堂交流行为的观察表单

观察地点：　　　　　　　　　　　　　　　　　　观察者：

时　间	教师与学生课堂交流行为					
	提问	发出命令	批评	接受	采纳	鼓励

2. 非结构式观察

结构式观察有严格的观察计划和结构式的观察方案，按照程序严格进行，不容易受观察者主观因素的影响，便于定量分析。但对大量的中小学一线教师而言，设计专业性很强的结构式观察方案有些困难，而且这种限定观察项目的方案有可能忽略某些重要的信息，这时，非结构式的观察就显得很有必要了。

非结构式观察是指观察者没有严格的观察内容和范围，不确定观察行为细目，不设计严格的观察表格，按照实际发生的自然状态进行观察和记录。因此，这种方法较为灵活，容易操作，但收集的信息比较零散，不容易量化处理。但这种方法能够给评价者提供丰富生动的信息，使评价者能够了解评价对象的背景、结构、过程及原因，有助于评价结果的科学性。

非结构式观察主要有两种形式，轶事记录法和实况详录法。轶事记录法随时记录观察者认为观察对象有意义、有价值的行为和表现。所记录下的内容，有点类似于日记描述，但它比日记描述的内容更加典型，更加具有代表性。轶事记录法可以用来记录典型的新行为、新反应和一切可能表现个性的事件。实况记录法就是尽可能详细地记录被观察对象一段时间内所有行为表现的方法，例如，以学生的小组活动情况为观察评价对象，就可以把整个小组活动的过程记录下来。下面的例子是一个典型的轶事观察记录。

班级：三年级一班　　学生：小明　　日期：2013.8.10

班长小红组织班会课，讨论一个组织班级展览活动的计划，小明举手发言，不停地讲，并且3~4次打断其他同学的发言，他打断同学发言时大多用讽刺、挖苦的方式。班长小红指出他"违反秩序"，因为别的同学正在讲话。他很愤怒地说："我高兴。"说完，对讨论再也不予理睬。

这个记录就观察到小明有代表性的行为，先是过分引起注意，受到挫折就开始退缩。

非结构式观察并非毫无结构，而是应该在客观真实地记录观察评价对象的行为表现的同时，还要不断地分析解释、综合分类、寻找观察的焦点问题，不然观察就会变得杂乱无章。美国的爱德华·李·桑代克（R. L. Thorndike）总结了非结构式观察应该注意以下几个问题[①]：（1）能对具体的事件做精确的描述；（2）对环境做出充分的描述，使得发生的事件有意义；（3）如果记录包括记录者的解释或评价，这种解释应该与描述分开；（4）所描述的事件应该与个人的成长和社会的相互作用有关；（5）所描述的事件应当是能代表儿童的典型行为，或者是与他的寻常行为截然不同的具有特殊意义的事件。

（二）观察的记录方式

不管是结构式观察，还是非结构式观察，都需要将观察行为记录下来，观察记录的质量好坏，直接影响观察信息的完整性和科学性。因此我们需要掌握科学的观察记录方式，这对结构式观察尤为重要。观察的记录方式很多，对中小学教育评价而言，比较简单而实用的记录方式有两种：行动摘录表和评定量表。

1. 行动摘录表

行动摘录表是一些简单的行为项目表，也称核查清单，主要是用于核查有重要意义的行为和事件呈现与否，即对行为的存在与否做出判断。行动摘录表列出被观察对象在所要研究的特定情境中，有可能出现的事件和行为的项目表格。观察者只需对照表上列出的项目，将观察对象的真实反应记录在案即可。这种记录方式使用方便，能迅速有效地记录所需观察的内容。但这种记录方式不能提供有关行为事件性质的资料，获得的信息不够全面。

设计行为摘录表的一般步骤是：（1）列出主要项目，观察者首先要确定所要观察的行为和事件包括哪些；（2）根据主要项目列出具体项目，列出各项目的详尽表现，将观察的主要项目具体化；（3）按一定的逻辑顺序排列项目编制观察表。表6-3即是一个行动摘录表的实例。

---

① R. L. 桑代克. 心理与教育的测量与评价（下册）[M]. 北京：人民教育出版社，1985：252.

表6-3　低年级学生游戏活动观察记录表

内　容	姓　名	张某	王某	丁某	赵某	蒋某	黄某
游戏的社会性	独自游玩						
	与同学玩						
游戏的方式	在别人支配下玩						
	带头玩						
	不带头玩						
	什么也不玩						
	好打闹						

2. 评定量表

评定量表是将所要观察的行为赋予分值或等级，将观察的行为数量化，它与行为摘录表不一样，行为摘录表只是对行为呈现与否进行判断核查，评定量表需要对行为事件做出评估而不是描述。这种观察记录方式的优点是使用方便，编制相对简单，便于量化分析。但是依靠观察者个人做出判断，而非实际行为的客观记录，主观性较高。同时，每个观察者对量表行为界定的理解不同，也会导致误差。表6-4即是一个评定量表的实例。

表6-4　学生上课发言回答问题情况观察记录

姓名	内容	教师一提问就能立即举手（5）	在教师的鼓励下积极举手（4）	等到大家举手他也举手（3）	大部分情况不举手（2）	从来不举手（1）
李　某						
王　某						
陈　某						

（三）观察法的实施步骤

观察需要借助一定的程序实现，虽然观察法有很多种分类，但它们在实施步骤上基本都有相同的程序。一般来说，观察法的实施步骤有三个环节：准备阶段、实施阶段、整理阶段。

1. 准备阶段

观察法成败的关键之一是准备工作的好坏，准备阶段要做好以下几个方面的准备。首先要确定观察目标，观察目标应该由教育评价的目的确定。其次，要制订观察计划，观察计划应该包括"对谁观察""观察什么""怎么观察"几个方面。"对谁观察"指的是观察的对象，观察对象应该具有代表性。"观察什么"是指观察内容，观察内容应该依据目标而定。"怎么观察"是指观察的方法，将采取何种形式进行观察，确定观察的时间、地点等。再次，设计观察记录方式。记录方式应该适当、简便、标准统一。最后，培训观察人员，观察人员的素质直接影响观察效果，应该从观察技术、观察目的等各方面全面培训观察人员。

2. 实施阶段

在观察实施阶段，一定要争取观察对象的合作，这是观察实施重要的一步，应积极和被观察者沟通，打消被观察者的抵触情绪，消除顾虑，力求得到他们的认可与合作。在实施阶段，特别要注意以下几点：（1）尽量严格按计划进行，必要时才调整计划；（2）不要影响被观察者的常态；（3）既要注意全面的一般情况，又要集中注意观察的焦点；（4）为使观察更精确可以借助仪器。

3. 整理阶段

实施观察之后，研究者应对观察资料编号，分门别类加以整理。整理时应该先分出类别，这样的分类可以使资料更清晰、更有条理，便于进一步分析资料。同时，整理一定要及时，也就是要在观察者头脑中还保留鲜明的印象时进行逻辑梳理，不至于遗漏某些信息。

二、调查法

调查法是指评价者根据一定的目的拟定调查项目，通过访谈、问卷等形式有计划、系统地收集教育评价信息的方法。与观察法相比，调查法不受时间、空间的限制。在时间上，调查法可以调查已经发生过的事件；在空间上，评价者可以不在调查现场，通过间接的方式收集信息。同时，很多调查可以用匿名的方式，这种方式可以降低被调查者的顾虑，提高调查结果的真实性。另外，调查可以大范围进行，一定程度上可以使收集的信息更加全面、完整。基于此，调查法是目前中小学教育评价最常见的收集信息的方法之一。本书将介绍两种中小学教育评价常用的调查法：问卷调查法和访谈法。

（一）问卷调查法

问卷调查法是中小学教育评价实践中应用比较广泛的方法。它是根据特定的目的，以评价对象回答问题的方式来系统收集评价信息的方法，问卷调查法评价用预先设计好的书面问卷向被调查者收集信息。最早用这一方法的是英国人弗朗西斯·高尔顿（Francis Galton），他研究遗传问题时需收集资料，为了方便和节约时间，他把调查问题做成书面材料，向被调查者收集信息。问卷调查法具有适用范围广、调查结果具有较高的代表性、节约成本等优点。

问卷调查法的关键是问卷的设计，问卷设计的质量直接关系到能否有效地收集教育评价信息，编制一份具有高信度和效度的问卷是问卷调查法的关键步骤。下面我们将对问卷设计技术进行介绍。

1. 问卷设计程序

一份高质量的问卷设计，不是随心所欲地设计问题，而是需要按照一定的科学程序进行，一般而言，问卷设计要遵循以下程序。

（1）明确调查的目的，确定核心概念。也就是要明确调查什么，这跟评价的目的有关。如要评价"中小学的素质教育现状"，这也是教育调查的目的，由此界定核心概念就是"素质教育"，编制问卷的焦点就放在素质教育上。

（2）分解中心概念，构建问卷框架。这个环节主要是构建问卷的结构，明确问卷要调查哪几个方面的问题。如"中小学素质教育现状"就可以把"素质教育"这一中心概念分解成"科学素质教育""品德素质教育""心理素质教育""身体素质教育"等方面，问卷的结构就包括这几个维度。分解中心概念的方式可以以理论为依据，也可以设计开放式问题进行预先调查。

（3）设计问题，构建问卷。此环节进一步将大概念分解，并对每一类别提出具体问题，问题是编制问卷最关键的环节，同时设计标题、指导语、个人基本信息等，构建完整问卷。

（4）试测与修订。在编制好的问卷正式实施之前，需对问卷进行试测，试测对象以 30 人左右为宜，样本情况应符合所要调查的对象。试测有两个目的，一是考察问卷的信度、效度。二是发现问卷存在的问题，及时修订。

2. 指导语的设计

指导语是问卷的开始部分，即开场白，它较大程度决定着调查对象是否愿意认真回答问题。指导语一般有三项功能：一是建立初步的良好印象，引起对方回答的意向和动机；二是消除对方的顾虑，使调查对象畅所欲言，保证调查材料的真实可靠；三是简明介绍问卷的具体内容和要求。

基于以上功能，一般情况下，指导语应该包括如下几方面内容。

（1）说明调查者的身份

（2）说明调查的目的和价值

（3）说明调查对象的协作和支持的重要性

（4）说明问卷的匿名性以及对方回答没有正误之分

（5）说明回答的具体要求

以下是"某校关于教师教育质量的问卷调查"指导语。

_____老师：

您好！

我校正在开展教育质量工作评价，为了使评价更客观公正，我们将征求各方意见，我们诚恳地希望得到您的宝贵意见，这对我们做出明智的评判至关重要。本次调查以匿名形式进行。您的名字不会和它有任何联系。

以下的问题是我们特别关心的问题，您的回答没有正误之分，请您在您认为恰当的信息栏中画上"√"，谢谢！

×××学校教育质量工作评价小组

2014 年 1 月

3. 问题的设计

问题是问卷的主要部分，一份问卷有很多种问题。如根据问题的功能，问题可以分为接触性问题、实质性问题和辅助性问题。接触性问题是为了相互了解，实质性问题是问卷的核心问题，辅助性问题有"测谎题""校正题"等。根据问题的形式，可以把问题分为封闭式问题和开放式问题两类。

封闭式问题的类型主要有是否式、选择式、评判式和划记式。是否式是指问题的答案只有两种："是"与"否"，"同意"与"不同意"等；选择式的答案有多个，各个答案之间不能交叉、重复，被调查者从中选择一个或多个答案。评判式是要求被调查者将多个答案评定等级、排列顺序。划记式是在答案上划"√"或"×"。

开放式问题是调查者只提出问题，没有可选的答案，被调查者自由回答。开放式问题一般有三种提问方式：自由回答式、言语联想式和情景导入式。自由回答式是提出问题，调查对象自由联想；言语联想式是提出一个词或一句话，让调查对象回答联想到的东西；情景导入式是设计一个情景，把调查对象导入该情景并进行回答。

（二）访谈法

访谈法是评价者与评价对象面对面地交流、讨论，深入了解评价对象信息的一种方法。访谈法相对于其他信息收集的方法来说，具有灵活性大、适用范围广、控制性强、回收率高等优点，但这种方法也比较耗时耗力，同时，因面对面接触，访谈对象可能因顾虑而不做真实回答。所以访谈法应和其他方法结合使用。

1. 访谈法的类型

根据访谈对象的人数多少，访谈法可以分为个别访谈和集体访谈。个别访谈是调查者对每一对象逐一访问。集体访谈也叫座谈，是访谈者组织一批人进行访谈，以便收集需要的信息。集体访谈的优点是调查对象之间能互相启发、集思广益。缺点是后面发言的人容易产生从众心理，并且有些敏感问题难以收集到真实材料。

根据访谈内容是否由标准化、规范化的问题组成，可以把访谈分为结构式访谈和非结构式访谈，结构式访谈是访谈者需要预先设计封闭式问卷，在访谈时按照问卷提问，访谈对象必须按规定回答的一种调查方法。

这种访谈易于统计、便于分析。非结构式访谈是访谈者预先只需准备访谈提纲或设计开放式问卷，在访谈时访谈对象不受约束，可以自由发表自己的意见。非结构式访谈通常用于探索性问题信息的收集。

根据访谈者和调查对象是否直接接触，可以把访谈分为直接访谈和间接访谈。直接访谈是一种面对面的交谈，访谈者可以看到受访者的面部表情和动作，有助于访谈者掌握全面而真实的信息。间接访谈是访谈者利用网络、电话等媒介与受访者进行交谈，该访谈的优点是效率较高，但因为不能面对面交谈，很多非言语信息不能及时把握，影响访谈质量。

2. 访谈的注意事项

（1）应明确谈话的目的，谈话不离主题。

（2）要准备好发问的顺序。如果发问顺序不当，受访者思路容易被打断，影响访谈效果。

（3）访谈的地方应比较安静，应该有充足的时间。地方嘈杂、受访者时间紧张都会影响访谈效果。

（4）谈话时应亲密、冷静，不能有批评的态度和惊讶的表情。

（5）要利用适当的机会把访谈的目的告知对方，打消对方的疑虑。

（6）谈话时应紧紧围绕主题，不可催促对方，不可暗示和启发。

（7）如果回答不满意，可以追问，直到问题弄清为止。

（8）在访谈过程中和整理记录时，不要带有个人的主观偏见。

三、测验法

测验法主要是指根据评价的目的，借助一定的测验工具，对评价对象的知识、技能、能力或者某些心理特征进行测量，以收集评价信息的方法。测验法可以分为心理测验和教育测验，在中小学教育评价中，测验法适用于收集教师教学效果，学生的知识、能力等发展状况的评价资料。

（一）测验法的步骤

为了使测验法收集的信息更加真实、客观，减少误差，在使用测验法收集信息时，需按照科学的步骤进行。

1. 确定测验目的及测试对象

试卷的编制和测验目的及对象有关，目的不同，测试对象不同，试卷的内容和编制技术就不同。因此，在测试试卷编制之前，首先要明确测验目的和测试对象。

2. 编制双向细目表

为了提高编制试卷的质量，提升测验的内容效度，在编制试题之前，应该明确测验内容的范围以及应该达到的标准，因此，需编制命题双向细目表。命题的双向细目表是一个关于考试内容和考察目标的双向列联表，它是关于测验内容和掌握标准两个维度下的一种考试命题抽样方案。因此，是测验的命题、审题乃至效度验证的重要依据。

命题双向细目表的编制一般可以采取以下步骤。

第一步，确定考试内容及每一内容要掌握的目标层次。

第二步，确定每一部分内容的分数比重。

第三步，把每一部分内容的分数分解到不同的目标层次中去。

如表6-5即是高中化学课程总结性命题考试双向细目表。

表6-5　高中化学课程总结性考试命题双向细目表

内容＼分数＼考察目标	识记	理解	应用	分析综合	探究	总分
基本概念	1	5	4			10
基础理论		8	5	7	2	22
元素化合物	3	5	6	5	2	21
有机化合物	1	5	3	4	2	15
化学计算		3	4	8		15
化学实验	1	6	2	6	2	17
总　分	6	32	24	30	8	100

3. 选择适合的题型

测验试题主要有客观性试题和主观性试题两类，这两类题型测试评价对象的能力不同，同时，它们各有优点和不足，因此，在选择测试题型的时候，应该根据测验的目的、内容和时间，综合选择主观性试题和客观性试题。

4. 正式施测并处理测试结果

测试试题制订好了之后，就可以对评价对象施测，如果条件具备，可以在正式测试之前，进行小范围的预测，以检查试题的质量。施测完毕后，还应对测试结果进行处理，测试结果的处理主要有评分、等级、评语等几种方式。在测验结果评定时，可以采取两人评分和密封测试对象姓名的方式，避免测试老师主观因素对结果的影响。

（二）测验试题的类型

测验法的主要工具是试卷，试卷的核心是试题，试题质量的高低直接影响测试的效果。测验的试题大致可以分为两类：客观性试题和主观性试题。这两种试题各有自己的功能和特点。

1. 客观性试题

客观性试题是有固定答案的试题，这类试题无论评价者是谁，评价对象都会得到相同的成绩。常见的客观性试题有填空题、选择题、是非题和匹配题。填空题是呈现一句或一段不完整的话，要求学生来完成。填空题适合考查对象对知识的记忆，它可将猜测的可能性降到最低。选择题是由题干和多个选项构成，回答选择题花的时间较少，所以选择题有利于扩大考查内容的覆盖面，有利于基础知识和基础技能的全面考查，但选择题难以考查深层次的能力，无法考查陈述能力，对象的回答容易受到猜测的影响。是非题与选择题有相似之处，被评价者需要识别、选择出正确答案，但是非题受猜测影响更大。匹配题的题目包括两列语句，一列是问题选项，一列是反应选项。匹配题形式简单，能够有效地测量被评价者对知识间联系的掌握，但只能测试知识之间简单的关系。

客观题的优点有很多。（1）测试范围广。可以测试从简单到复杂、从低级到高级的各种项目。（2）解题速度快，因而题量大，试题覆盖面广。（3）答案固定统一，评分误差控制较好，评分简便。客观性试题的局限在于难以有效地、直接地测试评价对象在语言表达、思维分析过程以及创造技能方面的高级成就。同时，部分客观性试题（如选择题、判断题）会受到猜测的影响，从而影响测试结果的准确性。

2. 主观性试题

主观性试题和客观性试题一样，都会设置问题情境，但不一样的是：回答问题时由评价对象自由反应作答。主观性试题主要有论述题、证明题、计算题、作图题和作文题等。

主观性试题适合测试评价对象的理解能力、分析概括能力、表达思想能力、组织材料能力、评价能力、知识运用能力、创新能力、态度价值观等高层次内容。主观性试题的优点是：不允许猜测，可以获得更丰富的信息；内容和形式更接近实践中的问题情境。主观性试题的局限是：做答时间长，试题覆盖面少，没有统一评分标准，评分易受评价者主观因素的影响，不同评价者对同一试题的评价可能有较大差异，影响评价信息的准确性。

四、档案袋评价法

档案袋评价又称为"成长记录袋评价"或"学习档案评价"，它是以评价对象档案袋为依据，从而对评价对象进行的客观的综合评价，是随着20世纪90年代西方"教育评价改革运动"兴起而出现的一种新型教育教学评价工具，更多用于对学生的评价。档案袋是指评价者所搜集的、可以用来反映评价对象的努力、进步、学习成就等一系列学习作品的汇集。它展示了评价对象在某一领域内、某一段时间内的技能的发展。

档案袋评价优点主要表现在两个方面：一是它为评价对象自我评价提供了可能性，能够使评价对象充分地认识自我，较为准确地进行自我评价；二是它为评价者提供了真实性材料，使评价更加客观合理。具体来说档案袋评价包括四项功能。（1）评价功能。档案袋记录着评价对象展示自己个性的各种信息，这些信息是评价对象按照评价标准与要求所收集的，是评价对象在真实情境中的实作，能揭示评价对象的信仰、知识、技术、成就、个性以及各种经历。它像镜子一样为评价提供了真实的证据，从而提高了评价的有效性。（2）激励功能。评价的激励功能是指档案袋评价能够调动评价对象的潜能，激发他们的内在动力，增进他们的积极性和创造性，促使他们产生继续努力、进一步在活动中改善不足的动机。（3）发展功能。档案袋评价追求的不是给评价对象一个结论，而要体现对评价对象过程的关注和关怀，通过评价不但要提高评价对象的水平，更要发现评价对象的潜能，发挥其特长。（4）反思功能。档案袋评价方式更能激起评价对象反思，反思是档案袋评价的核心要素，档案袋的创建和实施的全过程始终离不开反思。

（一）档案袋的类型

国内外学者们对档案袋类型的看法至今还不一致，但他们根据不同的标准对其进行了分类，这说明档案袋评价具有极大的灵活性。有学者将档案袋归纳为四种类型①。

1. 学习型档案袋。学习型档案袋赋予评价对象自我开发、自我评定的权利，它是个性化的学习证据集。其目的是为评价对象提供一个学习、探究和反思的空间，促进评价对象自身的学习和发展欲望。

2. 过程型档案袋。过程型档案袋是评价对象在一段时期内某一方面或几个方面（一个或几个领域）的发展情况，目的是反映评价对象在一段时期内的学习效果情况，这种档案袋主要收集评价对象一定时间段内个人表现的材料，不仅要有最优秀的作品，而且还要有最初的作品和不太成熟的作品，这样以便了解评价对象成长的轨迹。

3. 作品型档案袋。作品型档案袋的内容是按照统一的标准而收集的评价对象某一时期的作品资料，体现评价对象某一时期实现预期目标的情况，评价者可以依据评价对象目标的实现程度对评价对象的表现做出评价。这种档案袋通常用于表明评价对象是否达到了标准，或用以获得资格证书或某种奖项。

4. 展示型档案袋。展示型档案袋收集的是最能显现评价对象成就和能力的资料，是评价对象最佳作品的汇集，主要用于展示评价对象在某个领域或若干领域的最佳表现和评比等。因此，这种档案袋评价最能显示评价

---

① 黄淑艳．美国教师教育档案袋评价研究［D］．沈阳：东北师范大学，2010：19.

对象间的差异。

（二）档案袋评价的步骤

档案袋评价实施要按照一定的程序进行，一般有以下几个步骤，下面以"教师对学生的档案袋评价"为例来介绍档案袋评价步骤。

1. 明确档案袋评价目标

评价者和评价对象都应明确评价目标，评价者应该和评价对象一起制定评价目标，了解他们希望达到的目标。评价对象一般能显示出对目标的良好理解，如提升自己的思维能力等。评价者也可以向评价对象列出目标清单，让评价对象对目标进行排序。

2. 认识档案袋评价相关内容

评价者应该让评价对象认识档案袋评价。具体有如下内容：向评价对象展示其他班级学生准备的档案袋样例；向评价对象展示档案袋样例；提醒评价对象，档案袋是一种评价工具；向评价对象介绍档案袋评价的优点。告诉评价对象档案袋在他们期末评分中所占的比例，哪些测试将会被取消，哪些需要做相应的调整。

3. 明确放入档案袋的材料

档案袋里面的材料既包括核心信息，也包括可选信息，核心信息展示评价对象的基本材料，可选信息展示评价对象的个性特点；既包括评价对象最好的作品，也应包括有问题的作品；既包括作品的最终版本，也包括最初版本和过程版本。每一个材料都应注明日期（完成日期、放入日期），以提供成长过程的证据。对每一件作品，评价对象都应进行反思：我从中学到了什么？我哪方面做得好？为什么选择这一材料？我可以如何改进它？对于这一材料的感觉如何？还存在哪些问题？同时，档案袋中的材料可以包括多种形式，如书面材料、音频材料、视频材料等。

4. 制订评分规则

档案袋的评分规则一般由评价者和评价对象共同制订。档案袋评分规则应该解释档案袋中的每一份材料如何评价。这样做一方面有利于评价对象参与到评价活动中，调动其积极性；另一方面也能让评价对象有明确的依据对自己的作品进行选择。

5. 制作档案袋

一般来说，档案袋主要包括以下四个部分：一是作品产生过程的说明，是作品产生和编制的文件记录，它可以有多种形式；二是系列作品，也就是评价对象创作的各种类型的作品集；三是评价对象的反思，通过反思，一方面有助于促进评价对象的成长，另一方面也培养了评价对象自我反思和自我教育的习惯，对评价对象的成长尤其重要；四是评价表格，用于记录自我评价、组内评价、家长评价和教师评价，还可以记录档案袋总的评价分数和等级。

6. 档案袋的评价

对于档案袋中的每一份材料，评价者都应该根据预先设定的目标进行评价，可以通过自我评价和同伴评价的形式，评价对象参与评价可以省去评价者的一些精力。评价的形式可以多样化，评价者可以写一封信，概括地描述评价对象的能力情况；评价者也可以按一定的标准评价档案袋，并提出进一步改进的建议。

五、个案总结法

个案总结法早已有之，但真正有组织的专门应用，是在 19 世纪后半叶，其应用先是在法律教育中，即让学生通过了解个别案例思考法律方面的基本原理。个案总结法在 20 世纪 20 年代的社会科学研究中得到承认。在中小学教育评价中，有很多典型的事件和案例，通过对典型事件和案例的研讨，可以总结出一般的原理和规律，进而进行推广，所以个案法是中小学教育评价收集信息的一种重要方式。

（一）个案总结法的一般步骤

个案总结法是一个有组织、有目的、有步骤的行动，需要对典型事件和案例的资料和数据进行分析、鉴定，总结规律。一般来说，个案总结法包括如下步骤。

1. 制订个案总结计划

个案总结法需遵循一定的程序。首先需制订计划，包括确定所需评价的对象和问题，考虑评价的重点和使用的方法。在制订个案评价计划时，必须明确个案的性质，考虑评价的重点放在哪里，进而选择适当的方法，确定评价范围、评价对象等事项。在个案法中，科学地选择对象非常重要，它直接关系到评价总结的规律是否有价值。如何确定有价值的个案进行评价，这跟评价者的理论素养和教育经验有密切关系。一般情况下，评价者可以根据评价的目的，选择在这方面突出的、典型的事件作为个案研究对象。

2. 个案资料的收集

研究对象确定之后，为了更好地对个案进行深入的研究，就要对个案的现状进行全面的分析和评定，这就需要对个案现状资料的收集。个案资料的收集必须全面。比如，对某个创新能力出众的学生的个案研究，收集的资料除了客观资料（姓名、年龄、名族等），还应包括个性资料（人格特质、人际交往、性格爱好、品行状况等）、生活环境、家庭背景、教养方式等。个案现状资料的收集可以有多种，观察、走访、问卷调查都是有效的方式。

3. 诊断和因果分析

这一阶段主要是以个案研究前期收集的材料为依据，对材料进行精细的整理和分析，找出个案的现象之间本质的、必然的因果关系，揭示个案事件的原因和规律。这样的结果离不开对个案事件的科学诊断。诊断需要在广泛拥有资料的基础上进行，但个案收集到的原始材料毕竟是粗糙的，不能直接说明问题，需要进行科学的加工和处理。在加工过程中，最常用的逻辑思维方式就是对材料进行分析和综合。通过分析和综合，找出个案的本质特征，不仅"知其然"，而且"知其所以然"，从而得出科学合理的结论。

4. 个案总结与发展指导

个案发展指导是在诊断和分析的基础上，总结个案典型行为的积极的规律，为其他同类的个体提供有价值的经验。同时，针对个案的问题，提出改进建议，进行发展指导。发展指导的目的是为个案的进步和完善提出建设性的方案。发展指导一般可以通过两个方面进行。一方面是改善不利于个案发展的外因条件，使之促进个案发展的需要；同时，发展和加强有利于个案发展的外因条件，使之更好地促进个案的发展。另一方面是促进个案内部改善，提高个案自我改善能力，这也是个案发展指导中"助人自助"的用意所在。

（二）个案总结的具体方法

个案总结可以根据不同的内容、目的和对象，选择不同的方法来进行，下面是几种基本的个案总结方法。

1. 追踪法

追踪法就是在一定的时间内对某一个案进行有目的、有计划、系统的、定期的跟踪，收集相关资料，总结规律。追踪法有助于揭示个案的发展变化情况和趋势。追踪法的时间可长可短，长则达几十年，短则几个月。追踪法主要适用于两种研究情况：一是需要探索个案的发展进程和变化规律，通过对个案长期连续的追踪研究，能获得个案发展的过程和量变到质变的规律的资料；二是需要研究早期教育对个案发展的影响。

追踪研究的优点是能较细致、系统地了解个案发展变化的过程和规律。它对研究某些教育现象之间的前后发展关系具有重要作用，但它局限性在于：（1）样本较少，由于时间推移，研究对象容易流失；（2）反复测量，这可能会影响个案的情绪，从而影响收集的信息的可靠性；（3）由于时间较长，耗时耗力；（4）研究过程中，条件会经常发生变化，造成变量增多，导致影响个案的各种因素不易控制。

2. 追因法

追因是追求和探索现象的原因，它把实验法的因果次序颠倒过来，是根据已有的结果探索原因。追因法的过程一般有以下阶段。（1）确立结果和研究的问题。追因法的第一步是确立既成的事实和结果，在确立时，要注意事实和结果是否成立。（2）假设导致这一结果可能的原因。这些原因是最初的设想，还没有验证，因此设想的原因要尽量全面。（3）设置反例、查找理论资料，验证原因。"比较出真知"，为了检验导致结果的原因，可以设置结果相反的例子进行比较，找出导致这种现象的反面因素，从而从反面检验原因。同时，可以通过查询理论资料，从理论的角度验证原因。（4）检验和反复验证，得出结论。找出的原因是否正确，还需进一步检验，经过反复验证，对原因进行筛选和淘汰，找到真正原因后，就可以得出结论了。

3. 产品分析法

产品分析法是指通过对个案的作业、工作总结、记录、报告等产品的分析，总结个案的特点和规律的方法。在中小学教育评价中，可以收集以下的产品进行分析：（1）反映一个地区或一所学校教育工作情况的材料；（2）反映教师教育教学工作情况的材料；（3）反映学生学习、思想、知识、心理状况等的材料。产品分析法的研究效果，取决于研究者能否在所收集到的材料中归纳总结教育规律，这对研究者的要求非常高，而且受研究者的主观影响非常大。因此，产品分析法一般是一种辅助方法，常和其他方法结合使用，以便相互印证，找出科学规律，获得有价值的中小学教育评价信息。

4. 教育会诊法

教育会诊法是指应用科学的教育理论，分析研究个案的特点，诊断个案的问题，提出发展指导的方法。一般情况下，教育会诊法的基本程序有五个环节：明确会诊的目的；确定会诊参加人员；详细介绍个案情况；组织集体讨论，听取各方意见；对个案进行鉴定和诊断，提出发展指导。在收集学生的评价信息时，教育会诊是一种比较先进、容易操作的方法，受到一线教师的喜爱。

总之，在研究的早期阶段，个案总结法通常是最有效的。评价者为了开拓新的领域，采用个案总结法对较少的个体进行比较深入系统的评价总结，获得新的启示，提出新的观点，为大规模的组群评价提供范式和基础，但它的局限是缺乏代表性。

第七章　教育评价信息的处理

通过各种方法，收集到中小学教育评价信息，但这些原始的信息是杂乱无章的，没有办法据此对中小学教育现象进行准确而有效的评价。这就需要对教育评价信息进行科学的处理，得出比较准确的评价结论，并在恰当的时机反馈给被评价者。

中小学教育评价信息包括文字信息和数据信息。文字信息的处理没有专门的范式，它处理的效果主要与评价者的思维习惯、思维能力和专业素养有关，所以每个人对文字信息处理的方式都有自己独特的方式，本书将不对文字信息的处理进行阐述。本书主要探讨数据信息的分析和处理，依据教育统计技术探讨中小学教育评价数据信息的描述、数据信息的推断、数据信息的解释。

第一节　数据信息的描述技术

当评价者收集到教育评价的数据信息之后，他们希望通过这些数据了解调查对象的总体水平，了解调查对象之间的差异，了解调查对象之间的关系，通过数据信息的描述技术可以为评价者提供依据，解答这些问题。数据信息的描述技术是指通过数据信息的统计处理，掌握数据的集中趋势、差异程度以及变量之间的相关关系。本节将对这几方面的技术逐一介绍。

一、描述集中趋势

如果要把握教育评价对象的总体水平或一般状况，就需要用统计技术描述数据信息的集中趋势，即计算集中量，针对中小学教育评价而言，常见的集中量有三种：简单算术平均数、加权算术平均数、中位数。

（一）简单算术平均数

当收集起来的数据信息权重相同、数据同质，要用这些数据解释评价对象的总体水平和一般状况，就可以计算这组数据的简单算术平均数。比如，评价学生的平均学业水平，评价学校的年平均投入，都可以用简单算术平均数处理数据。

简单算术平均数是这组数据的总和除以数据总个数所得的商，它的计算公式是：

$$\overline{X} = \frac{\sum X}{N}$$

其中，$\sum X = X_1 + X_2 + X_3 + \cdots + X_n$；

N 为数据的个数。

（二）加权算术平均数

在中小学教育评价的实践中，经常出现各评价子项目所占重要程度不同的情况，如评价某中学的办学条件，办学条件就包括很多子项目，如领导班子、师资队伍、校舍设备等，这些项目对学校办学条件总体水平的评价重要程度不同，如表7-1所示。为了使每一子项目对总体水平的影响和它的重要程度相同，可以采取加权算术平均数的方法描述总体水平。

加权算术平均数就是在一组同质数据中，各数据与权重乘积的和除以权重之和所得的商。

$$\overline{X_W} = \frac{\sum WX}{\sum W}$$

表 7-1　评价某中学办学条件的总体水平

A 级	B 级	C 级	评价等级		
			优 (100)	中 (65)	差 (30)
办学 条件	领导班子 (0.3)	结构合理 (0.18)	√		
		配合协调 (0.12)		√	
	师资队伍 (0.5)	师资配备齐全合理 (0.2)		√	
		教师业务水平好 (0.3)		√	
	校舍设备 (0.2)	仪器、设备、教具、校舍符合标准 (0.12)	√		
		使用合理 (0.08)		√	
合　　计			75.5		

以上数据对总体水平的重要程度不同，即权重不同，所以应该用加权算术平均数描述总体办学条件。计算结果为：

$0.18×100+0.12×65+0.2×65+0.3×65+0.12×100+0.08×65=75.5$

平均水平是 75.5，可以判断该中学的办学条件属于中等偏上。

（三）中位数

不管是简单算术平均数还是加权算术平均数，它们都简明易懂，在中小学教育评价中，常被用来刻画评价对象的总体水平或一般状况。但当收集到的数据具有极端分数的时候，这两种集中量就不能很好地代表评价对象的集中趋势，这时，可以选用中位数来代表。

中位数就是位于一组数据最中间位置的这个数，用符号 M_{dn} 来表示。在求一组数据的中位数时，先把数据按大小顺序排序，然后找到中间位置所对应的数就是中位数，当数据个数是奇数时，最中间位置的数只有一个，这个数就是这组数据的中位数；当数据个数是偶数，最中间位置的数有两个，这两个数的平均数就是中位数。

中位数计算简单，不容易受极端分数的影响，但中位数也有不足，中位数靠位置计算出来，而不是分数计算出来，分数不够灵敏。因而中位数只能粗略地衡量数据的集中趋势，是集中趋势的近似值，因而不适合运用中位数做进一步的代数运算。

二、描述差异程度

如果要把握教育评价对象间的差异，就需要用统计技术描述数据信息的差异程度，即计算差异量，如评价某学校教师水平的差异程度，评价某班学生身高的差异大还是体重的差异大，都可以通过计算差异量得到结论。差异量还可以评价集中量的代表性，比如，两组平均数相同的数据，差异量大的一组数据平均数对总体水平的代表性就较差，差异量小的那组数据平均数对总体的代表程度就较好。针对中小学教育评价而言，常见的差异量有两种：标准差和差异系数。

（一）标准差

标准差是一种绝对差异量，是每个数据与其平均数的离差平方的平均数的平方根。用符号 σ 或者 S 表示。其计算公式为：

$$\sigma = \sqrt{\frac{\sum (x_i - \overline{X})^2}{n}}$$

其中，x_i 为每个原始数据值；

$\overline{X}$ 为该组数据的平均数；

n 为数据个数。

从公式可以看出，标准差是通过刻画每个原始数据和平均数的距离来描述评价对象间的差异程度。当一组数据没有极端分数时，我们可以用标准差来评价个体间的差异程度，标准差是通过全部差异量求得的，它是差异量中最常用、最科学的量。

（二）差异系数

标准差是一种绝对差异量，它可以用来描述评价对象一组数据的差异程度，但当我们需要描述两组单位不同数据的差异程度，或两组单位相同但平均数差异较大的数据的差异程度时，直接用两组数据的标准差的大小进行比较是不合适的，应该计算差异系数。

差异系数是把差异量数和集中量数相对比后所形成的相对差异量数，用符号 CV 来表示，常用的差异系数的计算公式如下：

$$CV = \frac{\sigma}{\overline{X}} \times 100$$

其中，σ 表示一组数据的标准差；

$\overline{X}$ 表示该组数据的平均数。

从公式中我们可以看出，因为标准差和平均数单位相同，所以差异系数消除了单位，它是一种反映相对差异程度的系数，即相对差异量数，因此，适合对不同性质数据的差异程度进行比较。

例如：某学校对高一学生的学习差异程度进行评价，具体如表 7-2 所示：

表 7-2　高一学生的物理和数学学习成绩的调查资料

项　目	平均数	标准差
物　理	85	8.5
数　学	72	7.5

请分析高一学生的物理成绩的差异程度大，还是数学成绩的差异程度大？

因为要比较的是两组平均数不同的数据的离散程度，所以，应该分别计算差异系数进行比较。

$$CV_{物理} = \frac{8.5}{85} \times 100 = 10$$

$$CV_{数学} = \frac{7.5}{72} \times 100 \approx 10.42$$

因为 $CV_{数学} > CV_{物理}$，所以高一学生数学成绩的差异比物理成绩大。

三、描述相关程度

在中小学教育评价中，很多时候我们需要把握两种因素的相关程度，如构建指标体系时对指标的筛选和权重的确定，需要考察指标与评价目的之间的相关程度。又如，研究课程设置的合理性，可以依据课程与学生发展的相关程度来考察。考察两个因素的相关程度需要计算两个因素的相关系数。

相关系数是描述变量间线性相关程度的量数，相关关系有两种，正相关和负相关。如果一个变量的数值增加，另一个变量的数值也增加，这种相关是正相关。如果一个变量的数值增加，另一个变量的数值反而降低，这种相关是负相关。相关系数用 r 表示，r 的取值范围是-1 到$+1$ 之间，正负号表示相关的方向，即正相关和负相关，$|r|$ 表示相关程度的大小。在中小学教育评价中，常用的相关系数有积差相关、等级相关、二列相关。

（一）积差相关系数

描述两个变量的相关情况时，积差相关是应用最普遍、最基本的一种相关分析方法，尤其适用于对两个连续变量之间的相关情况进行定量分析。比如，学生的体重和身高变量之间有什么连带关系；不同学科成绩之间有什么相互关联；人的智力发展水平和学业成就之间相关程度如何。这些变量都是连续变量，可以用积差相关系数描述它们的相关程度。

积差相关系数的计算公式是：

$$r = \frac{\sum (X - \bar{X})(Y - \bar{Y})}{N \sigma_X \sigma_Y}$$

其中，σ_X 表示 X 变量的标准差；

σ_Y 表示 Y 变量的标准差；

N 为成对数据的对数；

X、Y 表示两种变量的成对原始数据，其余符号意义同前。

（二）等级相关系数

在中小学教育评价中，有很多变量不适合用连续变量来表示，如学生思想品德的优劣、自学能力的强弱、身体健康状况、学校办学水平的高低等，这些变量很难用精确的分数来衡量，常用等级和类别来表示。要计算这些等级变量之间的相关程度，就应该用等级相关系数，比如教育评价中，不同的专家对几所学校按等级评价时，就应该用等级相关系数考察专家意见的一致性程度；又如考察学生的作文名次和演讲名次的相关程度时，也应该用等级相关系数。

等级相关系数分为两种，一种是描述两列等级变量间的相关程度的量数，另一种是描述两个以上等级变量之间的相关程度的量数。

描述两列等级变量间的相关程度的量用斯皮尔曼等级相关系数，它的公式是：

$$r = 1 - \frac{6 \sum D^2}{N(N^2 - 1)}$$

其中，D 为成对变量的等级之差；

N 为等级数据的对数。

描述两个以上等级变量之间的一致性程度用肯德尔和谐系数，它常用于几个评定者对同一组对象进行等级评定意见的一致性程度，或同一评定者对同一对象先后评定多次，其等级之间的一致性程度。用符号 W 表示，公式是：

$$W = \frac{\sum R^2 - \frac{\left(\sum R \right)^2}{N}}{\frac{N K^2}{12}(N^2 - 1)}$$

其中，R 为每个评定对象评定之和；

N 为被评定对象的个数；

K 为评定的人数。

肯德尔和谐系数反映了评价者意见的一致性程度，评价者的意见越一致，W 值越大，一般说明评价结果的可靠性越高。但是如果评价者自身的鉴别能力较低，即使 W 系数高，也不意味着评价结果可靠性高，所以要求评价者要具有鉴别力。

用上述公式求肯德尔和谐系数时，要求不要出现相同等级。如果出现相同等级，尤其是相同等级较多时，则需对 W 系数进行校正。肯德尔和谐系数校正公式是：

$$W_c = \frac{\sum R^2 - \dfrac{\left(\sum R\right)^2}{N}}{\dfrac{N K^2}{N}(N^2 - 1) - K \sum \dfrac{m^3 - m}{12}}$$

其中，m 为相同等级数，其他符号同前。

（三）二列相关系数

在中小学教育评价中，有时会出现需要计算相关的两列数据，一列数据是连续变量，另一列数据是二分变量，如男和女、是与非、及格与不及格等，要描述这两类变量的相关程度，应该计算二列相关系数。比如，描述学生的性别与成绩是否有关，口语及格与否是否会影响学生的阅读学习效果等。同时，二列相关是考试质量分析的重要方法，可以检验一个测验中二分称名变量对连续变量的影响。多用于是非题测验时评价测验内部的一致性，鉴定试卷题目的区分度等。二列相关用 r_{pq} 表示，计算二列相关的公式是：

$$r_{pa} = \frac{\overline{X_p} - \overline{X_q}}{\sigma_t} \sqrt{pq}$$

其中，p 与 q 分别为二分变量中各自占总体的比例；

$\overline{X_p}$ 为连续变量中与 p 对应部分的平均数；

$\overline{X_q}$ 为连续变量中与 q 对应部分的平均数；

σ_t 为连续变量全部数据的标准差。

第二节　数据信息的推断技术

数据信息的描述技术是对收集到的数据的特征进行描述。但在实际的教育评价中，大多数情况下我们没有办法对评价对象全部进行研究，而是通常采用抽样的方式。所以，数据信息的描述技术是对样本数据进行描述，而教育评价的目的是要考察总体的情况，这就需要用到数据信息的推断技术，推断技术就是根据样本的情况，依据一定的数理统计原理，来推断总体的情况。依据样本数据信息对总体进行推断的形式有两种：参数估计和假设检验。

一、参数估计

本部分主要谈平均数的参数估计，就是用样本的数据特征去估计总体平均数的区间。比如，为评价某校全体学生的视力状况，评价者抽样测试了 100 位学生，获得了这 100 位学生的视力平均水平，要通过 100 位学生的情况去估计全校学生的平均水平，就需要用到总体平均数参数估计。这种技术不能让评价者获得总体平均数的某个确定数据，只能在一定概率的程度去把握总体平均数的范围。总体平均数的参数估计有两种：Z 估计和 T 估计。

（一）Z 估计

Z 估计用于总体标准差已知或者总体标准差未知，但样本容量大于 30 的情况。具体的公式是：

0.95 的置信度下：

$$P(\overline{X} - 1.96\frac{\sigma}{\sqrt{n}} < \mu < \overline{X} + 1.96\frac{\sigma}{\sqrt{n}}) = 0.95$$

0.99 的置信度下：

$$P(\overline{X} - 2.58\frac{\sigma}{\sqrt{n}} < \mu < \overline{X} + 2.58\frac{\sigma}{\sqrt{n}}) = 0.99$$

其中，n 是样本的容量，μ 是总体平均数，其余符号意义同前。数据 1.96、2.58 是根据置信度查阅正态分布表（见附表 2）获得。

上述公式说明，总体平均数 μ 在区间 $\left[\overline{X} - 1.96\frac{\sigma}{\sqrt{n}}, \overline{X} + 1.96\frac{\sigma}{\sqrt{n}}\right]$ 的可能性有 95%。总体平均数 μ 在区间 $\left[\overline{X} - 2.58\frac{\sigma}{\sqrt{n}}, \overline{X} + 2.58\frac{\sigma}{\sqrt{n}}\right]$ 的可能性有 99%。

（二）T 估计

T 估计用于总体标准差未知，且样本容量小于 30 的情况。具体的公式是：

0.95 的置信度下：

$$P(\overline{X} - t_{(df)0.05} \frac{\sigma}{\sqrt{n-1}} < \mu < \overline{X} + t_{(df)0.05} \frac{\sigma}{\sqrt{n-1}}) = 0.95$$

0.99 的置信度下：

$$P(\overline{X} - t_{(df)0.01} \frac{\sigma}{\sqrt{n-1}} < \mu < \overline{X} + t_{(df)0.01} \frac{\sigma}{\sqrt{n-1}}) = 0.99$$

其中，$t_{(df)0.05}$ 和 $t_{(df)0.01}$ 通过查 t 值表获得（见附表3）。其余符号意义同前。

上述公式说明，总体平均数 μ 在区间 $\left[\overline{X} - t_{(df)0.05} \frac{\sigma}{\sqrt{n-1}}, \overline{X} + t_{(df)0.05} \right.$

$\left. \frac{\sigma}{\sqrt{n-1}} \right]$ 的可能性有 95%。总体平均数 μ 在区间 $\left[\overline{X} - t_{(df)0.01} \frac{\sigma}{\sqrt{n-1}}, \overline{X} + \right.$

$\left. t_{(df)0.01} \frac{\sigma}{\sqrt{n-1}} \right]$ 的可能性有 99%。

二、假设检验

在中小学教育评价中，评价者经常会碰到这样一些问题。如评价者评价一种新的教学方式，通常的做法是选取两个比较同质的班构成实验班和对照班。实验班用新的教学方式，对照班用传统的教学方式，一段时间后对两个班学生的学习效果加以比较，以此作为评价教学方式的依据。如何对两个班学生的学习效果进行比较呢？要明确的是评价者不能只比较这两个班的差异，如果只比较这两个班学生的学习效果的差异，只能得出从这两个班来看哪种教学方式好的结论，不具有普遍性。应该去比较两个班所代表的总体的差异，只有总体有差异，才能得出教法有差异，因为样本的差异不一定是教法的原因，可能来源于误差。

这种根据样本的特征去检验总体差异的方法就叫假设检验。下面将介绍几种典型的假设检验。

（一）t 检验：检验总体平均数的差异

t 检验是用于检验两个总体的平均数有没有显著差异。t 检验的基本思路是反证法。

例如：某校对同一年级学生分别采取了甲乙两种不同的数学教学法，为评价这两种数学教学法的效果，在用甲法教学的班级随机抽取了 5 名学生，在用乙法教学的班级中随机抽取了 6 名学生，分别测试了他们的数学成绩，他们的得分情况如下：

甲法：18　　17　　15　　10　　6

乙法：13　9　9　7　6　6

根据这次测试结果，能判断出甲乙两种教学法有显著差异吗？

具体的检验步骤如下：

1. 提出假设　　H_0：$\mu_1 = \mu_2$

也就是首先假定两种教学法的效果无显著差异，样本平均数的差异被认为是抽样误差导致。

2. 计算 t 值

t 值的计算公式为：

$$t = \frac{\overline{X_1} - \overline{X_2}}{\sqrt{\dfrac{\sum x_1^2 + \sum x_2^2}{n_1 + n_2 - 2}} \cdot \sqrt{\dfrac{1}{n_1} + \dfrac{1}{n_2}}}$$

其中，n_1、n_2 代表两个样本数据的容量，$\sum x_1^2$、$\sum x_2^2$ 代表两个样本数据的离差平方和，其余符号意义同上。

根据公式，计算上例的 t 值。

其中：　　　　$\sum x_1^2 = 102.8$　　　$\sum x_2^2 = 35.3$

$\overline{X_1} = 13.2$　　　　　$\overline{X_2} = 8.3$

$n_1 = 5$　　　　　　　$n_2 = 6$

代入公式，得出 $t = \dfrac{13.2 - 8.3}{\sqrt{\dfrac{102.8 + 35.3}{5 + 6 - 2}} \cdot \sqrt{\dfrac{1}{5} + \dfrac{1}{6}}} = 2.07$

3. 根据自由度和显著性水平，求出临界值

t 检验的自由度为: $df = n_1 + n_2 - 2$，即自由度为 9，取显著性水平 $\alpha = 0.05$，查 t 值表可得临界值 $t_{0.05(9)} = 2.26$。

4. 统计推断

因为 $|t| = 2.07 < 2.26$，所以，在 0.05 的显著性水平上得出结论：甲乙两种教法没有显著性差异。

（二）F 检验：检验总体方差的差异

F 检验是用于检验两个总体的离散程度有没有显著差异。

例如：甲乙两校学生同时参加数学测验，从甲校随机抽取 21 人构成样本，算出样本数学成绩的方差为 25，从乙校随机抽取 16 人构成样本，算得数学成绩得分的方差为 35，请分析甲乙两校在这次数学测验中的离散程度是否有显著性差异。

具体的检验步骤如下：

1. 提出假设　　H_0: $\sigma_1{}^2 = \sigma_2{}^2$

2. 计算 F 值

F 值的计算公式为：

$$F = \frac{\sigma_{大}{}^2}{\sigma_{小}{}^2}$$

把上例的数据代入计算得: $F = \dfrac{35}{25} = 1.4$

3. 根据自由度和显著性水平，求出临界值

F 检验的自由度为: $df = n - 1$，即 $df_{子} = 16 - 1 = 15$，$df_{母} = 21 - 1 = 20$，取显著性水平 $\alpha = 0.05$，查 F 表（见附表 4）可得临界值 $F_{0.05(15, 20)} = 2.57$。

4. 统计推断

因为 $F = 1.4 < 2.57$，所以，在 0.05 的显著性水平上得出结论：甲乙两校学生这次数学测验成绩的离散程度没有显著差异。

（三）χ^2 检验：检验次数数据的差异

在中小学教育评价中，经常碰到计数数据和分类数据，如对学生的学

习成绩按优、良、中、差分类统计；对某项教育改革措施的态度按赞成、反对及无所谓进行统计；把一个教师群体分别按职称类别和态度等交叉分类统计，对这一类数据进行差异显著性检验最适合的方法是χ^2检验。χ^2检验分为两种：适合性检验和独立性检验。

1. 适合性检验

适合性检验主要是检验一组数据，不同类别的理论次数和实际次数有无显著性差异。

例如：为了解某小学教师关于小学教学中开设综合课的意见，调查者从全校教师中随机抽取 30 名教师进行调查，结果同意者为 17 人，不置可否者 3 人，不同意者 10 人，这个结果能否说明在学校中同意开设综合课的意见占优势？

具体的检验步骤如下：

（1）提出假设：教师同意、不置可否、不同意的人数没有显著差异

（2）计算χ^2值

计算公式为：

$$\chi^2 = \frac{(f_o - f_e)^2}{f_e}$$

其中，f_o为实际次数，f_e为理论次数。

根据公式，计算上例的χ^2值

假设教师对开设综合课持赞成、不置可否、反对意见的人没有显著差异，那么人数之比应该是 1：1：1，那么每种情况的理论次数都是 30/3 = 10 人，代入公式可得：

$$\chi^2 = \frac{(f_o - f_e)^2}{f_e}$$

$$= \frac{(17 - 10)^2 + (3 - 10)^2 + (10 - 10)^2}{10}$$

$$= 9.8$$

（3）根据自由度和显著性水平，求出临界值。

单相表χ^2检验的自由度一般等于组数（K）减 1，即自由度为 3-1 = 2，取显著性水平 α = 0.01，查χ^2值表（见附表5）可得临界值$\chi^2_{(2)0.01}$ = 9.210。

（4）统计推断

因为 $\chi^2 = 9.8 > 9.210$，所以，在 0.01 的显著性水平上得出结论：教师对开设综合课的意见差异非常显著，同意开课的占优势。

2. 独立性检验

在中小学教育评价中，对同一调查对象按两种标准分类的情况很多，如对同一批学生，既可按成绩分为优、良、中、差，又可按智力水平分为甲、乙、丙等，如果我们要检验这两种分类方式是否独立，如检验学生的成绩与智力是否有关，就可以用 χ^2 独立性检验。

例如，随机抽取小学二年级男生 60 名、女生 50 名进行数学测验，测验结果如表 7-3 所示，问学生的成绩及格情况与性别是否有关？

表 7-3　小学二年级男女生成绩及格情况

	及格	不及格	人数
男	43 （44.73）	17 （15.27）	60
女	39 （37.27）	11 （12.73）	50
人数	82	28	110

具体的检验步骤如下：

（1）提出假设：成绩及格情况与性别无关

求出各部分理论次数：

男生及格：$f_{e11} = \dfrac{82 \times 60}{110} = 44.73$

男生不及格：$f_{e12} = \dfrac{28 \times 60}{110} = 15.27$

女生及格：$f_{e13} = \dfrac{82 \times 50}{110} = 37.27$

女生不及格：$f_{e14} = \dfrac{28 \times 50}{110} = 12.73$

（2）计算 χ^2 值

根据公式，计算上例的 χ^2 值

$$\chi^2 = \frac{(f_o - f_e)^2}{f_e}$$

$$= \frac{(43 - 44.73)^2}{44.73} + \frac{(17 - 15.27)^2}{15.27} + \frac{(39 - 37.27)^2}{37.27} + \frac{(11 - 12.73)^2}{12.73}$$

$$= 0.58$$

（3）根据自由度和显著性水平，求出临界值。

四格表 χ^2 检验的自由度为1，取显著性水平 $\alpha = 0.05$，查 χ^2 值表可得临界值 $\chi^2_{0.05(1)} = 3.84$。

（4）统计推断

因为 $\chi^2 = 0.58 < 3.84$，所以，在 0.05 的显著性水平上得出结论：小学二年级学生的及格情况与性别无关。

第三节　数据信息的解释技术

在中小学教育评价中，评价者通过各种方法和技术，收集整理数据信息，但这些信息只是孤立的数据，其意义无法确定，也无法进行比较。因此，数据必须放在一定的参照体系中，和一定的标准比较才能解释其意义，明确其高低，不同性质的评价，其标准不同，解释的方法也不同。

解释分数意义的参照物大体有两类：一是团体其他成员的普遍水平或水平分布状态，二是社会对所评价特性的客观要求。因此，解释数据的分数主要有两类：相对评分分数和绝对评分分数。

一、相对评分分数

相对评分分数是通过评价对象之间的相互比较而确定意义的分数。比如，我们通常说，某学生成绩很好，"在全年级是冒尖的"；或者评价某学校发展不好，因为它在全区教学质量评比中，"排列倒数第二"，这些都是

通过相对评分分数进行结果解释，从而给予评定。在中小学教育评价中，常见的相对评分分数主要有两种：百分等级分数和标准分数。

（一）百分等级分数

某原始分数的百分等级分数就是指该原始分数以下的人数占总人数的百分比。它表明某个分数在群体中的相对地位。对学生的成绩常用百分等级来解释，例如，某学生数学的百分等级分数是 80，则证明他所在群体中有 80% 的学生数学成绩低于他。百分等级用 PR 表示，PR 的取值在 0~100 之间。

百分等级的求法可按以下步骤进行（如表 7-4 所示）。

（1）把数据从大到小依次排列。

（2）统计每个数据值出现的次数，并列出次数分布表。

（3）从低分到高分连加每个分数以下的次数。

（4）计算累加次数的比例，并将其乘以 100，便得到每个数据的百分等级。

表 7-4　50 名学生外语听力测试成绩百分等级示例

分数 X	次数 f	以下累计次数 cf	百分等级 PR
75	1	49	98
74	2	47	94
70	2	45	90
68	4	41	82
67	3	38	76
65	2	36	72
62	4	32	64
61	6	26	52
60	5	21	42
59	6	15	30
58	5	10	20
54	3	7	14
52	3	4	8
50	2	2	4
48	1	1	2
47	1	0	0

通过百分等级表，我们可以把握每个学生在群体中的地位，如某学生成绩为 59 分，PR＝30，说明有 30% 的人分数比他低。

百分等级分数的优点是计算简单、意义明确，可以对不同测验的分数进行比较。但它的缺点是不等距，是通过原始数据的次数转化而来，属于顺序变量，不能进行四则混合运算。

（二）标准分数

标准分数就是将原始分数减去平均值，再除以标准差。具体公式如下：

$$z = \frac{x - \overline{X}}{\sigma}$$

从标准分数的公式可以看出，标准分数就是通过用离开平均水平多少标准差的方式来刻画分数在团体中的相对地位，从而对分数进行解释。标准分数跟百分等级不同，它是等单位量度，所以它具有可加性。

把一组原始数据转化为标准分数后，分数很小，有小数点，有负数，这不符合公众对分数的理解，而且不方便使用。为了消除这些问题，人们就希望对标准分数进一步做出转换，消除所有负值，并减少所带小数的位数。换句话说，就是改变标准分数的表现形式，但却保留它"用离开平均水平多少标准差的方式来刻画分数在团体中的相对地位"这个实质关系。这就需要对标准分数做线性变换。所谓的线性变换就是所要做变换的值，都乘以同一确定值，然后再加上另一特定值。通常的公式是：

$$Z^{'} = BZ + A$$

其中 A、B 是根据需要所确定的常数。一般 B 值不能小于原始数据的标准差，在一般考试中，A 值不能小于 3B，在大规模考试中，A 不能小于 4B。

标准分数除了可以揭示分数在团体中的相对地位之外，还可对不同测验的分数进行比较。

例如，从某地区 12 岁的小学生中，抽得 500 人组成样本，测得数学的平均分数为 88.44，标准差为 11.25；语文的平均分数为 87.06，标准差为

1.72。现有该地一位 12 岁的学生，数学成绩为 93，语文成绩为 84.5，请比较这位 12 岁的学生数学成绩好一些，还是语文成绩好一些？

这种问题就可以把学生的数学和语文成绩分别转化为标准分数，了解其在团体中的地位进行比较。

$$z_{数学} = \frac{93 - 88.44}{11.25} = 0.41$$

$$z_{语文} = \frac{84.5 - 87.09}{1.72} = -1.34$$

由此可以看出，这位学生的数学比平均水平多了 0.41 个标准差，语文比平均水平少了 1.34 个标准差，所以这位同学数学成绩比语文成绩好一些。

总之，相对评分分数能够很好地刻画分数在团体中的地位，能有效地解释分数，但是它也表现出强烈的竞争导向，所以在使用时要注意防止不科学的竞争手段以及由竞争所引起的负面效应。

二、绝对评分分数

绝对评分分数是以被评对象外部的某种目标为标准解释被评对象水平的高低。绝对评分的标准独立于被评群体之外，是客观标准，它与被评群体的一般水平无关。例如，"国家体育锻炼标准"就是一个客观标准。绝对评分分数是依据事先确定的目标来解释对象水平的高低、达到目标的程度等。自学考试、学生毕业考试、各种达标考试、各种水平考试、"合格"考试的分数都可以通过绝对评分分数进行解释。

绝对评分分数是客观的标准，是评价之前就根据某种要求确定的。但核心的问题是，如何确定一个客观又合理的标准。如果标准不合理，对被评价者的分数解释就不够科学。确定绝对评分标准一般要解决两个问题：一是目标的确定与分解；二是"合理"或"合格"的达标界限的确定。例如：对学生学习水平的评价，目标的确定与分解就是要确定学习目标并具体化。而合格分数线的界定就是确定实现目标最低可接受的标准。我们一般把 60 分作为及格线就属于这种标准。

确定合格分数的方法有很多，主要有两种，一种是直接评审法，另一种是对照组法。直接评审法是由评审者直接确定一组具有起码学习能力的学生，再算出他们通过某一试题的百分比，然后将多个评审者的评审分数相加求平均数，便得到这个题目的最低通过标准。将各题目的通过标准相加除以题目总数，便得到评价的通过标准。此法在不同评审间差异较大，主要是对"具有最起码学习能力的学生"的界定因主观而不同。

"对照组法"是从学生表现的结果入手确定通过分数，而不是利用判断试题的方式。方式是：将测验同时施以熟练者和不熟练者两组被试（每组至少 100 人），以最能区分两组成绩的分数，即两组成绩分布曲线的交点分数作为最低标准。使用本方法的前提条件是：事先清楚了解被试的能力。

绝对评分分数的优点是：依据标准对评价结果进行解释，表明被评者会做什么、不会做什么、做到什么程度等，能为被评者指出努力的方向和具体的要求。但由于绝对评价不关心被评者的团体地位，所以，绝对评分分数不适合用于选拔人才。

五级系统开发篇

基于中小学教育评价的发展性、多元性、真实性、协商性和过程性理念，整合教育评价的科学技术与方法，归结现行评价的诸多诟病，笔者提出中小学教育"五级评价系统"，如图所示，包括区域均衡发展评价、学校内涵发展评价、课堂有效教学评价、教师专业发展评价、学生多元发展评价五级系统。五级系统，从系统到要素，从要素到要素，相互渗透，彼此关联。五级评价系统的开发，最大限度地实现了对现有中小学教育评价行为的统整，形成了一个结构清晰、逻辑严密的评价体系，其中既有对教育系统的宏观把控，也有对教育教学要素的微观评估；既体现了教育评价目的的发展性，也兼顾了教育评价的鉴定性要求；既有教育的过程性评价，又有教育的终结性评价；既符合了教育评价的多元性需求，又充分彰显了教育评价的主体性诉求。中小学教育五级评价系统的开发，为教育评价工作者提供了一个动静结合、上下贯通的评价框架，在各级评价子系统中，也相应建构了评价的基本理念、程序、指标、方法或技术等，以下篇章将对上述内容进行详细阐释。

区域　　均衡发展评价

学校　　内涵发展评价

课堂　　有效教学评价

教师　　专业发展评价

学生　　多元发展评价

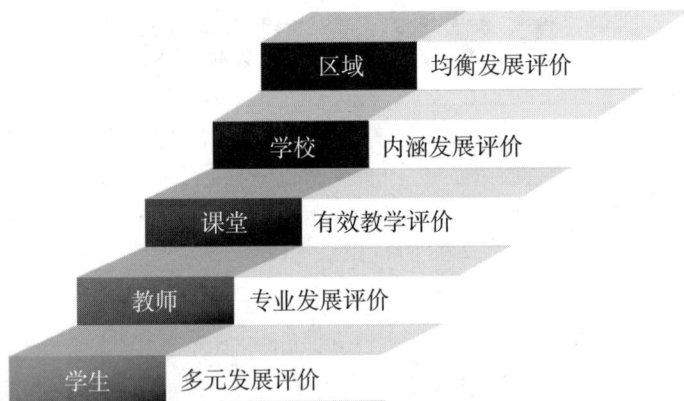

教育评价五级系统结构图

第八章　区域系统：均衡发展评价

推进教育均衡发展、促进教育公平，已经成为我国在当今时期、当下阶段教育发展的一个新方向和新任务。《国家中长期教育改革和发展规划纲要（2010—2020年）》中明确指出，"均衡发展是义务教育的战略性任务"，并制定了"到2020年，全面提高普及义务教育水平，全面提高教育质量，基本实现区域内均衡发展，确保适龄儿童少年接受良好义务教育"的战略目标。此后，国务院《关于深入推进义务教育均衡发展的意见（国发〔2012〕48号）》一文中，对义务教育均衡发展的意义、指导思想、具体目标和要求等进行了更为详尽的阐释和强调。区域教育均衡问题已然成为社会各界关注的焦点。

第一节　概　　述

评价是管理的重要环节，也是推进发展的有力手段。通过评价来促进区域教育均衡发展，是一种可靠且有效的实践方式。由于评价本身是一个事实判断和价值判断的过程，不同的认识会指导出不同的行为方式，也就可能产生不同的评价结论。因此，我们首先要形成对区域教育均衡评价的基本认识。

一、区域教育均衡的内涵与表征

要实现区域教育均衡，首先要树立正确科学的均衡教育观。教育均衡是什么，有什么表现和特征，是认识区域教育均衡首先要厘清的问题。

（一）区域教育均衡的内涵

区域通常是地理学上的一种空间概念，然而不同的研究领域对其进行了各自合理的延伸，进而形成了经济区域、文化区域、行政区域等区域范畴。基于教育领域来讨论的"区域"，可以从以下三个方面加以界定：一是考虑东西经济水平差异，分为中国东部沿海、中部内陆和西部边远三大区域；二是考虑城乡二元体制特征，分为城镇和农村两类区域；三是考虑行政区域划分，以一个省（直辖市、自治区）或者一个市（区、县）为区域单位。

对教育均衡的理解也有多种角度：可以理解为教育系统内部各级各类教育之间的均衡发展；也可以理解为教育系统横向各要素之间的均衡发展，以及纵向各阶段之间的均衡发展；还可以从区域和学校教育的角度，理解为不同地区之间、同一地区不同学校之间、同一学校不同群体之间、同一群体的不同个体之间的教育均衡发展。

本书中所讨论的区域教育均衡，是指在教育公平思想和教育平等原则的指导下，学校教育在一定区域实现同步或均衡发展，强调区域内学校教育系统内外部各要素在结构方面保持相对稳定，在关系方面保持相互协调、相互适应，在质和量上保持合理的"度"。具体而言，它包括三个层面的内容：（1）学校教育在区域之间的均衡发展，也就是教育资源在不同区域之间的均衡配置问题；（2）区域内部不同学校之间的均衡发展，即各学校之间办学机会、办学条件以及办学质量均衡发展的问题；（3）群体之间教育均衡，也就是各种类型的受教育群体都得到大致均衡的发展，其中重点关注家庭经济困难学生、残疾儿童、流动人口子女等弱势群体的受教育问题。

我们在理解区域教育均衡的内涵时，应该注意以下几点。

第一，"区域教育均衡"是一个相对的概念。区域教育发展的均衡或不均衡，很难用一套绝对的标准来衡量，而只能划定一个相应的水平，即某种状态处于一定的合理限度。因而，区域教育均衡发展所达到的均衡只能是阶段性的、暂时的和有一定条件的，不可能是长期的、永久的、无条件的；而且，在不同的时间、空间和条件下，均衡的具体内容也会有所变化。

第二，区域教育均衡是一个动态的、历史的过程。教育处于不断发展中，一方面由于外部的调节而追求均衡，另一方面内部的矛盾运动又在产生新的不均衡，从而使教育发展表现为"不均衡→均衡→新的不均衡→更高水平的均衡"这一动态调整和螺旋式上升的过程。不同的历史阶段有不同的均衡要求，因此，追求均衡是一个长期、持续、无止境的过程，绝不可能一劳永逸。

第三，区域教育均衡是具体的。对于目前教育发展的现实来说，均衡发展是一种理想境界，一种价值诉求。但是，它绝不是远离我们实际工作的抽象概念，而应当针对具体的教育活动，把均衡发展的理念贯穿到具体的教育实践中，成为指导教育改革与发展的实践观，成为制定教育政策遵循的必要原则，成为督导和评价教育工作的重要标准。目前的均衡发展主要强调的是义务教育阶段的均衡发展。

第四，区域教育均衡发展是积极主动的发展。均衡发展应当是积极的发展，而不是"平均主义"或者"削峰填谷"。它既鼓励优质教育继续提高水平，又要求落后者在发展过程中逐步提高质量。在发展中相互促进，最终实现高位均衡。同时，均衡发展不是整齐划一，而是要鼓励办出特色。均衡发展与彰显特色不是矛盾的，它鼓励不同区域、不同学校、不同类型的教育根据各自的办学思路和定位，创造性地探索特色发展之路，最终实现特色发展、优势互补、整体提升。

（二）区域教育均衡的阶段性表征

区域教育均衡发展是一个长期的、动态的、辩证的历史发展过程，也是一个不断螺旋式上升的循环发展过程，因此，在这个过程中，区域教育的均衡性表现出各自的阶段属性，具体可分为四个阶段。

1. 低水平均衡阶段

这一阶段的均衡目标主要是追求教育权利的公平和教育机会的均等，以期让每一个人都能享有充分的受教育权利和均等的受教育机会。

1986 年通过的《义务教育法》，确立了九年制义务教育；1992 年党的十四大确立了"到 20 世纪末，基本扫除青壮年文盲，基本实现九年制义务教育"的战略目标。经过全国上下艰苦努力，到 2011 年年底，全国所有县级行政单位全面普及了九年义务教育，这是我国教育史上的一个重要里程碑，也是我国在追求区域教育均衡的征途中迈出的坚实一步。

此外，高中阶段教育加快普及、高等教育进入大众化和学前教育快速发展等，都为不同学龄的人提供了更多的入学机会。这些教育改革与发展举措都是促进区域教育均衡通过低水平阶段的有力推手。

2. 初级均衡阶段

这一阶段的重点任务是推进教育体制改革创新，追求教育过程和教育条件的均等。通过优化教育资源在区域间、城乡间、学校间、群体间的配置，保障群体和个体享有均等的受教育权利和机会，具体表现为公民入学平等和受教育条件的均等。

"普九"阶段的主要任务是低标准地保证适龄儿童"有学上"。这一过程中，各区域因地制宜建立了不同条件的学校，有的学校相对简陋，办学条件相对艰苦。因此，"后普九"时代的主要任务就是实现各区域义务教育学校办学条件，尤其是办学硬件条件的相对均衡，进一步规范学校办学行为。为实现这一目标，各区域的教育行政部门出台了相应的"办学条件标准"等，通过督查评估等手段促进义务教育学校办学条件的均衡。绝大部分发达地区和中等发达地区在 2005 年前后基本实现了初步均衡的目标，其他相对欠发达地区也基本在 2010 年前后通过各种方式实现了这一目标，尤其是 2008 年以后实施的"中小学校舍安全工程"对中小学办学条件达标起到了促进作用。①

3. 高级均衡阶段

这个阶段主要通过深化学校教育改革，加强学校教育内部建设，进而

---

① 杨志成. 义务教育均衡发展阶段性的价值归因及实施策略 [J]. 中国教育学刊，2013 (11)：6-10.

实现学校教育质量均等的目的。这一过程以人的培养和发展为目标，充分尊重学生的差异和个性，让每个学生充分发挥自己的特长和学习潜能。

我国新一轮基础教育课程改革于 1999 年正式启动，经过十余年的努力和探索，在促进学校内涵建设、推动全面实施素质教育、提高学校教育质量等方面起到了明显的作用。各地探索了很多学校教育教学改革与发展的新思路、新模式、新机制，对学校办学水平的提高和品牌教育的全面形成具有重要意义。各区域在学校标准化建设、师资均衡、生源均衡、课程与教学改革、评价改革等方面都进行了不同程度的努力探索和发展。一些区域创建了"名校办分校""学校手拉手""品牌学校联盟或集团"等创新机制，以扩大品牌学校对薄弱学校的帮扶作用，从而扩大优质教育资源的覆盖面。此外，有的区域还通过学校特色建设或新优质学校建设等办法，促进新的品牌学校发展，以实现优质教育的均衡化。

4. 高水平均衡阶段

高水平均衡是教育均衡的理想阶段，其重要标志是：区域经济社会高速发展，人民生活水平大大提高，教育资源极大丰富，并在区域之间、城乡之间、学校之间和不同受教育群体之间实现合理优化的配置，每一个人都能接受均等的教育，最大限度地发挥特长和挖掘潜能。

我国经济社会发展正处于转型升级的关键期，教育发展的不均衡是各类教育要素广度交融的综合表现。具体判断我国区域教育均衡发展情况，可以说，前三个阶段的表征都不同程度地共存。目前，我国东部区域已经基本进入了初级教育均衡阶段，部分正在向高级教育均衡阶段过渡；而广大中西部地区的教育均衡程度较差，很多区域尚处于低水平均衡向初级均衡转型阶段，还需要国家和地方政府加大教育改革与发展的力度。

二、区域教育均衡的结构体系

近年来，许多研究对教育均衡问题进行深入的理论探索，得出了不同视角的研究成果。典型的研究结论是从宏观、中观、微观三个层次出发，构建了教育均衡发展体系。结合这一理论成果的重要启示，我们对区域教育均衡的层次体系也可以做如下理解。

（一） 区域教育的宏观均衡

在宏观层面上，区域教育均衡包括受教育权利的公平和教育机会的均等，以及教育与区域经济社会相互协调发展等。它在整个教育均衡体系中，以外在的形式体现了教育均衡的社会学特点，反映的是形式的、内在的受教育权利和教育机会。

首先，从决策层次分析，宏观层面教育均衡思想主要体现在：区域政府和教育部门要坚决落实国家制定的各种促进教育均衡发展的教育法律、法规，以及各种教育政策；区域政府和教育部门自主制定的有关教育法规、政策都要体现教育均衡发展的基本理念和思想；区域政府和教育部门在推动教育改革和发展的过程中要以教育均衡发展思想指导教育工作，把教育均衡发展的思想作为教育事业发展，特别是基础教育发展的长期的指导思想。

其次，从教育与经济社会关系分析，区域教育的发展必须与区域经济社会发展相协调，区域教育所培养和输送的劳动力在总量和结构上必须与区域经济社会的发展需求达到相对的均衡，教育的各项方针政策也必须体现制度均衡的思想。

概括而言，区域教育的宏观均衡发展主要体现在：教育权利公平、教育机会均等、教育规模均衡、教育结构均衡、教育制度均衡。

（二） 区域教育的中观均衡

在中观层面上，区域教育均衡包括区域内部的区域之间、城乡之间、各类教育之间、不同学校之间和各类群体之间的均衡。中观层面的教育均衡是内在的、实质的教育均衡，它在整个教育均衡体系中体现了经济学的特点，反映的是教育资源配置的均衡。

从内涵看，中观层面的区域教育均衡发展主要体现在区域政府要确保教育资源在区域之间、城乡之间、学校之间、受教育群体之间合理和有效的均衡配置。从资源配置看，中观层面的区域教育均衡发展主要体现在：学校公用经费、生均经费等的投入，校舍建设、教学实验仪器设备、图书资料等硬性资源，学校教师队伍的学历、素质，学校内部管理以及学校教育教学理念等软性资源的均衡。

概括而言，区域教育的中观均衡发展主要体现在：区域均衡、城乡均衡、学校均衡、群体均衡、硬件均衡和软件均衡。

（三）区域教育的微观均衡

在微观层面上，区域教育均衡包括课程、教学和教育评价的均衡，它是教育均衡的具体化，是实质性的、内在的、更深层次的教育均衡，在整个教育均衡体系中体现了教育学的特点，反映了实质的、内在的教育质量和教育效果。概括而言，区域教育的微观均衡主要体现在生源均衡、质量均衡、结果均衡、评价均衡。

综上所述，区域教育均衡发展从宏观层面分析是教育供给与需求的均衡，从中观层面分析是教育资源配置的均衡，从微观层面分析是学校教育过程包括学校内部课程教学资源配置的均衡、教育结果的均衡以及教育评价的均衡。从经济学的角度分析，区域教育均衡最重要的还是教育资源配置的均衡。

无论从现实还是从概念上讲，目前人们所关注的区域教育均衡发展在很大程度上是指义务教育的区域均衡发展。那么，就义务教育而言，结合上述探讨的区域教育均衡结构体系，我们认为义务教育区域均衡发展主要表现为"八大均衡"：（1）入学权利和入学机会实现均等发展，其中包括有能力就读的残疾儿童等弱势群体学生，都享有均等的受教育机会；（2）区域间实现均衡发展，即在省域之间、市域之间、县域之间、乡域之间统筹规划；（3）城乡间实现均衡发展；（4）校际间实现均衡发展，包括学校布局和规模均衡合理，教育经费投入、学校设备设施、师资配备、生均教育资源、学生生源的均衡等多方面；（5）学生间实现均衡发展，包括校内各班级在设施、师资、生源和管理等方面的均衡；（6）不同类别、不同级别教育间实现均衡发展，包括小学教育和初中教育之间的均衡发展，也包括公办教育与民办教育之间的均衡发展；（7）教育质量实现均衡发展，包括课程设置、教学水平和效果的均衡；（8）教育结果在学校教育中和受教育者之间实现均衡发展。①

三、区域教育均衡的评价指标

判断区域教育均衡的程度如何，需要一把科学合理、易于测度的"标尺"。评价指标就是度量事物的特征、水平以及程度的尺子。

（一）评价指标的功能

区域教育均衡的评价指标，是基于对区域教育均衡固有属性和内在结构的分析而得来的。作为区域教育均衡性评价的必要工具，评价指标对促进区域教育均衡发展发挥着相应的功能。

1. 导向功能。指标体系能够为区域教育均衡发展提供导向性，即通过指标体系能够明确影响区域教育均衡发展的核心要素是什么，应该在哪些关键环节或重要方面给予关注。

2. 描述功能。指标体系能够及时反映出在区域教育均衡发展进程中各要素的发展变化情况和动态进程。它应该是与区域教育发展现实与追求同步更新的。

3. 评价功能。通过科学的统计方法，将所有评价指标综合起来，能够形成一个可以进行纵向、横向比较的综合指数，以此清晰地显示出评价对象各自在指标体系中表现出来的优势、差距和不足。

（二）评价指标的建构原则

反映教育发展的指标很多，可以说教育发展的所有内容都可以作为评价指标。然而，每一项教育评价任务都是具体而有针对性的，因此就必须从众多指标中仔细斟酌、遴选出适合区域教育均衡性评价的指标，并科学设计指标间的相互关系进而建构体系。在确定区域教育均衡的评价指标时，应该遵循以下原则。

1. 科学性。评价指标应该能准确反映区域教育均衡发展的基本内涵、

---

① 翟博. 教育均衡发展：理论、指标及测算方法 [J]. 教育研究，2006（3）：16-28.

本质特征以及真实状况，并充分体现发展性的评价目标。同时，评价指标还要定义准确清晰、数据来源权威可信、统计方法科学规范。

2. 系统性。区域教育均衡是一个广泛、综合、系统的范畴，它包括宏观、中观和微观三个层次体系，也可能涉及均衡发展的不同阶段。因此，区域均衡发展的评价指标也必须体现这种综合性与系统性，各个指标之间要建立科学有序的联系，从而形成一套全方位的指标体系，全面地还原区域教育均衡发展的要素和进程。

3. 代表性。在众多可以用作评价指标的教育内容中，选择最有代表性、最能反映教育均衡性本质属性的指标。

4. 独立性。选择和设置的指标应具有较高的互斥性，尽量避免指标之间的交叉重复，从而最大限度地扩充指标体系的信息量，提高指标体系的效能和质量。

5. 可比性。在选择评价指标时，需特别强调各项指标的概念完整、内涵明确并具有唯一性；计量和计算的范围、口径、方法等必须规范，并尽量与国际通用的指标保持一致；能够借助指标体系提供的信息进行横向和纵向的比较分析。

6. 可操作性。评价指标应该是能够利用现有的统计信息资源，经过适当的计算获得数据，或通过一定的实验设计、问卷调查等方式采集数据的教育要素。此时，选用的计算公式要简单明了、易于理解、便于操作。

7. 形成性。区域教育均衡发展评价不仅是为了寻找差异、诊断不足，其根本目的是为了提供有价值的信息和结果，对区域教育均衡发展提出有针对性的改进建议。因此，区域教育均衡评价是一种形成性评价，而非终结性评价，在选择评价指标时必须考虑这一点。

（三）区域教育均衡评价指标体系的基本构成

教育评价指标体系应由评价指标、指标权重、评价标准构成，如表8-1所示。指标权重是指区域教育均衡评价的各个指标在整体中价值的高低和相对重要的程度以及所占比例的大小量化值。按统计学原理，将各个指标权重之和视为1，其中每个指标的权重用小数表示，称为"权重系数"。评价标准是指在区域教育均衡评价活动中应用于各项评价指标的价值尺度和界限，是对于评价指标所规定的方面应达到的优良程度的要求，它是事物质变过程中量的规定性。设计指标体系时，应以评价目标为依据，力求灵活性和可操作性、可测性和概括性、全面性与重点性、独立性与相关性、定量与定性相统一。

表 8-1　区域教育均衡评价指标体系表示例表

一级指标	二级指标	评价标准	权重系数

构建教育评价指标体系需要考虑信度和效度问题，这是教育评价指标体系实施的前提条件，是衡量教育评价指标体系构建质量的重要尺度。

四、区域教育均衡的测算方法

在统计学上，均衡程度是指数据间的离散程度，反映的是各个变量的离中趋势。区域教育均衡程度有多种测算方法，既包括绝对差异的测度，也包括相对差异的测度。绝对差异一般用全距、方差或标准差来计算，而极差率、差异系数是相对差异的常用计量方法。此外，在进行多个总体比较时，教育基尼系数和泰尔指数等也是曲型的测算方法。

各种计算方法各有优缺点。全距只用了最高和最低两个值，没有用中间的样本值，反映差异情况不充分；标准差的大小受其离差和平均值大小的共同影响，对于不同的数据值，由于各自的算术平均数不同，单纯根据各自的标准差，无法准确比较其差异程度。差异系数具有计算简单、计算中不用排序的优点，根据差异系数的计算结果，按一定权重可以计算出综合指标均衡系数，进而反映某地教育总体均衡水平。教育基尼系数容易被理解，但计算量非常大。利用分组法计算的教育基尼系数与分组的情况密切相关，同样的一组数据可能基于计算方法不同，得出的结果可能不同甚至矛盾。因此，在计量教育均衡程度时，应采用多种方法，综合比较计算结果，谨慎断定结果，特别是在多种计量方法得出来的结果不相一致时，应仔细分析各种方法的适用程度和可比性。通过综合比较，才能得出合理的结论。

第二节　个案举样

为推进教育均衡发展，教育部已与31个省区市和新疆生产建设兵团签署了义务教育均衡发展备忘录，印发了《县域义务教育均衡发展督导评估暂行办法》，构建起中央部门和省级人民政府共同推进义务教育均衡发展的机制。各县（市、区）也制订了义务教育均衡发展规划、学校标准化建设规划，明确了实现县域义务教育基本均衡的时间表、路线图和任务书。

本节内容以××省义务教育均衡发展督导评估为例，对区域教育均衡性评价进行深入分析。

一、案例背景

2012年，教育部印发《县域义务教育均衡发展督导评估暂行办法（教督〔2012〕3号）》，决定建立县域义务教育均衡发展督导评估制度，要求各省（区、市）每年开展义务教育发展基本均衡县（市、区）的评估认定工作。各地结合文件精神，纷纷研究制订了符合区域实际情况的评估实施办法和评估指标体系，并进行了评估实践，认定了评估结果。这是我国在区域教育均衡性评价方面的一次政府行为，也是在全国范围内开展区域教育均衡性评价的一次有益尝试。

县域义务教育均衡发展督导评估，主要强调教育资源在区域间、城乡间、学校间、群体间的优化配置，以及不同群体和个体的受教育权利平等、机会均等，属于教育发展在中观层面的初级均衡阶段。

二、案例内容

××省义务教育均衡发展督导评估的主要内容包括：义务教育学校标准化建设情况、义务教育校际均衡状况、人民政府推进义务教育均衡发展工作情况和义务教育均衡发展公众满意度等四个方面。

（一）义务教育学校标准化建设情况评估

为了防止低水平均衡，××省结合自身实际，确定了第一道"门槛评估"，即义务教育学校标准化建设督导评估，要求义务教育学校必须达到本省义务教育学校办学基本标准后再进行均衡发展督导评估。评估内容主要包括：学校设置与建设、学校装备条件、师资队伍、教育教学和学校管理。

（二）义务教育校际均衡状况评估

××省对义务教育校际间均衡状况的评估，重点考察县（市、区）级政府均衡配置教育资源情况，包括：生均教学及辅助用房面积、生均体育运动场馆面积、生均教学仪器设备值、每百名学生拥有计算机台数、生均图书册数、师生比、生均高于规定学历教师数和生均中级及以上专业技术职务教师数。通过计算小学、初中差异系数，评估县域小学、初中校际均衡状况。

（三）人民政府推进义务教育均衡发展工作情况评估

××省对县（市、区）人民政府推进义务教育均衡发展工作评估主要涉及政策保障、教育机会、师资队伍、质量与管理四个方面。

（四）义务教育均衡发展公众满意度评估

公众对本县（市、区）义务教育均衡发展的满意度是教育均衡评估认定的重要参考，也是提高教育均衡评估准确性的有力保障。因此，××省义务教育均衡发展督导评估还设计了公众满意度调查，主要内容包括：适龄儿童少年就近入学、县（市、区）内学校校际办学条件差距、县（市、区）内校际教师队伍的差距、县（市、区）内义务教育择校情况以及政府在推进义务教育均衡发展方面的努力程度等。

满意度调查主要采用问卷与访谈相结合的方法，以义务教育阶段的学生家长为主，还包括本县（市、区）的人大代表、政协委员、义务教育学校校长、教师以及其他群众。

三、案例分析

在上述四个方面的评估内容中，"义务教育校际均衡状况"是整个均衡督导评估体系的核心，是对一个区域教育是否均衡的最直接、最具说服力的评判，因此，以下重点对区域义务教育校际均衡状况评估进行分析。

（一）指标体系分析

××省义务教育校际均衡状况评估的指标体系包括 A 级指标（如表 8-2 所示）和 B 级指标二级结构。二级指标结构相比于三级指标结构而言，更具简洁性和直观性，也减少了线性分割教育发展要素的弊端，但同时也容易产生 B 级指标缺乏明确性和落脚点的缺点。因此，在指标体系的研制过程中要充分考虑各类指标结构的特性。

表 8-2　××省义务教育校际均衡状况督导评估 A 级指标

A 级 指 标	A1 教学及辅助用房
	A2 体育运动场馆
	A3 教学仪器设备
	A4 计算机
	A5 图书
	A6 师生比
	A7 高于规定学历教师
	A8 中级及以上专业技术职称教师

以上列出的八项 A 级指标主要是针对校际的校舍建设、教学仪器设备、图书资料（A1-A5）等硬性资源和学校师资队伍（A6-A8）这类软件资源的均衡状况。这八项指标基本覆盖了学校的软硬件核心资源，践行了

评价指标的完备性原则；但部分指标在逻辑关系上有一些重复或包含关系。例如，就通常的理解而言，"体育运动场馆"也属于"教学及辅助用房"的范畴，"计算机"也属于"教学仪器设备"的范畴，因此，在逻辑上，指标 A1 应当包含了指标 A2，指标 A3 应当包含了指标 A4，这与评价指标的互斥性原则相背离。但如果评价方案设计者旨在强调某一指标的重要性或者有针对性地了解某一指标的具体情况时，也可以做这样的设计。

再进一步分析 B 级指标，以下以"A1 教学及辅助用房"为例进行说明。如表 8-3 所示，B1-B13 对"A1 教学及辅助用房"进行了具体分解，基本涵盖了中小学校应该具备的功能性用房，践行了评价指标的完备性原则；但是对各种用房的统计仅仅局限于"面积"。一方面，面积容易测量和统计，标准一致，易于比较，另一方面，面积不能全面说明"A1 教学及辅助用房"这一资源的均衡状况，即使是面积相同的"教学及辅助用房"，其组成结构也不一定相同并合理，即使是面积相等的"科技活动室"，其利用率、内设资源和条件等也不一定均等。

表 8-3　××省义务教育校际均衡状况督导评估 B 级指标（节选 1）

A 级指标	B 级指标
A1 教学及辅助用房	B1 普通教室面积
	B2 实验室面积
	B3 音乐教室面积
	B4 美术教室面积
	B5 语音教室面积
	B6 计算机教室面积
	B7 劳技教室面积
	B8 科技活动室面积
	B9 多功能电教室面积
	B10 图书（室）馆面积
	B11 心理咨询室面积
	B12 室内体育馆面积
	B13 其他教学辅助室面积

如表 8-4 所示，以"A3 教学仪器设备"的 B 级指标为例，也同样说明了上述问题。B 级指标在追求完备性原则的同时，对各种仪器设备的统计仅局限于"价值"。价值易于测量和统计，但同样不能全面说明"A3 教学仪器设备"这一资源的均衡状况。

表 8-4　××省义务教育校际均衡状况督导评估 B 级指标（节选 2）

	B19 常规通用教学设备价值
	B20 理科实验室仪器设备价值
	B21 音乐、美术器材价值
	B22 体育与卫生保健、健康教育专用教学设备价值
A3 教学仪器设备	B23 综合实践活动教学设备价值
	B24 现代教育技术设备价值
	B25 图书及图书馆设备价值
	B26 办公及生活设备价值
	B27 校园安全设备价值

（二）测算方法分析

差异系数也叫变异系数或离散系数，是一组数据的标准差与平均值之比。差异系数的作用是比较不同样本数据的离散程度。系数值越大说明这组数据的离散程度越大，系数越小说明数据的离散程度越小。在统计学中，差异系数是比较常用且成熟的分析数据离散程度的方法，在很多领域广泛使用。这里，也作为××省义务教育校际均衡状况评估的主要测算方法。

差异系数计算公式：$CV = \dfrac{S}{\bar{X}}$

CV 为差异系数，S 为标准差，$\bar{X}$ 为全县平均值

以学校（机构）属地管理教育行政部门代码为属性的所有学校的八项指标值的绝对数和在校生数进行汇总，然后依据八项指标计算公式，获得该区县八项 A 级指标的平均值。

$$\overline{X} = \sum_{i=1}^{n} x_i / P_N$$

$$P_N = \sum_{i=1}^{n} P_i$$

P_N 为县内所有小学或初中学校的在校生数；

P_i 为第 i 个学校(初中或小学) 的在校生数；

x_i 为该指标第 i 个学校(初中或小学) 的原始值(绝对值)。

将学校规模对均衡程度的影响作为调节因素，增加 P_i/P_N，即县内某个学校的在校生数占总在校生数的比值作为权重来调整指标与均值的差异程度。

$$S = \sqrt{\sum_{i}^{n}(P_i / P_N) * (X_i - \overline{X})^2}$$

$$X_i = x_i / p_i$$

X_i 表示区县均衡指标体系中第 i 个学校某个指标值

将八项 A 级指标差异系数的平均值作为该区县的综合差异系数值。小学差异系数低于 0.65，初中差异系数低于 0.55 的区县，达到国家评估标准。

如表 8-5 所示，该市有小学 32 所，九年一贯制学校 3 所；小学在校生 32907 人；小学专任教师 1612 人。评估组通过该市教育事业年度统计报表，首先确定了评估的学校范围，将不属于本次评估的民办学校和教学点等予以删除。其次，对一贯制学校根据小学、初中、高中各自规模，按照"一个小学生：一个初中生：一个高中生 = 1：1.1：1.32"的比例对相关指标进行拆分，将其小学占有部分分别作为小学数据。最后，根据差异系数计算公式，分别计算小学的八项 A 级指标的差异系数和综合差异系数。

对该市小学校际均衡状况评估结果是：生均教学及辅助用房面积差异系数为 0.51、生均体育运动场馆面积差异系数为 1.12、生均教学仪器设备差异系数为 0.46、每百名学生拥有计算机台数差异系数为 0.21、生均图书册数差异系数为 0.29、师生比差异系数为 0.30、生均高于规定学历教师数差异系数为 0.37、生均中级及以上专业技术职务教师数差异系数为 0.52，综合差异系数为 0.47，小于小学阶段达标要求的 0.65。据此，该区域小学教育校际综合差异系数均达到国家要求。

表8-5　××省××市义务教育校际均衡状况评估的数据（小学）

均衡指标 学校名称	学生数	专任教师数	教学及辅助用房面积（M²）	室外体育运动场馆面积（M²）	室内体育运动场馆面积（M²）	教学仪器设备值（元）	教学用计算机台数	图书册数	高于规定学历教师数	中级及以上专业技术职务教师数	生均教学及辅助用房面积（M²）L1	生均体育运动场馆面积（M²）L2	生均教学仪器设备值（元）L3	每百名学生拥有计算机台数 L4	生均图书册数 L5	生师比 L6	生均高于规定学历教师数 L7	生均中级及以上专业技术职务教师数 L8	综合 L9
指标序号 小学	L0	L0	L0	L0	L0	L0	L0	L0	L0	L0	L1	L2	L3	L4	L5	L6	L7	L8	L9
A01 小学	1592	71	1800	1500	50	3040000	142	24000	66	42	1.10	0.97	1909.55	8.92	15.08	22.42	0.04	0.03	—
A02 小学	1423	67	3500	900	0	1850000	90	30000	63	27	2.46	0.63	1300.07	6.32	21.08	21.24	0.04	0.02	—
A03 小学	900	43	3000	1080	0	519000	75	35000	42	16	3.33	1.20	576.67	8.33	38.89	20.93	0.05	0.02	—
A04 小学	4185	156	11010	12600	0	2860000	360	83700	156	100	2.63	3.01	683.39	8.60	20.00	26.83	0.04	0.02	—
A05 小学	1110	56	5258	1000	0	1600000	93	28000	56	28	4.74	0.90	1441.44	8.38	25.23	19.82	0.05	0.03	—
A06 小学	1759	86	2760	900	0	3108100	150	54530	82	55	1.57	0.51	1766.97	8.53	31.00	20.45	0.05	0.03	—
A07 小学	1042	33	6194	6400	0	1736000	70	16255	30	12	5.94	6.14	1666.03	6.72	15.60	31.58	0.03	0.01	—
A08 小学	1539	67	4763	1838	1838	900000	48	60000	67	27	1.90	2.39	584.80	3.12	38.99	22.97	0.04	0.02	—
A09 小学	574	22	2983	350	0	622000	48	16143	20	7	5.20	0.61	1083.62	8.36	28.12	26.09	0.03	0.01	—
A10 小学	2573	88	4026	2839	0	2786000	214	77200	86	33	1.56	1.10	1082.78	8.32	30.00	29.24	0.03	0.01	—
A11 小学	1055	34	5185	4000	989	2348400	82	16000	32	14	4.91	3.79	2225.97	7.77	15.17	31.03	0.03	0.01	—
A12 小学	1012	42	4921	5458	0	2630000	85	25000	39	30	3.89	6.37	2598.81	8.40	24.70	24.10	0.04	0.03	—
A13 小学	1611	73	4250	2180	0	2140000	136	28249	73	47	2.64	1.35	1328.37	8.44	17.54	22.07	0.05	0.03	—
A14 小学	1402	58	4200	2450	0	2300000	121	23574	56	48	3.00	1.75	1640.51	8.63	16.81	24.17	0.04	0.03	—

走向均衡：
教育评价五级系统开发

学校名称	学生数	专任教师数	教学及辅助用房面积(M²)	室外体育运动场馆面积(M²)	室内体育运动场馆面积(M²)	教学仪器设备值(元)	教学用计算机台数	图书册数	高于规定学历教师数	中级及以上专业技术职务教师数	生均教学及辅助用房面积(M²)	生均体育运动场馆面积(M²)	生均教学仪器设备值(元)	每百名学生拥有计算机台数	生均图书册数	生师比	生均高于规定学历教师数	生均中级及以上专业技术职务教师数	综合
A15 小学	1046	54	5193	6800	0	2221700	50	32000	47	41	4.96	6.50	2124.00	4.78	30.59	19.37	0.04	0.04	—
A16 小学	1133	57	7040	7000	0	1636000	96	20000	56	18	6.21	6.18	1443.95	8.47	17.65	19.88	0.05	0.02	—
A17 小学	638	26	1020	3504	0	380000	53	20000	25	13	1.60	5.49	595.61	8.31	31.35	24.54	0.04	0.02	—
A18 小学	719	30	2200	3680	0	454800	60	23992	29	10	3.06	5.12	632.55	8.34	33.37	23.97	0.04	0.01	—
A19 小学	348	12	809	2116	0	126000	29	10000	12	10	2.32	6.08	362.07	8.33	28.74	29.00	0.03	0.03	—
A20 小学	116	17	644	4000	0	480000	10	1690	15	14	5.55	34.48	4137.93	8.62	14.57	6.82	0.13	0.12	—
A21 小学	758	68	1930	3600	0	1500000	65	13000	45	24	2.55	4.75	1978.89	8.58	17.15	11.15	0.06	0.03	—
A22 小学	913	48	5481	7104	0	873600	40	19200	36	17	6.00	7.78	956.85	4.38	21.03	19.02	0.04	0.02	—
A23 小学	256	34	2000	5500	0	480000	23	5000	30	10	7.81	21.48	1875.00	8.98	19.53	7.53	0.12	0.04	—
A24 小学	664	59	3985	5310	0	282800	55	13500	51	16	6.00	8.00	425.90	8.28	20.33	11.25	0.08	0.02	—
A25 小学	153	22	760	1498	0	186000	13	3000	17	11	4.97	9.79	1215.69	8.50	19.61	6.95	0.11	0.07	—
A26 小学	135	13	1200	1200	0	250000	15	5000	11	7	8.89	8.89	1851.85	11.11	37.04	10.38	0.08	0.05	—
A27 小学	146	16	870	3500	0	250000	14	3850	13	7	5.96	23.97	1712.33	9.59	26.37	9.13	0.09	0.05	—
A28 小学	209	23	1699	3500	0	180000	21	3950	22	20	8.13	16.75	861.24	10.05	18.90	9.09	0.11	0.10	—
A29 小学	128	11	1090	3668	0	200000	15	3600	6	5	8.52	28.66	1562.50	11.72	28.13	11.64	0.05	0.04	—

续表

均衡指标 / 学校名称	学生数	专任教师数	教学及辅助用房面积(M²)	室外体育运动场馆面积(M²)	室内体育运动场馆面积(M²)	教学仪器设备值(元)	教学用计算机台数	图书册数	高于规定学历教师数	中级及以上专业技术职务教师数	生均教学及辅助用房面积(M²)	生均体育运动场馆面积(M²)	生均教学仪器设备值(元)	每百名学生拥有计算机台数	生均图书册数	生师比	生均高于规定学历教师数	生均中级及以上专业技术职务教师数	综合
A30小学	146	30	1650	1100	0	200000	13	3500	20	4	11.30	7.53	1369.86	8.90	23.97	4.87	0.14	0.03	—
A31小学	419	38	1130	2100	0	30C000	44	9500	35	14	2.70	5.01	715.99	10.50	22.67	11.03	0.08	0.03	—
A32小学	193	15	1851	4280	0	150000	23	5100	13	6	9.59	22.18	777.20	11.92	26.42	12.87	0.07	0.03	—
B01学校	670	54	2826	4138	0	1052977	64	15602	51	43	4.22	6.18	1571.61	9.59	23.29	12.41	0.08	0.06	—
B02学校	1468	53	5208	3400	0	1268603	129	41683	52	22	3.55	2.32	864.17	8.80	28.39	27.70	0.04	0.01	—
B03学校	872	36	2971	3514	0	800060	53	16451	32	24	3.41	4.03	917.50	6.04	18.87	24.22	0.04	0.03	—
全县和值/平均值	32907	1612	115407	124007	2877	41712039	2599	787268	1486	822	3.51	3.86	1267.57	7.90	23.92	20.41	0.05	0.02	—
标准差	—	—	—	—	—	—	—	—	—	—	1.80	4.31	586.09	1.63	6.95	6.14	0.02	0.01	—
差异系数	—	—	—	—	—	—	—	—	—	—	0.51	1.12	0.46	0.21	0.29	0.30	0.37	0.52	0.47
是否达标(小学≤0.65)	—	—	—	—	—	—	—	—	—	—	达标	不达标	达标	达标	达标	达标	达标	达标	达标

注：B类学校表示九年一贯制学校。

第九章 学校系统：内涵发展评价

传统学校评价的评价目的重在规范与甄别，忽视对发展过程的关注；惯于自上而下的行政督导，忽视自主性评价；评价指标体系追求全面系统，忽视针对性和科学性。学校内涵发展评价，是针对传统学校评价的弊端而提出来的。有利于推动教育评价的改革创新，有利于促进学校自主持续发展，有利于激发行政部门转变职能。其评价目的在于促进学校可持续发展；评价功能注重诊断、激励与改进；评价主体突出学校主体地位；评价方法以校本评价和质量认证为主；评价标准上，内容各异，因校施评。

学校内涵发展评价有着清晰的思路和严谨的程序。在基本思路上，要树立正确的发展性学校评价观，明确发展性学校评价的内容，以自评为主、多方共同参与开展评价。在常规程序上，遵循"确立发展性学校评价的实施步骤—收集和分析反映学校办学水平的数据和信息—学校自我评价—现场评价—对学生、教师、行政人员进行访谈—明确学校发展的改进要点，并制订后续发展规划"的步骤和次序。

在学校内涵发展评价中，指标体系的建构、专业的评价团队与方式、目标协商等关键环节直接影响着评价的质量与成败。学校内涵发展评价，其目的达成与结果的应用有着密不可分的关系。评价结果除了要反馈给学校之外，还应提交给政府、家长和社会公众。评价结果也将作为学校发展过程中的阶段性标志，为后续评价提供参照。评价结果还可以直接为学校发展度测算提供科学依据。为了更好地保障学校内涵发展评价的实施效果，在评价机制上应引进第三方参与的评价机制，应建立内外结合的多元评价机制，探索发展性学校评价的再评价机制。

第一节　学校内涵发展评价概述

随着现代学校制度的逐步建立，传统的行政督导评估越来越不能满足学校发展的需要。学校内涵发展评价，是对传统的督导评估的超越。发展性学校评价和传统的督导评估相比，其目的不在于甄别和等级划分，其关注点在于学校发展，是为了促进学校发展和在学校发展中进行的评估。

一、学校内涵发展评价提出的背景与意义

学校内涵发展评价，是基于对传统行政督导评价反思的背景提出来的。传统评价忽视对发展过程的关注、忽视对评价主体的关注、忽视评价体系的针对性和科学性，削弱了评价的信度和效度。实施学校内涵发展评价，有利于推动教育评价的改革创新，有利于实现学校的自主持续发展，有利于促进教育行政部门的职能转变。

（一）学校内涵发展评价提出的背景

我国的中小学评价制度，是改革开放后逐步发展起来的。经过三十多年的改革与发展，在实践探索和理论研究方面都取得了重大的进展，初步形成了具有中国特色的学校评价体系。已有的学校评价一方面有力地规范了学校的教育管理，另一方面也极大地调动了学校的办学积极性。但是，随着素质教育的逐步实施和新课改的纵深推进，随着现代学校制度的发展，传统的学校评价中潜藏的问题逐渐浮出水面。具体表现如下。

1. 评价目的重在规范与甄别，忽视对发展过程的关注

我国传统的学校评价体系是基于两个历史性需求：一是在拨乱反正后，面对混沌无序的学校教育，需要反思历史，重建秩序，教育评价受到重视；二是在教育改革和发展实践中，面对不断出现的新情况与新问题，需要加强监控和管理，教育评价作用凸显。由于学校评价的动因主要是外

在的和矫正式的，因此我国的学校评价从实施之日起，始终呈现出一种强烈的倾向：规范与约束学校的办学行为。同时，学校评价的核心理念受到工业化社会标准化导向的影响，重在甄别与选拔。评价的基本方式是用统一标准来衡量各不相同的学校，检验并鉴定学校是否达到相应的标准。

这样的评价理念和体制，不利于学校的发展。首先，学校容易受到各种评价规章制度的约束与羁绊，往往陷入应付来自上级的各种检查和验收的怪圈，从而大大削弱了学校办学的自主权，无形中限制了学校自我发展和探索的空间，学校的办学特色和办学思想在既定的评价框架下无法得到充分的彰显。其次，由于评价体系缺乏必要的客观性和规范性，评价指标和方法也不能做到公开、透明，受评学校缺乏明确的导向和充分的准备，面对评价不得不投入时间和精力去揣摩其中的旨意，这样不仅增加了学校的负担，而且学校工作的改进效果不佳，最终导致学校参与评价的内在动力不足。

传统的评价体系，在特定的历史时期发挥了重要的规范性、选拔性功能。但是其弊端也十分明显，过分注重办学结果评价而忽视办学过程评价。显然，这种外在的、约束性的、统一的、重结果的、静态的、旨在甄别与选拔的学校评价已经越来越不能满足学校发展的现实需要。而学校内涵发展评价，以其内在的、自主的、多样化的、重过程的、动态的、旨在指导与改进的特点，更加适合学校发展的需要，正在受到学校的关注和欢迎。当然，结果评价和过程评价，并非"非此即彼"的关系，两者特点各异，优势互补。

2. 评价方式惯于自上而下的行政督导，忽视了自主性评价

在我国，教育评价自引进之始带有浓厚的行政色彩，被视作现代管理的必要手段和配套工具。不少区县的教育督导机构就设置在政府或教委。学校评价作为教育行政部门实施岗位目标管理的重要抓手，主要通过终结性综合评价来实现教育行政部门（行政督导部门）对学校的控制和干预。一般而言，评价过程基本上是由行政主管部门操作，方案制订、指标筛选、过程实施、结果评判，均体现了较为统一的管理意图。在此背景下，学校习惯于听从行政要求和命令来开展学校工作，办学的自主性和积极性受到抑制，行政本位重于学校本位。与此同时，学校评价内容繁复，人员

众多，成本过高，还为受评学校增加了负担。更为引人注目的是，我国尚未形成评价中介机构和学校认证制度，最终评价者权力过于集中，容易陷入"自己评价自己""自说自话"的怪圈，容易滋生制度性腐败，因此很难保证学校评价的规范性、中立性、准确性和延续性。

3. 评价指标体系追求全面系统，忽视了针对性和科学性

评价指标是评价工作的核心依据。学校评价指标体系是对学校工作质量的要求，也是学校发展的方向所在。良好的评价指标能够对学校发展起导向作用，能够激励学校的发展动力，能够改进学校的发展思路和策略。

传统的评价体系在实施学校评价的过程中，往往把评价目标进行层层分解，细化为评价指标体系和评价要点，以此为标准来对照评价学校发展的现实情况。这种方法对于评价对象的分析往往比较系统、全面，但是客观上的局限也同时存在，如评价体系的繁杂、评价指标筛选与权重确定的主观随意、评价目的与方式的单一。评价体系的繁复，不仅受评价者叫苦不迭，而且评价者也不堪重负，长此以往，严重影响了学校参与评价的积极性，迎接验收成为一件迫不得已的苦差事。评价指标的筛选与权重的确定，在实践中往往基于经验层面的揣测，常常缺乏理论的支持与实证的推断，影响了其信度和效度。评价目的与方式的单一，导致指标体系中的关键性指标往往被模糊，削弱了评价的针刘性，对于学校的个性化发展与创新性发展不利。

（二）实施学校内涵发展评价的意义

面对传统的终结性评价督导的问题，面对学校多样化发展的需要，实施发展性学校评价，成为现实的必然选择。学校内涵发展评价用可持续发展的理念指导评价的全过程，以学校发展规划为基础，综合采用学校自主发展与行政监督指导相统一的学校评价模式，无疑有着重大的战略意义。

1. 有利于推动教育评价的改革创新

发展性学校评价是在对学校的基础性指标达成情况进行督查的基础上，重点考查学校制订的发展规划的实施与效果，检验学校发展的速度与水平。发展性学校评价的过程在于发现、分析学校的共性和个性问题，并寻求发展对策。在评估过程中，可以邀请兄弟学校的校长参与。在评估之

后，将结果有选择性地公布给家长，获得他们对学校工作的理解和支持。发展性学校评价，以其开放性和动态性的显著特征，改变了学校与教育行政部门的合作关系，提高了学校对评估结果的认可度和学校发展的内驱力。

2. 有利于促进学校自主持续发展

发展性学校评价，其特色就是要凸显学校办学的自主性和发展的主动性及责任性。评价主要依照和参考学校自身制订的发展规划。过程中，学校也主要通过自我评价和自我监控来落实与强化自身评价的自主意识和能力。内涵发展评价在给学校自主发展动力的同时，也将学校推上了自我努力兑现目标的实践旅程，促进学校制订切实可行的发展目标，调动积极因素，采用最优化的发展策略，实现学校既定的发展规划与目标。与此同时，教育行政部门也能够发挥自身的优势，指导学校制订目标、规划，监控实施过程，评估学校发展的成效，作为外在监控力量，促进校长和教师依法、自主办学从教。

3. 有利于激发行政部门转变职能

发展性学校评价并非弱化行政管理的职责，而是进一步强化其中宏观管理的职能优势，从过去的重在"评学校"转向重在"监管学校"和"引领、支持学校"，从过去的以具体工作管理为主转向以学校宏观发展规划管理为主。引领学校制订切实可行的发展规划，审核并优化学校制订的发展规划，认可确立后并按照规划提供学校需要的相应条件保障，充分支持学校发展。而"发展规划"就是学校和教育行政部门签署的"发展契约"。建立现代学校制度、促进学校自主发展是教育改革和发展的大势所趋。发展性学校评价，既是对学校的挑战，也是对教育行政部门的考验。从学校角度而言，它给学校发展提供了更大的平台和空间，也有了更强的约束。学校应当结合自身的办学历史和现实，自主确定发展目标和愿景，自主谋划发展规划和策略，自行开展教育改革试验，形成具有个性的办学特色。从行政管理角度而言，它顺应了政府机构改革的思想，将大大促进教育行政部门监管效能和服务效能的增强。

二、学校内涵发展评价的内涵与特征

与传统学校评价相比，学校内涵发展评价的内涵和特征的变化表现在对评价目的、评价功能、评价主体、评价方法、评价标准的系统反思与全面改进。

（一）学校内涵发展评价的内涵

学校内涵发展评价，是以增进学校可持续发展、学校自主发展能力为目的，在现代评估理论和方法论的指导下，通过对学校动态发展进程的评估，系统搜集学校的基础指标和发展指标，并做出相应的价值判断，进而实现学校与专家共同商定的发展目标，促进办学水平的提升和办学特色优势的凸显。

（二）学校内涵发展评价的特征

1. 评价目的：促进学校可持续发展

学校内涵发展评价属于形成性评价，其目的在于促进学校自主发展，是基于制定的目标，通过过程监管和情况反馈，促进学校不断接近并最终达成目标的评价。过去，学校评价的目的重在鉴定和评比，习惯于通过横向比较来确定排名和优劣，这种评价对于基础不同和排名不同的学校的激励作用不能很好发挥。学校内涵发展评价，将学校间的横向比较转为学校自身的纵向比较，以学校的发展条件为基础，以学校制定的发展目标为引导，着重评价其发展变化过程，这种评价更有针对性和指向性，能够有效带动并促进学校自主可持续发展。

随着我国经济的持续发展和社会的全面进步，人民群众对教育的愿望和需求也得到极大的激发。在我国绝大部分地区，对教育机会的追求逐步演变为对高质量教育的追求。在这一形势下，我国教育发展的方式正逐步由"数量扩张型"转向"质量提高型"，由"粗放型发展"转向"集约型发展"，由"外延式增长"转向"内涵式发展"。如果说标准化大生产是工业化时代的基本标志，那么个性化的生存和发展则是信息化社会的根本追求。如果说工业化时代学校是"同而不和"，那么信息化社会的学校则是"和而不同"。各所学校根据自己的历史传统和现有条件，确定不同的发展目标和评价标准。学校各有特点，可以相互借鉴但并无冲突、"和平共处"。因此，学校评价的根本目的在于引领学校的办学方向，力求用"多把尺子衡量不同类型的学校"，促进学校提高质量，办出个性，办出特色。

发展性学校评价并非摒弃统一规范和标准，而是在基本规范之上对划一标准的超越。在发展性学校评价中，标准已经内化在学校发展的目标制订、过程监管、结果评定之中了。发展性学校评价强调自主办学，学校自定标准，是评价标准统一性与灵活性的融合，是评价方法科学性和人文性的融合。

2. 评价功能：注重诊断、激励与改进

布卢姆在谈到评价功能时指出，"不能把学校看作是以供选拔的机关，而应将学校看作是以个人发展作为第一功能的教育机关"，"要根据每个孩子的个性，有效地使用学习时间、学习场合、教授方法、启发动机、程序学习、小组学习等进行授课，即要尽可能使所有孩子都能掌握学习内容"。① 发展性学校评价是立足学校现在、面向学校未来的形成性评价，旨在强调评价的诊断、激励与改进功能。所谓诊断，就是通过评价对学校目前发展中的问题与不足予以澄清，进而采取相应的改进措施，对症下药，解决问题。所谓激励，是在原有督导甄别的基础上，通过学校自我内驱力的激发和教育行政主管部门的外在监管力度的增强，双方合力，形成激励。内涵发展评价建立在评价者和被评价学校双方相互信任的基础之上，是共同商定发展目标和评价方案，共同分析学校的历史和现状，发现问题和解决问题的过程，避免了鉴定性评价那种一方主动评价，另一方被动受评的单向度关系。内涵发展评价，也能够充分体现"以评促建，以评促改，评建结合，重在建设"的评价原则。所谓改进，是在对学校的历史与现状、机遇与挑战、优势与劣势进行分析后，重点发掘学校的发展潜力，找准学校的最佳增长点和最近发展区，指导和帮助学校发展优势，弥补不

---

① 瞿葆奎，陈玉琨，赵永年. 教育学文集·教育评价 [M]. 北京：人民教育出版社，1989：497.

足，最终发展成为特色学校。

3. 评价主体：突出学校主体地位

发展性学校评价充分突出学校在评价中的主体地位。在评价过程中，学校受到充分的尊重和信任，参与评价指标（即管理发展目标或教学发展目标）的确定，同时有责任对既定的管理发展目标、教学发展目标予以兑现，需要形成自评报告，同时也参与发展结果的评价。具体而言，主体作用主要表现为几点。其一，发展性学校评价，学校既是评价的客体，更是评价的主体。基于被评价者的参与，评价目的和功能的实现有了更为坚实的基础。其二，让被评价学校依据自身发展的实际情况，选择适合自己的评价标准，设计相应的学校评价指标，开展自评与他评工作。其三，在学校评价的过程中，增强信息沟通并召开问题研讨会。鼓励被评学校主动参与讨论，形成比较一致的看法。其四，主动听取被评学校对评价结果的意见，并据此对评价结果再进行修正。

4. 评价方法：以校本评价和质量认证为主

发展性学校评价，在方法上主要体现为以校为本和注重质量。在评价中，学校根据自身发展基础确定发展目标和主要内容，且自定步调，通过一段时间的发展后，将工作进展情况与基点进行比较，把握其发展情况。该评价以学校发展和教师发展为导向，鼓励全员参与、全程参与，挖掘学校的特色和潜力。因此，学校变被动为主动，变评价过去为面向未来，转侧重外部评价为重内部评价。同时，在评价中，学校围绕自定的目标和步调，通过自我发展和自我评价，再通过外部评价，监测任务完成的质量，提升学校发展品质。

在这样的背景下，开展校本评价的必要性更加凸显：一是它能给学校管理者提供反馈意见，使评价直接服务学校工作的改进；二是可以推进教师的专业发展，因为它能够提高教师在课堂外决策制订过程的参与性，可以培养教师间的协调与合作能力；三是比起外部评价者提供的建议，校本评价者提出的建议既切合实际又中肯；四是发展学校内部评价机制能更好地满足学校发展的信息需要。同时，学校在自评的基础上，还应主动争取家长、社区和教育行政部门的支持和监督。各级教育行政部门则委托独立的、具有专业资格认可的社会中介机构对学校实施资格、质量认证。这种将自下而上和自上而下的评价方法相结合的方式能够最有效地促进学校发展。

5. 评价标准：内容各异，因校施评

单一的评价标准很难适应千差万别的具体情况，使评价结果缺乏客观性，信度、效度较低。由于区域经济、社会、文化不同，加之学校师资力量、生源状况、教学设施、培养目标等方面基础各异，以同样的目标要求学校，以同样的标准度量学校，以同样的侧重点去引导学校，其实是有违评价的公正性。在学校生态群落中，学校各有特色、个性发展、和而不同才符合发展之道，才能和谐发展。基于此，学校内涵发展评价的内容在共性的基础上，承认学校的个性，因校实施评价，发扬各自的特色，彰显出发展的强大生命力。

三、学校内涵发展评价的基本思路与常规程序

学校内涵发展评价，基于清晰的思路和严谨的程序。在基本思路上，要树立正确的发展性学校评价观，明确发展性学校评价的内容，以自评为主、多方共同参与开展评价。在常规程序上，遵循"确立发展性学校评价的实施步骤—收集和分析反映学校办学水平的数据和信息—学校自我评价—现场评价—对学生、教师、行政人员进行访谈—明确学校发展的改进要点并制订后续发展规划"的步骤和次序。

（一）学校内涵发展评价的基本思路

1. 树立正确的学校内涵发展评价观

学校内涵发展评价，基于对传统学校评价方式的反思，有着较为迥异的个性特征：主张以多把"尺子"为标准来衡量多所学校，评价从不同学校的实际出发开展；评价更加关注并保障学校的发展过程，同时发现学校的宝贵经验和典型案例；在评价过程中，学校充分发挥自主权，在外在的督导评价下，积极参与到评价的目标制订、目标达成和目标自评的过程中来。

（1）"多把尺子"测量学校

发展性学校评价改变了传统对学校进行统一评价的思路，强调评价对

学校差异性的尊重，通过评价促进学校办学特色的形成。不同学校，其发展基础不同，办学目标、发展重心、发展方式和发展速度等都有所不同。因此，在评价中必须要承认这种客观差异，用多元化的标准来刺激并带动学校的发展。通过发展性学校评价鼓励学校在学校发展、教师发展和学生发展上提高质量，办出特色。因此，允许学校在基础评价的同时选择特色评价项目，"基础评价+特色评价"是经常采用的方法。

（2）关注学校"发展过程"

发展性学校评价，较之传统的学校发展的横向比较，更加侧重学校自身发展的纵向比较。发展过程受到前所未有的关注。发展性学校评价不以学校是否达到评价指标来衡量学校的发展，而是更加关注学校在原有基础上的发展变化，特别是在发展过程中所付出的努力和采取的措施。这样，每所学校才能得到更加公正的评价，才能主动发现并努力挖掘自身的潜力和个性。评价机构也能从中发现典型并及时推广。

（3）评价活动"主动参与"

发展性学校评价，学校的职能定位发生了很大变化，改变了传统督导评价将学校视为单纯的评价客体的思维，将被动发展转变为主动发展，增强了学校发展的内驱力。学校有权利，也必须有义务根据自己发展之需要，通过主动有效的措施，实现自我发展。学校参与评价的主动作用，不仅体现在学校的自评，还表现在学校积极参与到评价活动的始终，并在其中扮演重要角色。

2. 明确发展性学校评价的内容

新课程改革促使学校自身职能发生转变。学校的核心职能是促进全体学生尽可能全面发展，同时还应促进教师群体的成长与发展。此外，学校也是课程开发和实施的主战场，是社区教育的主阵地。在此基础上，学校内涵发展评价的内容也随之发生变化，具体表现如下。

（1）基础性指标+发展性指标

发展性学校评价中，学校需要结合区域学校的整体情况和学校自身个体情况，确定两个层次的发展目标，即评价指标。

一是基础性指标，即所有学校均需达到的基本标准。它强调学校在学校管理、教学开展、教育资源的利用等方面的规范性要求，强调学校学生发展和教师发展的基本要求，强调学校中国家课程的规范实施。

二是发展性指标，即学校发展中制订的个别差异标准。它强调学校在学校管理和教学等方面的自主性、创造性，强调学生发展形成的特色、教师队伍发展的优势、校本课程的自主开发与有效实施等。

（2）单项评价+综合评价

学校内涵发展评价，在评价内容上还表现为单项评价、综合评价两相结合。根据不同时期学校的不同要求确定评价内容，评价内容并非评价管理部门自定，而是学校与评价管理部门共同协商来确定。这里的评价可以是单项评价，还可以是综合评价。有时为整体提升采用综合评价，有时则采用单项评价，就某一方面协同外部评价者，有针对性地开展评价。

（3）升学率提高+质量提升

发展性学校评价强调要把升学率这一长期以来学校、教师追求的目标还原为学校质量提升的自然结果。以往，人们在评判一所学校的时候，主要是通过其显性的指标——升学率来衡量，这不仅不利于学生的全面发展，对学校整体质量的提高也是一个极大的障碍。在内涵发展评价过程中，学校从升学率中适度解放出来，允许学校更加注重教书育人质量的全面提升。

3. 评价以自评为主、多方参与

发展性学校评价突出学校参与评价的主体地位，开展常态化的自评活动，将评价内容融入各项日常工作当中，让学校为自身的发展负责，实现学校自我定向、自我加压、自我反思、自我调控，最终实现自我发展。学校自评内容主要包括以下三个方面。

（1）参与确定评价标准

过去，学校评价标准由教育行政部门确定，学校只能据此标准执行。外在的学校评价标准，无法适应学校内在的发展需要。而在内涵发展评价中，学校首先要参与评价标准的制订。在评价标准的确定中，应根据学校评价的一般标准，确立基础性目标和发展性目标，尤其是发展性目标。发展性目标，将学校发展的个性需要和发展特色予以体现，经过学校和外部评价者共同协商后予以确定。它彰显着学校发展的民主特征，更加容易接受并有效落实。

（2）进行常态化自我评价

学校内涵发展评价，借助于常态化的学校自评活动，融评价于各项活动之中。为此，学校开展自评的各项保障体制机制，就显得尤为必要和重要。学校应该成立专门的机构，建立健全相应的制度，鼓励并发动学校各个部门教职工积极参与到发展规划的实施中去，把学校发展规划与教职工的日常活动结合起来，使自我评价成为一种自觉自愿的工作方式。

（3）充分利用评价结果

评价结果的利用，直接影响到评价的效果。在发展性学校评价中，学校自评的结果主要用于过程的反思、调控和改善，是学校发展的内驱力。当然，学校外部的评价，如教育行政部门、家长、社区、教师和学生等主体，作为评价的主要力量，则是监督并促进学校规范办学的强大外驱力。自我评价结果与多元外部评价结果的综合应用，能够整体推动学校发展的有力支撑，是实现学校增量发展的持续动力。

（二）发展性学校评价的常规程序

学校内涵发展评价将学校发展过程作为对象，旨在促进学校发展。无疑，它不仅促进教育行政管理部门的职能转变，也推动现代学校制度的完善，对于确立学校自主办学的法人地位，对于增强学校的可持续发展能力，对于形成学校自我驱动发展的机制，对于实现素质教育都具有积极意义。那么如何对学校进行内涵发展评价呢？

1. 确立实施步骤

发展性学校评价应该在教育督导行政部门的指导下完成。一方面，地方教育行政部门要逐步转变职能，建立服务学校发展的理念，支持学校依法自主办学。经审定后的"学校发展规划"是学校自主发展的目标。教育行政部门要积极创造条件为学校发展提供政策支持和物质保障，要主动贴近学校发展规划的达成度，不断完善学校督导评价指标及方法，要注重运用评价的结果，引导和激励学校不断提升办学水平。另一方面，学校是发展的主体，校长要发动全校教职工共同参与讨论并制订科学的学校发展目标，有效地组织与实施，在这一过程中要努力建立自我评价、自我监控和自我完善的不断螺旋式上升的学校发展的良性运行机制。具体实施步骤如下。

（1）制订规划

教育行政部门要组织并动员中小学校长对发展性学校评价的重要意义、预期目的、操作要求等进行培训学习，并引导学校依据教育政策和改革发展的精神，结合学校实际，鼓励全校教职员工参与到学校发展目标的讨论和制订中来，科学制订学校中长期发展规划和年度实施计划，教育行政和督导部门有义务对学校规划和计划进行论证和审核，指导学校完善与优化，最终形成可以指导后续工作的规划和方案。

（2）实施规划

学校根据办学实际，将中长期发展规划分解为年度工作目标，落实到相关部门和人员予以实施。在学校发展过程中酌情修正和完善。地方教育行政和督导部门则应该建立联系制度，强化对学校的常态化指导，与学校共同商定具体的评价内容、步骤、方式和方法。

（3）实施评价

学校内涵发展评价在实施中需要将学校自评和专家督评有机结合。

自评过程中，学校应根据任务建立自评工作领导小组和实施小组，自上而下引导并组织各部门开展自评，形成阶段性自评报告。

督评过程中，教育行政和督导部门在学校自评的基础上，全面占有并分析信息资料，组织督导专家团队对学校实施发展规划的情况进行阶段性形成性评价，并形成评价报告，向学校公布评价结果，肯定成绩，指出存在问题，提出改进策略；在此基础上，学校继续实施规划，直到对规划进行终结性评价。在对学校规划进行终结性评价时，教育督导部门要综合考虑学校在发展过程中的发展成本与效益、发展特色与潜力、发展基础与增量等多方面因素，在综合学校自我评价和督导评价的基础上，最终提出改进意见，并制订下一轮发展规划。

在实施过程中，要特别重视健全学校的自评工作制度，将学校发展规划实施的自我反思与外部督评有机结合，将形成性评价与终结性评价有机结合，形成以学校自评为主，教育督导部门综合复核，家长、社区共同参与的多元化、综合性督导评价机制，使发展性学校评价形成规范、有序的运作状态，保障学校办学水平的整体提升。

2. 收集、分析信息

"建立以学校自评为主，教育行政部门、学生、家长和社区共同参与的评价制度。学校应对评价所涉及的各方面进行自我评估，准确了解学校的发展状况，针对存在的问题采取及时有效的改进措施。评价学校应注重如现场观察、访谈、问卷、听课、座谈、分析学校的原始记录和档案等实证性考察。各级教育行政部门不得以升学率作为评价学校的标准。"① 依据上述要求，做好数据和证据的收集和分析就显得非常重要。通常需要通过自我评价、现场考察、深度访谈、查阅文本、检查过程等方式来收集数据和证据，并进行系统整理和科学分析，对学校工作质量给予全面、系统的概况评定。而以下信息是评价中特别要收集和关注的。

（1）学校的优势和劣势；

（2）学校课程开设、学习指导策略及活动的情况与学生的反馈；

（3）教学效果与预期目标一致情况；

（4）学校的组织系统与教育系统、学校政策的一致情况；

（5）学校课程与学生反馈情况。

3. 开展自我评价

自我评价是学校内涵发展评价的核心工作。它是指学校领导者自己组织力量，采取科学的评价方法，对本校的管理水平和教育质量所进行的自我价值判断，从而进行持续不断的自我分析、自我调控、自我完善的历程。它是对学校的一次健康检查，可促进学校的健康发展，保持学校的弹性与应变能力，具体步骤如下。

（1）建立自评机构。受评学校派人员参加自评说明会后，首先要建立由校长、教导处、总务处、党务人事干部、工会主席、教师代表等作为成员组成的学校的自评委员会与专题自评小组，并制订自评计划。由于自我评价是全面性的自我检查，所以自评委员会的成员需由各部门、各层面的代表组成，以便在分组分工评价时，便于落实执行。

（2）召开自评会议。进行分工及办理自评工作。讨论自评内容、注意事项、确立目标及详实分工，并由自评委员会进行分项自评。

① 教育部 . 关于积极推进中小学评价与考试制度改革的通知（教基〔2002〕26 号）〔Z〕.
2002-12-27.

（3）撰写自评报告。各专题自评小组按照分工的学校评价方案指标体系项目，广泛收集信息资料，采取座谈、查阅资料、测试等方法，对照检查，总结出成绩，找出存在的问题和差距，分析产生问题的原因，并提出改进意见，最后写出专题自评报告。

（4）完成自评反思。当资料收集完备之后，自评委员会要对其加以分类与整理，然后反复分析，分析资料时应依据评价标准来判断优劣得失，综合归纳并给出评价的结论，最后再根据结论提出改进建议。

4. 进行现场评价

现场评价是整个学校评价的高潮环节。教育行政机关参照评价计划和标准，组成评价小组对已进行自我评价的学校进行实地访问评价，其目的是借由校外同领域学校及其他相关专家的专业判断，在分析综合被评学校自评报告及其访谈结果后，评判学校办学状况，并据此提出学校的优点与改进建议，作为其未来改进的依据，其具体步骤如下。

（1）事前配合准备。被评学校宜妥善接待访评委员并安排相关事宜，注重校园整洁、礼仪及各项服务等措施，配合当日"访问行程表"的时间、工作项目、主持人、内容及进度等事项。

（2）学校概况展示。由访问评价总召集人与受评学校校长共同主持，其中，受评学校校长简短致辞且介绍校方相关业务主管后，就学校背景及与评价有关的事项，在一般性及简要性的原则下，配合相关资料综合介绍学校概况，如学校的办学特色及理念、重要措施及其推动情形等。

（3）实施分组评价。除访评委员听取各相关主任演示文稿外，部门主管及相关人员应陪同访评委员参观相关场所、设备或教学情形，查阅相关档案资料内容（如课程表、相关实施计划、要点、办法等），并检查自评表格的资料来源与各项相关佐证资料，就各"参考准则"考察其质与量，以判断学校在各方面的优缺点。

5. 对学生、教师、行政人员进行访谈

各组访评委员与学生、教师及行政人员做广泛而深入的访谈，以了解他们的意见、反映及建议。为使校内师生及行政人员对校务、学校制度、新的教育目标以及评价表格中所填的重要信息更加了解，要利用校务会议、行政会报、班（周）会、科务会议及科周会等渠道对师生进行沟通宣传，甚至印发资料加强宣传。

6. 明确改进要点，制订改进措施

在学校自评、行政督评和现场访谈的基础上，结合评价结论和建议，学校要明确工作不足和改进要点，制订更加切实可行的改进规划和措施。具体而言，要结合学校自身的优势和劣势，用简明的、可以测量的目标术语来描述后续改进工作的要点，要确定改进工作的测量指标，要确定达成改进目标的思路、步骤及方法和预期时间。

四、学校内涵发展评价的关键环节

在学校内涵发展评价中，指标体系的建构、专业的评价团队与方式、目标协商等关键环节直接影响着评价的质量与成败。

（一）指标体系建构

1. 学校评价指标的建构

（1）指标的内涵。指标的词义解释是"计划中规定达到的目标"。评价领域中指标的含义是指具体化的、行为化的、可操作的、可测量的、可观察到的评价内容。

（2）指标系统及指标呈现形式。指标系统是由若干个不同的指标组合而成，相关的各项指标组合起来，变成了指标群，配以合理的权重，才能比较完整地反映被评者的整体状况。一般而言，指标系统包含了层层分解逐级展开的不同层次的指标，如图9-1所示。

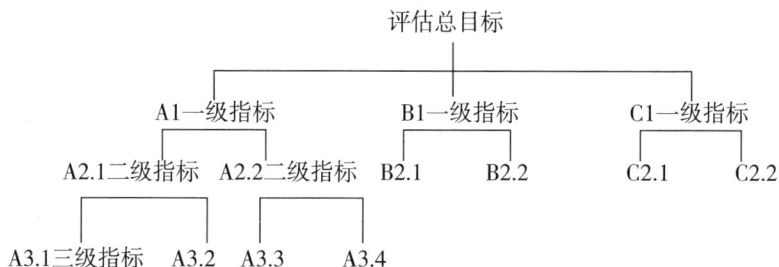

图9-1　评价指标体系分解图

评价领域除了使用指标来反映目标之外，对一些难以量化、不可测的评价内容，可以直接用提出问题的形式来评价，这类问题叫"概括性问题"。

（3）指标系统框架的构建方法。常用的指标体系构建方法有因素分析法和专家集体讨论法等。因素分析法，是利用统计指数体系分析现象总变动中各个因素影响程度的一种统计分析方法，使用这种方法能够使研究者把一组反映事物性质、状态、特点等的变量简化为少数几个能够反映出事物内在联系的、固有的、决定事物本质特征的因素。专家集体讨论法，主要是专家对评价指标进行头脑风暴，专注、坦诚地发表自己的意见，最终形成科学的指标体系。

（4）学校评价的内容结构。学校评价中一个很重要的问题就是"评什么"。根据学校组织、管理与教育的本质特征，学校评价的内容主要包括办学目标、管理能力、质量保障机制、教职员工专业技能和素质、学校与社区和家长的关系及资源的共享、课程的设置与开发管理、学校的设备与环境的有效利用与管理等。

2. 权重系统的建构

（1）权重的概念。一个评价方案的各项指标被选定后，必须明确各项指标在系统中各自相对的重要程度，即权重，又叫权数，常用字母 W 表示。

（2）权重的呈现形式：小数、百分数、整数。

（3）权重的确定方法：德尔菲法、层次分析法、关键特征调查表法等。

3. 学校评价标准的制订

（1）评价标准的内涵。评价标准是用来衡量被评价对象达到评价指标所规定内容的程度的尺度。

（2）评价标准的构成要素。主要由标度、标号、强度和频率构成。标度指的是达标的程度，是评价标准的基础部分。标号指的是区分标度的符号，常用汉语（甲、乙、丙、丁）或外语字母（A、B、C、D）来表示。强度，也称"定性标准"。频率，也称"定量标准"。

（3）学校评价标准的组成。学校评价标准主要包括素质、职责、管理、绩效几个方面。素质标准是学校领导和全体教职员工应具备的专业水平和职业道德水准；职责标准指的是学校作为一个组织所应承担的教育、教学任务与社会责任方面的标准；管理标准指的是作为评价对象的学校所采用的使学校正常运作的管理模式、机制和方法等方面的标准；绩效标准是学校依据制订的战略计划和目标所取得的成果方面的标准。

（4）评价标准的类型。评价标准一般分为三种类型：相对标准、绝对标准和个体内差异标准。所谓相对标准，就是从被评价的对象所在群体内部选取或选用一个外部参照组作为评价标准，把被评价对象进行对照比较，从中可以看出被评者在群体中的相对位置。这种评价主要用于选拔性评价。绝对标准，就是依据特定的评价准则而确定的评价标准，使用这种标准对被评者进行评价时不考虑被评者在总体中的位置，也不进行个体间比较。这种标准主要用于确定性评价。个体内差异标准指的是以确定的个体的过去和现在的表现为评价的标准，也就是个体自我比较，这种比较可以是纵向的，也可以是横向的，这类评价对于处于落后的学校的意义更大。

（5）学校评价标准的理论依据。学校评价标准应以学校的办学目标为依据；应以国家的教育方针、政策、法律与法规为依据；应以现代质量管理及学校管理理论为依据；应以评价方案为依据。

（二）实施专业评价

发展性学校评价实施，取决于两大关键要素：专业性的评价指标体系和实施方案；专业评价人员和专业的评价方式。科学、合理的发展性学校评价指标体系和实施方案的设计，学校评价过程的合理组织开展，评价数据的科学处理和有效使用，评价后学校协商目标的确立，既需要专门人员，更需要专门的知识技术支持。学校评价是一项专业性很强的工作，要实现真正意义上的发展性学校评价，需要建立一支专业化的评价队伍，实施专业化的评价。临时组建的评价小组，即使是评价方案确定得很科学、评价成员很努力，也难以高水平达成预设的评价目标，因此，建立专门的评价组织，建立相对稳定的评价人员队伍，运用现代教育评价手段，成为保障评价效果的重要前提条件。

（三）目标协商

发展性学校评价需要用协商目标来引导学校的后续发展。所谓协商目标，是指在学校评价过程中，在一定时限的工作评价环节完成之后，评价专家组与学校相关成员通过分析学校的发展水平和影响因素，共同确定的学校预期发展目标。在学校评价过程中，首要环节是学校自评，即学校对照评价指标进行自我评价，打出分数，找出问题，确定下一步发展目标。专家评价环节也不能缺少，在对学校现有水平做出判断之后，评价专家组结合学校的情况，对学校自行确定的后续自主发展目标进行论证，并与学校相关人员进行沟通，形成协商目标。因此，各校的协商目标不尽相同，"一校一标"。这些协商目标应符合学校特点，符合教育需求，积极引领学校发展。同时，评价组也要帮助学校制订实现目标的有效策略，引领和促进学校后续改进工作，这也是发展性学校评价的最终目标追求。

五、学校内涵发展评价的结果应用

学校内涵发展评价的目的达成与结果的应用有着密不可分的关系。评价结果，除了要反馈给学校之外，还应提交给政府、家长和社会公众。评价结果也将作为学校发展过程中的阶段性标志，为后续评价提供参照。评价结果还可以直接为学校发展度测算提供科学依据。

（一）多方服务提供

评价的最终目的是为了促进学校及学生更好地发展。为此，要充分挖掘评价结果的价值和效用，体现教育服务的理念，考虑政府、学校、家长及社会公众多方群体的需求，从不同角度设计和撰写报告，并征求多方意见，最终形成定稿。通常，评价报告要提交给主管政府和校委会，并向公众公开，为政府制定和调整政策提供依据，为学校改进办学提供建议，还要为家长和社会公众选择学校提供参考。

（二）后续评价

发展性学校评价，其评价过程中的学校充分参与度，其协商目标的科学制订，需要后续评价继续跟踪和服务，促进学校持续发展。在前次评价与后续评价之间的对比中，学校逐渐显现发展的成效，逐渐接近既定的目标。强调前次评价与后续评价的对比，既体现了目标评价与管理的优势，更结合了效能评价的思想和精华，可以带动学校优势发展、个性发展。

（三）发展度测算

发展性学校评价，其关注的重点不仅停留在学校当前的发展水平，更重在学校可持续发展能力和水平。发展度的概念，是将后次评价与前次评价所得分差进行合适处理之后所得的数值，更能体现学校在前后几次评价中所获得的发展情况，更能体现一段时间内学校的发展增量和速度，更能显示出评价对学校发展所起的促进作用。基于此，在系列评价中，首次评价所得的数据信息，主要在于确定发展基础，诊断发展问题，帮助学校确定协商目标或改进计划，而不宜横向比较，也不宜公开公布。后续的学校发展度测评，才可以作为发展的横向比较的指标依据。可以依发展度的高低来确定表彰和奖励的学校范围。这种思路对于不同发展基础的学校无疑有着指向公平、促进发展的重要作用，对于调动学校积极性也大有裨益。

六、学校内涵发展评价的实施保障

为了更好地保障学校内涵发展评价的实施效果，应引进第三方参与的评价机制，建立内外结合的多元评价机制，探索发展性学校评价的再评价机制。

（一）引进第三方参与的评价机制

可借鉴新西兰评价机构的经验模式，引进第三方评价机构，对教育政策和学校教育工作进行评价和监督，这样，评价活动不容易受到教育系统自身的干扰和影响，更具公正性，并且可以把教育置于社会发展的需求上来思考教育发展大计，实现评价效能的最大化。除此之外，鼓励教师、学生、家长、社会相关人员参与学校内涵发展评价，多元主体促进学校发展的综合化与高质量。

（二）建立内外结合的多元评价机制

在发展性学校评价中，应提倡多元主体的共同参与、共同协商。采取内部评价和外部评价相结合的方式，保证信息的全面和真实。在学校内部评价中，要征求社区、家长、教师、学生和相关校外人士的建议和意见，以此作为自我评价的有益补充；在外部评价中，应以自我评价为基础，通过外部反馈信息的收集，进一步丰富和验证评价的结论。在评价活动全程中，应尽量激发学校参与并发表意见，如评价团队的组建，评价信息的收集，评价结果的分析与应用等，体现学校评价的自主性和生长性。

（三）探索教育评价的再评价机制

所谓教育评价的再评价，是指评价工作完成以后，为了检查评价过程和结果以及检验根据评价结果做出的教育决策和改进工作的效果，借以及时纠正评价工作的不足或为今后的评价工作提供经验教训而进行的评价。对此，有人形象地称之为"评价审核"或"评价复核"。

教育再评价制度则是指从评价活动的科学性、有效性、适宜性和现实性诸方而对教育评价自身进行系统的价值判断的规则体系，是人们在教育再评价活动中必须共同遵守的具合法律效力的办事规则或行动准则。它是有效提高教育评价和再评价质量的根本保证，其包括保证这种规则体系顺利进行并发挥作用的组织机构及相应的行为准则或规程。再评价机制对于评价质量的提升有巨大的约束和推动作用。

第二节　个案举样

一、案例背景

在加快教育改革与发展步伐的新形势下，重庆市××区于 2010 年开展了针对全区学校的内涵发展评价工作。对全区学校进行评价，旨在充分调动学校的办学积极性和主动性，促进学生、教师和学校的健康、稳定、持续发展，促进全区各级各类学校的自我完善、自主发展，提高学校办学质量，体现时代特征和区域特色，引领学校内涵发展和可持续发展。

此次学校内涵发展评价，和以往评价的最大差异在于评价目的、评价过程及评价结果应用上的变革：评价重在建设，通过严格、科学、公正的评价过程，评价人员与学校共同研究、共同建构，把握学校发展现状，总结办学经验，诊断学校发展的问题，挖掘和深化学校特色，提出整改建议，引导学校建立自主发展、内涵发展、特色发展的运行机制和发展模式。

二、案例过程

（一）评价对象的确定

评价对象为全区所有（公办）幼儿园、小学、中学和中等职业教育学校。

（二）评价内容的分布

评价内容主要包括办学思想、学校管理、队伍建设、条件利用、教学过程、办学效果、办学特色七个方面，其评价指标体系包含一级指标 7 个，二级指标 22 个，观测点 54 个（见表 9-1）。

（三）评价指标体系的开发

1. 评价指标体系的设计思想

任何一套评价指标体系从构思到成型，都代表着指标设计者的评价思想。它既要体现出一个时代先进的评价理念，又要能反映出评价主办方的评价注意力。本评价指标体系在设计上体现以下思想。

（1）"发展性"的学校评价定位

评价的有效性真正体现在围绕评价定位设计评价指标体系，由此，定位问题成了拟定评价指标体系的先导性问题。本评价指标体系在对学校进行评价时以"发展性"定位取代传统的"奖惩性"定位，由此带来的是全新的教育评价理念。内涵发展评价是从问题诊断的角度对学校系统中方方面面进行价值判断，换言之，内涵发展评价立足于学校问题，着手于问题解决，着眼于学校发展。与奖惩性评价相比，内涵发展评价更强调评价的适应性与诊断性。

（2）"6+1"的一级指标设计模式，兼顾共性与个性

基于"发展性"学校评价定位，本评价指标体系的一级指标采用了"6+1"的设计模式，以体现"共性+个性"的学校评价特点。本评价方案的一级指标共有7个，即办学思想、学校管理、队伍建设、教育条件的利用、教学过程、办学效果及办学特色。就前面6个指标而言，是学校发展的共性指标和学校评价的基本内容。就特色指标而言，办学特色是学校根据本校特点而提炼的独具个体魅力的个性特色表现，是学校内涵发展的重要体现。本评价指标体系通过六个基本指标考察学校的常规发展，再通过办学特色指标考察学校的个性发展，兼顾了学校内涵发展评价中的共性，同时也突出了个性。

（3）"分数+等级"的结果呈现方式，体现同级中论高低的思想

与以往的评价将最后所获得的分数换算成等级的做法不同，本次评价体系采取了分数与等级相结合的结果呈现方式，这样的结果呈现方式最大的好处是可以判别相同等级学校的不同分数，体现同级中再论高低的精细评价思想。本评价指标体系在等级标准上采取A、C分等的操作方式，在分数的处理上借鉴了高等学校等级指标分等依据和部分中小学等级指标分等依据，将100%~90%设定为A等，将75%~60%设定为C等。在评价过程中，学校和专家首先根据评价对象在各观测点的整体情况打出等级，再确定具体得分。

（4）"指标+观测点"的分解方式，方向性中突现针对性

本评价体系设有7个一级指标、22个二级指标、54个观测点，体现了从宏观到微观的指标分解技术。7个一级指标从宏观上关注了学校发展的几大基础板块的发展，这对学校发展起着方向导引的作用。在一级指标基础上分解其核心要素，开发出二级指标，这标示着学校办学应加强的关键环节。在二级指标基础上开发的观测点，引导着学校评价实施环节中的重要观察要素，这些观测点不但是学校评价的专家、领导评价

学校的依据，更是学校内部领导、师生员工办学取得高效率的重要抓手。这样，大到学校的管理、教学，小到教师的备课、作业布置，从宏观到微观，既体现了评价的方向性，又避免了评价的空洞，实现了评价的可操作性、针对性。

2. 评价指标体系的筛选原则

本评价指标体系在"筛选"问题上涉及两处，其一是关于一级指标的筛选，其二是关于重要观测点的筛选。

（1）一级指标的筛选原则及权重分配说明

人、财、物、事、时间、信息是学校发展中必须优先考虑的基本要素。本评价指标体系将学校发展中涉及的人、财、物、事、时间、信息进行求同与存异，即在借鉴同类指标体系共性的基础上，再结合区域教育特色，拟订出包括7个一级指标共500分制的学校内涵发展评价指标体系，指标筛选的过程体现了"共性+个性"的原则，具体指标如9-1所示。

其一，办学思想是灵魂。思想是流动的，思想是可以改造的，本评价指标将办学思想上升为一级指标是基于"有什么样的校长就有什么样的学校"的学校管理思想，做有思想的校长是××区打造西部教育名区的前提条件。一个有思想的校长或者领导团队，才能清楚地知晓本校的发展目标，才能制订行之有效的学校发展规划，才能创建具有文化品位的校园环境，基于此考虑，本指标体系赋予其40分权重值。

其二，学校管理是保障。管理就是理顺关系，将学校的上下级之间的人际关系理顺了，将学校部门与部门之间的责权关系理顺了，学校工作就事半功倍。没有管理的学校或者管理不到位的学校，其效能低下、质量不尽如人意。就管理而言，学校的管理工作包括德育管理、教学管理、课程管理以及教科研管理等，抓好了管理，可以节约时间少走弯路，管理作为学校的重要工作，本指标体系赋予其90分的权重值。

其三，教学工作是中心。学校工作是多方面的，于学校发展而言，教学工作是中心工作，落实"以教学为中心"的全面质量管理，引导学校在发展的道路上抓重点、抓主要矛盾。学校作为育人机构，其教学的过程既是学生自主发展的过程，也是教师专业发展的过程，同时，也是学校内涵发展的过程，因此，牢固树立教学为主的思想，既重教，更重学，以体现"以学定教"的评价原则。因此，本指标体系赋予其 100 分权重值。

其四，师资队伍是灵魂。学校的人力资源的配置与使用是决定学校发展的灵魂指标。干部队伍与教师团队建设是考核学校队伍建设的两大核心指标，校级与中层干部的配备情况、工作态度情况、能力情况、培养情况以及教师团队的打造情况，不仅关系到整个学校发展的速度，同时也关系到整个学校的教学风气的养成。因此，将学校队伍建设作为发展性学校评价的指标并赋予其相对较重的权重值 70 分。

其五，条件利用是基础。本评价指标在"物"的考核上不是考察学校具备什么样的现有教育条件，而是重在考察在现有教育条件基础上的利用率情况，这样的指标界定凸显的是教育资源的充分利用、有效利用原则，如何在有限的条件下最大限度地利用好图书资源、体育器材资源、高学历高职称教师资源、多媒体资源等，是发展性学校评价必须思考的问题，因此，将条件利用作为发展性学校评价指标并赋予其 60 分的权重值。

其六，办学质量是生命。如果将办学思想、学校管理、队伍建设、教育条件看作进口、教学过程看作黑箱的话，办学质量则可以看作学校办学的出口效果。实行质量考评就是实行质量管理，建立质量管理系统以及制订质量评价标准，可以使学校工作做到有章可循、有案可查，也便于积累工作经验，探索学校发展的规律。因此，将办学效果作为发展性学校评价的一级指标，并赋予其相对较重的 100 分的权重值。

其七，特色追求是境界。本评价指标体系在构思过程中，考虑到各级学校在发展的道路上有共性指标外，学校的特色指标也在学校发展中发挥着作用，即依照学校实际而着力打造的学校特色在学校发展中的独特作用。因此，本评价指标一改以往的办学特色加减分的思想而将办学特色修订为一级指标并赋予其 40 分的表现权重值。

表 9-1　重庆市××区学校内涵发展评价指标体系

（500 分制）

A 级指标	B 级指标	观测点
A1 办学思想 （40 分）	B1 发展定位（15 分）	*C1 发展目标（7 分）
		*C2 发展规划（8 分）
	B2 指导思想（15 分）	*C3 办学理念（8 分）
		C4 办学思路（7 分）
	B3 学校文化（10 分）	C5 文化氛围（5 分）
		*C6 文化效能（5 分）
A2 学校管理 （100 分）	B4 德育管理（20 分）	C7 基本建设（10 分）
		*C8 德育活动（10 分）
	B5 教学管理（30 分）	*C9 常规教学管理制度（20 分）
		C10 教学质量分析制度（5 分）
		C11 教学评议制度（5 分）
	B6 体艺科技教育管理 （20 分）	C12 制度建设（10 分）
		*C13 活动管理（10 分）
	B7 课程管理（10 分）	C14 课程设置（2 分）
		*C15 课程执行（5 分）
		C16 课程开发（3 分）
	B8 教研科研管理（10 分）	C17 校本教研（6 分）
		C18 科研管理（4 分）
	B9 服务保障管理（10 分）	*C19 图书资料管理（3 分）
		*C20 卫生与安全管理（4 分）
		C21 设施设备管理（3 分）

续表

A级指标	B级指标	观测点
A3 学校队伍建设（70分）	B10 干部队伍（35分）	C22 班子建设（10分）
		*C23 思想作风建设（10分）
		*C24 工作能力（10分）
		C25 干部培养（5分）
	B11 教师队伍（35分）	*C26 师德建设（10分）
		*C27 教师专业发展（10分）
		*C28 班主任培养（10分）
		C29 传帮带活动（5分）
A4 教育条件的利用（50分）	B12 设施设备充分利用（20分）	*C30 基本设施设备的利用（10分）
		C31 现代教育设施设备的利用（10分）
	B13 人力资源充分利用（15分）	C32 高学历高职称名优教师使用情况（15分）
	B14 教育经费利用（15分）	C33 经费利用（15分）
A5 教学过程（100分）	B15 教师教学（50分）	*C34 教学投入度（10分）
		*C35 目标达成度（20分）
		C36 问题有效度（10分）
		C37 内容延伸度（10分）
	B16 学习状态（30分）	C38 参与状态（10分）
		C39 交往状态（10分）
		C40 思维状态（10分）
	B17 学习方法（20分）	*C41 学习习惯（10分）
		*C42 学习方式（10分）

续表

A 级指标	B 级指标	观测点		
A6 办学效果（100 分）	B18 学生发展（60 分）	小学	C43 巩固率（10 分）	
			*C44 合格率（10 分）	
			*C45 优秀率（40 分）	
		初中	C43 巩固率（10 分）	
			*C44 合格率（10 分）	
			*C4 优秀率（40 分）	
		普高	C43 巩固率（10 分）	
			*C44 合格率（10 分）	
			*C45 优秀率（40 分）	
		职高	*C43-1 招生规模（8 分）	
			*C43-2 专业拓展创新（14 分）	
			*C43-3 学业成绩（8 分）	
			C44 技能大赛获奖（10 分）	
			*C45-1 高职上线率（8 分）	
			*C45-2 就业率（12 分）	
	B19 教师发展（20 分）	*C46 职业认同（10 分）		
		C47 发展成果（10 分）		
	B20 学校发展（20 分）	*C48 办学水平（8 分）		
		*C49 教研成果（6 分）		
		C50 科研成果（6 分）		
A7 办学特色（40 分）	B21 办学特色成熟度（20 分）	*C51 特色打造（10 分）		
		C52 认同度（10 分）		
	B2 办学特色影响力（20 分）	C53 对学生的影响（10 分）		
		C54 区域影响（10 分）		

注：标 * 的为重要观测点。

（2）重要观测点的筛选

本次评价在最后定性评价的处理上采纳了依照重要观测点的数量酌情

考核评价等级的处理意见，重要观测点的界定，依据有三："发展性"学校评价的性质，学校评价活动的常态重要指标和××区学校评价的特殊性。

本指标体系共设计了 54 个观测点，筛选出 26 个重要观测点，这些重要观测点影响着发展性学校评价的最终定性评价。重要观测点的筛选凸显了"双倾斜"原则：其一，向每个一级指标倾斜的原则，坚持将重要观测点的选定范围扩展到 7 个一级指标，每一个一级指标都有相当的观测点作为重要观测点，其目的是保证重要观测点的全面性；其二，向关键指标倾斜的原则，在对评价指标体系进行权重划分的过程中，考虑到各个中小学的功能定位不同，坚持将"注重过程、考核效果"的评价理念作为本次评价指标体系的权重分配指导思想，注重教学过程评价、办学效果考核。因此，在重要观测点的选择问题上，选中数量显得更加充裕和饱满，以凸显"重中有重"的评价思想，故本次评价重要观测点占全部观测点的大约50%，共 26 个。

3. 关于等级标准的分数界定说明

与以往的评价指标体系开发所不同的是，本评价指标体系采取了等级评价与分数评价并举的评价方式，这样设计的最大好处是既能对学校评价进行常态等级界定，又能看出同一等级学校之间的分数差异。为提高评价的操作性，本评价指标体系对每个观测点设计了 A 等与 C 等的等级标准，在等级的分解中，每个观测点所得分数在其权重值的 90% 以上界定为 A 等，在 75%~60% 之间界定为 C 等，界于 A 等与 C 等之间的是 B 等，C 等以下是 D 等。

本评价体系采取 500 分制，最终评价采取优秀、良好、合格、不合格的定性评价方式，其等级标准界定为：

优秀：A≥46，C≤8，D=0，（其中重要观测点 A≥22，C≤4），特色鲜明；

良好：A+B≥46，D≤2，（其中重要观测点 A+B≥22，D=0），有特色亮点；

合格：D≤8（其中重要观测点 D≤2）。

4. 其他说明

（1）在 A6 的 B18 考核中，高完中学校综合考核得分按初中占 30%、高中占 70% 计算；B18 未单独对幼儿园办学效果的评价设计观测点，建议对幼儿园的评价参照标准实施。

（2）A6 的 B18 指标中，巩固率为排除正常异动后的学生比例；保留率为入学原学生修业满的学生比例。

（3）A6 的 B18 指标由区教委提供数据（包含幼儿园）。在 A6 的 B18 重要观测点的筛选中，依照不同类别学校的特点结合××区的实际情况，小学、初中、普高都重点观测 C44 合格率和 C45 优秀率，职业中学重点观测 C43（该观测点由三个分观测点合为一个观测点）和 C45（该观测点由两个分观测点合为一个观测点）就业率。

（4）名优教师指由各级政府及其教育行政部门评选的名师、特级教师、学科带头人、骨干教师等。

（5）带*号的观测点为重要观测点。

（四）评价方式的综合使用

本次评价采取学校自评与专家评价相结合的方式，在学校自评基础上组织专家评价。专家评价的主要方式有以下几种。

1. 答辩。校长陈述学校在办学思想、发展过程、办学经验等方面的情况；评价专家结合其他方式获得的信息，提出相关问题，校长就专家提出的问题做出回答。

2. 问卷调查。随机抽取若干名学校领导、教师、学生以及社会代表发放问卷，回收问卷并分析。

3. 座（访）谈。采取个别或者团体的方式，与学校教师、学生及社会代表深入交谈，收集信息，了解学校发展情况。

4. 课堂观察。随机深入课堂，有针对性地观察不同学科、不同年级的课堂教学情况，实地考察教师的教学过程和学生的学习过程。

5. 教案抽查。随机抽查不同学科、不同年级教师的教案，了解教师备课情况。

6. 作业抽查。随机抽查不同学科、不同年级学生的作业或试卷，以查验学生的作业完成情况及教师的作业或试卷批改情况。

7. 资料查阅。查阅有关规章制度、规划总结、表册、活动记录、会议记录等资料，全面、深入地收集学校各方面信息，专家汇总评议。

8. 校园观察。对学校基础建设、校园规划、师生行为等方面进行全方位的观察，对学校的办学情况、内涵特色等做整体把握。

（五）评价程序的制订

1. 学校自评。学校首先按照评价指标体系对学校现状进行评价，提交学校现状自评报告；通过一定时期的自我建设，在规定时间内向区教委提交学校发展自评报告。自评报告要求思路清晰、文字精练、重点突出。

2. 专家评价。区教委根据需要委托教育评价专业机构进行专家评价，原则上每所学校集中评价时间为一天。专家评价主要通过多元化的方式，对学校自评工作和发展水平进行综合评价。专家组综合学校自评和专家评价的情况，形成针对性、指导性强的书面评价报告反馈给区教委和学校。

3. 评价整改。学校根据专家组评价报告所提出的问题和建议，认真分析，制订整改工作方案，落实责任，采取切实可行的措施进行整改，在规定的时间内提交整改情况报告。区教委应责成相关部门认真督促学校整改落实。

（六）评价的组织实施

1. 组织领导。区教委成立××区学校内涵发展评价工作领导小组，组长由区教委主任担任；在区政府教育督导室设办公室负责日常工作。

2. 专家构成。评价专家由教育研究者、教育管理者和教育实践者共同构成，评价专家组主要由高校教育研究专家、教研机构学科专家、政府教育督导专家和教育一线名优教师四部分人员组成。

（七）评价结果的应用

此次评价和以往的评价不同，特别强调了评价的发现、诊断和改进的功能。发现学校发展过程中各个方面的优秀做法和宝贵经验，予以提炼；诊断学校发展过程中存在的问题和关键症结；针对存在问题，提出改进的合理建议和可行措施。评价结果是为了检验既定目标的发展度和达成度，也为后续发展目标的确定提供参考。因此，学校在评价过程中，能够更加积极地参与其中，在面对评价结果时，也能够看到努力的结果，进一步增强其成就感，还能够发现存在的差距，进一步增强其内驱力，从而实现学校的可持续发展。

三、案例分析

整体来说，重庆市××区学校内涵发展评价指标体系，在众多案例中是非常有代表性的，充分地体现了学校内涵发展评价的基本要求与重要特征。

（一）充分体现评价目的的发展性与诊断性

该案例开宗明义地指出，评价的目的是为了加强学校能力建设，提高学校办学质量，促进学校内涵发展与可持续发展。评价以"以评促建、以评促管、以评促教、以评促改、评改结合、重在建设"这二十四字方针为指导思想，充分调动学校的办学积极性和主动性，促进学生、教师和学校的健康、稳定、持续发展，促进各级各类学校的自我完善、自主发展，提高学校办学质量，体现时代特征和区域特色，引领学校内涵发展和可持续发展。为了实现这一目的，在评价内容与评价标准上围绕学校发展的核心构件与关键要素，从问题诊断的角度对学校系统中的这些要素进行价值判断。该案例提出，办学思想是灵魂，学校管理是保障，教学工作是中心，队伍建设是根本，条件利用是基础，办学质量是生命，办学特色是境界。可以说，它实实在在地抓住了学校发展的关键环节与基础工作。值得一提的是，该案例非常注重学校的中长期发展规划，系统考察了学校的发展目标、发展规划、办学理念及办学思路，体现出评价指标体系的编制者非常懂得如何管理一个学校，如何发展一个学校。

该案例探索的发展性学校评价，不仅能把握学校发展现状、诊断学校发展的问题，更重要的是能引导学校通过科学规划、有效管理，挖掘和深化学校特色，促进教师专业发展，在校本课程开发、教学研究、教师培训等方面建立自我发展、自我完善的机制，推进学校的自主发展、内涵发展、特色发展和可持续发展。

（二）充分凸显评价内容的全面性与独特性

该案例在评价内容上不仅注重考察学校发展的共同要素，还特别强调要引导学校形成办学特色，充分彰显了评价内容上全面性与独特性相结合的特点。它设计了"6+1"的一级指标，以"共性+个性"的形式来引导学校发展。前面6个指标是学校发展的共性指标，后面1个指标是学校发展的个性指标，也是每所学校根据本校特点而提炼的独具个体魅力的个性特色表现，是学校内涵发展的重要体现。这种形式兼顾了学校内涵发展评价中的共性，同时也突出了个性的发展；既能促进学校发展的规范性，也能引导学校发展的差异性。

（三）充分注重评价标准的科学性与可测性

与一般评价不同的是，该案例的评价指标体系有两个突出的特点。一是采用了"指标+观测点"的分解方式，既体现了方向性，又突出了针对性。7个一级指标从宏观上关注了学校发展的共同要素与特色塑造，这对学校发展起着方向导引的作用；22个二级指标指明了学校发展应该重点加强的关键要素；54个观测点聚焦于学校发展应该始终瞩目的重点元素；每个观测点下用A、C两个等级标准划分了四个等级区域（A、B、C、D），具象化地阐述了每类标准的发展程度与深度。这样的设计，从宏观到微观，既体现了评价标准在编制上的科学性，又体现了评价标准在实施中的可测性。二是采用了重要观测点的方式，以显性的方式明确了在学校发展中哪些要素才是最重要的，哪些要素是一般重要的。重要观测点的筛选凸显了"聚焦"原则，既可以让不同的评价者迅速抓住重点与关键，又可以让学校领导、教师明确学校发展的方向和思路。

（四）充分彰显评价实施的多元性与开放性

发展性学校评价，不仅需要科学合理的内涵发展评价指标体系和评价实施方案，还需要多类别的评价人员，采取多元的评价方式来具体实施。本案例采取了学校自评与专家评价相结合的综合评价方式。首先，充分发挥学校的主体作用，开展学校自评，调动了学校办学的积极性、主动性和创造性。其次，由专业的评价专家开展系统督评。评价专家的来源也是由不同来源群体代表组成的，主要由高校教育研究专家、教研机构学科专家、政府教育督导专家和教育一线名优教师等人员组成。在具体评价中，评价专家可通过听、看、问，了解学校的个性情况，针对个性问题进行诊断，可运用答辩、问卷调查、座（访）谈、课堂观察、教案抽查、作业抽查、资料查阅、校园观察等方式，收集比较全面、科学、准确的评价信息，确保评价活动的客观性、公正性与公平性。

同时，还体现了评价过程的开放性。该案例中的评价活动是在评价专家和学校双方互动、协商共建中进行的，整个过程和结论是开放的。关心学校发展的人们都能获得学校发展的评价结果，从而能够更有效地参与到学校的发展中去。

（五）充分关注评价重心的过程性与终结性

该案例中的评价既关注过程性发展，又关注终结性发展。首先，它非常关注评价对象的现状，关注评价对象的发展变化过程，以师生发展为本，对学校管理和办学水平做现状评价，对学校发展规划以及发展过程做内涵发展评价。它关注学校建设和发展的过程，关注学校的差异性、多样性影响因素和外在表现，引导学校不断反思发展现状，并根据自身实际确定阶段性发展目标，促进学校持续内在动力的生发。其次，案例比较关注学校的办学效果。正如其自述中谈的，如果将办学思想、学校管理、队伍建设、教育条件看作进口、教学过程看作黑箱的话，办学质量则可以看作学校办学的出口效果。实行质量考评就是实行质量管理、建立质量管理系统以及制订质量评价标准，可以使学校工作做到有章可循、有案可查，也便于积累工作经验，探索学校发展的规律。因此，将办学效果作为考核发展性学校评价的一级指标，并赋予其相对较重的100分的权重值。

重庆市××区学校内涵发展评价案例的实施过程全程保障了学校内涵发展和质量提升。在评价实施前，学校和科研机构共同研讨确定评价的内容和指标体系，体现学校类别和学校层次的差异，因校施评，凸显了学校内涵发展评价的针对性。在评价实施中，以校本评价为主，专家团队参与，诊断学校问题，挖掘学校特色，提出整改建议，为学校发展提供导向，突出了学校内涵发展评价中学校的主体性。在评价实施后，其结果主要用于诊断、激励和改进，加强学校能力建设，提高学校办学质量，促进学校内涵发展与可持续发展，达到了促进发展提升内涵的目的，突出了学校内涵发展评价的有效性。

第十章 课堂系统：有效教学评价

这里说的课堂即课堂教学，是教育系统的重要组成部分。在五级评价系统中，课堂评价系统是一个重要而独特的组成元素。相对于区域教育和学校教育，课堂教学更加微观，但却举足轻重。课堂的有效性是评价学校发展水平的重要方面，也是区域教育发展的基础，而教师和学生的双边活动构成了课堂，课堂又是教师和学生发展的重要阵地。

第一节 概 述

一、课堂教学评价的功能和作用

课堂教学评价的功能和作用是回答为什么要进行课堂评价的问题。课堂教学是学校教育的重要环节，随着新课程改革的深入，课堂教学必须随之改革，如何对课堂教学进行评价，无疑给课堂教学提供了改革的方向和准绳。

（一）课堂教学是教育系统的重要组成部分

我国教学理论家胡克英教授认为："教学就其本质而言是有领导的学

习过程。它的根本目的在于促进学生尽可能高速地发展。"①教学的主要形式是课堂教学，它是学校教育的中心工作。教师的教和学生的学也是以课堂教学为主要载体，它是学生在学校获得发展的主要阵地。因此，课堂教学是教育活动中举足轻重的环节，课堂教学评价是教育评价的重要方面。

（二）新课程改革的深入对课堂评价提出了新要求

随着时代的发展，教育也随之发生着改变，特别是第八次基础教育课程改革以来，课堂教学的有效性越来越受到教育理论研究者和教育实践者的关注。随着新课改的实施与推进，素质教育已成为教育改革与发展的主旋律。如何科学地建立并实施与新课程理念相适应的教育评价体系，以促进学生发展、教师提高和改进课堂教学，既是新课程改革中复杂的理论问题，也是很有实践意义并亟待解决的现实问题。

《基础教育课程改革纲要（试行）》中指出："改变课程过于注重知识传授的倾向，强调形成积极主动的学习态度，使获得基础知识与基本技能的过程同时成为学会学习和形成正确价值观的过程。"《基础教育课程改革纲要（试行）》同时对课程结构、课程内容、课程实施、课程评价、课程管理等方面都做出了规定，特别是指出在课程实施中，"要改变过于强调接受学习、死记硬背、机械训练的现状，倡导学生主动参与、乐于探究、勤于动手，培养学生搜集和处理信息的能力、获取新知识的能力、分析和解决问题的能力以及交流与合作的能力"。新课程改革使课堂教学由以往的仅仅追求知识的获得和分数的提高，转变为关注学生知识与技能、过程与方法和情感、态度、价值观的全面发展。教育理念的转变给课堂教学赋予了更新、更深的价值，在教学目标、教学过程、教学组织形式等方面提出了新的要求，对课堂教学的评价理念、内容、方式等提出了新的标尺。

（三）课堂教学有效性的现实挑战

余文森教授在其《有效教学十讲》中关于课堂教学有效性的描述借鉴

---

① 刘克兰. 现代教学论 [M]. 重庆：西南师范大学出版社，1998：45.

了一个隐喻，他把教学看作是穿越玉米地的过程。这个过程第一个要比谁穿越得快；第二个要比在穿越的过程当中掰玉米，看到最后谁掰得多；第三个是在穿越的过程中，玉米叶子要拉伤身体皮肤，要比穿越过程中谁身上的伤口少。这就相当于有效教学必须考虑三个要素：速度可看作学习时间（长度）——投入；收益可看作学习结果（收获）——产出；安全可看作学习体验（苦乐）——体验。在实际教学中，课堂教学有效性不足也主要表现在这三方面。

1. 效果差——重知识轻发展

课堂教学有效性的核心表现就是学习效果的达成，即教师通过教学，学生通过学习，是否达到了预定的发展目标。课堂教学效果差在当前教育实际中，最主要的表现就是过分注重知识的传授而使学生的发展片面化。教师在教学时，应根据学生的学习水平、年龄特点、个性特点等因素，制订多元化的发展目标，学生在每节课都应该获得发展，这里的发展不仅仅是指知识的获得，同时也包括过程与方法，包括情感、态度、价值观等方面的发展。有的教师过分注重知识的获得，在制订教学目标时心中只有知识的传授，把知识点的掌握作为主要或者唯一的目标，而教育目标是教师对课堂教学应取得的效果的具体描述，是教学策略、教学方法选择的依据，是教学过程实施的出发点和归宿点，教师教育目标预设的片面性，必然导致学生发展的不全面性。

新课程改革的重点之一就是改变过于注重知识传授的倾向。近年来，随着新课改的深入，学生多元化发展的理念越来越深入人心，许多教师在教学目标预设时，不仅注重知识与技能，也注重学生过程与方法的体验以及情感、态度、价值观的生成，但是受传统灌输式教育的影响，许多教师不知该如何恰当地运用教学各要素，如何有效地展开课堂教学的各阶段以使课堂教学能最大化地实现教学目的。教学内容、教学策略、教学实施、教学方法、教学评价等方面的不恰当，使课堂教学的效果不尽如人意，低效的课堂教学打着新课程的旗帜，回到旧教育的老路，使学生的多元化、最大化发展沦为口号。

2. 效率低——重形式轻效果

相对于传统教育单一的传授式教学方式，新课程改革提倡教学方式多样化，在课程改革方兴未艾之际，部分教师又走入了另一个极端，即重形式轻效果。

一是教学内容泛化，在教学中偏离教材太多，为了迎合学生兴趣，放入大量生活素材，将一切相关内容都机械化地放到课堂教学中。教学内容不仅仅局限于教材，而是一个开放的资源系统，但是需要在科学的分析和准确地把握教材基础上，对教材进行恰当的延伸和扩展，使教学内容更加贴近生活。为了使教学内容"看起来"丰富而生硬地将生活素材搬进课堂，不仅不能提高学生的思考能力、感悟能力，更是浪费了有限的课堂教学时间，降低教学效率。

二是教学方式外化，不恰当地运用过多教学方式，脱离了教学的实质。合作学习、探究学习、自主学习等方式能够培养学生主动参与、乐于探究和团队合作的精神，但这些教学方式都必须为教学目标的达成和学生的发展服务，而非是为了教学方式的多样。实际教学中，很多公开课、比赛课上，不少教师大量运用合作学习和探究学习的方式，却没有领会这些方式的实质。如有的教师不考虑学生的水平和个性特点随意分组，本想培养学生的团队合作和探索精神，结果讨论时课堂过于混乱，教师无法把握，往往使课堂变得低效。

三是教学过程表演化，为了使课堂情境性更强而过多地进行"表演式"教学。教师在课堂中创设情境引导学生积极参与，能提高学生学习兴趣，激发学习积极性，但情境的引入是为了更好地推动教学的实施，实际教学中部分教师却有盲目表演的倾向。如有的教师每堂课都煞费苦心地制作多媒体课件，使课堂沦为了精美课件的展示台；有的教师引入大量的情境，学生在课堂上进行不必要的角色扮演，教师却不注重引导学生在扮演中的情感体验，学生仅仅是扮演过了，缺乏体验和思考，这样的课堂"热闹"了，但却华而不实。

3. 过程苦——重结果轻过程

课堂教学的最高境界不仅是让教师和学生通过教学获得最大化的发展，这个过程也是一个愉悦的、充满体验和快乐的过程。如果课堂教学中，学生缺乏学习兴趣，失去学习积极性，在被逼迫中被动接受，这样的学习必然让学生苦不堪言。

一是忽略学生的主体性。长期以来，我们对教学中教师的作用强调过多，而忽略了学生的主体性地位。课堂教学是教师教和学生学的双边互动过程，教师和学生都是教学的主体，在新课程改革的理念下，教师不再是教学的唯一主角，而成为教学的引导者、学习的参与者和学生发展的促进者。但传统灌输式教学仍然大面积存在，课堂教学的过程几乎都由教师主导，学生只是被动接受，没有主动参与，也就没有积极性。课堂教学中，有的教师只注重知识和信息向学生的单向传输，课堂教学是按部就班的各个程序的完成，教学中只有预设而缺乏生成，学生在教学过程中没有话语权，教师提问也往往是事实性问题，目的在于检查学生是否掌握，而非是促进学生思考的开放性、探索性问题。在这样的教学过程中，学生主体性缺失，其兴趣、特点、个体差异都受到忽略。

二是忽略过程性评价。评价过分强调甄别与选拔功能，重视终结性评价而忽略过程性评价。评价具有导向作用，终结性评价只是反映了教学过程的最后结果，这使课堂教学也更多的是关注分数的提高，这样既忽略了教学运行过程，也忽略了学生本身。新课改倡导的三维目标体系，使学生的发展更加多元化，过程与方法、情感、态度、价值观很难进行量化测量，对过程性评价的忽略使学生的多元化发展无法迈出实质性的步伐。

（四）课堂教学评价的导向功能

课堂教学的评价具有不可忽视的功能和作用，只有对课堂评价的功能有正确的认识，才能真正地把握课堂评价的本质。课堂评价对学校、教师、学生都有着巨大的作用，其功能是多样的、丰富的。已有的对教学评价功能的认识已经比较全面和深刻。教学评价是教学过程中的一个很重要的环节，它对教学工作起着诊断、矫正、鉴定、规范等多种功能，对学生的学习也起着反馈、激励、导向等作用。有学者归纳了教学评价的八大功能，分别为：检测、诊断、反馈-调节、激励、导向、管理、研究、选拔。

二、课堂教学评价的内容

简言之，评价就是评判事物价值的过程，对课堂教学的评价，就是回答什么样的课是一堂好课的问题。我们到底应该从哪些角度出发来评价课堂教学呢?

(一) 课堂教学的效果

课堂教学有效性评价,这里的有效性,首先是指要有效果。课堂教学是有计划、有组织的师生双边活动,要评价课堂是否有效,首先是课堂要实现的目标是否设计科学,其次是这些目标的达成度如何。

1. 教学目标的科学性

所谓教学目标,就是指教学活动主体事先确定的在具体教学活动中所要达到的教学结果和标准。[①] 它既是教学活动的出发点,也是教学活动的归宿点。教学目标设计是否科学,直接影响教学效果的达成,因此,在课堂评价中,教学目标的科学性是重要内容,而科学性的具体体现则是目标的全面性、适合性和明确性。

教学目标的全面性。布卢姆在其教学目标分类理论中,将教学目标分为认知领域的目标、情感领域的目标和动作技能领域的目标三个类别。新课改根据我国教育实际情况,将教学目标分为三个方面:知识与技能,过程与目标,情感、态度与价值观。课堂教学时间有限,每一堂课应达到的目标都不是单一的,教师要尽力促进学生多元的发展,达成多元化的教学目标,使获得基础知识与基本技能的过程同时成为学会学习和形成正确价值观的过程。不要过于注重知识传授,也不要陷入重过程和情感而轻认知目的的误区。

教学目标的适合性。每堂课的具体教学目标是不一样的,只有适合的教学目标才能促进学生的成长和发展。一是适合教学内容。教学目标应该体现教学内容的学科特点,如语文、历史等人文类学科注重文化传承、价值渗透等方面,物理、化学等自然科学类学科注重运算推理、科学探究等方面。教学内容的难易程度也是教育目标设计的重要依据。二是适合教学主体即学生的特点。教学目标要处于学生的"最近发展区",要考虑学生的认知水平和心理特征,基于学生的学习需求,充分考虑其年龄特点、个

---

① 李森. 现代教学论纲要 [M]. 北京:人民教育出版社,2005:115.

性特点等因素。

教学目标的明确性。教学目标明确，常常是我们评价一堂课的基本要求。这里的明确一是指教师自我明确本堂课的教学目标，不仅仅是简单地罗列教学目标本身，更应清晰地知道教学目标的设计依据、目标的达成路径等，还应对教学过程中的生成目标做出一定的预设；二是指学生明确教学目标，教师应清楚地让学生明白应该通过学习解决哪些问题、掌握哪些知识、锻炼什么技能、体会哪些情绪等，便于学生对学习的自我监控和自我评价。

2. 教学效果的达成度

教学效果的达成度简单地说就是教学目标完成的程度。在课堂教学评价中，我们往往重视教师"教"得怎样，而忽视了学生"学"得怎样。我们从学生发展角度制订教学目标，设计了学生在三维目标方面应获得的具体发展，也应该将学生的学习情况作为课堂效果的评价标准。可以从三个方面来评价教学结果与教学预期的一致性程度。一是"学会"，学生理解了知识点，掌握了技能；二是"会学"，学生学会学习，培养了创新精神和实践能力；三是"乐学"，学生在课堂中体验了成功和愉悦，树立了正确的价值观。

虽然教学过程的根本目的是为了促进学生的发展，但是教师作为教学的主体之一，也应该受到关注，教师在教学过程中的成长，同样是教学效果的重要体现。教师通过教学，获得素质的提高和专业化发展的进步，也可以作为衡量课堂教学好坏的标准，只是教师的专业化发展是一个长期积累的过程，在具体的某一堂课中，体现得比较细微。

（二）课堂教学的过程

正如对学生学习的评价不仅看学习的结果，也要关注学习的过程一样，对课堂教学的评价，同样要关注课堂教学的过程。

1. 教学资源的利用度

课堂教学的有效性还指有效率，即有效地利用各种教学资源，使其最大限度地为教学服务，以此提升教学效率，这一点包括四方面内容。首先是教学内容的利用。教学内容安排要恰当，要能满足学生需求，适合学生特点，重难点层次分明。其次是教材的分析和处理。既不能照搬教材、照本宣科，又不能脱离教材太远，要对教材适度地延伸和扩展。再次是教学时间的把握。课堂的引入、展开、总结各阶段环环相扣，各环节过渡自然，有效利用。最后是教学媒体的运用。计算机、多媒体等技术运用恰当，有效为教学服务。

2. 教学实施的科学性

课堂教学是教师教授和学生学习的双边统一活动，师生共同作用的科学性也是教学有效性的重要表现，具体表现在以下三方面。一是教学方法的运用，改变以往过于强调接受学习的倾向，改变机械训练、死记硬背等方法，倡导学生积极参与、主动探究、勤于动手，合理运用合作学习、探究学习、自主学习等方式，培养学生的合作精神、创新能力。二是教学环节的实施，教学环节设计合理，各环节有效开展，充分尊重学生主体性。三是教学主体的表现。教师行为表现出优秀的教师素养和积极认真的教学态度；学生行为表现出浓厚的学习兴趣，并且能在教师的指导下积极思考。

3. 教学过程的艺术性

教育是科学，教育也是艺术，课堂教学作为教育的重要部分同样应具有艺术性。教师应在教学过程中展示出自己的教学风格和教学特色，教学语言艺术、教学组织艺术等同样是教学艺术的重要表现，教师的教学机智、对课堂突发事件的处理等，都能展示出教学的艺术性。

三、课堂教学评价的实施

课堂教学评价的内容是多元化的，在评价实施的过程中，我们应该如何有机运用这些内容？如何发挥评价的功能和作用呢？

（一）有效教学评价的理念——以促进师生发展为本的理念

课堂教学评价是对课堂教学进行总体价值判断的过程，教师和学生是教学过程的两个主体，这两个主体是否在教学过程中获得发展，是课堂有效性的根本所在，课堂有效性评价的理念是以促进教师和学生的发展为本。

一是促进学生的全面发展。学校教育是由专职人员和专门机构承担的有目的、有系统、有组织的，以影响入学者的身心发展为直接目标的社会活动。① 这里的入学者就是指学生。课堂教学作为学校教育的主要形式，其根本目的就是促进学生的身心发展，学生的进步和发展是评价教学的落脚点，因此课堂有效性评价的重要理念就是促进学生的发展。这里的发展，首先是指综合素质的全面发展。评价课堂好坏的标准不再是通过教学活动让学生记住了多少知识，也不再是学生考试的分数如何，而是学生作为人的全面素质的发展。学生的身心健康、智能发展、综合素质都应该是课堂评价的价值方向。其次是面向未来的动态发展。教育是面向未来的，学生是不断成长和发展的，有效的课堂不仅是完成了既定教学目标，而且应着眼于学生的发展过程和进步空间，有效的课堂应激发学生的发展兴趣和发展潜能，应为未来进步奠定良好的基础。

二是促进教师的专业化发展。教师是教学的另一个重要主体，也是教学过程的主导者，学生的发展也是在教师行为影响下的发展，所以相对于学生的学习情况来说，教师的教学状况更为显性，在课堂评价中，不可避免地要对教师的素质和行为做出评价。无论是评价内容的设计还是评价过程的实施，目的不在于对教师进行管理和甄别，而应该发挥其导向和激励功能，着眼于教师的专业化发展，促进教师教学水平的提高和教师素质的发展。

（二）课堂有效教学评价的原则

课堂教学评价的方式是多元化的，但是必须有正确的评价原则，这是课堂评价具体实施的重要依据。

1. 科学性和操作性相结合

课堂评价反映课堂教学活动的价值，反映教师的发展和学生的成长进步，它不是随意进行的，必须具有科学严谨的态度。第一，课堂评价要具有正确的指导思想和评价理念，这是科学评价的出发点，要基于正确的价

---

① 叶澜. 教育概论 [M]. 北京：人民教育出版社，1991：9.

值观、学生观、评价观来对评价进行整体设计。第二，评价过程各阶段、各环节的安排要有科学性，课堂评价的准备要遵循客观规律，课堂评价过程中要具备实事求是的态度，客观地收集教学过程中的各种信息，对各要素的分析要有理有据，基于客观现实得到评价结果，并且合理地运用评价结果。第三，评价模式和方法的选择要有科学性。要根据评价目的、教学内容、教学特点和类型等科学地选择评价模式，基于现实分析的基础上运用合适的评价方法，以最大限度地展示出课堂教学的价值。第四，评价工具的设计和运用具有科学性。评价标准的制订、指标体系的设计要以全面、客观地收集各种信息为依据，尽可能准确地、多角度地反映教学过程，指标体系的权重分配要合理，调查问卷、访谈提纲等调查工具的设计要具有较高的信度和效度。

课堂教学是学校教育的重要组成部分，对课堂的评价是日常性、经常性的活动，评价的主体也是多元化的，可能是专业教育研究者，也可能是学校管理者和教师，还可能是教师和学生进行的自我评价，因此，课堂教学的评价必须是可操作性的。一要有明确的评价目标，对评价目标、评价要求的说明清楚明了，对评价方法、评价实施等的解读要准确可行；二应根据不同评价主体选择合适易行的评价方法，质性评价综合判断要抓住问题实质，言简意赅，量化评价力求简单、易操作；三是评价应具有灵活性，评价标准、评价方法等并非一成不变，而应是灵活开放的，针对不同学科、不同年级做出适当调整，使其具有适应性；四是评价标准应操作易行，评价要点要可观察、可感受、可测量、可确定，以便评价者准确收集和分析各种信息。评价标准、指标体系要详略分明，各要素的安排、各要点的权重要清晰，测量、观察方法要分明。

2. 发展性和结果性相结合

发展性评价以全面发展为目标，核心是重视对教学过程的评价。对课堂教学的评价，不是通过评价得出"好"与"坏"的结论，而是应着眼于教学活动是否促进了学生的全面发展，通过诊断和分析教学过程中的问题，为改进教学过程提供方向，帮助提高教师教学能力，激励教师的发展。在评价内容安排上，应注重过程性，关注教师和学生在教学过程中的表现，评价方式、评价手段的运用要围绕课堂教学的开展，尽可能地收集到反映过程的信息，展示出教学过程中的问题。评价结果的运用以激励教师、促进教师发展为目的，不与奖惩挂钩，而是提供给教师自我分析、相互交流、共同讨论的平台和机会，促进教师发展，提高教学质量。

关注过程的发展性评价有利于教师素质和教学能力的提高，但是仍然不能忽视对课堂教学显性结果的评价。课堂教学是在有限时间内通过教学活动以达到教学目的的过程，因此，评价课堂教学是否有效，仍然要关注教学的结果是否达成了预定目标。不能重视了过程而忽略了教学任务的完成和对教学效率的评价。

3. 定量评价和定性评价相结合

所谓定性评价，就是要对教育过程和结果的性质进行分析评判，要采取经验判断的方法，侧重于从行为的性质方面对教育进行评判。所谓定量评价，就是采取量化的方法侧重从行为的数量特点对教育进行评价。[①] 对课堂进行定量评价，更易精确地反映出教学形式上、表象上的特征，体现评价的客观性，而定性评价更能反映性质上的特征，全面的课堂评价应该将二者相结合，相互补充，使评价更加科学和有效。

对课堂教学的定量评价，首先要做到测量指标、测量工具的科学性。评价指标体系、调查问卷等要具有较高的信度和效度，各指标的设计要有依据，问卷的问题设计要严谨，指标的分值权重要合理。其次，数量统计要准确。不管是简单数量分析还是运用现代化工具对大量数据进行统计处理，都要做到准确。

定性评价中需注意的问题是以下几方面：一是定性评价不是随意评价，要避免主观性，要以教学的结果和过程为依据进行分析评价；二是定性评价也不等同于模糊评价，在价值判断时，也要清楚地得出结论，同样需要精确性；三是要求评价者要有良好的观察能力、概括能力、归纳分析能力，要善于分析现象背后的实质，力求全面、深入地对课堂教学进行分析；四是定性分析也可以是基于定量基础上的分析，借助于量化统计的客观数据、现象，更加准确和充分地对课堂教学进行评价。

---

① 朱德全，宋乃庆. 现代教育统计与测评技术 [M]. 重庆：西南师范大学出版社，1998：345.

4. 重点评价和全面评价相结合

重点评价是指对课堂教学的某个方面、某个阶段或者某个环节的评价，全面评价是指对课堂教学完整的系统评价。教学是一个复杂的系统，各子系统具有相对独立性，重点评价更具有针对性，使各方面各层次的评价更深入。在重点评价的基础上也必须进行综合评价，才能够全面、完整地反映课堂教学情况。

重点评价时，首先应根据评价目的来确定重点分析的方面，要有针对性地抓住反映教学问题的主要方面，发现影响全局的主要因素，如教学方式的运用、教学效果的达成等就是课堂评价的重点方面，有的也可以根据评价的要求，事先规定评价的重点；其次，要根据重点评价的内容选择恰当的评价方式、评价手段，如要重点评价学生对教师的满意度，可采用问卷调查法来评价，要评价学生对知识点的掌握情况，则可采取全面检测或者抽样测试的方法等；再次，重点评价的具体做法，可通过加大在指标体系中的权重来实现，也可在评价过程中重点观察、分析，进行专项评价。

全面评价时要注意课堂教学内部各系统的有机联系，不能将教学目的、教学过程、教学效果、师生表现等方面的关系割裂开来孤立分析；全面评价是整体的、系统性的评价，但不是面面俱到的评价，仍然需要抓住主要矛盾，对各子系统的评价也应详略得当；从发展性目的的角度出发，对课堂教学或是教师教学的全面性评价要以激励为主，尊重教师的劳动，充分肯定优点，在此基础上深入分析问题，更好地促进教师的发展和教学质量的提高。

5. 自评和他评相结合

自评是指被评价者对自身进行价值判断的过程，在课堂评价中，就是指教师对自己的评价。自评的优势在于教师对教学意图和教学进程了解得更清楚，对一些隐性教学现象也有更清楚的认知，如对教学过程中出现的突发性问题，以及对自己的处理方式等更有发言权。自评能提高教师对自我的认识水平，通过深刻分析认识自己的优缺点，以达到自我监控的目的。他评指的是被评价者以外的组织或个人对被评价者的价值判断，在课堂评价中，就是其他人站在客观角度对教学的效果和过程进行价值判断的过程。他评的最大优势是客观性，客观地按照评价标准进行分析和判断。

教师在课堂上专注于教学，可能会忽略课堂上的某些细节，他评则可以使评价更全面。所以要将自评和他评有机结合，可以在自评后进行他评，在此基础上教师进一步反思，对课堂教学做出更进一步的评价。

自评要尽量做到客观，要摈弃主观立场来审视自己的教学行为，自评可以是定量的，如填写自评表，在自评表的基础上进行分析。自评更多的是定性的评价，将自己的教学行为和教学预期进行比较、分析、评价的过程。

他评的主体是多元的，可能有三种：一是评价组织者，可能是教学研究团队，也可能是某个教育研究者或者教育实践者个体；二是教学同行或教育管理者；三是学生。不同的评价主体采用的评价方法不一样，评价的侧重点也不同。

6. 评教与评学相结合

评教是指对教师及其教学行为的评价，评学是指对学生及其学习行为的评价。教学是师生互动，教师施以教学，学生获得知识，不断成长和发展的过程，教师的教和学生的学在教学过程中缺一不可，因此对课堂教学的评价，既要评教，也要评学。

评教是着眼于教师的教学行为，既有对教学水平的静态的评价，也有对教学过程的动态评价。评学是着眼于学生的学习行为，不仅评价知识、技能、认知水平方面的发展，也要评价情感、态度、价值观方面的发展。学生的学习兴趣、学习主动性、学习效果等，也间接体现了教师的教学水平和教学效果，评教与评学二者是密不可分的。

（三）课堂教学评价的方法

课堂教学的有效性体现在教学的各个方面，教学目的、教学内容不同，其价值体现的方式不同，则评价方式也不同，针对不同的教学主体，其适用的评价方式也不同，评价方式是多元化的。以下几种评价方式是在实际评价中常用的方式，根据评价的目的、内容、条件限制等采取一种或多种方式来进行。

1. 课堂观摩

课堂观摩是评价者通过对课堂的实际观察，直接收集课堂教学各种信息进行评价的一种方式，它是课堂评价的主要方式，也是最常用的方式。课堂观摩可以在定量评价中运用，依据一定的标准通过课堂观察进行量表评定，也可以是定性评价，评价者针对某些方面或者课堂整体效果进行定性评判。但无论是在定量还是定性评价中运用，课堂观摩都不是盲目和散乱的，都必须在课前准备好评价标准，制订好评价重点等，才能使观摩有针对性，提高观摩的效率。同时，观摩必须注意教学的情境性，将评价要素结合整堂课师生的教学行为、教学情境来观察和评价，不能断章取义。

课堂观摩有两大具体实现方式：一是评价者观看课堂教学录影资料，这个方法的优势在于不打扰课堂教学秩序，不会因为评价者进入课堂而对师生产生影响，同时还可以反复观看或者选取片段重点观看、评定；二是评价者进入课堂观摩，这种方法的优势在于能够更加全面地收集信息，更加细微地观察师生的教学行为，同时此方法比较简单易行。

2. 访谈法

对课堂教学信息的收集不能仅仅局限于课堂内，课堂外的信息同样具有价值，课堂外的访谈就是评价的重要方式。访谈法的运用有利于更加深入地了解教学行为的原因、结果等隐性信息，对教学设计、教师意图、学习效果、师生满意度等方面的信息收集，常常用到访谈法。

在课堂教学评价中，访谈的对象主要有两类：一是教师，主要了解教师的教学设计思想、某些教学行为产生的原因以及对教学效果的评价等方面的信息；二是学生，主要了解学生的学习效果、他们对教师的评价等方面的信息，要注意对不同层次学生的抽样访谈。

3. 问卷调查法

当需要对课堂外信息进行量化评价时，常用的方式就是问卷调查法。相对于访谈法，问卷调查法在信息总结的清晰化、客观性上更具有优势。问卷调查法同样是主要针对教师和学生进行。教师对于教学的自我认知、听课教师对课堂的评价、学生的学习效果、学生的看法等方面，都可以用问卷调查法来收集信息。在实际操作过程中，要注意问卷设计的科学性、结果统计的准确性等。

4. 资料查阅法

通过查阅与教学有关的资料收集信息，与其他信息相互印证、相互补充，为课堂教学评价提供依据。查阅的资料类型主要有：教案、教材、作业、教师的反思日志等。

（四）课堂教学评价的过程

课堂教学是一个多要素、多阶段的复杂系统，在具体实施评价时，大致可以分为准备、实行、总结三个阶段，每个阶段相互联系又相对独立，形成一个有机动态过程。

1. 准备阶段

准备阶段的主要任务是对整个课堂评价工作进行设计和安排。有效的评价依赖于对评价各方面的充分准备，是评价顺利开展的基本前提。

准备阶段要准备的内容是什么呢？首先是确定评价的具体目的。从根本上来说，评价的目的都是为了促进教师和学生的发展，但是具体到每次评价来说，又是有差别的，如诊断性评价，帮助教师分析教学问题所在；甄别性评价，主要用于比赛、遴选等功能；交流讨论性评价，主要目的在于引发教师们的讨论，多用于教研活动等。评价具体目的不同，评价内容、评价方法等也会随之各异，因此，确定评价的具体目的是评价准备的第一个任务。

其次是评价人员分工、时间安排。如评价者是一个团队，则需结合实际情况进行分工，每人重点观察一个或多个方面，使评价更加有针对性，更加深入。

再次是评价工具、材料的准备。这是一个非常重要的步骤，包括指标体系的设定，调查问卷的编制等。设计评价指标体系的过程实际上就是对评价标准、评价内容、评价方法进行设计的过程，它基本决定了评价实施的主要框架。如何制订评价指标体系在前文已有详细介绍，此处不再赘述。特别要注意的是，对评价指标体系等比较复杂的评价工具，应进行必要的解读，使评价者对设计意图、观察点选取、权重分配等有清晰的认识，以便更顺利地实施评价。

2. 实施阶段

实施阶段的主要任务是根据评价标准的要求，通过课堂观察、调查、测验等方式，全面、广泛地收集课堂教学的信息。实施阶段是将评价设计、评价理念付诸实践的过程，评价实施过程的好坏，直接影响评价结论的准确性和科学性，是课堂教学评价的中心环节。

实施阶段的任务主要是：全面、广泛地收集课堂教学的信息，要做到客观；对照评价标准进行量化测评或者主观判定，保证准确。另外需要注意的是，大多数课堂教学评价都需要进行课堂观察，评价者作为旁观者，要尽力不打扰课堂的正常教学秩序，使课堂呈现更真实的情境。

3. 总结阶段

总结阶段的主要任务是根据实施阶段所收集到的信息、数据，进行归类、综合、分析，对课堂教学的结果和过程，对教师和学生的行为进行评价，这是评价过程的落脚点。

课堂评价的总结包括两个阶段，一是结果的得出，二是结果的反馈。在获得评价结论的阶段，要注意评价的多元化、全面性，要多角度、多层次地对信息进行分析，使评价结果更加准确地反映课堂教学。评价结果不仅仅是要得出好、坏的结论，更要对原因进行分析，对发展方向予以引导。评价结果的反馈可以是口头交流，也可以是书面报告，要肯定优点，发现存在的问题，并引导教师积极反思、讨论，充分发挥课堂教学评价的激励和导向功能。

第二节　个案举样

一、案例背景

重庆市某县开展名师培训活动，课堂教学培训是活动的重要内容。参加培训的十余名教师分别授课，专家组针对每节课进行系统、全面的评价，参加培训的教师通过授课、听课、评课，在自评与他评等过程中获得教学技能的提高。

二、评价目的

以评促改，通过评价发现教学中的问题，分析问题的原因，提出改进策略和教师的发展方向，提高教师的教学有效性。

三、评价内容

（一）评价内容的选择

本次评价的内容一共分为七个部分：教学思想、教学目标、教学内容、教学过程、教学方法、教学效果、教学特色。各部分的权重分配如表10-1所示。

表 10-1　课堂教学评价内容及权重分配表（总分 100 分）

序　号	内　　容	权重分配
1	教学思想	8 分
2	教学目标	12 分
3	教学内容	20 分
4	教学过程	20 分
5	教学方法	10 分
6	教学效果	25 分
7	教学特色	5 分

（二）评价内容的分析

从教学流程的角度筛选一级指标是该评价体系的最大特点。教学目标、教学内容、教学过程、教学方法、教学效果是中小学课堂教学的要素指标，理应成为评价课堂教学的一级指标体系，该评价基于有效教学是有思想的教学的前提，将教学思想摆在前面，以引起一线教师重视教学思想、提升教学设计的意识；将教学特色置后，是希望所有中小学教师达到做思想型教师、塑个性化教学的理想境界。

教学思想是先导。思想是行为的先导，该评价将教学思想上升为一级指标是基于"规范教学行为必先纠正教学思想"的教学管理理念，做思想型教师是提升教师教学水平、打造地区团队师资、提高地区教育知名度的前提条件。一个有思想的教师，才能清楚地知晓未来社会人才的规格与质量，才能制订行之有效的教学计划供学生学习与发展。基于此考虑，该评价赋予其 8 分权重值。

教学目标是出发点。课堂教学目标是教师设计课堂活动的出发点，课堂教学内容的选择与组织、教学过程的安排与设计、教学方式方法的审视与处理、教学效果的检查与考核都与教学目标有关。因此，教学目标本身的问题，包括教学目标的设计问题、陈述问题、达标问题等，与课堂教学的有效性直接相关。基于此考虑，该评价在考察教学目标时，不是基于传统教学目标的"达标"状态的单一考察，而增加了"目标设计""目标陈述"等技术性方面的要素，以帮助中小学教师真正掌握教学目标要素在课堂教学中的操作要领，提升课堂目标的有效性。因此，该评价赋予其 12 分权重值。

教学内容是中心。就课堂教学而言，"教什么"直接影响着"学什么"。就教师而言，"教什么"的问题不仅包括内容选择问题，还包括内容处理问题以及内容呈现问题。就一堂课而言，"内容选择"的分量就显得略为不足，因此，该评价在考察教学内容时，从教学设计的角度着力考察了教师对教学内容的处理与内容呈现两个板块任务中教师所应具有的课堂教学的技能技巧问题。分析、处理教学内容的深度与广度直接与课堂教学的有效性相关。因此，该评价赋予其相对较高的 20 分权重值。

教学过程是关键。教学过程是课堂教学思想、教学目标、教学内容的直接体现，再好的教学思想、再科学的教学目标、再先进的教学内容，只有在具体的课堂教学过程中才能得到落实与显现。因此，教学过程是课堂教学评价的关键指标。评课活动因不同的观摩对象而表现出不同的评价点，该评价将教学过程的考察设计为考察教学过程中的师生行为以及考察教师对教学环节的具体设计，是教师是否落实"以学定教"有效思想的关键环节。基于此考虑，该评价赋予其 20 分权重值。

教学方法是支撑。教学方法是促使课堂教学活动顺利实现的强有力支撑，合适的、合理的教学方法既能保障教师在有限的时间里传递大量信息，又能保障学生在有限的时间里获得并理解课堂教学知识、发展并丰富其问题解决能力，进而促使其情感价值观得到发展。因此，教法的选择问题与学法的指导问题，是有效教学就教学方法考核点的两个基本问题。基于如此考虑，该评价赋予其10分权重值。

教学效果是追求。追求高质量的课堂教学效果，是每一个课堂教学评价指标体系都非常关心的问题。就课堂教学评价而言，教师的"会教"必然以学生的"学会"为关注点。该评价在设计过程中，除了考查学生通过本次教学活动在基本知识、基本能力以及学习兴趣等方面的达成情况外，还增加了学生与教师本人对本次教学活动的满意度调查，以提升授课教师的职业荣誉感与专业进取心。基于此考虑，该评价赋予其绝对偏高的25分权重值。

教学特色是追求的境界。追求特色教学、个性化教学，既是时代赋予教师的光荣职责，也是每一位有思想的教师对职业的自我认同与追求。传统的课堂教学评价，对特色的处理采取的是加减分的评价方式，该评价体系，将特色提升为一级指标并赋予其5分的表现权重值。

四、评价过程

（一）评价准备：评价工具的制订

1. 指标体系框架的设计

根据以上七部分的评价内容，评价组设计了课堂教学评价指标体系。指标体系由A级指标、B级指标和观测点组成，并针对每个观测点列出等级标准。同时，指标体系上注明了评价的方法，便于评价人员操作。评价采取自评和他评相结合的方式，评价采取既给出等级又打出分值的方式进行（如表10-2所示）。

表10-2 课堂教学评价表（一）

A级指标	B级指标	观测点	等级标准	评估方法	自评		专家评	
					等级	分值	等级	分值

2. 各级指标的设计

A 级指标由教学思想、教学目标、教学内容、教学过程、教学方法、教学效果、教学特色七部分组成。每个 A 级指标又分为 2~4 个 B 级指标，根据 B 级指标的内容分配适当权重（如图 10-3 所示）。

表 10-3　课堂教学评价表（二）

A 级指标	B 级指标	分　值
教学思想 8分	教学指导思想	4分
	教学设计思想	4分
教学目标 12分	目标设计	4分
	目标陈述	4分
	目标达成	4分
教学内容 20分	内容处理	10分
	内容呈现	10分
教学过程 20分	教学行为表现	8分
	教学环节设计	12分
教学方法 10分	教法选择	5分
	学法指导	5分
教学效果 25分	学的效果	15分
	教的效果	10分
教学特色 5分	教学气质	2.5分
	教学风格	2.5分

3. 观测点的设计

观测点是评价的"立足点"，是对 B 级指标的进一步阐述。观测点的设计一是进一步细化指标体系，使指标体系更加科学化；二是便于评价者更加准确地给予评价；三是让被评价者更加清晰努力的方向和着力点。以"教学目标"为例，其观测点的设计如表 10-4 所示。

表 10-4　课堂教学评价表（三）

A 级指标	B 级指标	观测点	分　值
教学目标 12 分	目标设计 4 分	全面性	1 分
		适合性	1 分
		*明确度	2 分
	目标陈述 4 分	*陈述正确	4 分
	目标达成 4 分	达标状态	4 分

备注：带＊的观测点为重要观测点，此后出现的均不再专门说明。

　　"指标+观测点"的分解方式，方向性中突显了针对性。在有效教学评价中，指标体系的设计、各级指标的分解同时也是有效教学思想运用于教学实践的过程。有效教学评价不仅仅关注结果的达成，目的也不在于奖惩和排名定级。本指标体系在设计思路上，不是从"做得怎么样"的角度，而是从"应该怎么做"的角度来对二级指标进行分解，由此，在观测点的处理上，一方面照顾了课堂教学的"技术"层面，如"教学目标"的"目标设计""目标表述"，以帮助授课教师真正掌握教学目标设计技术；另一方面照顾了课堂教学的逻辑层面，如"教学内容"的"内容处理"与"内容呈现"，以帮助授课教师深入领会教学内容的展开与拓展逻辑。因此，本指标体系不是对授课教师业已完成的课堂教学的情况检查，而是对授课教师面临的课堂教学情况的"审视"。[①]

　　本指标体系共设计了 30 个观测点，每个观测点都指向教学的某一方面，根据评价的侧重点，又将某些观测点作为重点评价的方面，使指标体系更加有指向性，如表 10-5 和表 10-6 所示。

[①]　朱德全，张家琼，桂平．提升课堂教学有效性的实践探索 [J]．教育研究，2010（4）：105-106.

表 10-5 课堂教学评价表（四）

A 级指标	B 级指标	观测点	分值
教学效果 25 分	学的效果 15 分	*基础知识学习情况	5 分
		*能力发展情况	5 分
		*学习兴趣情况	5 分
	教的效果 10 分	*学生满意度	5 分
		自我满意度	5 分

表 10-6 课堂教学评价表（五）

A 级指标	B 级指标	观测点	分值
教学方法 10 分	教法选择 5 分	教学方法恰当	2.5 分
		*教学方式多样	2.5 分
	学法指导 5 分	*学习习惯	2.5 分
		*学习方式	2.5 分

该评估在最后定性评价的处理上采纳了依照重要观测点的数量酌情考核评价等级的处理方式，主要从三方面来考虑重要观测点，一是"有效性"教学评价的性质，二是课堂教学评价活动的常态重要指标，三是中小学评价的特殊性。

指标体系共设计了 30 个观测点，筛选出 17 个重要观测点，这些重要观测点影响着中小学课堂教学评估最终的定性评价。重要观测点的筛选凸显全面和重点相结合的原则。全面体现在重要观测点覆盖每个一级指标。一级指标是课堂教学的重要的基础性问题，缺一不可，每个一级指标都有重点需要观察和评价的观测点，使评价更加全面、准确和科学。重点体现在重要观测点向关键指标倾斜。该评估指标体系的权重分配体现了"注重过程、考核效果"的评价理念，将教学内容、教学过程、教学效果作为本评价指标体系的重要权重指标，因此，重要观测点的选择数量较多，以体现重点突出的评价思想。

4. 评价标准的确定

评价标准是评价指标体系的重要构成，在确定评价标准时，一是要确定评价标准的等级数量，二是要对标准进行恰当和准确的描述。

本次评估采取四级等级评价的方式，并且详细阐述 A 级和 C 级标准以及评价要求，同时确定出评分区间。

如在 A 级指标"教学内容"中，分为"内容处理"和"内容呈现"两个 B 级指标，其中在"内容处理"方面，通过"重难点处理""容量大小处理""情境创设处理"三个观测点来评价，这三个观测点的等级标准如表 10-7 所示。

表 10-7 课堂教学评价表（六）

观测点	等级标准	
	A	C
* 重点 难点 处理 （4）	能结合学科特点和学生特点找准重难点，能充分利用课堂教学时间重点讲授重难点。（3.6-4）	重点、难点的把握比较准确，基本上能围绕重难点内容授课。（2.4-3）
容量 大小 处理 （3）	课堂教学容量很适中，为讲解重点内容而遴选的辅助材料能充分满足学生迁移学习的需要。（2.7-3）	有教学容量意识，课堂教学容量比较适中，基本上能围绕教材内容遴选辅助材料。（1.8-2.25）
情景 创设 处理 （3）	能结合内容特点适当补充相关的情景材料；能围绕教学目标创设适应学生学习需要的问题情景、生活情景或者多媒体情景。（2.7-3）	为讲解教学内容而补充的辅助材料基本上能起到帮助学生理解教材的作用，基本上能集合学科特点选择适合需要的问题情景、生活情景或多媒体情景。（1.8-2.25）

又如在"教学过程"方面，主要通过"教学行为表现"来体现，"教学行为表现"又通过"教师教的行为"和"学生学的行为"来进行观测，其等级标准的设计如表 10-8 所示。

表 10-8　课堂教学评价表（七）

观测点	等级标准	
	A	C
*教师教的行为表现（4）	教学很投入，表现在教学有激情，教学语言精彩，教学表情自然；态势语言得体；课堂气氛有感染力。提问行为合理，能根据学生个体差异进行不同方式、不同程度的提问，能做到面向全体同时照顾个体的提问，能根据教学实际自问自答，能结合学生的答问进行有效小结。激励行为有效，能结合学生的个性差异进行以表扬为主、批评为辅的教学激励行为，能发现并正确引导学生在课堂中的生成行为。（3.6-4）	教学比较投入，表现在教学比较有激情，语言比较平淡，课堂气氛不是很活跃；提问行为比较合理，比较能照顾面向全班同学的集体回答与面向个体学生的个别回答；有适当的激励行为，基本上能捕捉学生课堂表现中的闪光点进行及时的鼓励与表扬。（2.4-3）
*学生学的行为表现（4）	绝大多数学生参与意识强（90%以上），主动提问、答问人次多；有讨论、辩论、争论。思维活跃，解决问题有创意。（3.6-4）	大多数学生积极参与课堂（75%～60%之间），有主动提问、答问的意愿，有零星的争辩现象。（2.4-3）

　　对等级标准的正确理解和高度关注是用好指标的关键之一。本指标体系在等级标准的表述上，着力寻找了一些关键的词语来表达分等情况，因此，评估专家或受评对象在比照指标的时候，应力求体现等级标准中的关键词语所体现的内涵并给出适当的评分，以避开指标在表述时为表达的清楚性而罗列的烦琐语句。鉴于课堂教学的学科属性，等级标准在必要的地方做了"文科""理科"的批注说明，这样的指标说明一方面是提醒专家或授课教师应关注课堂教学的学科属性，另一方面是想说明该检测项的评分注意力，以使受评教师达到"以评促教""以评促学""以评促改"的功效。

为提高评价的操作性，本评价指标体系对每个观测点设计了 A 等与 C 等的等级标准，在等级的分解中，每个观测点所得分数在其权重值的 90% 以上定为 A 等，在 75%～60% 之间界定为 C 等，界于 A 等与 C 等之间的是 B 等，C 等以下是 D 等。

该评估体系采取 100 分制，最终评估采取优质课、良好课、合格课、不合格课的定性评价方式，其等级标准界定为：

优秀：A≥25，C≤4，D＝0，（其中重要观测点 A≥14，C≤2），特色鲜明；

良好：A+B≥25，D≤1，（其中重要观测点 A+B≥14，D＝0），有特色亮点；

合格：D≤3（其中重要观测点 D≤1）。

与以往的评估指标体系设计所不同的是，该评估指标体系采取了等级评价与分数评价并举的评价方式，这样设计的最大好处是既能对学校评价进行常态等级界定，同时又能看出同一等级学校之间的分数差异。

（二）评价实施

在评价指标体系确立后，评价就可以开始实施了，评价实施包括评价如何开展，由谁来实施等方面。

1. 评价的方式

本次评价运用了课堂观摩、访谈、资料查阅等方法来进行。首先通过课堂观摩的方式直接获得教学情况的第一手信息；然后通过访谈更深入地了解教师的教学理念、教学设计、教学安排等方面的信息，课后访问部分学生，以了解教学效果以及学生对教学过程的评价；同时查阅了教材、教师教案、学生作业等书面材料。

2. 评价人员安排

为保证评价的客观性和专业性，此次评价由第三方评价团队来实施，评价团队由教育评价理论研究者和实践者共同组成，具有专业的评价角度和丰富的评价经验。同时，学校管理者和教师积极参与到评价标准的设计等过程中，使评价更好地实现其功能，更加有效地促进教师的成长。

（三）评价总结

评价的总结分为两个阶段，一是评价结果的得出，二是评价结果的反馈和运用。

1. 评价结果的得出

评价人员根据指标体系的量化结果，结合访谈所搜集到的资料，得出评价结果。评价结果不是简单的好和坏的区分，也不是分数的甄别，而是分类评估报告，既有对个别教学的评估分析，也有对教学中的共性进行的集中分析。综合评估报告针对文理科的教学特点分类分析，使评价更具针对性。以其中一个评估报告为例，该评估报告首先提炼课堂教学的闪光点，然后指出教学中存在的问题，在此基础上，结合学科、教师和学生的特点，从教学思想、教学目标、教学内容、教学过程、教学方法、教学效果、教学特色这几个方面分析问题存在的原因，进一步提出对策和建议。由于评价对象是参加名师培训的教师，因此该评估报告紧密围绕着名师成长的主题展开，分析了名师素质的养成、名师的专业成长和名师培养路径。

2. 评价结果的反馈和运用

对评价的反馈是分层次进行的，个别反馈和集中反馈相结合。首先是对教师个体的结果反馈，针对教师单节课堂行为进行一对一或者多对一的反馈、交流，对个别教师的课堂教学进行评价。其次是开展集体交流反馈会，分组进行结果分析。评价反馈时肯定优点，提出问题，分析问题存在的原因，讨论改进对策和教师的发展方向。

评价结果反馈有两种方式：一是口头反馈，通过面对面交流的方式对评价结果进行分析；二是书面反馈，形成了系列评价报告提供给教师个人和学校管理者，作为教师发展和学校管理的依据。

五、案例小结

以上举例说明了课堂教学评价的具体实施和操作。不管是评价的内容选择，还是评价的具体实施，都代表着评价设计者的评价思想。它既要体现出一个时代先进的评价理念，又要能反映评价的特定目的和侧重点。综合起来，该评价体现了以下评价理念，而所有评价内容的选择、方法的使用、结果的分析等，都是在这些理念的指导下设计的。

（一）有效性原则

课堂教学有效性评价就是从有效性角度出发：教学设计着手于教师的"会教"，着眼于学生的"学会"，着眼于教师的教学设计思想、教学功夫、教学科学，讲究的是上课逻辑流程以及由此而产生的效果、效率、效益。因此，有效教学评价是从教学本质的角度对课堂教学要素方面所做的价值判断的活动，换言之，有效教学评价更加关注教学的"应然"状态。

（二）操作性原则

基于"有效性"课堂教学评价定位，评价标准将"教学思想"和"教学特点"放在首尾位置，将教学目标、教学内容、教学过程、教学方法、教学效果等课堂教学基本要素放在中间的流程方式，是与授课教师的课堂思维方式同构的，这样的设计，使教学各方面展现得更加清晰，使课堂评价更具有操作性、科学性。

（三）"三结合"原则

1. 定量评价与定性评价相结合

本次评价将定量评价和定性评价有机结合起来。评价小组设计了科学的评价指标体系，对指标体系中的各观测点进行分数权重分配，进行量化评价，客观地反映出教学各阶段、各要素的情况。同时，在量化信息的基础上，要对教学情况进行定性分析，深入分析课堂教学中的问题，积极与教师交流、沟通，分析问题存在的原因，并在综合分析各方面信息的基础上，指出改进策略和发展方向。

2. 模糊评价与精确评价相结合

该评价既关注等级，也关注分数，采取"等级+分数"的模式，将模糊评价与精细评价有效结合起来。评价体系采取分数与等级相结合的结果呈现方式，学校和专家首先根据评估对象在各观测点的整体情况打出等级，再确定具体得分。一方面，等级的划分将课堂教学的有效性进行模糊评判，使教师找准自己的位置，另一方面，相同等级中教师的不同分数也能显示出来，体现同级中再论高低的精细评价思想。

3. 宏观评价与微观评价相结合

该评价采取"指标+观测点"的分解方式，体现了宏观评价与微观评价相结合的理念。本次评价设计了 7 个一级指标，每个一级指标下设 2~4 个二级指标，再下设若干个观测点，体现从宏观到微观的指标设计思想。一级指标从宏观上关注了课堂教学评价的基础性问题，这对课堂教学发挥着方向引导的作用。一级指标是宏观的、抽象的，二级指标则是一级指标的细化。通过对一级指标核心要素的分解，二级指标关注的是课堂教学评价基础性板块的具体的、核心的问题。在二级指标基础上设计的观测点，则是课堂教学评价实施环节中的重要观察要素，这些观测点具有直观性、可操作性，是课堂评估信息的来源，同时也是学校促进教师发展、教师提升教学有效性的重要着力点。这样，从宏观抽象的教学思想，到中观可察的教学环节，再到微观可操作的课堂教学具体问题，层层解剖，既体现了评价的方向性，又避免了评价的空洞，实现了评价的可操作性、针对性。

第十一章　教师系统：专业发展评价

　　教师评价是五级评价系统的重要内容之一。科学有效的教师评价在准确评估教师的同时，还能推动教师教学技能与教育观念的提升，促进教师的专业成长，并为学校办学质量的提高提供源源不断的动力，为学生的全面发展奠定良好的师资条件。在当今经济社会飞速发展和基础教育深化改革的背景下，教师专业发展评价已成为教师评价领域的主旋律，适应了新时代教师、学生、学校和社会的需求，为整个教育评价系统注入了无尽的活力。因此，探索教师专业发展评价的背景与作用，梳理其内涵与特征，明确其主体与维度，设计出具体操作的方案、标准与原则，总结优秀的实施案例，将更好地展现教师专业发展评价的优良效能，洞悉现代教师评价、教育评价系统发展的趋势与方向。

第一节　概　　述

　　随着社会、经济的转型和基础教育的改革，学校需要进一步提升管理质量、促进教师专业成长和学生的全面发展。但传统的教师评价制度往往将教师评价限于形式主义的窠臼，无法造就出一支高素质的师资队伍，更不能带来教育教学活动的实质变化，不利于学生素质教育的实现，已经不能适应社会、教育发展的要求。以发展为核心的教师专业发展评价不再以自上而下的奖惩式、单一的行政评价去衡量教师，而是关注教师的参与、差异与成长，是一种激励教师积极性和促进教师专业发展的科学的、合理的评价制度，能够弥补传统教师评价的多种不足，跟上社会发展的步伐，推动教育改革的实施。

一、教师专业发展评价的背景与作用

教师专业发展评价摒弃了"经济人"理论采用金钱和奖励刺激教师的做法，综合社会、心理因素，根据现代教育理论、评价理论科学制订出"以人为本"的评价制度，能够最大限度地满足教师专业发展和赢得尊重的需要，对学校教育质量的提升以及基础教育事业的发展起着重要的作用。

（一）教师专业发展评价的背景

20 世纪 80 年代中期，英国、美国、日本开始出现教师专业发展评价制度，在我国，教师专业发展评价制度于 20 世纪 90 年代后期被引入部分地区与学校，并随着我国基础教育改革的纵深推进，处于蓬勃发展的阶段。综观教师专业发展评价的背景，社会发展、教育改革、学校管理、评价体系等方面的需要是其成为实践与研究热点的动力。

1. 转型社会呼吁教师的持续发展

美国传播学批判学派代表人物丹尼尔·贝尔（Daniel Bell）认为人类社会已处于以理论知识为中轴的后工业社会，"意图是'人与人之间知识的竞争'，在那种社会里，以信息为基础的'智能技术'同机械技术并驾齐驱"①。知识经济社会之下，人们已不再简单从事过去的单纯物质资料生产，而是重视信息加工、制造和转化，这一切对个人的心智发育和受教育程度有了更高的要求，从而使一种以人格和谐发展为核心的文化价值观、培养具有创新精神和创新能力的教育观逐步确立起来，宏观领域和微观领域的教育改革也势在必行。其中，强调知识本位和能力本位为核心的传统教师评价已不适应社会、文化的转向，更无法跟上市场经济激烈竞争的步

---

① 丹尼尔·贝尔. 后工业社会的来临——对社会预测的一项探索 [M]. 高铦，等，译. 北京：商务印书馆，1984：134.

伐和社会对高质量师资的期盼。[①]

传统的教师评价重在评价教师传递知识经验，忽视教师和学生的主体性、主动性；重在发挥评价的工具性作用，忽视评价主体和评价过程所包含的客观因素、情感因素；重在得到和宣传甄别性、鉴定性的评价结果，忽视评价的诊断功能、教育功能和教师的整体发展，不利于教师健全人格的展现和职业前景的规划。传统教师评价大都只看"分"不认"人"，仅将教师评判等级与学生的考试成绩联系起来，以主观定性评价或单一定量评价为主，重视评优、晋级、加薪、奖励、录取等功利性目的，轻视改变、成长、优化等发展性目标，更容易导致教师成为缺乏情感意志、没有事业追求的"经济人""机器人"。由此，通过建立教师专业发展评价机制，造就一支高素质的教师队伍的任务就显得越为迫切。

2. 教育改革需要教师的专业发展

传统教师评价是"应试教育"的产物，教师的教育教学成果被简化为学生的应试分数和升学率，使得教师一味地追求学生考试成绩、升学率的提升，片面地积累大量的考试材料并对其进行详尽的分析，而对学生知识系统的完整性、发展力以及所教学科的前沿都有疏忽，这种评价制度极不重视教师的专业发展、过程评定，教师的创新能力和真正的教学科研能力的提高根本无从谈起。

随着我国基础教育改革的深入以及教育全球化发展的趋势，"建设一支高素质的教师队伍是扎实推进素质教育的关键"[②]。教育改革的成败与教师专业的发展息息相关，教师专业提升需要适应教育改革的大潮以规划教师的未来发展，也需要一种能动态关注教师专业发展的评价制度，而教师专业发展评价是提高教师队伍素质的重要措施，能够对教师队伍建设的推动起到基础性作用。如在评价功能上，教师专业发展评价不仅能充分发挥评价的选拔、甄别功能，更能促进教师的专业发展、职业成长，是以"发展"为统摄、为"发展"而服务，综合甄别、诊断、导向、激励等功能的评价制度。在评价环节上，教师专业发展评价克服传统教师评价中以结果

---

① 徐硕. 发展性教育评价读本［M］. 沈阳：辽宁教育出版社，2005：51.
② 中华人民共和国教育部. 开创基础教育改革与发展的新局面：全国基础教育工作会议文件汇编［M］. 北京：团结出版社，2001：17.

为重心，过度采取终结性评价的弊端，关注教师培养学生的过程、促进学生全面发展的作用，重视教师专业水平、教学能力和综合素养的提高，激发教师自我实现的内在动力，将终结性评价与过程性评价融为一体，不再人为割裂教育过程与教育成果，全面促进教师的专业成长。

3. 学校管理鼓励教师的积极参与

在管理学理论中，"有机性组织的管理方式重视人的因素，把人看作是具有进取性的人，注重激发人的内在动力和自觉性，适用于横向联系为主的组织，能适应迅速变化的形式和环境，并根据特殊问题的需要进行改革"①。学校管理所关注的是一个个具有鲜活思维和创造能力的人，目标是促进学生和教师更好地成长与发展，必须采取重视人的"有机性"管理，加之剧烈的社会转型和蓬勃的教育改革，促使学校管理由服从、命令、指示的"机械性"管理向自觉、自省、参与的"有机性"管理转变。而传统教师评价无法很好地调动教师的自我发展和自我管理的积极性，不适应学校管理与改革需求。

教师评价是学校有效管理的一种重要方式，传统的教师评价无法有效提高教师素质、促进教师发展、提升教育质量，无法满足学校的高效管理和长远规划，而教师专业发展评价能有效改善这一局面：一改教师重视学生赢得高分数的功利现象，促进学生德、智、体、美、劳的全面发展；改变教师单方面强调自身学科重要的工作态度，加强教师之间的沟通交流、团结协作；脱离与奖惩直接挂钩的片面评价，为教师创造宽松、乐观、奋进的工作氛围；化解教师在评价过程中的担心、被动、惧怕甚至抵触心理，吸引教师积极参与，发挥其评价主体的能动性。在此背景下，教师专业发展评价成为学校管理改革、教育提升的内在需要和应有方向。

4. 评价变革要求教师评价的改革

落实素质教育关键在于有一支高质量的教师队伍。建立一种合理、科学的评价体系，促进教师素质提高和未来发展的有效机制非常重要。因此，借鉴英、美发达国家的教师评价制度，结合我国的教育实际，构建具有中国国情、时代特色的教师评价体系是一项重要的任务。然而，传统教

---

① 徐硕. 发展性教育评价读本 [M]. 沈阳：辽宁教育出版社，2005：50.

师评价多是自上而下的行政评价、他人评价和强制评价，采取"是什么"或"如何做"的表层评价方法，不征求教师对评价标准的建议、不考虑教师之间的区别与差异，完全用同一把尺子衡量和评价教师，将复杂的教师评价简化为"看分不看人"的机械量化过程①，陷入单一、狭窄、浮躁的形式主义，无法帮助教师长效地改进教学，增加教师的不满和委屈，挫伤教师的积极性。

教师专业发展评价立足于教师内在发展需要，是一种促进教师自发的、自我主导的评价制度。教师专业发展评价强调在征求教师需求、考虑教师差异的基础上，根据个体的不同发展阶段、不同学科、不同年龄、不同成长属性，制订出科学、严谨和区别化的评价指标和评判标准；注重教育教学活动的集体性、复杂性与持续性的特点，在充裕的评价时间中详细考量，运用现场考察、过程关怀、隐性发展等方式，公平、合理、全面地评价教师；重视在评价工作中发挥教师的主体作用，营造一种合作、协商、参与、沟通的评价氛围，提高评价的效度和信度，激励教师在评价中自我认识、自我反思、自我改进和自我发展，获得真正、有效的鉴定与成长。因此，教师专业发展评价是教师评价体系改革的内在需求。

（二）教师专业发展评价的作用

教师专业发展评价着眼于教师的专业发展，将评价标准、评价对象、评价方式与评价反馈等要素有机结合，不断地获取、交流和处理评价信息，发挥专业发展评价机制的作用，以便于科学、全面地检查监督学校的各种情况，评估教师教育教学的质量与成效，激励教师和学校及时发现问题、寻找解决办法和改进措施，激发教师的动机与行为向更优更高的目标发展②，为学校、教师和学生的教育教学做好导向，为办学活动与教育发展指明路径。

1. 引领教师专业成长

教师是学校的核心要素之一。在评价过程中，评价者应当尊重教师的存在及价值，包括满足其对能力、知识的追求，对自尊心、自信心的维

---

① 徐硕. 发展性教育评价读本 [M]. 沈阳：辽宁教育出版社，2005：50.

② 李小融，唐安奎. 多元化学校教育评价 [M]. 杭州：浙江教育出版社，2009：6-11.

护，对成就、名誉、地位的向往，以及获得组织、同行的承认和欣赏，能够在工作中展现个人兴趣、意志、思想、情感，不断地开拓与创新，最终实现理想和价值。[①] 教师专业发展评价则以此为目的，指向于教师的专业发展，对教师的专业成长起到引领作用。在充分调动教师的主动性、独立性与能动性的基础上，学校与教师共同参与评价方案设计和具体的评价过程，使得教师能够在一种和谐、宽松的氛围中自觉地完成对自身的客观评判，树立标准并规划发展。在具体操作中，教师在整个评价过程中不但能够发挥自我认知能力、评价能力，还能积极地自我负责、自我激励，更加重视工作过程，站在促进未来发展的高度上，积累优秀的工作表现，同时制订出切合实际的个人发展规划。

2. 提升教育教学效度

教师的专业化发展已经成为时代的迫切要求，教师本身也具有对专业成长了解与发展的动机。这种动机表现为教师希望自己更加优秀，它是教师积极参与专业发展评价的内在动力。因此，教师大都愿意从情感、需求层面出发，主动接受与应用这种新型的教师评价模式。具体而言，教师明白专业发展评价的活动与标准是其促进专业成长最有效、最快捷的方式，而且利于教师清楚地评判自身的专业知识与技能，能够如实地反映隐性与显性的工作过程，多元全面地评价教育教学情况，为帮助教师摆脱教学困境找寻解决途径。从而，教师将主动开展对评价标准的接受和学习、完善个体规划发展的具体步骤、确定规划实施的可行策略、反思总结实际过程结果与目标的差距、认同学校评价目标参考标准的修订，以便加强专业素质、职业道德、教育观念、教学实践、学科知识和科研反思等方面的学习与工作，提升自身的教育教学能力[②]，更好地传道授业、教书育人。

3. 推进学校整体发展

教师的发展需要与学校的发展需要密切相连，每个教师的个体发展离不开学校整体发展的支撑，学校的整体飞跃更要求教师群体的进步来奠基。作为学校的要素之一，教师虽然有着个人独特的发展需求，但每个教师都要在集体的学校环境中生存与磨炼，收获与贡献。而作为组织的学校

---

① 刘尧. 发展性教师评价的理论与模式 [J]. 教育理论与实践，2001（12）：28-32.

② 孔祥发. 发展教师评价研究 [M]. 哈尔滨：黑龙江教育出版社，2007：121-125.

就必须通过有效途径"将教师的个体需求与能力才干，统一于学校总体发展需要之中"①。教师专业发展评价则是将二者巧妙地融合在一起的科学策略。它能够克服教师个体发展与学校整体发展之间的分歧，最大限度地满足教师应该享有的权利、职责和义务，渴望获得的信息、期望和尊重，让教师通过努力达到个人发展目标，使自身的工作和学习符合学校要求，将个体利益与学校利益结合，个人心态与学校氛围互融，缩小个体需求与总体需求的差距，最终在实现教师发展的同时评估学校的实力、质量，保证教育理念与方针的实施，达到学校管理工作的科学化和规范化，突破教育改革发展的瓶颈，推进学校整体的良性发展。

二、教师专业发展评价的内涵与特征

新时期优秀教师应当深刻认识到教育的价值，具备符合学校、学生需要的专业发展基础和能力，主动、积极吸纳各种学科知识、教育科学知识、实践性知识和相关文化知识，形成相对稳定的发展风格，不断地改进和丰富自身的教育教学方法，从而得到学生、家长、学校和社会的广泛认同。然而，传统教师评价采用单一衡量标准，不能真正促进教师朝着优秀的方向发展。教师专业发展评价弥补了传统教师评价的缺陷，以促进未来发展为目的，强调以人为本的价值取向，重视过程性评价，能对教师的长远规划与发展起到改进与激励的功能。

（一）教师专业发展评价的内涵

教师专业发展评价，亦称"发展性教师评价""专业发展性教师评价制度""是一种以教师为核心，促进教师专业发展为目的，在学校与教师互相信任的基础上，依据目标、全面了解、关注过程、及时反馈、重视发展、多方参与"的形成性评价制度，能在宽松的环境中促进教师个体发展目标与自身价值的实现，进而形成教师、学校和教育事业共同发展的多赢局面。

---

① 刘尧. 发展性教师评价的理论与模式 [J]. 教育理论与实践，2001（12）：28-32.

教师专业发展评价在研究与实践中受到多学科、多维度的理论支撑。如解释学认为人与外界之间的关系是理解与对话的关系，各个主体通过真诚交流达到视界融合，为教师专业发展评价提供了哲学指导；人本主义心理学关心人的能力与潜能，坚信人性本善，强调人的经验，给教师专业发展评价带来深刻影响；管理学重视"个人在组织中的价值"，教师在达成工作目标和学校需要的同时，希望能评判自身、掌握方向，教师专业发展评价正体现了个人的专业发展与学校的发展需求有机结合。[①]

（二）教师专业发展评价的特征

教师专业发展评价将避免简单的以奖惩为目的的终结性评价，强调以人为本的思想，以促进教师专业发展为目的，主张立足现在、面向未来，价值多元、尊重差异，采用科学的、发展性的技术与方式，对教师的职业素质、工作过程和工作绩效进行综合价值判断，重视教师的主体作用，促进教师在整个教育活动中不断认识自我、完善自我和发展自我。其主要的特征表现在以下几方面。

1. 评价方向：面向未来，指明方向

教师专业发展评价有别于传统教师评价重点评判教师过去工作情况，不注重其长远发展的特征，在评价方向上坚持从教师专业发展出发，全面了解教师的过去、现在，帮助每位教师发现自己教学素养和教育能力的薄弱、不足之处，指明未来进步、改进的方向和目标。换言之，教师专业发展评价重在让教师不断得到发展的空间以及培养教师的主体意识和创造精神，它不在于评出等级或做出奖惩，而是从内部导向出发激励教师的参与意识与上进意识。

2. 评价目的：注重发展、激励成长

长久以来，传统教师评价多是基于甄别、奖惩的目的对教师进行考核、评比或评估，致使教师评价目的单一、教师被动接受，评价效果不理想。而教师专业性发展淡化甄别与奖惩，促进评价功能转化，主张在宽松、民主的氛围下，教师自觉主动地参与评价，愿意成为评价活动的对象

---

① 陈江波. 发展性教师评价探新［J］. 教育探索，2005（12）：116-118.

与主体，在诊断和评估中完成事业目标规划、个人专业成长和自我价值实现。总之，教师专业发展评价是教师获得专业成长与发展的重要措施。同时，教师专业发展评价将教师专业发展与学校未来发展融为一体，强调评价的形成性功能，关注教师教育教学互动的全过程，能够帮助教师制订出科学、合理的专业发展目标和职业成长规划，为学校的前进提供有生力量。

3. 评价内容：全面考察，整体判定

教师专业发展评价在内容上重视对教师全面考察和整体判定，在运用多样方法收集各方面信息的基础上，对教师教育教学活动进行全面、深入的了解，并做出客观的、整体的判断与评价。教师专业发展评价不只是对教师工作某一方面的专业、教学素养进行的单项评价，也包括对教师整体素质与表现的综合评价；不只是对教师的教育教学成果进行终结性评价，也包括对教师职业道德、工作职责、工作绩效进行过程性评价；不只是重视教师个人过去的工作表现，也站在教师、学校未来发展的角度上指明改进方向。

4. 评价标准：尊重差异，多元指标

由于教师在职业素养、教学风格、交往特点和个人性格之间存在着差异，不能用一把尺子去简单评判教师。因而教师专业发展评价认为应该尊重教师的个体差异，制订出多元的评价标准、重点及方法等，给教师留有空间以发挥其主动性和创造性，根据每位教师的实际状况针对性地提出改进建议、进修需求和发展目标等。同时，教师专业发展评价也关注教师专业发展的阶段特征，适时评价某一阶段或时期的进步和成长轨迹，注重教师发展水平和工作表现的纵向比较，从动态上综合评价教师的专业成长。这样才能更好地开发教师的潜能，充分地展示教师的特长，积极地促进教师的专业发展与主动创新。

5. 评价主体：以人为本，多元参与

传统教师评价是自上而下的行政评价，教师处于被动受评的位置，往往容易产生恐惧、消极、应付、粉饰、作假、反抗等心理和行为，致使评价失去客观真实性和预期价值。在教师专业发展评价中，作为评价活动积极参与者的教师，具有共同商定评价的内容要求、目标职责的权利，特别在自我评价中会发挥自身的主体意识和创造精神，能够如实提供各种意见和观点，切实发现问题并主动改进和提高，自觉消除对立、反抗情绪，乐意接受评价结果和建议，使得教师在评价中认识自我、完善自我和发展自我。另外，教师评价注重教师、学生、领导和社区之间信息的交流与反馈，鼓励全体师生、学生家长及校外有关人员提供信息和做出评判，这样教师评价信息更为广泛、充实，评价结果更为准确。

6. 评价方法：综合分析，多种方法

教师工作的复杂性要求教师评价应是结合定性与定量的形成性评价过程，传统的教师评价为奖惩而评定等级，多对教师的工作成果采用量化分数，以方便对教师做横向比较。而教师专业发展评价是为促进教师的发展与成长，因此在方法上，注重质性评价与量化评价的综合运用，既重视通过面谈、课堂观察、听课、非正式交流等形式如实收集信息，对教师做出定性分析以诊断现状、发现问题和提出建议，又可把教师自我评价以及同事、领导、专家、学生评价中获得的各种评价信息和数据进行量化处理，将量化评价分析整合于质性评价中。

三、教师专业发展评价的主体与维度

教师专业发展评价主体解决的是由谁来评这一问题，教师专业发展评价与传统教师评价不同的是前者更加重视教师的终身发展，强调评价主体的多元化和科学性，而不是以行政评价简单裁断教师的教学业绩与工作表现。教师专业发展评价维度在某些方面与传统教师评价维度有相同之处，解决的是"应当从哪些方面评价教师"这一问题，不同之处在于教师专业发展评价维度使得教师评价从单维度走向多维度、从单一考察变为多元考察，体现出综合性、全面性的特点，既包括对教师教学活动的评价，又关注对教师专业素质、教育能力的全面考察。

（一）教师专业发展评价的主体

由于教师表现与发展的差异性、复杂性，一方面，教师专业发展评价的主体需要具备一定的教育评价能力并且熟悉教师教育教学情况，这样才会使评价有效、合理，另一方面为实现全面了解教师、促进专业发展的目的，教师专业发展评价应当把与评价对象相关的人员作为主体之一，建立起多元、科学的评价主体结构。因此，教师评价的主体有内、外部评价之分，既可是教师自评，归属于内部评价，也可是专家、领导、同行、学生等群体来评价，归属于外部评价。

1. 教师自评

传统教师评价，教师往往按照教育行政部门或学校制订的评价标准评判自身，导致教师自评流于形式。而教师自评是一个激发教师主动性和积极性，体现其内在发展需要和促进其自我反思、自我改进的过程，因此，教师专业发展评价充分尊重教师的主体性，在制订评价标准和评价过程中重视发挥教师的作用，增强教师评价过程的民主协商与主体参与。

教师专业发展评价中的教师自评是指教师根据评价标准来对自己做出评断，是评价过程中重要的一个环节，也是教师评价的最高境界。教师自评不但能调动教师的积极性，促进教育评价诊断、导向功能的发挥，还有利于教师信息的全面收集，减轻评价组织者的负担，提高评价效率。不过在教师自评时，应该强调教师实事求是地评价自身，而不是过高、过低、模糊、有顾虑地评价；切实提高教师的自我评价技能，对自己做出准确、深入的分析；切忌教师自评与奖惩或利益挂钩，否则会导致教师自评失去价值，降低效度。

2. 专家评价

由于教师在自评过程中存在一定的"趋利避害"心理，为使评价结果更加科学、可靠，可适当地引入较为客观的外部评价，其中，在外部评价中邀请一些具备高水平的教师评价专家参加教师评价，可以较好地弥补教师自评中的弱项。专家评价，是外部评价也是他人评价的重要评价主体之一，具体是指由各方面的专家对教师做出类别（如骨干教师）或层次段（如高级教师）的价值评判，赋予教师相适应的荣誉称号和物质奖励，从而达到一定的示范、激励作用。

为了提高专家评价的权威性和科学性，应该注意以下几点。首先，在评价过程中要做好指标解读，使用评价标准，掌握评价方法、技术等方面的统一，才便于收集有效信息和合理分析条件。其次，使用质性评价方式展示评价结果，这样便于教师清楚自身情况，促进自身成长，如可采用"合格""优秀""骨干""名师"等常用的质性呈现方式，还可细化为"国家级""省（市）级""县级"类别的骨干教师、名师等分层方式来表现教师教育教学水平的层次区别，而不是简单分为"A类""B类""C类"或者只靠打分数等带有排名性质的量性呈现方式。再次，注重对评价结果的公示和反馈，专家评价的结果争取反馈给参评教师，以帮助教师加强对自身的认识，找准努力的方向，在无异议情况下，上报相关人事部门备案，原则上不再做修改，一些特级教师和骨干教师的评价过程与结果可在辖区规定时间进行公示。同时，人事部门可建立起教师专业成长的档案袋制度，将教师的历次评价资料和结果存档，作为教师教学水平的长效信息反馈机制，也是教师评职晋级、学校评价教师的主要参考依据之一。

3. 领导评价

领导评价在教育评价中应用很普遍，而在教育专业发展评价中同样适用。领导评价是指教育督导机构、上级教育行政部门、学校领导依据评价标准、准则和教师发展目标，通过各种途径和方式获得各种评价信息，按照评价体系对教师教育教学行为和专业发展等所进行的价值判断。这种评价具有权威性，影响较大，直接关系到教师在校声望及未来发展，是促进教师诊断、发展的外部机制，是以外部的要求刺激和规范教师行为，实现对教师职业发展过程的调控。[①]

领导评价的方法丰富多样，主要包括三种：一是学校领导走动收集评价信息法，教育行政部门的领导深入学校、教研室、年级组、教师，多接触和了解教师、学生，以获得第一手资料；二是运用学生学业成绩或教师教学业绩法，教师的工作效果主要通过教学业绩和学生成绩展现出来，因此可以多渠道收集教师的教学成绩、科研成果、作品集、教师专业发展档案袋以及学生的考试成绩、平时表现、进步情况、成长档案袋等信息来评价教师；三是课堂观察与调查法，课堂是收集信息、科学评价教师的最佳场所，学校领导应该落实听课、评课制度，做好听课前准备，

---

① 王景英. 教育评价 [M]. 北京：中央广播电视大学出版社，2004：304-305.

比如，明确教学目标、重难点等，确定听课方式与重点，既要观察教学效果又要关注教学过程，还可适当录像，以备课堂观察后的讨论和评估，或者采用教师课堂教学调查表，收集与调查学生对教师表现与教学效果的评价信息。

在领导评价过程中应当注意如下几个问题：一是坚持评价目的以促进教师的专业成长，学校领导需要创造民主、宽松的内部环境，打破居高临下的权威观念，以引导者、合作者的姿态去尊重、信任教师，赋予教师评价的权利。这样才能使教师获得更多的专业自主权，减少其评价过程中的心理防御，主动、虚心地接受建议并做出改进；二是坚持评价方式的多样化，领导既可从学校教师的教育教学活动中直接获取评价的第一手资料，还可采取听取考核教师汇报、分层或随机抽样检查等多种方式考察教师工作表现和专业水平；三是坚持以发展、开放的眼光评价教师，领导对教师的考评不是通过一次观摩课、一次突击检查或短时间的表现状况来评判教师的好与坏，而是要站在教师专业发展的角度上去认识教师一贯、长期的表现。①

4. 同行评价

同行，尤其是同事对教师工作有更深刻的共鸣和理解，同行相互之间的建议和评价的有效性、主动权都较高，是教师最为重要的学习、交流对象。同行评价就是指由职业水平相当或相同学科背景的本校教师、校外教师等，对教师工作情况和个人发展做出充分的讨论、咨询和反思，进而提升彼此的能力、获取建议与帮助、加强工作改进的一个定期或不定期的评价过程。② 当然，在同行评价中，评价双方是处于平等、对话的地位，主要的目标是促进教师专业发展和教师整体素质的提高。

同行评价的形式主要分为三种：一是相互观摩评价，参评者与同事之间是相互的专业支持关系，通过面对面的讨论与反思，明确不足与缺陷，获得解决问题的策略，经过实际改进将挫败感转化为成就感；二是新老搭配评价，参评者与同事之间是指导关系，由优秀教师、名师主动与年轻教

① 朱德全，宋乃庆．教育统计与测评技术［M］．重庆：西南师范大学出版社，2013：274-275.

② 王景英．教育评价［M］．北京：中央广播电视大学出版社，2004：305.

师、新教师分享教师专业成长与发展的经验与感悟，帮助年轻教师、新教师熟悉与优化教育教学内容、技巧和专业发展规划；三是专题培训评价，学校可聘请有经验的教师对教师开展进修、培训活动，可通过报告、反思、研讨等，帮助教师认清发展方向与自身实际情况，在自我学习、自我反思的过程中获取新的教育教学技能。[①]

5. 学生评价

学生是教师教育教学活动的直接对象和参与者，学生的全面发展是教师教育教学活动的最终目标，因此，学生参与到教师评价活动中既是学生应有的权利，也利于收集丰富的教师教育教学第一线信息，从而提高教师评价的科学性和准确性。

学生是教师评价的重要主体，学生评价是教师评价中最直接、最有力的评价方式，在获取学生对教师的评价信息时，需要注意的是：第一，要从态度上相信学生的友好与能力，引导学生在积极心态下以一种公正、严肃、负责、客观的态度参与到教师评价中来，让学生和教师明确评价的目的，及时反馈信息，促使教师主动改进工作；第二，教师要端正心态，对评价结果认真分析，勇于面对问题，落实评价总结与反思，以改进教育教学，赢得学生更多的尊重、支持和信任；第三，组织者冷静、公正、综合地分析多方信息，甄别学生评价的真实性、客观性，慎重做出结论和建议，不能因为学生一味报喜而不加深究，也不能因为学生认识片面而以偏概全，更不能牺牲教师利益来讨好学生或维护教师利益而拒绝学生；[②] 第四，可组织学生使用多样化的评价方式来收集教师的教育教学活动的信息，比如召开学生座谈会、问卷调查、学生满意度调查等，参加座谈的学生应该随机抽取，设计的问卷应该面宽、内容广、具有普遍性的特点，学生满意度调查应该注重定量指标与定性指标的结合。总的来说，学生评价教师的侧重点应放在教学态度、教学水平和学生满意度等方面。

---

① 朱德全，宋乃庆. 教育统计与测评技术［M］. 重庆：西南师范大学出版社，2013：274-275.

② 贺祖斌，黄艳芳. 职业教育课程与教学论［M］. 北京：北京师范大学出版社，2010：257-258.

（二）教师专业发展评价的维度

教师专业发展评价的维度是"站在多维评价的视角之上，全面评价教师的发展状况，促进教师的专业发展"[①]，不仅重视教师专业水平的发展，而且重视教师的职业道德的修养；不仅评估教师的教育教学业绩，而且重视教师工作成长的过程；不仅衡量教师的群体协作、共性发展情况，而且尊重教师的工作环境、个体发展的差异，从而让教师专业发展评价发挥更佳效用。虽然教师专业发展所涉及的因素都能作为评价的维度，但为保证教师专业发展评价发挥多元、综合和整体的作用，评价维度不能偏于零散、琐碎，因此，教师专业发展评价的维度主要包括职业道德、学历要求、育人常规、教学业绩、教研能力、民意测评、教育成果这几方面。

1. 职业道德

职业道德是社会分工的一种产物，是每个社会成员在职业活动过程中符合职业要求的心理意识、行为准则和行为规范的总和，能用来调整职业个人、职业主体和社会成员之间关系，是每个工作人员内在的、非强制性的约束机制。由于教育是以学生为对象，以育人为目的的创造性劳动生产部门，需要教师具有高度的责任感、事业心，因材施教，而且教师的言传身教、潜移默化对学生影响很大，特别义务教育阶段的学生模仿性、可塑性都较强，教师更应提升自身的道德修养，注重加强自身职业道德的责任性、示范性、标准性和继承性。[②]而教师职业道德考评很难以试题的形式去测量，主要选取依法执教、爱岗敬业、教书育人、严谨自学、关爱学生、尊重家长、为人师表、廉洁从教等八个方面，采取教师自评、教师互评、学生满意度调查等方式进行综合评议，以促进教师个人综合素养的提升，以树立教师、学校良好的社会形象。

2. 学历要求

对学历要求的强调，是因为学历不仅仅代表一个人的学习经历，它更是从事一个职业所必要的学习能力和水平的基本标准，尤其对于教师这个行业，哪一学段教师必须具备哪一种水平的学历国家是有规定的。《教师

---

① 韩立福. 新课程评价行动理念与策略［M］. 长春：东北师范大学出版社，2007：93.
② 刘沛琛. 教师职业道德［M］. 哈尔滨：黑龙江教育出版社，1991：28-37.

法》第十条中已明确规定："中国公民凡遵守宪法和法律，热爱教育事业，具有良好的思想品德；具备规定的学历或者经国家教师资格考试合格，有教育教学能力，经认定合格的，可以取得教师资格。"① 成为一名合格和优秀的教师首先需要具备教师资格，而为了促进教师队伍的素质提升和长远的专业发展，教师资格鉴定中对教师学历要求也很重视，小学教师需达到中师毕业，初中教师需达到专科毕业，高中教师需达到本科毕业，这种要求对于 20 世纪的普及性教育尚能适应。但随着教育要求、教学质量的提升，高学历已成为"当今世界许多发达国家教师素质的共同特征，美、英、日等国家连小学教师学历也要求达到本科毕业，甚至硕士毕业。"② 但目前很多学校，尤其是广大农村地区的学校，教师的学历达标情况很不乐观。激烈的教育竞争需要一支高学历的教师队伍，需要教师的继续学习乃至适度提高学历，这是时代的要求，也是"学高为师"的根本所在。因此，在教师专业性发展评价中应建立一套机制，促进教师学历达标。

3. 育人常规

教书先育人，育人德为首。正如瑞典学者胡森（Torsten Huson）在《论教育质量》一文中指出的："人们期望学校给学生带来的变化，不仅仅局限在认知领域。人们期望学校有助于学生形成某些行为和态度，使学生能恰当地欣赏民族文化，行为受道德的和审美的价值指导，从而成为负责的、合作的、参与和独特的公民。"③ 教育教学活动在重视学生智育发展和教学工作管理的同时，同样应当关注学生的思想道德品质对人的成长价值。④ 所以，作为教育教学活动的引导者，教师应把德育放在基础位置。而当下由于教育观念的差异、片面追求升学率的功利影响，导致学校德育的效力普遍较低。学校德育成了口号，学校德育工作成了校长、德育主任、班主任的职责，特别是部分学科教师的育人意识十分淡薄，学科教学

① 毕荣.学校教务管理与教师资格认定实用全书［M］.合肥：安徽文化音像出版社，2003：1278.

② 北京未来新世纪教育科学研究所.21世纪教师的发展要求［M］.呼和浩特：远方出版社，2006：100-101.

③ 托斯坦·胡森.论教育质量［J］.施良方，译.华东师范大学学报（教育科学版），1987（3）：34.

④ 李永生.学校效能建设［M］.北京：教育科学出版社，2012：100-102.

的育人功能有所衰减。学校必须强有力地通过结合最基本的、相对稳定的、有规律的教育法规、规章制度、行为规范等建立专项评价来引导、规范所有教师的育人行为，提高其育人能力。

4. 教学业绩

"德、勤、绩、能"是我国教师评价的主要标准，但社会上任何一个职业都适应这一标准，该标准无法展示对教师专业性和发展性的评价。虽然教师专业发展评价强调评价的过程性和多元化，但教育教学工作是学校活动的中心工作，教学业绩评价仍然是教师专业发展评价的主要维度，是衡量教师水平高低的重要标尺，也是教师专业成长的主体内容，"评价教师工作实施状态和成绩能够评价教师在学生成长过程中起了多大的作用"①。因此，如何客观评价一个教师的教学业绩，历来都是教育界十分关心的问题。而教师工作是一项复杂工作，影响工作效果的因素很多，评价时要进行系统的、全面的、细致的分析，如学生基础不同，分班不均衡，必然导致考试结果的差异，加之学校对考试成绩评价采用的是同一标准，而且参考的往往是某一次考试，其评价结果不能很好地体现客观性、公平性，激励先进、鞭策落后的功能就更为弱化。因此，在教学业绩评价中，应充分考虑评价的客观性、公平性以及过程中的增长性，才能真正发挥评价的功效。

5. 教研能力

"以校为本的教研，是将教学研究的重心下移到学校，以课程实施过程中教师所面对的各种具体问题为对象，以教师为研究的主体，理论和专业人员共同参与"②的活动，校本教研是以校为本，围绕学校自身遇到的问题而开展的研究，也重视校级教研活动的制度化规范。校本研究是教师专业成长的最佳通道，搞好校本教研工作是提高教育教学质量的关键，一个学校的教学研究状况可以直接反映这个学校当下的教学水平，也可以预判它的发展状态。因此，教研能力也是促进教师专业发展评价的重要维度。而校本教学研究的主阵地是学科组，学校应充分借助学科组建设这个

---

① 史小燕. 现代教育评价 [M]. 石家庄：河北人民出版社，2004：153.
② 靳玉文. 教育研究大视界（下篇）：教育研究实践论 [M]. 长春：东北师范大学出版社，2010：1-2.

平台，大力提高集体备课、示范课、评课等研究环节的针对性和实效性，建立一种有效的评价制度让每个成员主动积极地参与其中，让每个教师都成为校本研究成果的建设者、推广者、享用者。

6. 民意测评

办人民满意的教育永远是教育的追求，更是家长、社会对教育的要求。以促进教师专业发展为目的的教师评价，要注意对多元主体参与评价进行选择与引导，强调学生、家长及社区人士参与教师评价。首先，教育的工作对象是学生，学生的满意度能很好地反映一个教师的工作状态、水平高低。学生评价是考核教师教学态度、教学水平和教学效果的一个比较有效的渠道，通过学生评教，可以广泛听取学生对教师教学工作的意见，使教师教学具有较强的针对性。其次，教师的工作伙伴是同事，职业的幸福感总与同伴的认同密切相关。教师相互评价是以教研组或年级组为单位对教师进行的相互考核评价。考核的方式可以是面对面的集体评价，也可以是其他教师进行评价，教师本人回避，最后评价结果再反馈给教师本人。教师相互评价是在教师自我评价的基础上，发扬民主，进行教师考核的一种主要形式。再次，教育的目标是让家长和社会满意，家长、社区的认同感是教师提高教学质量最佳影响力，搞好家长、社区评价非常重要，可以有力促进教师转变教育教学观念、改变工作方法、提高教育教学能力。①

7. 教育成果

学校的教育和教学活动主要是通过教师的个人劳动来完成的。在一定时间和空间内往往是一位教师面对着教育对象单独进行各项活动。在这个过程中，教师对教材的钻研、对教育内容的掌握以及教育方法的使用和教育成果的测定等，是在教师个人劳动的情况下进行的。② 因此，教育成果是教师在某一方面或某几个方面的发展取得阶段性成就的一种标志，也是教师享受职业成就感、幸福感的重要因素。学校应该建立一种机制，积极倡导、鼓励教师在赛课、教学基本功展示、论文发表、课题研究、教材编写、教育论坛等方面潜心钻研，以此提高教师的学术水平、科研水平，有

---

① 范蔚. 基础教育课程改革［M］. 重庆：重庆出版社，2006：148.
② 申大光. 现代教师素质与管理［M］. 北京：海潮出版社，1991：23-24.

力促进教师由教书匠向专家型教师转变。此外，每个教师的教育成果以学校全部工作有序推进为前提，依赖于整个学校和学科教师的集体努力，教师的教育成果在一定程度上具有集合性和合作性。因此，在评价教师教育成果的同时，应当激励教师学会反思，加强合作，促进教师的反思性发展和合作性学习，真正实现专业化发展。

四、教师专业发展评价的具体实施

教师专业发展评价虽是一种优良的教师评价制度，要使其功能得到充分发挥，必须站在正确、科学的角度上，采用可靠、公正、有效、有序的程序与方法，在整个评价过程中贯穿符合教育评价活动的原则。在具体实施中，学校需要明确教师评价目的，拟定出有效的评价方案，并在操作过程中做好宣传，让教师了解评价目的、标准和方法，提高教师的参与度，同时不断对实施方案进行反思、调整和修改，最后整理、综合和汇总评价数据，获得结果，形成结论并采取激励性的反馈方式。

（一）教师专业发展评价的实施原则

教师专业发展评价旨在提升教师教育教学能力，优化职业素质、学科素养，从而促进教师队伍和学校教育的整体发展，倡导"着眼教师未来、促进综合素质提高，鼓励教师积极参与，注重动态、纵向的形成性评价，贯穿交流、协商、研讨于全过程，重视教师个体差异性"[1] 等基本理念。在这些宗旨和理念的指导下，教师专业发展评价产生了作为评价活动所依据的准则，包括坚持科学性、客观性、民主性、教育性、量质性、改进性等，[2] 其中，最为关键的原则是如下几条。

1. 定性与定量结合

教师专业发展评价依据教师评价理论，首先确定了定性与定量相结合的原则。教师评价的主要对象是教师的工作过程和工作业绩。由于工作过程的复杂性，可以运用多维度的定性方式去评价教师，"包括关注

---

① 樊永华. 刍议发展性教师评价及相关问题 [J]. 当代教育论坛，2004（8）：50-52.
② 刘尧. 发展性教师评价的理论与模式 [J]. 教育理论与实践，2001（12）：28-32.

教学任务的多样性、教学过程的动态性、教师劳动的集体协作性、教学手段的特殊性和灵活性、教育成效的长期性和教师言行的示范性"①。同时，学校应认识到任何客观存在的事物都有数量方面的含义，因此，教师专业发展评价不止于定性评价，还需对教师的工作业绩做出定量评价，包括以数据、分数、等级的形式量化处理相关的评价数据、信息、评价结果等，以使整个教师评价在精确、深化数量比较中形成长效反馈。教师劳动的复杂和可数量化特点，使得教师在专业发展评价中不仅要全面剖析工作状态，而且要细化工作，提升质量。这种定性分析与定量分析相结合的原则是专业发展评价全面、切实评价教师的途径，也是评价科学性的体现。

2. 过程与结果并重

教师专业发展评价提倡民主协商式的评价，将教师的协商、交流和研讨贯穿于评价的全过程。同时，这种全程评价更是形成性评价的体现，将用动态的、发展的眼光，对教师工作全过程的各个环节进行系统的、长期的、反复的评价。② 但是，教师工作业绩最为正式的体现形式是工作成果，教师教育教学的各种物化成果都是教师评价的主要依据之一。所以，在教师专业发展评价中，组织者、评价对象在综合评价教师工作过程和工作成果的基础上，应该注意倾听多方的声音，包括学校、教师、同事、学生、家长等方面的意见。其中最为重要的是要与教师进行充分的沟通、促进教师的参与，这是实现评价目标的最直接和最具体的手段。而组织者的作用是同教师一起工作，明确评价目的，树立评价标准，制订评价计划，搜集评价信息，讨论评价结果。这样，教师在平等互动的气氛中、在过程与结果并重的原则中，更乐意认同评价结果，获得自我反省和自我成长的机会，达到教师专业性发展的目的。

3. 共性与个性兼顾

教师专业发展评价制度强调评价过程的客观性、科学性，主张降低评价过程的主观性、随意性，重视评价结果的可信性、有效性，因此，需要有机结合个性评价与共性评价。个性评价是指"对教师在某一工作方面的

---

① 樊明亮. 发展性教师评价制度反思 [D]. 济南：山东师范大学，2008：56.
② 刘尧. 发展性教师评价的理论与模式 [J]. 教育理论与实践，2001（12）：28-32.

评价，如教学能力、科研水平、管理素养等，或者是指对教师在某一时间范围内的工作的评价"①，如一堂示范课、一次优秀论文发表等。个性评价是教师专业发展评价的一个重要组成部分，体现了教师所长和教师专业发展的需要，也就构成了教师评价的自选条件。而教师在评价过程中可根据个性评价的相关内容发挥自身亮点和特长，使最终评价结论不浮于表面化、简单化。共性评价是指"用动态的、发展的眼光，对教师工作的各个环节进行系统的、全程的、较长时期的、循环反复的评价"②，是形成专业发展评价的基本条件和基础标准，一两个简单数据或个体评价，是不能真实地反映教师实际工作表现的，因此，共性评价在教师评价中必不可少。此外，教师专业发展评价很大程度上取决于教师的开诚布公与积极参与。教师的评价材料应视为保密文件，学校要严禁无关人员接触这些材料，做好相关保密工作，保障教师参与评价的积极性。

4. 现状与发展统筹

教师专业发展评价制度以发展为目的，不以奖惩为手段，以未来为方向，不以过去为指导，其终极目标是充分调动教师积极性，在整合学校的发展需求下为教师日后工作提供规范，指明路径。因此，教师专业发展评价在设计各个环节时，要求评价目标、评价标准、评价程序、评价方法、评价结论等都应切合评价对象当下的实际工作状况，同时应当考虑教师未来发展的需求，把教师的专业成长规划与学校的发展目标紧密地结合起来，适时激励教师的专业发展，发挥教师评价的导向功能，把评价教师的优劣、特长、进步和成就作为评价重点，激发教师朝向理想的目标而努力。教师专业发展评价坚持现状与发展统筹的原则，不是为教师区分等级，而是关注教师自身实际发生了什么变化，在年年的推进、修改中与时俱进，引导教师在实践活动中表现出积极的、符合现代教育教学理念的教育行为。

（二）教师专业发展评价的开展方案

教师专业发展评价以人为本，尊重教师主体地位和人格，着眼于教师

---

①② 樊明亮. 发展性教师评价制度反思 [D]. 济南：山东师范大学，2008：56.

的未来发展，也是激发教师的主体精神，促使个体最大可能地实现其自身价值的评价。为使教师评价可靠、公正、有效和有序，在制订教师专业发展评价的实施步骤时，需要站在正确、科学的角度，清楚认识到教师评价是一个对教师专业发展起到调节与反馈的发展性和开放性系统，是实现"活动—评价—调节—再活动—发展"过程的关键。而评价开展方案可依据评价目的合理地"制订方案—组织实施—整合结果—评价反馈"①，具体的步骤包括制订方案、议定标准、解读办法、分项考评、个人申报、部门审核、综合评议、表彰奖励、反馈改进等。

1. 制订方案

教师专业发展评价是一个庞大的系统工程，涉及的内容多、时间跨度长、测评的次数多，加之教师所教学科不一样、年段不一样，更关系到每一位教师的切身利益，甚至影响其评优、晋级。因此，评价者必须提前制订一个较为清晰的工作方案，以让所有工作能有条不紊地高效运行，方能体现公正性、彰显引领性、发挥激励性。

2. 议定标准

标准的制订十分重要，标准过低不能产生激励作用，过高易让教师望而却步，起不了引领发展、促进成长的作用。因此制订标准时，评价者一定既要根据学校教师目前的整体状况，又应突出当下重点问题，并且思考未来发展的关键问题，充分发挥教师代表大会的作用，制订出一个既能客观评价又能奖优惩劣，更能引领发展、适合校本的评价标准，真正彰显评价的价值。

3. 解读办法

评不是目的，评是为了规范、为了改进、为了引领。因此，对标准及其相关考核办法的解读至关重要。而且，评价者应该在每学年开学之时，利用各种会议全面详细解读评价标准，以让教师眼中有方向、心中有目标、做事有标准。同时，在教师评价实施中，应注重对教师的宣传，让教师了解评价的目的、标准及方法。为了能较好地促进教师发展，评价者可以采取与教师协商制订评价方案的办法开展评价。

---

① 史小燕. 现代教育评价 [M]. 石家庄：河北人民出版社，2004：154-155.

4. 分项考评

整个评价涉及项目多，每个项目都有一定的技术性。因此，评价者要组织相关工作人员组建各项考评相应的班子，根据标准，细化办法，分时段、分项目，按部就班地做好每一项测评，方能保证整个测评的信度和效度。

5. 个人申报

个人申报很重要，既可让每一个教师在申报中盘点自己的成绩，又能让每一个教师明白自己的差距。个人申报要求中列出的各方面评价标准，让教师在自我评价中获取及时信息和正确认识，不仅是教师工作总评的重要依据，也可以帮助教师改进工作，清楚自己的努力方向，激励个人快速成长。

6. 部门审核

任何细则都不可能详尽，无论怎样解读办法，都将在教师申报阶段遇到一些分辨不清的问题。这就要求各行政处室或年级组对相关的数据、结论、成果进行仔细的审核，以让所有的申报都成为公开的、公平的、准确的、可信的过程。

7. 综合评议

经部门审核后的申报，仅仅是让符合条件的教师进入了门槛，但由于各年级、各学科、各部门对同一专项的评价标准总存在一定的宽严之分，致使教师申报条件信息多有差异，再加上这些信息是上一学年情况的写照，有所滞后。所以评价者必须站在"客观评价、引领发展"的高度，对当下符合条件的整体情况做出冷静的分析和判断。尤其在评最优档次时，可评可不评的坚决不评，对学校未来发展需引领的条款坚决守住底线。同时还应考虑各年级、各学科的实际情况，该适度倾斜的还要倾斜，才有利于工作的开展。最后，评价者将收集到的被评教师的有关信息资料进行整理、汇总和综合，获得评价结果，形成结论，并撰写评价报告。在实施教师评价的过程中，评价者应注意对评价方案的调整与修改，要使评价方案与实际的评价都朝着有效的方向发展。评价人员要做好对评价方案的反思、修改与调整。①

8. 表彰奖励

教师评价，可通过表彰、奖励等激励方式实现教师评价结果的效用。其中，开好表彰会至关重要，通过教职工大会总结评价中涌现的新成果、新人物，更要指出存在的问题和今后努力的方向；利用宣传橱窗展示优秀教师，给予不同教师不同档次的物质或精神的奖励，真正形成学先进、赶先进的好风气，还应安排优秀教师做专题交流或上示范课，以充分发挥其引领作用。

9. 反馈改进

好的方案也有不足之处，加之评价本身就是一个复杂的系统，因此要不断地听取教师的合理反馈建议，再结合学校下一步发展的重大问题，及时调整评价标准及其考核办法，以让整个评价更加优化。

第二节　个案举样

众所周知，教师的主动性、积极性及其专业成长速度直接决定着学校的发展速度和办学质量。而各种积极要素的调动，需要极大地依靠有价值的评价，方能发挥"多劳多酬、优质优酬"的正能量。为此，笔者所在的重庆市巴川中学，从 2008 年着手建立并逐步完善了以名师（后备人才）评价机制为主体的教师专业发展评价体系，并坚持以名师评价机制带动教师队伍建设，以名师评价标准调动教师挖掘自身潜力，以名师评价结果引领教师规划个人发展方向。

一、案例背景

2010 年起，中央到地方各级政府出台了实行中小学绩效工资的文件。绩效管理是一种具有激励性的良好制度，既可让所有教师得到实惠，又有

---

① 史小燕. 现代教育评价 [M]. 石家庄：河北人民出版社，2004：154-155.

开展绩效管理的政策支持和专项资金。但事实上，绝大多数地方，尤其是广大农村地区，这一政策不仅没有调动起教师的工作积极性，反而兴起了新一轮的"吃大锅饭"现象，严重挫伤了广大优秀教师的积极性。因为"多干少干、干好干坏"待遇一个样，也严重违背了中央出台文件的精神，与绩效工资本身应凸显的价值极不吻合。究其根源，问题出在了教师评价上。很多学校还没有找到一套适合本校的教师专业发展评价办法，不能客观地评价教师的付出与成效差异，严重影响了教师的工作积极性和教育质量的提升。而以质量求生存、视质量如生命的重庆市巴川中学，在教育发展与改革的需要之下，制订出了本校的教师专业发展评价制度——学校年度名师评价制度。

学校年度名师评价工作每年开展一次，时间一般是在次学年度开学之后，在对全校教职工各方面达成情况完全了解后付诸实施。这是一项十分庞大而复杂的系统工程，是对全校所有教职员工上一学年度在师德师风、教育、教学、科研等各方面的态度、能力、业绩、效果等全方位的综合展示和评价，从收集、汇总过程资料，到个人自查、对照申报、资格审查，再到校长办公会反复研究认定，前后历时一个月至一个半月，最终确定出各级名师评价结果并公示，然后召开大会隆重表彰，以彰显榜样，树立典范。

二、实施步骤

由于教师专业发展评价是发展性和开放性系统，学校年度名师评价方案与具体实施坚持"制订方案—组织实施—整合结果—评价反馈"[①] 的步骤，细化每一个方案与标准，做好每一次解读与考评，落实每一步申报与审核、完善每一场评议与表彰。

（一）制订方案

为了让教师评价这个系统工程在执行起来更加有序有效，学校每年都

---

① 史小燕. 现代教育评价 ［M］. 石家庄：河北人民出版社，2004：154-155.

在上一年的工作总结基础上结合新情况制订新学年的工作方案，包括主要工作事项及其主要内容、责任人、完成时间等。

比如，学校 2012—2013 学年度名师评价的工作事项主要有八项：

1. 成立名师评价工作领导小组；

2. 拟定评价标准；

3. 召开教职工动员和标准解读大会；

4. 个人对照条件申报；

5. 职能部门依据条件严格审查；

6. 领导小组根据申报情况，统筹学科和年级特点进行综合评议后确定初步人选；

7. 公示初步名单；

8. 教职工表彰大会。

工作方案的制订让一切工作有了方向、标准和时间节点，无论是教师还是职能部门都能在教育教学工作之余按时间表的要求积极准备和申报，有力地推动了工作的开展。

（二）拟定名师评价标准

评价标准是教师专业发展评价的核心，它不仅影响到当年评价结果的效度，更会影响到学校未来的发展。评价标准的制订既要符合当下的校情，又要在引领学校发展的关键项目上坚守标准或提高标准。因此，学校每年新出台的标准都须基于以下三方面的充分调研。

1. 上学年度的名师评价工作总结与反思。

2. 当下背景的变化，即近一年中全体教师的成长状况摸底。

3. 立足引领学校发展修订条款后的反测状况分析。

做好这些准备工作后，提交领导小组审议，然后提交教师代表大会通过。学校的名师评价标准中，既有评价教师的基本条件，又有各级名师的差异化申报条件，也有职员、工人的申报条件，还有一票否决条款。各级名师的申报条件举样如表 11-1 所示。

表 11-1　巴川中学名师申报条件表

级别	类别	满意度	年级教师综合考核排名	教学专项排名	班主任综合考核排名	物化成果（或获奖）级别及数量	辅导学生参赛获奖
校级骨干教师	骨干教师成长之星	90%	前85%（初三前95%）			校级1项及以上	
县级名师后备人才	学科带头人	95%	前1/2	前1/2		县级及以上不少于1项	
	优秀班主任				前1/2	县级及以上不少于1项	
	科研能手		前2/3	前2/3		县级及以上不少于3项	
	艺体教育能手					县级及以上不少于1项	县级一等至少2项
	科技辅导能手						
	巴川新秀						
市级名师后备人才	教学名师	100%	前1/10（初三前1/5）	前1/3		市级及以上不少于1项	
	德育名师				前1/4	市级及以上不少于1项	
	科研名师		前1/3	前1/3		市级及以上不少于3项且至少有一项市级及以上一等奖或核心期刊发表文章一篇或一项市级课题结题或获奖	
	艺体教育名师					市级及以上不少于1项	市级一等至少1项
	科技辅导名师						

本次评价标准较之以前有较大的修订，一是入围条件更高，这不仅引

领发展，而且减少了领导小组的评审工作量；二是特别增加了科研、艺体、科技辅导等类型的申报条件，让这三类人员的评价更具针对性和引领性。

本次评价标准的修订中最大的焦点是各级名师的物化成果的级别和数量标准，要求必须有本级别及以上的物化成果，更对市级名师后备人才中的"科研名师"的条件做了大的提高。尽管看似条件较之以前更高了、符合申报条件的人员少了，但只有这样才能体现各级名师之"名"，彰显引领发展之"实"。

特别值得一提的是，物化成果中应高度重视校本的物化成果的认定，它不仅会让更多的教师有成果，更对学校各项工作的开展有极大的推动作用，学校 2012—2013 学年度校级物化成果认定如下：

1. 参加微型课题研究获等级奖；

2. 精品教学设计获等级奖；

3. 主编、参编校本教材或校级教辅读物；

4. 参加校级优质课、教案展评、说课、课件制作比赛、基本功大赛、演讲比赛、征文比赛、才艺比赛、班主任基本功大赛、主题班会比赛等教育教学技能比赛获等级奖（参加鸥鹏集团组织的演讲比赛、征文比赛、才艺比赛同等对待）；

5. 参加教育故事、教学案例、主题班会设计和班主任话细节征文等教育教学叙事研究获等级奖；

6. 县级一等奖及以上课堂教学大赛的磨课核心成员和陪课教师；

7. 校级及以上报刊、校园网站发表文章 1 篇及以上；

8. 学科组长和备课组长学年考核获得二等及以上奖励；

9. 导师制工作考核达到良好及以上等次；

10. 校级及以上观摩课、示范课，效果好；

11. 承担校级教师培训任务，得到同行认可；

12. 年度教练员考核达二等及以上等次。

（三）解读办法

一个好的标准，如果没有在全校教职工中得到广泛的宣传，就将失去改进工作、促进成长、引领发展的价值。因此，需要召开各种层面的专题会议对评价标准和办法进行全方位的解读，让所有人员知晓标准及其相关考核办法，让所有人明白自己目前所处的状态，尤其是明白自己努力的方向。

基于既要体现客观性、公正性，又要体现针对性、过程性的思想，学校制订了《教师教育教学业绩综合排名考核办法》《物化成果认定办法》《教师育人水平考核办法》《教师职业道德考核办法》《教师教研能力考核办法》《教师教学常规考核办法》《教师教学业绩考核办法》《教职工民主测评表》和《学生满意度调查表》等制度和工具。在整个评价中教师的业绩综合排名考核办法最为关键，它涉及到权重的划分，难度最大的是教育能力和教研能力的考核。下面将分别举样予以说明。

1. 教师教育教学业绩综合排名考核办法

表 11-2　教师教育教学业绩考核表

维度	权重（%）	考核与计分
育人能力	10	1. 分"教育能力"（70分）和"教育常规"（30分）两部分考核 2. "教育能力"由各学区组织考核小组（各学区和德育处管理人员、学区教师代表等组成）对普区全体教师的班主任工作、深入公寓管理、值班到位情况、配合班主任开展学生思想工作等公共管理的能力、态度、结果等方面进行综合考核评价；"教育常规"根据各学区记录据实扣减
教研能力	20	1. 学科组长评价占50%，各学区和教务处评价占50% 2. 考核办法详见《教师教研能力考核办法》 3. 根据最后得分，按同一学科前20%、中间60%、后20%各计20、18、16分计入总分
教学业绩	35	根据各年级教师教学业绩考核办法进行考核，各年级上、下学期所占比例视年级特点确定
满意度	10	1. 以年度内历次满意度调查平均数为依据计分 2. 100%计10分，90～99.9%计9分，80～89.9%计8分，60～79.9%计6分，60%以下不计分

维度	权重（%）	考核与计分
工作量	15	1. 凡教育、教学、管理达到满工作量者计15分 2. 不足工作量计算办法：本专业1/2工作量者计10分；本专业2/3工作量者计12分；本专业4/5工作量者计13分；其余兼课情况按工作量对等计算，总分均不超过15分 3. 加分办法： （1）教学满（超）工作量外兼班主任，根据考核结果，按一、二、三等分别加1.5分、1.2分、1分（年级班主任综合考核前20%、中间60%、后20%分别确定为一、二、三等） （2）学科组长根据考核结果，按一、二、三等分别加1分、0.8分、0.6分（按两学期平均数计加分） （3）带训练队艺体教师根据艺体处对其考核结果，按一、二、三等分别加1分、0.8分、0.6分 （4）班主任及以上行政干部加1.5分，未任班主任的副主任加1.2分
民主测评	10	1. 以年度内个人所得优秀票数之和为依据计分 2. 按本各学区教师总数前20%、中间60%和后20%各计10分、9分、8分计入总分

表11-2即是教师教学业绩综合排名考核办法，这一办法的出台将赋予教师考核维度不同的分值，既将过程与结果相结合，又将定性与定量相统一，使一个复杂的评价工程有了可量化的操作办法，很大程度上减少了人为的模糊性和不确定性的评价，增强了评价的信度和效度。

2. 育人水平

"立德树人、德育为首"是每一个教育工作者的职责所在，虽然教师都知道该秉承这样的理念并落实在行动上，但始终只停留在口头阶段，缺乏可行、有效的操作办法。于是，学校将此项评价分为了"教育常规"和"教育能力"两个方面，分别从"师德、课内、课外"与"处理教书育人关系、建立和谐师生关系"两个方面构建主要观测点，为教师的育人工作提供切实的方向和标准。如"处理教书育人关系"有以下四个观测点。

（1）善于发掘思想教育因素，能融会贯通于课堂教学中。积极撰写教育笔记。

（2）善于把控课堂教学秩序，能有效处理课堂上的突发事件。

（3）主动配合班主任搞好班级管理，积极参与班级活动，"精心辅导，诲人不倦"，对学习困难的学生真诚、有耐心。

（4）有"大教育观"，了解学生常规教育，积极有效制止学生在校内外的不当行为。

又如"课内"的教育常规，主要有三个观测点及计分办法。

（1）上课前清点学生人数，若有缺席而未向班主任报告的，一次扣0.2分，造成不良影响的，一次扣0.5~1分。

（2）课堂组织教学不力，课堂纪律差，师生及家长反映大的一次扣0.5~1分。

（3）上课迟到或提前下课的，一次扣0.2分。

以上办法的出台，不仅让教师明白自身职责不只是教书，还必须育人，更重要的是知道怎么去育人。通过几年的努力，不仅师生关系更为融洽，而且教师在课堂上都会自主管理，极大地减轻了班主任和学校行政干部的工作负担，有力地推进了"人人德育、事事德育、时时德育"的教育风尚形成。

3. 教研能力

校本教研是提升教师专业水平、促进教师专业成长的主要渠道，教研能力是一个教师综合素质的重要部分。但是，大多数学校的教研活动形同虚设，教研活动质量普遍不高，教研会开成了工作事务布置会、闲谈会，很少有"研究"的成分。青年教师也不知教研活动该干什么，既浪费了时间又影响了青年教师的成长，究其原因，问题还是出在学校的教研管理和教研评价上。

而学校对教师教研能力的考核主要从教研课和教研贡献两个方面进行，教研课方面主要观测点如下。

（1）能独立设计出规范、有效的教学方案，对同伴有启迪和帮助。

（2）教学方案被评为精品教学设计。

（3）教研课示范性好，同伴认可度高，评价好。

教研贡献主要观测点如下。

（1）教研会方面，发言有积极性、先进性、针对性和实效性。

（2）评课方面，能准确提炼和概括出执教者的主要教学特色和优点，能准确指出教学中的问题并提出具有可操作性的改进办法。

（3）命题方面，能根据各年级的阶段特点，有效把握重点、难点，体现知识层次和能力梯度，对教和学起到积极的导向作用，师生反映好。

（4）资源奉献方面，先进思想和有效的方法、经验、课件等能与同伴共享，助推学科组教研水平的提升。

通过这样的评价引领，教师不仅明确了教研方向，而且更加清楚备课、上课、听课、评课、命题等方面的标准，让大家在教研活动中相互交流、贡献智慧、取长补短，有力促进了学习共同体的形成。

（四）分项考评

为了让整个考评工作更加具有针对性和有效性，学校应对每一个项目的考评部门、测评方式、测评次数、测评时间等做出统一的规划和安排，并落实相关责任，以利于评价过程中的材料搜集及处理。

学校的职业道德考评参照《重庆市中小学教师职业道德考核评价标准》，由各年级组组织本年级的教师，通过自评、互评和学校综合评价的方式，每学期进行一次；而学生的满意度测评则是由年级组每次随机抽取10人左右，按年级组统一制订的满意度测评表进行，每学期至少测评2次以上。而且测评的维度也适当做调整，主要测评内容是师德师风、课堂管理、上课水平、作业批改、个别辅导、师生关系等。

由于有了统一的安排及分工，各部门、年级、学区的干部都能根据各自分工进一步研究考评的内容，并不断优化，从中及时发现问题，提醒和帮助老师及时改正，促进教师专业成长的同时，推动了学校的发展。

（五）个人申报

个人申报是年度名师评价中一个十分重要的环节，通过个人申报，便于学校了解申报人的个人意向和对自己的规划定位，在综合评议时努力实现个人申报与学校评定的统一。

具体操作步骤如图11-1所示。

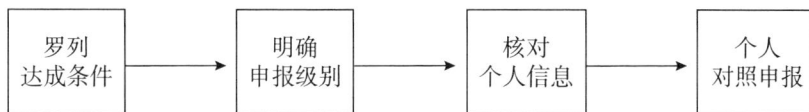

图 11-1　学校名师申报步骤流程图

1. 罗列达成条件。学校在反复核查的基础上，罗列出全校每个教职工的学情满意度、综合考核排名、教学业绩专项排名、班主任考核排名和物化成果（包括市、县、校三级）的达成情况（各级物化成果达成数量、具体物化成果项目等）。

2. 明确申报级别。学校对照名师评价申报条件，逐一明确全校每位教职工初审符合何种申报级别。

3. 核对个人信息。学校将每个人的达成条件和可申报级别以《个人年度名师评价标准达成核对单》的形式，制成表格下发给每位教职工逐一核对，同时发出更正通知，要求在指定时间内到指定地点登记核查。学校组织人事处统筹核查工作，根据员工登记的核查要求，与相关部门配合完成核查工作后，逐一通知信息变动情况。

4. 个人对照申报。教职工根据达成条件和可申报级别，结合自身实际，选择申报 1~2 个称号并签名后在规定时间上交，申报时可根据达成级别降低申报但不得拔高申报，否则无效。

（六）部门审核

个人申报表在指定时间全部收回后，学校组织人事处开始对照各级名师申报条件开展审核工作。

1. 查初审条件是否有误。为保证信息的准确和评价的公平公正，学校须对全校每个教职工的达成情况再次逐一仔细核查，若发现异常，第一时间与相关教职工联系并告知。

2. 查有无自行拔高级别申报。未达成某级申报条件却自主申报更高级别，则视为无效。在此基础上，学校组织人事处汇总全校教职工申报情况以便校长办公会了解总体信息。同时，对因各种原因不能申报的人员，学校组织人事处分别将其完整信息发送给现所在年级组的行政领导，以便学校及时与这类教职工沟通交流，帮助其找到改进的方向，同时感受到学校的关心和温暖。

（七）综合评议

在完成了审核和汇总工作后，接下来要开展的是综合评议。

1. 评议前的准备工作

在提交校长办公会进行综合评议前，学校组织人事处须做好以下准备工作。

（1）认真研究各级各类名师的认定条件，对是否需要修订及怎样修订等提出建议意见。

（2）根据教职工自主申报意向，结合各级名师称号的认定条件，提出各级各类名师称号的候选人及原因分析，以提高会议效率。

2. 综合评议，初定等次

各项准备工作就绪，学校召开校长办公会，在对是否需要修订及怎样修订各级各类名师认定条件进行深入的研究后，根据组织人事处的建议并结合认定条件和教职工的实际，逐一给予每个教职工评价等级。

3. 反复核查，最后审定

为保证评价结果的公正和准确，校长办公会后，组织人事处须根据校长办公会的初审意见，再次进行细致核查。在此基础上提交校长办公会最后确定等次，等待专项表彰奖励大会上宣布和表彰。

（八）表彰奖励

对于教职工来说，表彰奖励是名师评价的最后环节。这是树立标杆、彰显优秀、让教师明确未来改进方向的必要环节，如果精心策划并实施到位，对于引领教师发展会起到极大的推动作用。学校的名师评价表彰奖励大会一般包括以下程序。

1. 组织人事处对当年名师评价的过程及结果进行简要说明

学校当年名师评价结果、对教师的导向和积极要求、部分教师为何申报与评定结果有差距、下一年度学校名师评价会有哪些大方向的改进等，都要在说明里予以解读，让老师们心平气和，心中有数。

2. 隆重表彰获得各级名师称号的教师

为突出市级各类名师的典型性和示范性，表彰会还可借鉴央视"感动中国"年度人物颁奖典礼中诵读颁奖辞的做法，为每一类市级名师撰写并朗诵颁奖辞，增强获评市级名师教职工的自豪感。

3. 获奖代表交流发言

发言代表必须具有代表性、典型性，能够代表一个群体或一类教师。学校在确定发言代表时，一般选择市级名师代表 1 人、青年教师中的"巴川新秀" 1 人，发言着重交流自己过去一年是怎么想、怎样做的，以便给其他同事带来启迪。同时学校组织人事处须对每位发言代表的发言稿进行认真细致的审核把关，重点交流怎样努力实现心中目标、怎样以达到预期效果。

4. 学校领导总结当年名师评价

学校领导的总结紧扣当年学校名师评价的要求和思路，提纲挈领，言简意赅，让全体教职工的思想认识更有高度，对自己未来的规划更加明确。

（九）反馈改进

名师评价必须为教育教学中心工作服务，必须充分发挥其引领和导向作用。为此，学校的名师评价工作也注重与时俱进，在坚守中创新，使名师评价越来越凸显出不可替代的价值。从 2008 年第一份名师评价标准出台、2009 年 1 月首次开展名师认定工作以来，至今已连续实施 5 年，其间每年都在上一年基础上有所突破和创新。

比如，在 2008—2009 学年度的评价类别中，只注重了市、县、校、称职四个层级，并在市级和县级两档，更多地强调了"全能型"要素，但这一做法不切合教师队伍的实际，使得评出的名师无个性特色；学校在 2009—2010 学年度的评价中对此做了改进，将市、县两级分别评出"管理型""教学型""德育型""科研型""艺体科技型"等类别，让名师的个性更加突出，树立学习榜样，为其他教师指明方向。

随着学校规模的扩大，新教师的数量不断增加，单按同一标准评价，新教师的代表寥寥无几，让青年教师望而却步，显然不能调动青年教师的积极性，不利于青年教师的成长。从 2011—2012 学年度起，学校在"县级名师后备人才"一档中增设了"巴川新秀"，对那些具有潜质、勤奋向上、做出较好成绩的、教龄在五年以下的青年教师适当放宽评比条件，极大地鼓舞了青年一代教师的干劲。

这样的突破和创新是基于组织人事处在当年名师评价全过程中十分注重做好过程记录和评价意见的收集整理，包括教职工的反馈意见和信息、校长办公会上关于名师评价和认定的一些意见和要求等，这样改进工作才能达到实实在在的效果，名师评价体系才能更加完善和科学。

三、综合评述

通过建立以名师评价为机制的教师专业发展评价体系，学校在五年多的探索与实践中取得了丰硕的成果，主要表现在以下几个方面。

（一）市县级骨干教师队伍不断壮大

由于学校对教师的教育、教学，尤其对教育科研提出了明确的要求，而且不断拔高条件，促使教师们更加注重提高自身的业务能力和水平，五年内市级骨干教师从 8 人增加到 21 人，其中增加了特级教师、重庆市优秀专业技术人才、市级教学名师各 1 人；县级名师增加了 22 人，为教师团队的发展起了示范引领作用。

（二）教研物化成果显著增加

由于学校教师评价加入物化成果的硬性要求，尤其对市级、县级名师有更新、更高的科研要求，促使教师群体用心去梳理、提取、提炼、提升教学中的宝贵经验，并积极参与投稿与评奖，让更多的教师感受到科研并不可怕。五年内校级以上成果由 649 件（次）上升到 1163 件（次），其中市级以上成果由 210 件（次）上升到 266 件（次），以前大家认为高不可攀的核心期刊，现在学校每年都能发表十篇左右的文章，其中有一位教师已出版了两部专著，有两位教师参与全国教材的编写。

（三）教师工作积极性明显提高

由于建立了公开、公平、公正的评价体系，教师不必过于浪费精力去打造所谓的人脉关系，只需潜下心来搞好本职工作，以实实在在的成绩去申报自己应有的档次，获得应有的荣誉称号。教师专业发展评价的探索实践，不仅让整个学校的人际关系更加简单而和谐，而且进一步激发了教师内在的工作积极性。

（四）教师学历快速达标并提升

由于学校将教师学历达标（本科）作为评选的硬性条件，促使每位教师不断提高学历，2008—2009学年度有专科学历者45人，到如今只有27人。当然，学校在教师专业发展评价中也存在许多值得改进的地方，如分年级（学区）评比中尺度宽严不统一，尤其在定性评价的准确性和定量评价的科学性等方面都还要不断地创新与改进。

第十二章　学生系统：多元发展评价

学生既是教育的客体，又是教育的主体，在学校教育中处于核心地位。"学生评价是教育评价领域中最基本的一个领域，也是教育工作者最关心的一项工作。"[①] 随着我国教育改革的稳步推进，素质教育的全面实施，单一化、同一化的学生评价越来越不适应学生发展的需要。基于这样的背景，学生多元发展评价产生了，并逐步成为学生评价的主旋律。因此，本章聚焦于学生系统的多元发展评价，着力于对基本理论与实践案例进行探讨，主要包括以下三个问题：一是学生多元发展评价的基本理论；二是学生多元发展评价的体系建构；三是学生多元发展评价的个案举样。

第一节　概　　述

学生多元发展评价在教育评价中处于比较关键、特殊的位置，也是教育评价的重点和难点。本节将全面介绍学生多元发展评价的概念、作用、理论基础和原则等基本理论，着力建构多元发展评价的框架体系，深入剖析多元发展的评价实践，以帮助人们更深入地领会学生多元发展评价的原理，更好地开展学生多元发展评价实践活动。

---

① 蔡宝来. 现代教育学理论和实践 [M]. 上海：上海教育出版社，2011：303.

一、学生多元发展评价的概念及作用

学生多元发展评价是教育评价的主要构成之一，学校办学水平的高低、教师教学效果的优劣，直接体现在学生的培养质量上。"狭义的教育评价就是指以学生为对象的评价。"① 可见，学生多元发展评价是如此重要。要实施好学生多元发展评价，前提就是要清楚学生多元发展评价是什么，它有哪些重要作用。

（一）学生多元发展评价的概念

要界定学生多元发展评价的概念，首先要了解"评价""学生评价"和"多元发展"的内涵及三者的内在逻辑。"评价"是指一种价值判定活动，是客体及其属性对主体及其需求的一种满足程度，评价结果的控制和运用是由主体决定的；"学生评价"是将学生作为评价对象，评价者依据一定的评定标准，运用现代教育评价的方法和技术，对学生的思想品德、学业成就、个性发展、情感态度、体质体能的发展过程和现行状况进行事实判断与价值判断的教育评价活动。② "多元发展"是结合自身的特点，多元化地发展自己，同样能找到一条适合自己的成功之路。多元化是指学生的多样化、差异性，内含民主、自由、选择、宽容，张扬求异，鼓励个性和创新。③ "评价""学生评价"和"多元发展"三者的内在关系是：评价是上位概念，学生评价是其下位概念，多元发展是学生评价的价值取向和鲜明特色。

关于学生多元发展评价的相关概念，学术界说法各不相同，使用比较多的概念是"学生多元性评价"。一般认为，学生多元性评价就是采用多种评价方法和标准，在评价中要改革单一由教师对学生进行评价的做法，可以由同学、家长参与评价，增强评价的客观性、公正性，特别要重视学生的自我评价。有研究者认为，学生多元性评价是指不单纯采用标准化测

---

① 朱德全，宋乃庆，等. 教育统计与测评技术［M］. 重庆：西南大学出版社，2013：276.
② 张敏. 学生评价的原理与方法［M］. 杭州：浙江大学出版社，2011：1.
③ 唐芳贵. 多元性教学与创新［J］. 教育探索，2006（12）：5.

验，而是采用多种途径，在非结构化的情景中评价学生学习结果的一系列评价方法，其中主要是另类评量。另类评量是指由各种不同于传统标准化测验的手段来获得学生学习表现的所有方法与技术，因为这些方法与技术常常被用来替代传统的标准化测验，所以它们被统称为另类评量。① 上述学生多元发展评价的概念在表述上虽有不同，但其本质上是有共通之处的。

综上所述，"学生多元发展评价"是指不单纯采用标准化纸笔测试，而是在充分尊重学生的差异性的基础上，以促进学生全面发展为根本目标，使用现代教育评价的多种方法和技术，对学生的学业成就和综合素质等多个方面进行全过程、全方位、多维度评定和判断的活动。学生多元发展评价是对传统学生评价的继承与创新，其指出了传统学生评价中存在的问题并加以克服，并在传统学生评价模式上进行了一定的创新，它是一种更能适应新课改背景下的素质教育的评价模式。这种评价模式更能关注学生的"全面发展"，更能尊重学生的"差异性"，更能促进学生综合素质和学业成绩提升，是对传统评价模式否定之否定后得出的一种更加科学、合理和高效的评价模式。例如，学生综合素质评价就是学生多元发展评价理论的具体应用之一。

（二）学生多元发展评价的作用

美国教育评价专家斯塔弗尔比姆认为，评价的目的不是为了证明，而是为了改进。可见，学生多元发展评价的根本目的是促进学生的提升与转化。学生多元发展评价承认学生的"独特性"和"差异性"，重视评价学生的现在，更侧重于指引学生未来的发展。学生多元发展评价对引领学生成长、促进教师发展、提高学校教育质量等方面都能起到重要作用。② 学生多元发展评价的作用很多，由于篇幅有限，这里不做一一介绍。下面着重介绍多元发展评价在引领学生成长、促进教师发展两个方面的作用。

1. 引领学生成长

教育的对象是学生，评价是引领学生成长的重要手段。学生评价质量

---

① 胡正亚. 教育评价与测量 ［M］. 呼和浩特：远方出版社，2005：166.
② 蔡宝来. 现代教育学理论和实践 ［M］. 上海：上海教育出版社，2011：304.

的好与坏，直接关系到整个教育的成功与否。① 在评价参差不齐的学生时，要知道"优生有缺点，差生有优点"。这就要求我们从改革学生评价观念和方法入手，从日常教育教学工作的细微处入手，长善救失。多元发展评价主要通过以下三个方面来引导学生成长。

首先，通过化解学生成长中的问题引导学生成长。"学生评价有助于教师了解学生的学习和身心发展状况"②，而学生多元发展评价能从多重视角出发，更加有助于教师诊断学生多个方面的问题。通过学生多元发展评价，教师可以了解不同学生的成长状况，有针对性地解决学生的各种困惑，促进学生健康成长。例如，在学生学习或生活中出现问题时，帮助他们探索问题背后的原因。而问题背后的原因是多重的、多元的，只有找准了影响学生学习和生活的主要因素，有针对性地采取措施，才能取得较好的效果。

其次，通过规范学生的日常行为来引导学生成长。在成长过程中，学生会按照教师评价的要求进行学习和行动，会尽量纠正学习和发展过程中偏离评价标准或要求的行为。多元发展评价规范了学生的各种行为，使学生各方面都养成了良好的习惯，这对学生一生的发展都是极其有益的。通过学生多元发展评价，不仅可以规范学生当前的行为，还可以引领学生一步步走向未来，使他们对成长有更深刻的认识和理解；不仅可以发现学生学习方法上的不足，还可以引导他们习得新的方法；不仅可以客观地评价学生，还可以引发他们对照规范进行自我评价，达到自我管理的效果。

最后，通过导航学生的未来以促进学生发展。学生多元发展评价犹如一根"指挥棒"，起着"定标导航"的作用，它可以引领学生趋向于理想的目标，具有导向功能。③ 一般来说，评价所肯定的东西，就成了有价值的、被学生追求的东西；评价所忽略的东西，就成了无价值的、被学生舍弃的东西。评价所忽视的东西，自然不会引起学生的重视。④ 多元发展评价不仅可以为学生的美好人生定标导航，还可以激发学生追求美好人生的

---

① 冯建新．现代教育评价与测量学 [M]．北京：中国社会科学出版社，2005：162.
② 张意忠，肖玮萍．教育评价的理论与实践 [M]．北京：高等教育出版社，2012：165.
③ 姚便芳．评价的奥妙 [M]．成都：四川大学出版社，2010：14.
④ 涂艳国．教育评价 [M]．北京：高等教育出版社，2007：17.

愿望，帮助学生成为心态正、心情好、心智高的人。

2. 促进教师发展

学生多元发展评价是在一种比较开放、民主、公平的环境下对学生进行的全面化、多方位的发展性评价，这种评价所反馈的学生信息是全面的、综合的，有利于教师积极进行教学反思，不断进行理论学习和实践探索，逐步转变自身教学观念，从而更好地发展。具体而言，学生多元发展评价主要是从三个方面促进教师发展的。

首先，促进教师改进教学。学生多元发展评价是学生评价的一种新样态，而学生评价是教师评价的重要组成部分，[①] 因此，学生多元发展评价也是教师评价的有机组成部分，对教师发展起到促进作用。学生是教育的对象，教育质量的高低主要体现在学生身上，通过学生评价可以从侧面了解教师的教学质量，"有助于教师了解工作得失，及时改进教育教学方法"[②]。学生评价在很大程度上影响着教师评价的结果，为教师"改进教育工作、进行教育决策提供了一定的依据，是保证学校教育活动沿着正确的方向发展的重要手段"[③]。

其次，促进教师了解学生。学生多元发展评价有助于教师了解学生学习和身心发展等各方面的状况。例如，在一个单元或一门课程结束时，教师可以通过对学生学习的总体性评价，对学生的学习是否达到预定的教学目标和达到教学目标的程度做出判断，这有助于教师对教学目标进行适当调整，从而做出更好的教育教学决策。在教学过程中，开展各种各样的学生评价活动，能使教师及时得到教学效果的反馈信息。"当教学比较成功的时候，教师就可设法巩固已有的成绩。当教学活动与预期目标有较大差距的时候，教师就要找出问题所在，及时改进自己的教学，提高教学质量。"[④]

最后，促进教师专业发展。《礼记·学记》中提出，"是故学然后知不足，教然后知困。知不足，然后能自反也；知困，然后能自强也，故曰教

---

① 张意忠. 教育评价的理论与实践 [M]. 北京：高等教育出版社，2012：164.
② 蔡宝来. 现代教育学理论和实践 [M]. 上海：上海教育出版社，2011：304.
③ 胡中锋. 教育评价学 [M]. 北京：中国人民大学出版社，2008：242.
④ 同①，165.

学相长也"。"教学相长"意思是教和学两方面互相影响和促进、共同提高。教学相长强调教师要多反思，善于改进教学方法；多学习，不断提高知识水平；多创新，不断提高业务水平。教师要在"教中学，学中研，研中教"。既然学和教是相互促进的，那么学生多元发展评价不应只是给出一个结论性的判断，还应该利用学生多元发展评价促进教师"反思和认识教学的优点和不足，并在进一步的教学过程中改进和提高"①。通过学生评价促进教师反思，通过教师反思促进教师专业发展。

二、学生多元发展评价的理论基础

学生多元发展评价的改革从美国、英国等国家兴起，这种改革是建构主义理论和多元智力理论在教育评价上的反映。此外，新课程改革理念中也渗透了学生多元发展评价的思想。

（一）"多元智能"理论

多元智能理论（Theory of Multiple Intelligence），也叫多元智力理论，是美国著名的心理学家霍华德·加德纳于1983年在他的著作《智能的结构》一书中首先提出的。从兴起以来，多元智能理论得到了众多学者、教师、学校与团体的重视与关注，对学生多元发展评价也起到了一定的启示作用。

1. "多元智能"理论简介

当前，多元智能理论成为一种非常有生命力的教育思想，对教育理论和实践产生了深远的影响。② 该理论认为人类至少有9种智能：语言智能、节奏智能、数理智能、空间智能、运动智能、自省智能（自我认识智能）、交往智能（人际关系智能）、自然探索智能、生存智能。在加德纳看来，上述各种智能不是以整合的方式存在，而是相对独立的，各自有着不同的发展规律并使用不同的符号系统。每个人的智能都有独特的表现方式，每一种智能又都有多种表现形式，很难找到一个适合于任何人的统一评价标

---

① 刘超. 新课改——小学课程教学研究与实践［M］. 北京：国防工业出版社，2010：87.
② 余文森，郭长江. 新课程物理教与学［M］. 福州：福建教育出版社，2005：41.

准来评价一个人是否聪明或成功。该理论还认为，每个学生都有多种智能，这些智能会以不同方式组合，不同的人在这几种智能上的表现是不一样的，每个人都有自己最擅长的智能。学生的智能无高低之分，区分的只是你的优势智能类型是什么。①

2. "多元智能"理论对评价的启示

"多元智能"理论对学生多元发展评价有着以下几个方面的启示。

第一，多维的智力，全面的评价。"多元智能"理论的实质是强调智力由同等重要的多种智能，而不是由一两种核心能力所构成，各种智能是多维度地、相对独立地表现，而不是以整合的方式表现。作为个体的每位学生，在不同方面，不同程度地拥有"一系列解决现实生活中实际问题，特别是难题的能力"②，和"发现新知识或创造出有效产品的能力"③，并表现为生活中各个方面的智能。对学生的评价不应只局限于传统的语言智能和数理逻辑智能，要充分了解学生的优势智能。既重视评价学生的语言和数学逻辑智能，也要重视其他智能的发展，且各种智能无高低贵贱之分，它们在学生多元发展评价中具有同等重要的地位。

第二，独特的智能，多元的评价。根据"多元智能"理论，不同的智能有各自独立的表现方式，每一个学生的智能也有着不同的特点，并且有着自己独特的表现形式。学生多元发展评价应该从智能的各个层面、通过多种途径、采取多种方式、在多种不同的实际生活和学习情景下进行，并以此为依据选择和设计适宜的教学内容和教学方法。比如说，智能是多元的，可"设计多元的、弹性化的评价标准。采用个体内差异评价，使每一位学生都有可能在原有的基础上得到肯定的评价"④。学生多元发展评价应当成为促进每一个学生充分发展的有效手段。

第三，以评价促认知，以认知促发展。多元发展评价的目的是促使学生了解各种智能发展的特点从而得到更好的发展，而不是综合性评定。"多元智能"理论指出，人的智能没有高和低的区别，只是各类智能的不

---

① 霍华德·加德纳．多元智能［M］．沈致隆，译．北京：新华出版社，1995：5.

② Gardner H. Frames of mind：the theory of multiple intelligences［M］．New York：Basic Books，1983.

③ Gardner H. Multiple intelligent：the theory of practice［M］．New York：Basic Books，1983.

④ 周瑛，李晓萍．教育学［M］．沈阳：辽宁大学出版社，2008：312.

同组合而已。对学生进行各类智能的综合性评价是没太大意义的。学生综合评价的分数或等级只能说明学生智能的整体发展水平，而无法说明各种智能发展的状况。学生的个体差异是不同智能及其组合特点的综合表现，评价应该关注的是类型而非程度。"多元智能"理论强调，人与人之间的差异，主要取决于其所具有的不同智能及其组合特点。多元发展评价应该将学生不同智能发展的特点呈现给学生，使他们认知自己特有的智能组合方式及特色，并学会根据自己特有的智能方式，探索到适合于自己智能发展的学习方式。

第四，评价立足现状，现状预测未来。学生多元发展评价不仅要正确地反映学生的学习业绩，而且要能根据学生现状预测他们未来的发展。"多元智能"理论认为，采用恰当的评价策略，在一定程度上能够推测学生未来的发展。从"多元智能"理论研究的逻辑起点看，它是从破解现实中的问题开始的，它探索人类在破解现实难题中所具有的智能，并通过探究这些智能，对学生智能的提升给予科学的推测，为学生提供更适合自己智能特点的课程，以促进学生更好地学习和发展，并且"多元智能"理论批判过早地给学生"开处方"。学生也许具有发展某种智能的潜质，也许还没遇到合适的环境，一旦条件满足，学生过去展现"一般"的智能也许就会快速发展为"优势"智能。

第五，优化评价方案，发展学生智能。设计和优化适应各科教学的"多元智能"评价方案，切实发展学生的各种智能。实行分科教学的背景下，每个科目的教学都要善于结合本门科目的特点，以"促进学生各类智能的发展"为教学的宗旨和目标，同时设计对应的评价方案。例如，在历史课堂教学过程中，可以通过学生对一些战争的历史画面的描述，评价他们空间智能的发展情况；可以通过课本中历史人物的评价与分析，评价学生的言语智能和逻辑智能的发展情况；可以通过历史人物角色扮演，并利用多媒体提供视频和声音效果，评价学生身体音乐智能和运动智能的发展情况；可以通过学生合作交流和讨论，评价他们的人际智能的发展情况；可以通过学生对历史遗迹的寻找，评价他们探索自然智能的发展情况。实行多元发展评价，人们可以了解学生智能发展的特点，在教育过程中做到"因材施教"，积极促进学生的优势智能快速发展，同时也促进学生别的智能均衡发展。

（二）"建构主义"理论

学生多元发展评价的另一理论基础是建构主义理论（constructivist theory），① 该理论是在 20 世纪后期，针对传统的赫尔巴特教育思想的弊端和社会发展的要求提出来的，主要代表人物有：皮亚杰（J. Piaget）、科恩伯格（O. Kernberg）、斯滕伯格（R. J. Sternberg）、卡茨（D. Katz）、维果斯基（Vogotsgy）等。

1. 建构主义理论简介

"橘生淮南则为橘，生于淮北则为枳"，橘是这样，人亦如此，经历、经验和环境往往决定了一个人的个性和特质。与这一思想相同，建构主义理论认为，"知识的获取是个体与环境相互作用逐渐形成认知结构的结果"②。换句话说，真理是特定环境和条件下的科学，认识是一种适应性活动，学习者在认知、解释、理解世界的过程中建构自己的知识，学习者在人际互动中通过社会性的协商，进行知识的社会建构。也就是说，知识是人们建构的产物，它是一种解释、一种假设，是处于不断的发展中的认识成果。③

2. "建构主义"理论对评价的启示

建构中的知识，发展中的评价。建构主义理论告诉我们，知识本身并不真正反映客观事实的绝对真理，而是处于不断发展过程中的，遇到不同的情境，知识需要被重新提取并建构。学习的过程是主动建构的过程，而不是机械地记忆知识。在生活和学习中，学生逐渐形成了对世界的各种理解和认知，他们是自己独特知识结构的建构者和创造者。"多元评价重评价过程，重学生对知识的建构，重问题解决和创造力的培养。"④ 因此，学生多元发展评价要用动态的、发展的眼光，而不能以固化的、过时的模式去评价学生现有的知识和经验等。

尊重个体差异，提倡自主评价。评价要客观看待并尊重学生的个体差

---

① 胡正亚. 教育评价与测量 [M]. 呼和浩特：远方出版社，2005：165.
② 许智坚. 多媒体外语教学理论与方法 [M]. 厦门：厦门大学出版社，2010：34.
③ 王斌兴. 新课程学生评价 [M]. 北京：开明出版社，2004：18.
④ 蔡永红. 对多元化学生评价的理论基础的思考 [J]. 教育理论与实践，2001（5）：34-37.

异，同时要重视学生的自我评价，以此提升学生的自我价值，发展学生的自信心，促使学生表里一致。建构主义认为，教学过程应以学生为核心，提倡"对话式"的教学方式，本质上是要充分调动学生的主体性。学生多元发展评价要把学生作为评价主体，在评价过程中，学生不是一系列评价的消极应付者，而是主动的参与者。只有把学生自主评价作为评价的重点，才会发展学生的高自尊，最大限度促进学生成为表里一致的个体，从而实现学生内部系统和外部系统的和谐发展。

（三）新课程改革的评价理念

关于新课程的评价理念，在"一个标准"和"两个纲要"中均有明确的阐述。"一个标准"指的是《义务教育学科课程标准》，"两个纲要"指的是《基础教育课程改革纲要（试行）》和《国家中长期教育改革和发展规划纲要（2010—2020 年）》。

1. "一个标准"：学生多元发展评价的直接依据

《义务教育学科课程标准》为学生多元发展评价提供了直接依据。以语文和数学为例，教育部 2011 年版的《义务教育语文课程标准》指出，语文课程评价应恰当运用多种评价方式，注重评价主体的多元与互动，突出语文课程评价的整体性和综合性；语文课程评价应该改变过于重视甄别和选拔的状况，突出评价的"诊断"和"发展"功能。2011 年版的《数学课程标准》指出，学习评价的主要目的是为了全面了解学生数学学习过程和结果，激励学生学习和改进教师教学，应建立目标多元、方法多样的评价体系。评价既要注重学习结果，也要重视学习过程；既要关注学生数学学习的水平的评价，也要重视学生数学活动中表现出来的感情与态度的评价。评价要帮助学生认识自我、发展自我、建立信心。其他学科课程标准也均有关于学生多元发展评价的论述，这里不再赘述。

2. "两个纲要"：学生多元发展评价的重要指导

"两个纲要"为学生多元发展评价提供了重要指导。2001 年 6 月 7 日，我国教育部颁布了《基础教育课程改革纲要（试行）》（教基〔2001〕17号）（以下简称《纲要》），提出了新时期课程改革的总目标和具体目标。其具体目标有六个，其中第五个目标为"改变课程评价过分强调甄别与选拔的功能，发挥评价促进学生发展、教师提高和改进教学实践的功能"。此外，《纲要》的第 14 条指出，要"建立促进学生全面发展的评价体系"。可以说，《纲要》的颁布为学生多元化评价提供了重要依据。此外，《国家中长期教育改革和发展规划纲要（2010—2020 年）》中关于学生评价的论述是，"根据培养目标和人才理念，建立科学、多样的评价标准。开展由政府、学校、家长及社会各方面参与的教育质量评价活动。做好学生成长记录，完善综合素质评价。探索促进学生发展的多种评价方式，激励学生乐观向上、自主自立、努力成才"。

综上所述，多元智能理论、建构主义理论和新课程改革的评价思想等为人们进行学生系统发展评价提供了广阔的视野和新颖的思路。基于建构主义理论、多元智能理论的学生多元发展评价，在新课程改革相关文件中均有阐述。自 20 世纪 90 年代以来，学生多元发展评价在美国等发达国家被广泛运用于学科教学，成了评价学生的重要形式。多元发展评价强调评价的系统性，是一种有机的、生态的评价模式，给学生以人本化、弹性化的发展空间，强调评价主体的多元性、评价基准的多元性、评价内容的多元性、评价形式的多元性、评价方法的多元性。学生多元发展评价的最终目的是为了促进学生的全面、自由发展，为教育改革提供坚实的理论依据和实践基础。

三、学生多元发展评价的原则

学生多元发展评价的原则是进行学生评价时必须遵循的基本要求或准则，也是在现代教育评价观指导下对评价工作者的要求。它一方面是学生评价基本规律的反映，另一方面也是对人们在学生评价中积累的经验的总结和高度概括。这里重点讨论学生多元发展评价的三个原则。

（一）基础与个性统筹

根据系统论的观点，教育系统有共同的教育目标。每个教育系统都由若干个体组成，系统中的每个人又具有差异性和独立性，集中表现在他们的个性特点上。在实现系统共同的基础目标的同时，也离不开个体个性化目标的实现。因此，在学生多元发展评价过程中，要坚持基础性评价和个性化评价统筹的原则。基础性评价是评价一个学生完成系统共同目标的结果和程度，而个性化评价是反映学生完成共同的目标和要求的动力机制。前者是程度和结果，后者是程度和结果的动力机制，两者的统筹才能较为全面地评价一个学生发展的状况，并有针对性地为学生的发展提供个性化、科学化的指导。

根据基础性评价与个性化评价统筹的原则制订综合评价指标体系，综合评价指标体系涵盖了基础目标和个性目标。在学生多元发展评价过程中还要坚持把学生自我评价作为评价的重点，按照学生"自评—他评—再自评"的模式。只有这样，才能激发学生参与评价的积极性和兴趣，还可以使学生吸收前两种评价的建议，更加合理、客观地进行自我再评价。与此同时，也更能促进被评者在实现个性健康发展的过程中去完成共同的目标，从而实现个性化评价和共性化评价有机结合。总之，学生评价应着眼于学生的基础稳步提高，着力于学生的个性全面发展，最终以促进学生全面发展为旨归。

（二）过程与结果并重

过程与结果并重指"现代学习活动不仅着眼于如何使学习者取得良好的学习结果，得出有价值的学习结论，而且还注重使学习者能够在学习过程中得到有效的体验，积累有益的经验，从而把对学习的评价集中到知识、技能和学习过程三个维度上。"[1] 毫无疑问，对结果的评价很重要。但是，"要达到促进学生发展的目的，学生评价应该成为一个活动的、持续的过程"[2]。这就要求，在对学生进行评价时，既看最后成绩，又看其学习过程。评价不仅是一个结果，不仅发生在教育和教学活动之后，同时也贯穿和伴随于教育和教学活动的每个逻辑流程。

"结果由过程来实现，过程与结果并重"[3] 的原则告诉我们，学生多元发展评价不但需要注重终结性的结果评价，也需要注重形成性的过程评

---

① 钟以俊. 现代学习原理与学法指导 [M]. 北京：中国科学技术大学出版社，1995：10.

② 田友谊. 当代学生评价的理论与实践 [M]. 上海：华中师范大学出版社，2012：15.

③ 毛远飞. 心与教育一起走——郁南支教行 [M]. 北京：知识产权出版社，2012：82.

价。重点是通过关注"过程"而促进"结果"的提升，通过关注"结果"而使"过程"更加有价值。关注过程的评价是建立在对泰勒提出的目标评价模式（也叫泰勒模式）进行反思与批判的基础上。从 20 世纪 70 年代开始，就有教育家批评以往的评价只是注重学习的量的方面，而忽视了学习的质的方面。[①] 较之传统的只重结果的评价，过程与结果并重原则使得现代评价过程本身具有了目的与手段的双重意义。

（三）定性与定量结合

学生多元发展评价过程是通过测量和评定的技术手段，对学生素质、智力、成绩和潜能等进行鉴别，需要整合兼有测量之长和评定之优的多种方法。这种评价的基本原则就是定性与定量的有机结合。在 20 世纪 80 年代初，有学者就提了定性与定量相结合的原则。纵观人类评价历史，不少国家都在评价的定性与定量关系的彷徨与错位中付出沉重代价。如美国曾因测评中的歧视引发黑人罢工，苏联曾因滥用而导致废除心理测验。一些国家与地区从定性到定量后又回到了定性，呈"定性—定量—定性"轨迹，另一些国家与地区则从定性到定量后钻进死胡同，呈"定性—定量—机械定量"轨迹。实践证明，"成功的评价活动源于定性与定量的有机结合，这也是多元评价区别于其他人事评价方法的主要标志之一"[②]。

定性与定量结合原则适用于评价的要素体系、计量体系和标准体系等子系统。一门科学只有在成功地运用数学时，才算达到真正完善的地步。定性与定量结合原则的实质就是通过人类评价的丰富经验与数学领域的新老成果相结合，使测评要素、行为信息和计分方法有机地统一，提高人员功能与数量之间的一致性。定性与定量的有机统一是学生评价实践证明了的一条成功规律。定性与定量相辅相成，缺一不可。定量是定性的基础，定性则是定量的出发点和结果。学生多元发展评价过程中，对于能够直接量化的用直接量化的方法，不能量化的可先定性，后定量，用二次量化的方法处理。对于不宜量化的则采取定性的方法。在定性定量的问题上，坚持质量辩证统一的观点，防止两种片面性、克服两种形式的简单化、绝对

---

① 田友谊. 当代学生评价的理论与实践 [M]. 上海：华中师范大学出版社，2012：15.
② 陆红军. 人才评价中心 [M]. 北京：清华大学出版社，2005：10.

化。在评估中要运用分析的方法，对过程和结果、材料和事实等进行细致科学的分析。①

（四）自评与他评兼顾

自评主要侧重于学生内部系统的构建，他评主要侧重于学生外部系统的构建。对于评价的客体来说，自评具有内在性，他评具有外在性，即自评主体和客体具有同一性，而他评的主体和客体具有分离性。主客体同一的自评有利于评价主体和客体角色互换，容易使学生站在他人的角度看问题，因而使评价更加客观。主客体分离的他评容易导致评价不客观，引发评价客体的排斥和对立，因而减弱了评价的客观性和准确性。自评是丰富的、直接的和动态的，他评是抽象的、间接的和静态的。自评重在自我反思，看重结果评价，更注重过程评价，他评难以反思客体，侧重结果评价而难以重视过程评价。那种只重视他评而忽视自评的做法，最终会导致自我丧志、自信心缺乏；那种只重视自评而忽视他评的做法，容易导致盲目自大、脱离实际。

学生多元发展评价应该坚持"自评与他评兼顾"的原则，发挥两者的优势，使其相得益彰。他评能够在一定程度上折射出评价的真实性和客观性，但要把他评统整到自评系统中。自评能够比较充分地展现学生积极性、主体性和主动性，学生容易产生信任感、使命感和责任感。坚持自评和他评有机结合，就要坚持"自评—他评—再自评"的完整运行过程。学生评价实践表明，在实施他评过程之前，被评者都会注意或学习评价标准，都会有一定程度的自我评价。在他评的整个过程中，也都会有一定程度的自我再评价，决定了学生对他评结论是否认同，以及认同的水平。自评是评价的内部基础，他评是评价的外部条件，自我再评价是被评者改进、提升、发展的基础和动机。只有他评而缺少自评的评价是黯然失色的，没有学生自我接纳的他评是外控的、强加的外部评价。因此，应该努力打破以往那种以教师为单一评价主体的传统，尝试让学生、教师、家长等多元评价主体均参与到评价活动中，同时进行适当的互动和讨论，这样

① 赵青山. 实践与探索——研究生德育工作研究 [M]. 北京：北京邮电大学出版社，2006：259.

可以从多个维度、多个层面出发对学生进行更客观、更全面、更科学的评价，从不同的视角为学生提供有关学习和发展的信息，有助于学生更全面地认识自我，创造出一种充满活力的评价环境。①

综上所述，学生多元发展评价是新课程改革与实施的重要节点，起着方向引领与质量督导的重要作用。学生的评价应具备"基础与个性统筹""过程与结果并重""自评与他评兼顾"的原则，在评价过程中要重过程、重体验，使学生评价真正起到激励和发展的功能，使学生从评价中获得成功的体验，激发其学习兴趣，促使教师提高教学水平，促进素质教育背景下新课程改革的蓬勃发展。

四、学生多元发展评价体系的构建

一个学生的成长和发展离不开自己的努力和别人的帮助，这些努力和帮助往往是通过学生多元发展评价来完成的。在开放式的教育系统中，这种评价模式为教师改进教学提供实践依据，为学生学习提供有力帮助，最终促进学生的全面发展。② 围绕学生多元发展评价问题，下面主要采用"评什么—怎么评—谁来评—评价结果如何呈现"的过程逻辑，分别从评价的内容、方法、主体和结果呈现形式四个维度阐述该评价体系的构建。

（一）确定学生多元发展评价内容

不同的学生评价模式暗含着不同的教育价值取向，蕴含着不同的教育理念，承载着不同的社会意义。一定的教育价值取向对学生多元发展评价过程具有统整作用，它体现着学生多元发展评价内容的选择。霍华德·加德纳认为，每个学生的智能都是多元的且有巨大的发展潜力，教育应使学生获得全面、自由、充分的发展。基于这一理念的启示，学生多元发展评价着眼于学生的差异性和独特性，以促进学生全面、自由、和谐发展为目标和宗旨。下面主要从"知识与技能""过程与方法""情感、态度与价值观"三个方面来阐述学生多元发展评价内容。

---

① "小班化"教育编写组."小班化"教育 [M]. 南京：东南大学出版社，2009：169.
② 王斌兴. 新课程学生评价 [M]. 北京：开明出版社，2004：39.

1. 知识与技能

知识是人类的认识成果，技能是指生活或从事某种工作所需要的能力。目前，社会各界对发展和培养学生的创新精神、实践能力的呼声越来越大，甚至有人认为二者的重要性已经极大地超过了对学生基础知识和基本技能的要求。然而，学生多元发展评价理论认为，社会各界倡导的"全人教育"思想，并不是全盘否定"知识与技能"的教育，相反，在信息化时代中，扎实的基础知识教育和极具创造性的基本技能教育显得越来越重要。邓小平同志说过，"靠空讲不能实现现代化，必须有知识，有人才。没有知识，没有人才，怎么上得去？"所以，教育评价系统在提倡评价学生的创新精神和实践能力的同时，也要扎根于对学生基础知识和基本技能的评价。在实施评价的过程中，要坚持把创新精神和实践能力的评价贯穿于知识与技能评价的全过程中，坚决防止从一个极端走向另一个极端。

2. 过程与方法

教育心理学研究证明，知识并不等于能力，知识的增长也不能直接地促进能力的提高。基于知识能够转化为能力这一假设，这里认为仅仅只有那些能够被学生认知、理解、内化并灵活运用的知识才能真正转化为学生的能力。因此，学生多元发展评价呼吁教育评价者在对学生进行评价的时候，不仅要评价知识掌握情况，而且要评价学习过程和学习方法。众所周知，传统的学生评价仅仅只评价学生对知识本身的理解和记忆，而欠缺对学生学习知识的过程以及学习方法的评价。对过程与方法的评价重在评价学生创新精神、分析和解决实际问题的能力，正是这些能力制约着学生对知识的掌握程度。

3. 情感、态度与价值观

传统的学生评价只关注知识与技能，而很少关注学生的情感、态度与价值观。如此评价的直接恶果就是培养出了一批有知识、没文化、冷酷无情甚至反社会的学生。可见，对学生情感、态度与价值观方面的评价是非常重要的。情感、态度与价值观是指学生对认知目标的内在认知、认同和接纳的过程。评价者对学生情感、态度与价值观等方面的评价就是以情感、态度与价值观为评价内容和对象对学生做出价值评判的过程。情感、态度与价值观并不是实际的活动，而是各种情境中的内在系统。这个内在系统是学生的内部准备状态和内部倾向。因此，这种评价通常只是给出一些可以观测的指标，间接地推测和评价。当今，学生多元发展评价积极呼吁教育评价改变过于注重知识评价的倾向，强调评价要引领学生形成主动的、积极的学习态度，使学生在获得基本知识与基本技能的同时，成为学会学习和有健康的情感与价值观的个体。

综上所述，学生多元发展评价的主要内容是"知识与技能""过程与方法""情感、态度与价值观"。该评价内容是我国教育目标的具体反映，体现了具有时代精神的教育观、人才观和评价观。学生评价的内容为教育评价实践规定方向，评价的内容要体现"为社会培养合格的公民和人才"的要求，还要体现"使每一个学生学会做人、学会做事、学会合作、学会学习，成为有能力追求幸福生活的个体"的要求。①

（二）选择学生多元发展评价的方法

评价是手段而不是目的，学生多元发展评价需要通过一定的方法和策略来实现。学生多元发展评价方法不仅是教育评价理念的具体体现，更是教育评价要求的具体实践。② 近年来，随着素质教育研究的不断深入，学生评价方法也不断推陈出新。学生多元发展评价的方法很多，这里以表现性评价法、档案袋评价法和专家评价法为例，主要介绍新课改背景下学生评价的一些新方法。

1. 表现性评价法

表现性评价法是学生多元发展评价的一种方法，它是通过观察、访谈和分析学生在学习过程中的表现，对学生的参与状态、合作意识、实践技能、探究能力、分析问题能力、知识的理解水平、交流技能等进行全方位、多元化的评价。学生表现性评价的结果以间接、直接的方式进行记录，在分析、对比的基础上，给出恰当的结果反馈以激励学生的进步。学生表现性评价包括学生自我评价、同学相互评价、教师评价。自我评价就是学生本人对自己在学习活动中的各项表现进行评价。同学相互评价就是由同学对被评学生在学习活动中的各项表现，结合被评学生自己收集的学

---

① 田友谊．当代学生评价的理论与实践［M］．南京：东南大学出版社，2009：169．
② 邵清艳．学生评价与学法指导［M］．长春：东北师范大学出版社，2010：34．

习档案袋进行评价。教师评价就是教师根据学生学习活动中的上述各方面的表现给予评定。通过学生外部系统表现的评价，教育评价者可以从一定程度上窥探学生的内部心理机制。

2. 档案袋评价法

档案袋评价法是学生多元发展评价的另一种方法，它是学生自我评价和教师评价学生的重要依据。档案袋评价法是指用档案袋保存记录、以文件形式呈现的学生在一定时期的作业和作品，以展示学生在一个或几个领域学习的努力、进步状况和知识、技能与态度的发展的评价方法。学生档案袋提供了反映学生成长历程的代表性作品，是一个不断成长的活的学生作品集。① "档案袋"是评价学生进步过程、努力程度、反省能力及其最终发展水平的理想方式。学习档案袋评价的主要意义在于它为学生提供了一个学习的机会，真实记录了每一名学生进步、发展、成长的轨迹。学生在学习档案袋中可收集和整理自己参加学习活动的各种重要资料，如活动设计方案、优秀实验报告、单元知识整合、特别的学习信息和资料等。

3. 专家评价法

专家评价法是向专家提供有关评价对象的信息资料，专家经过逻辑分析对之做出判断，最后综合各位专家的意见形成评价结论的做法。匿名小组法是一种常见的专家评价法，它将专家组成一个小组，先让其广泛接触有关评价的资料，然后各自独立地书面提出对评价对象的看法，若评价组织者有不明之处或者有关键问题需要特别指出要求专家回答的，再由专家各自书面作答。接着组织者将各人的书面材料按照评价对象的各个方面分门别类合并成一份小组汇编材料，并向与会者公布汇编结果，再由专家开始讨论。一般先讨论各种看法或判断结论的优良之处，然后再对其中一两个普遍认为较好的结论进行仔细讨论，以得出一个最佳的判断结果。在对评价对象各个方面都得出最佳判断结论的基础上，再综合形成对评价对象总体价值的最终分析。

---

① 王景英. 教育评价 [M]. 北京：中央广播电视大学出版社，2004：254.

（三）明确学生多元发展评价主体

与学生评价理念和功能发展相适应，学生评价的主体在当代也开始呈现多元化的趋势。[①] 早期评价主要由心理学专家、教育专家来进行，即使是在目标评价模式（泰勒模式）产生之后，也依然强调评价设计专家的作用，而对于评价实施者、参与者的关注不够。对此，一些学者提出了较为中肯的批评。教育评价理论家斯克瑞文（Scriven）认为，评价者最大的失败就是简单地为决策者提供信息，而将做出最后价值判断的责任推卸给了非专业人员。由此，他特别呼吁评价的实施者、参与者对于评价活动的多元参与。[②] 当代学生评价已经一改往日的教育行政部门和专家主导的局面，开始强调评价者与被评价者中的学校管理者、教师、学生、家长等多元主体参与，以求提高学生评价质量，激发学生和教育者的积极性。这里，学生多元发展评价的主体主要有教师、学生、同学、家长、社区等。

1. 教师评价

在这里，教师评价指教师作为评价主体对学生进行评价，这里的教师主要包括：科任教师、班主任、部门（年级）主任、校长。教师对学生的评价，要根据学生的独特性和差异性，针对学生的不同需求从学习效果、学习效率、学习态度、学生自信心等方面进行评价。评价要做到因人而异、因人施评、公平公正。评价优秀的学生，应多给予指导和启迪。因为成绩好的学生已经形成良好的学习习惯，对他们的评价不能仅仅停留在所学的基本知识层面，而要在多重视域下激发其深入探索的愿望。评价后进生，教师要心存怜悯和感激。心存怜悯是因为这类学生通常学习成绩较差，认知水平、理解能力及主动学习意识等方面均存在不同程度的问题，迫切需要老师的鼓励；心存感激是因为这部分学生为教师提供了教育研究的契机，正是问题学生的出现，才有了研究问题，有了研究问题才有教育研究。教师的最大价值不是把学生送入名牌大学，而是体现在问题学生的

---

① 郑航. 班级管理与学生指导 [M]. 北京：北京师范大学出版社，2011：222.

② M. C. Alkin. Evaluation Roots：Tracing Theorists' Views and Influences [M]. SAGE Publications Inc，2004：1-33.

教育和转化上。教师评价的优点在于，能够迅速诊断学生的问题，为学生健康成长起到保驾护航作用；不足之处在于，经验不足的教师对学生的评价可能带有主观倾向，不利于被学生接受和内化。

2. 学生自评

学生自评是学生作为评价主体，依据一定的标准对自己的期望、品德、发展状况、学习行为与结果及个性特征进行判断，是学生自我认识、自我分析、自我提高的过程。传统的学生评价大多缺少学生自评，致使学生处于消极应对的姿态，学生对待传统的他人评价的态度往往是防范、敷衍、逃避甚至阻抗，这极大地降低了学生评价的客观性和真实性。然而，学生多元发展评价充分尊重和信任学生，倡导学生的自我评价，使学生评价变成教师指导下学生积极参与、自我反思、自我管理和自我教育的过程。我国台湾学者李聪明认为，现代教育评价不是教师的独占物，其一半的责任应由学习者自我承担。库克（W. Cook）认为，最有效的评价是学生的自我评价，其次为教师与同学间的评价，最差的是学级外的人的评价。作为学习的主人，学生能够评价和修正自己的初步知识。学生自我评价的优点是能够克服教师评价的不足，充分调动学生的积极性，促进学生自我反思和自我教育。然而，由于学生知识、经验的不足，学生评价也会有一定的盲目性，要么过高评价，要么过低评价。

3. 同学互评

我国的最早论述教育评价的《学记》中有提到，"独学而无友，则孤陋而寡闻"。这种思想就是在强调同伴之间要相互促进、相互学习和相互帮助。另外，中国还有一句古话说得好："旁观者清，当局者迷。"由于视角的不同，学习者常常无法察觉到自己学习上的一些错误方法与不足之处，同学间互评就显得尤为必要。我国著名教育家孔子说过，"三人行，则必有我师焉"。学生的学习与成长不仅需要老师的帮助和指导，而且也需要同学之间的鼓励和启发。同学之间的互动、评价和交流，不仅能够增进同学之间的亲密感，而且有利于同学之间相互学习、取长补短、更好地实现智慧共享。同学之间的相互帮助和鼓励加深了彼此的友谊，有利于提升班级的凝聚力，有利于打造优质的班级文化。可以看出，学生互评有明显的优势，同时也有相应的弱点，比如评价有时会因带有个人感情色彩而不够客观，评价的质量难以保证等。

4. 家长评说

家长对孩子的评价直接影响着孩子的健康成长，因此，家长对孩子的评价一定要真诚、真实、科学，并带有一定的艺术性。第一，家长要掌握一些基本知识，这样才不会偏离评价的方向。家长要多学习，力求对孩子进行科学评价，这样会使孩子各方面发展得更好。第二，评价要有依据，不能随心所欲、信口开河、想当然地评价孩子，没有依据就暂且不要评价。评价不客观、不正确而形成的错误信息会误导孩子，孩子会产生消极的心理暗示。第三，避免错误归因评价，这是传统家教中常犯的错误。"归因"，意思是把一件事或态度行为归为某个原因。正确的归因评价应该能够指导孩子找到一种正确的努力方向，引导孩子学会内部归因，使孩子明白自己的不足可以通过努力加以克服。家长评说可以对教师评价、学生自评起到辅助作用。然而，家长评说也有一些不足，如不懂教育技巧的家长对学生的评说可能会不够客观、不够艺术，从而对学生产生一些负面影响，影响孩子的终身发展。

5. 社区评鉴

社区评鉴就是学生家庭所在小区的居民对该学生的各方面的评价，社区评鉴主要有三方面的作用：一是发挥社区教育功能，了解学生在学校、家庭以外的品行表现和发展，促进学生全面发展；二是帮助学生主动关心社区，参与社区服务，增进生存体验，形成社会意识，提高适应社会的能力；三是实现学校教育和社会教育的有机结合，形成教育合力共同促进学生发展。但是，社区评价应注意"三忌"。一忌捕风捉影、流于形式。实事求是是评价必须遵守的首要原则。二忌评定求全、形式复杂。由于社区与学生接触机会较少，不可能像教师评价那样面面俱到，所以社区评价要形式简单，保证评价的真实性；三忌人情评价、暗箱操作。学校要通过各种阳光手段、公示举报等形式避免暗箱操作。社区评价也有自身的优势和不足，优势在于社区相当于一个小社会，社区评价能使学生明白如何在社会立足、如何更好地生活，可以弥补以上几种主体对学生评价的不足；不足之处在于社区评价人员不固定，评价标准不确定，操作和实施起来有一定的困难。

（四） 呈现学生多元发展评价结果

评价结果的呈现形式不仅体现了评价的理念，还制约着评价的功能。①学生多元发展评价不仅要给学生一个客观、公正的评价结果，还要以恰当的形式呈现给学生。随着学生评价的不断深入和发展，呈现评价结果的形式也日趋多元化。

1. 体态呈现

体态呈现是用一些动作、肢体语言等来表达评价情感和交流评价信息的呈现手段。体态评价主要有身体姿态、手势、面部表情等非语言手段，如点头、摆头、挥手、瞪眼等。它是由人的脸部表情、身体姿态、肢体语言和姿势变化而组成的一个评价符号系统，通常被认为是探测讲话者内部世界的主要证据。体态呈现评价是教育者在长期教育实践中形成的一种众所周知、约定俗成的自然符号。这些自然符号无处不在，但常常不易被人们提及，如人们的面部表情以及手势、腿、脚、躯干的姿势都属于体态语。体态评价作为辅助的评价方式有很多优点，如使用方便、快捷等。然而，仅仅从面部表情、手势、身体其他部位来呈现评价可能会导致信息表达不清楚，容易引起交流障碍。

2. 口头呈现

口头呈现的评价也称口头评价，包括激励式口头评价、前瞻式口头评价、纠偏式口头评价、合作式口头评价、过程式口头评价、谈心式口头评价等。由于篇幅有限，这里仅以激励式口头评价和谈心式口头评价为例介绍口头评价的呈现。激励式口头评价是以保护和强化学生的上进心为目的，以激励的语言肯定学生行为中积极正确的部分，鼓励其继续坚持下去的评价。谈心式口头评价是指教师和学生敞开心扉，进行谈心式的评价，对这种评价方式，学生会觉得没有压抑感，更不会拘束，甚至会把教师当作知心人，把自己的苦恼向教师倾诉，这时，教师更容易从学生的倾诉中找到解决问题的答案，为下一步的转化教育夯实基础。与体态评价相比，口头评价指令明确，学生更清楚老师的要求；不足之处在于评价是口头

---

① 李玉芳. 多彩的学生评价 ［M］. 北京：教育科学出版社，2009：121.

的、瞬时的，不利于保存和复查。

3. 书面呈现

书面呈现的评价也是教育教学中评价的主要方式，正规、可见的书面评价形式更能引起学生的关注与期盼。试卷测试、成长记录袋评价、等级评价、评语评价等都要用书面评价来呈现。这里仅以评语评价为例来说明书面评价。评语评价是评价者（主要指教师）以书面的形式对学生在一定阶段的思想状况、学习水平和行为表现等所做的定性描述，是教师对学生某一个阶段发展情况进行的综合性评价。评语不仅是教师对学生进行评价的一种形式，而且是师生进行交流的重要渠道，还是教师和学生家长沟通的重要手段。[①] 书面呈现的优点在于它具有评价的深刻性、效果的长期性、评价者操作方便和被评价者阅读方便等优势，不足之处在于书面评价常以纸张形式保存，不便于保存和检索。

4. 网络呈现

网络呈现评价是指利用现代互联网技术来呈现对学生的评价，这种形式注重评价学生的学习过程，为学生提供更加优质、便捷、丰富的学习辅导。利用计算机及网络的强大功能，按照现代教育评价理论的要求，改革学生学业评价体系，可以实现在地域分布广阔的教学点开展大量的、不同类型的课程学习评价活动，并能够实现自动评阅、自动控制、智能化服务、个别化服务，能够在师生之间建立起直达通道，及时传输测评和教学信息，从而保证远程教育中学习评价的及时性、准确性、有效性和经济性，充分发挥学习评价促进学生学习的作用，不断提高远程教育的质量。网络呈现的优势在于方便统计、容易保存、易于备份和检索，不足之处在于其保密性不强，评价结果在网络上保存，容易因电脑或网络发生故障而导致数据丢失，或者因被不法分子盗取而导致重要数据泄露。

5. 实物呈现

实物呈现评价就是用实际的奖品或者货币的形式来呈现评价结果。如电视节目《爸爸去哪儿》中的"创星活动"就是创造性地使用"小星星"呈现多元性评价的方法。下面以"创星活动"为例，来说明实物呈现的形式。

---

① 李玉芳. 多彩的学生评价 [M]. 北京：教育科学出版社，2009：131.

在评比方式上，采取过程跟踪评价与学期末的评比相结合。实施要求主要
有：第一，各个班级要严格按照学校的要求认真落实每一个环节，不丢落、
不省略每一个细节；第二，在评选时，要认真对照标准进行，不要给人情
分，对于表现不理想的学生要尊重其人格，以鼓励为主；第三，在评选时，
要保存好所有的资料和档案，每学期评奖结束后，要把评选表装订成册，上
交教务处保存。评价项目主要有：全能之星、友爱之星、环保之星、文明之
星、自律之星、阳光之星、进步之星、才艺之星、体育之星等。实物呈现的
评价直观方便，富有激励性，不足之处在于成本较高、操作费时等。

　　总之，学生多元发展评价倡导评价结果呈现方式的多元化，要求教师
在运用的过程中，以学生为本，扬长避短，从实际出发，将多种评价结果
呈现工具和方式有机结合起来，努力实现评价效果的最优化，最大限度地
促进学生的全面发展。

第二节　学生多元发展评价个案举样

　　目前，大多数学校的学生评价依然存在许多弊端，在评价目的上一味
追求功利主义，忽视可持续发展，在评价标准上简单而固化，在评价方式
上多采取强制、排他的手段，导致学生评价的效果与结果不太理想。为了
学生卓越的发展，为了学生美好的明天，重庆市巴川中学充分采用学生多
元发展评价的理论、实践研究成果，在多年的摸索中总结出了一套学生多
元发展评价的模式与制度。

一、案例背景

　　据我国中小学教育评价现状，社会、学校、家长、学生最为关注、最
为重视的莫过于学生评价，然而，中小学学生评价依然存在许多弊端。比
如，评价观念趋二元对立，少相融结合，许多人认为选拔性评价与发展性
评价是二元对立、非此即彼的。评价目的重功利主义，轻持续发展，导致
许多学生只专注于学习，甚至是只专注于要考试的学习内容，极大地阻碍

了学生的全面发展。评价标准统一化、单一化，所有的学生都采取统一的标准进行评价虽然保证了公平性，但却忽略了人的个性，使得一些学生的才能不能得到发展。评价时间集中化、短暂化，导致学校出现考前突击的现象。评价主体强制性、排己性强，学生评价始终来自教师、来自外界，缺少学生自我评价，大大削减了学生的学习主动性。

巴川中学以多元智能理论和建构主义理论为理论基础，以新课程标准的相关论述为指导，坚持基础与个性统筹，过程与结果并重，定性与定量结合，自评与他评兼顾的原则，通过多年的实践构建了一整套学生多元发展评价体系，对学生学习、体质、习惯、心理健康、口语交际能力、课外成就等多方面进行评价。评价主体既包括教师、家长，更强调学生自己，使学生掌握了学习的主动性，既爱上了学习，也学会了学习；既学会了读书，也学会了生活；既学会了管理自己的生活，也学会了规划自己的人生。

二、案例内容

中学阶段，学生身体、心理、大脑都处在发育的黄金期，中学的学习相对于小学，科目增多，难度增大，思维难度提高，给学生带来巨大的挑战。能否在中学阶段掌握各科知识，跟上学习节奏，关系着学生以后的学习生活能否顺利进行。所以，学生多元发展评价体系需要结合学生的成长与发展特点，对其学习、体质、心理健康等各方面进行动态地综合评定。

（一）学生多元发展评价体系的建立

学生发育的特点以及中学学习的特点都要求学生在该阶段培养自我规划与管理能力，学会学习，学会生活。然而生活细节繁复，学习科目众多，学生、教师、家长都难以快速理出头绪，这就要求学校建立涵盖学习生活各方面，调动多方力量的多元评价体系，囊括学习、体质、习惯、心理健康等各方面事务，为学生的学习生活，教师的工作做出引导。为了让种类繁多的学生评价工作进行得更有条理，让学生、教师、家长、学校之间交流更方便，让信息利于保存、查阅和进一步的分析，学校将大多数的学生评价内容装订成册，形成青少年成长管理日志，具体内容如下。

1. 人生梦想

（1）写出三个梦想职业。

（2）写出三个梦想城市。

（3）写出自己的优势。

（4）制订出三步学业规划。

2. 自我认识

分别写出学习、体质、心理、习惯四个方面的自我认识。具体细则见下文各部分。

3. 自我规划

分别写出学习、体质、心理、习惯四个项目的三年规划及本期规划。具体细则见下文各部分。

4. 自我管理——周计划

分别写出学习、体质、心理、习惯四个项目的一周计划。

5. 目标管理

按照学习、体质、心理、习惯四个项目下的各项要求对自己每天的学习和生活做出记录、反思与评价。具体细则见下文各部分。

6. 每周小结

按照思想品德与学习、体质、心理、习惯四个项目对自己本周的学习和生活做出反思与小结并进行自我激励。班主任和成长教练对学生本周表现进行评价。

7. 家校联系

学生对自己在家的学习、体育锻炼以及实践活动进行评价。家长对学生在家表现做出评价。

8. 成绩记载

记录学生一学期以来各学科每次考试的成绩。

9. 成长报告

（1）成长篇

①综合素质评价

项目包括道德品质、公民素质、交流与合作、审美与表现、运动与健康、自主管理、综合评定，教师根据学生具体情况给出等级。

②个人荣誉

记录学生本学期获得的各项荣誉。

③学生自评

学生对自己本学期表现做出个人描述并写出感悟反思。

④小组互评

各小组同学分别对小组内其他同学本学期的表现做出评价。

⑤班主任评语

班主任对学生本学期表现给出评价。

（2）成绩篇

①学业成绩

记录学生本学期每一门必修课的半期及期末考试成绩。

②体质评价

成长导师根据学生本学期各项体质指标对学生体质做出评价。

③心理健康

教师根据学生本学期表现特别是心理微博状态对学生心理健康状态做出评价。

④实践与选修

教师根据学生所选修的内容分别记录成绩，学生成绩表如表 12-1 所示。

表 12-1　学生成绩表

学业成绩	学科／阶段	语文	数学	英语	物理	政治	历史	体育	总分
	半期								
	期末								
	学科／阶段	生物	地理	计算机	音乐理论	美术理论	英语口语	流畅表达	国学经典
	平时								
	期末								

续表

体质评价										
心理健康										

实践与选修	项目	音乐类					美术类				
		吉他	管乐	舞蹈	合唱	竖笛	手工	篆刻	素描	漫画	版画
	成绩										
	项目	体育类					自由选修类				
		乒乓球	篮球	武术	素质拓展	啦啦操	人文山水	生物实验	茶园中国	旅游地理	时事热点
	成绩										

（3）家长篇

①假期提示

家长写出对于孩子假期学习生活的期望以及注意事项。

②假期管理

家长按照实践活动、体育锻炼、亲情互动、自主学习四个方面安排孩子假期生活并做好记录。

③家长建议

家长根据孩子上学期以及假期的表现对孩子、教师以及学校管理提出意见。

这份管理日志一改过去单由教师对学生进行评价的做法，让同学、家长积极参与进来，使评价的客观性、公正性得到提高。学生评价形式多样化，采用多种途径代替单纯的标准化测验，在非结构化的情境中对学生进行评价。管理日志扩展了评价的维度，突破只注重学习成绩评价的传统模式，涵盖了学习、体质、习惯、心理健康等多方面内容，更能适应当前素质教育、更能关注"全人"、更能关注学生个体差异、更能促进学生综合素质提高。从多个维度进行评价，使教师易于掌握不同学生的学习和身心发展状况，有针对性地进行教育教学活动，利于学生的成长与发展。管理日志中强调给学生积极的评价，发展地看待学生，尊重学生个性的差异，促进学生主动、健康、全面、和谐地发展，不仅要成为合格的公民和人才，还要成为有能力追求幸福生活的个体。

（二）学生多元发展评价的具体维度

学生多元发展评价到底应该包括哪些内容是我们最关心的问题。评价内容应该依据评价目标来确定，学生多元发展评价的目标源于社会的教育目标。[①] 尽管在不同的历史阶段，教育目标的表述不尽相同，但是，全面发展始终是教育目标追求的最终结果。而学生多元发展的内容能够体现和发掘学生多方面的潜能和长处，把学生的发展引领到更加人本、更加科学、更加理性的道路，这样更加有利于实现学生健康成长和发展，提高学生学习和生活的质量，从而促使学生立足于自己的长处，聚焦于自己的优势领域，取得更加科学和快速的发展与成长，为社会做出应有的贡献。因此，该校学生多元发展评价体系设置了学习、体质、习惯、心理健康、流畅表达、课外成就这六个考查与评价的维度。

1. 学习

在各种学生评价中，学习评价始终居于最重要的地位，但一直以来各种问题也十分突出，主要是缺少学生的自我评价。有学习兴趣和动力的学生不知道怎样学习，不知道怎样高效地学习，学习往往盲目无措，成绩提高困难，产生厌学情绪。为了解决这一问题，管理日志制订出细致详尽的学习评价体系，更注重过程和学生自主评价，激发学生学习的主动性。评价具体内容如下。

（1）自我认识

①以往学习态度如何，包括学习欲望、学习投入程度和学习状态。

---

① 朱德全，宋乃庆. 教育统计与测评技术 [M]. 重庆：西南大学出版社，2013：278.

②以往学习方法如何，包括学习工具的使用、听课与笔记、复习小结、补差拓展。

③以往学习通道有哪些。

④对学习现状做出描述。

（2）自我规划

①对学习态度做出三年规划以及本学期规划。

②对学习方法做出三年规划以及本学期规划。

（3）每周计划

对每个学科按照课堂、作业、检测三个方面做出本周计划。

（4）课堂自我评价

①课前准备是否充分，是否做到用具齐备，静心候课。

②听课是否专注，是否做到认真倾听，深入思考，用心记忆，工整记录。

③课堂上是否有良好互动，是否做到与同学合作交流，对于结论善于质疑，对于问题大胆答疑。

④作业是否认真完成，是否做到格式规范，答案准确，批改后主动纠错。

⑤课后能否做到主动复习消化所学内容。

（5）每周小结

按照"学习态度与方法→课堂→作业→消化复习→检测"的顺序对一周的学习进行小结。

（6）终结性评价

①各课题组教师编写各科期中及期末考试试题。

②组织全体学生进行各科期中及期末考试。

③各科教师批改试卷。

有了学习过程的评价细则之后，学生就有了明确的学习目标。每一堂课都能进行自我认识、自我监督、自我反思，学习的主动性得到激发，自律性得到增强。细致的记录也让教师得到的课堂反馈增多，教师的教学工作可以有针对性地进行调整，大大提高了教育教学的有效性。

2. 体质

健康的身体是青少年最宝贵的财富和一切学习活动的前提，青春期正是身体与大脑发育的黄金时期。而在高负荷的学习压力下，学生以牺牲身体健康为代价换取学习成绩提高的现象屡见不鲜，文化课时间侵占体育锻炼时间的现象时有发生。可是没有健康的身体何来高效的学习？怎样在繁忙而高压的学习生活中保持身体健康？又怎样在身体快速发育的青春期增强体质？如表 12-2 所示的青少年体质标准将有助于回答这些问题。

表 12-2　学生体质评价表

自我认识	□身高　□体重　□体重指数　□肺活量　□心血管功能　□柔韧性	
长期规划	三年规划	
	本期规划	
每周计划		
每日评价	营养	□喝水 1200ml　　□谷类、薯类及杂豆 250~400mg　　□水果类 200~400mg □蔬菜类 300~500mg　　□鸡蛋 1~2 个　　□鱼虾类 75~100mg □禽畜肉类 50~75mg　　□大豆类及坚果 30~50mg　　□牛奶 300~750ml
	锻炼	□户外活动 30~60min　　□慢跑 30min 以上 □跳绳 3min/组，重复 2~3 组　　□球类运动 30~60min □仰卧起坐 1min/组，重复 3 组　　□坐位体前屈 6~8s/次，重复 6~8 次
每周小结		
期末终结性评价		

以上评价标准由北京大学与雅明教育机构合作组织编写，旨在提高青少年身体素质，在巴川中学实施以来取得了不错的成果。每一天的营养与锻炼都有了量化的指标，更方便学生的执行与各方监督。在成长教练和体

育教师的指导下许多学生营养过剩或营养不良的状况大为改善。

3. 习惯

习惯是将一个人引向成功之路最重要的因素，它不是偶尔为之的行为，而是一个人长期稳定的行为特征。要养成一个新习惯不容易，要改掉一个坏习惯更是难上加难。订出细致周到的评价细则将有利于克服上述困难。

表 12-3 学生习惯评价表

自我认识	饮食		
	卫生		
	作息		
	运动		
长期规划	三年规划	饮食	
		卫生	
		作息	
		运动	
	本期规划	饮食	
		卫生	
		作息	
		运动	
每周规划	饮食		
	卫生		
	作息		
	运动		
每日评价	饮食	□早餐吃热食 □按时吃早、中、晚餐 □不挑食，少吃零食	
	卫生	□不乱丢、乱扔、乱吐 □内务整洁规范，个人卫生好 □书籍、书柜整洁	
	作息	□按时午睡、晚寝 □不睡懒觉 □不迟到、不早退	
	运动	□晨跑精气神好 □课间操运动规范有力 □体育课、项目班完成学习目标	

每周小结	饮食	
	卫生	
	作息	
	运动	

如表12-3所示的学生习惯评价表使学生明白日常生活中做什么、怎么做、为什么做等问题。学生会按照评价的要求行动，会尽量纠正生活中偏离评价标准或要求的行为。习惯评价规范了学生的各种行为，长期对学生日常行为的干预，使得学生形成稳定、优秀的行为模式，学生将受益终身。

4. 心理健康

近几年，高校暴力刑事案件频发，引起了人们对学生心理健康状况的关注和新一轮反思。学生的生活单调、枯燥、压力大、竞争大，如果缺少有效的调节，很容易出现心理失衡甚至造成严重的心理疾病。学生、教师、家长应该从哪些方面进行疏导和干预才科学有效？具体的心理健康评价内容如下。

（1）自我认识

从人格和心态两个方面进行自我评价。人格包括稳定性、有恒性、自律性、平和性及适应性五个因素；心态包括对人、对事、对己三个方面。

（2）自我规划

学生从人格和心态两个方面做出三年规划以及本学期规划。

（3）每周规划

学生从人格和心态两个方面做出本周的规划。

（4）每日评价

学生每天书写心理微博，记录下当天感到高兴或值得感恩的事情。心理微博以得到帮助、自我发现、利他行为等获得的快乐入手，从三个层面进行描述。

①它为什么会发生？

②它对你意味着什么？

③它要更多的发生，对你意味着什么？

（5）每周小结

学生对本周的心理状态进行回顾、反思、总结。

（6）终结性评价

班主任以及成长教练根据学生本学期表现以及心理微博的内容对学生心理健康状况进行评价。通过自我评价，学生能够及早发现自己心理上出现的问题并向他人求助，教师和家长也可以及早发现学生的问题，尽快干预，防止心理问题的恶化。通过每天书写心理微博，学生可以疏解自己的问题，更好地与教师和家长交流。而且通过积极心理学的引导，让学生学会更多地去关注他人，感恩世界，不是禁锢在自己的世界里，而是保持积极向上的乐观心态。

5. 流畅表达

口语交际能力是现代公民的必备能力。学校应培养学生倾听、表达和应对的能力，使学生具有文明流利地进行人际交流的素养。但现行的中学语文教材缺少对学生口语交际能力的专项训练。因此，巴川中学小班教学团队特意开设了"流畅表达"的课程，每天分配专项学习时间进行教学，并编写教材《能说会道》辅助教学。流畅表达的各类评价标准如下。

（1）考查口语交际水平的基本项目可以有讲述、应对、复述、转述、即席讲话、主题演讲、问题讨论等。

（2）第一学段主要评价学生口语交际的态度与习惯，重在鼓励学生自信地表达；第二、第三学段主要评价学生日常口语交际的基本能力，学会倾听、表达与交流；第四学段要通过多种评价方式，促进学生根据不同的对象和内容，文明地进行人际沟通和社会交往。

（3）评价宜在具体的交际情境中进行，让学生承担有实际意义的交际任务，并结合学生在日常生活和学习活动中的表现，综合考查学生真实的口语交际水平。

（4）半期和期末组织专项验收，对学生流畅表达能力评定等级，并呈现在个人成长报告中，教师评价标准如下：

①站立时，面向观众，自然大方；

②面部表情适当，保持与听众良好的目光交流；

③根据表达内容，有效使用肢体语言；

④声音洪亮，吐词清晰，无口头禅；

⑤声调稳定，语速和节奏控制合理；

⑥普通话标准，无明显语音问题；

⑦用词准确达意，基本信息能得到有效传递；

⑧语句及其意义表达完整，语言简洁，无重复现象；

⑨思路清晰，说话条理性强；

⑩表达富有激情，能保持听众的兴趣和注意力。

在口语交际评价标准制订以前，学生往往用书面写作的标准代替口语交际的标准，实际上，两者差异巨大。明确的口语交际评价标准对于学生口语交际能力的提高作用十分明显。在没有这个标准以前，学生常混淆口语交际与书面写作的评价标准。有了这项评价以后，学生得到许多演讲与辩论的机会，对于学生思辨能力和表现力的提升帮助非常大。学生不仅口语表达更加流畅，逻辑思维更加严密，而且表现与展示的欲望更加强烈，行为姿态也更加大方得体。演讲与辩论会等评价形式不仅有效评价了学生的口语交际能力，还大大丰富了课外活动，使学习生活更加生动有趣。

6. 课外成就

教育有基础的教育目标，但是每一个个体又展示出不同的个性化特征。如何统筹基础与个性一直是学生评价中的一大难题。多元智能理论认为每个人都有自己的智能优势，但优势领域不同，潜能发挥时间有异。学习成绩的好坏主要依赖于数理智能、语言智能、空间智能、自省智能（自我认识智能）、交往智能（人际关系智能）、运动智能，但是对于节奏智能、自然探索智能、生存智能几乎没有展现。巴川中学为了弥补这一不足，鼓励学生参加一些课外的活动与比赛，并给予肯定和褒奖，每年评选出优秀的课外成就，为他们专门设置奖项，并在"荣誉殿堂"向全校进行展示，使每一个学生的才华都得到尊重。巴川中学将学生的课外成就汇集在"荣誉殿堂"，为他们设置各种专项奖项，向全校展示，给予这些也许成绩不好却同样优秀的学生应有的褒奖与肯定。

例如，初2014级6班的王朝蔚同学，平时成绩并不突出，但却痴迷科学。一次偶然的机会，他在科技馆里邂逅了大型 SGTC 火花间隙特斯拉线圈，那伴随着巨响的紫色电弧，壮观得令他震撼。从网上买来的第一台微型 PLSSTC 锁相环固态特斯拉线圈开始，他一点点地走上这危险而美丽的探索之路。渐渐地，他萌生了自己制作一台 TC 的想法。就这样，他开始了自己的探索历程。这不仅需要搜集大量资料，还得在紧张的学习之余抽空做实验。他埋头在自己的实验室里，他人的不解与质疑，从未让他想过放弃。凭着自己坚强的毅力，终于完成了这最具挑战的制作。学校为了奖励他勇敢的探索与不懈的求知精神，专门为他设立并颁发了玉兔奖，在学校大厅长期展出。

"荣誉殿堂"的存在不是先设置一系列奖项让学生去追求、去争取，而是根据学生的特长和取得的成就为他量身定做一个奖项，鼓励学生自由发展，使学生各种各样的才能都得到发挥，以社会化的比赛与考试弥补学校教育的短板。一些学习成绩并不好却拥有特殊才能的学生在"荣誉殿堂"获得了尊重与鼓励，变得更加自信、更加勇敢、更加主动地去追求和探索。

三、综合评述

通过五年的小班教学实践，巴川中学小班团队始终坚持以多元智力理论与建构主义理论为基础，秉承基础与个性统筹、过程与结果并重、定性与定量结合、自评与他评兼顾的原则，践行学生多元发展评价，取得了不俗的成绩。

（一）学生在多元发展评价下的进步

1. 自律性显著增强

应用青少年成长管理日志以后，学生每堂课都要进行自我评价，每周都要就学习、体质、习惯、心理健康等方面做出计划与反思，每个项目都有相关的操作细则。学生能够在无人监管的情况下自我监督、自我管理，与未参加青少年成长规划与管理项目的学生相比，参加青少年成长规划与管理项目的学生明显在各个方面的自律性都有所提高。

2. 学习成绩明显提高

由于学习评价更加注重学生的自我评价和学习的过程评价，学生的学习更加主动，更加细节化的评价和"自我评价→他人评价→自我评价"的循环使得学生不断审视和修正自己的学习，最终使得学习更加高效。在小班学生入学之初，学校便挑选 300 名与小班学生入学成绩基本情况相似的学生进行跟踪对比，与未参加青少年成长规划与管理项目的学生相比，小班的学生学习成绩有明显的优势。

3. 体质逐渐优化

由于将各项体质指标量化，学生、家长和教师对于学生的身体状况有了更深刻的了解，体育教师在授课时能够更有针对性。对于个别学生，成长教练可以在全面而量化地了解其身体状况之后，特别制订出营养与锻炼的方案，使不良的身体状况得到改善。对所有的同学而言，大家都能在评价标准的指导下更加合理地运动，更加健康地饮食，身体状况得到一定的改善。

4. 行为习惯日渐改善

习惯的养成不能一蹴而就，在有了细化到生活细节的评价标准之后，还需要长期的坚持。良好的习惯一旦养成，效果非常明显，学生展现出不同于过去的精神风貌。挑食的学生开始尝试自己不喜欢的食物，内务混乱的学生变得井井有条，晚睡晚起的学生调整出规律的作息，不爱运动的学生也在每天的出操锻炼中感受到运动的快乐。

5. 心理状态趋向积极

学生对于自己心理状况的每日评价代替原有的"小练笔"，以心理微博的形式呈现，方便教师掌握学生的心理状态又不增加学生的负担。在之前的实践阶段，学生写的快乐多比较肤浅与表面化，高兴多源自于别人的给予，于是应用积极心理学的原理引导学生从"多个快乐角度——利己行为、利他行为和自我发现等""两个思维层面——退一步想为什么，进一步思考会带来什么"入手，以微博的方式记录下自己的心理状态，让学生能够应对竞争与压力，拥有更健康的心理状态。

6. 口语交际得心应手

在自编教材《能说会道》的指导下，教师针对不同学段的学生提出不同的评价标准，每天保证专时专用。即兴演讲、辩论赛等不同的评价形式，活泼生动又贴近生活实际，让学生乐于学习、享受学习，在快乐的学习中提高口语交际能力。

7. 全面发展逐步实现

"荣誉殿堂"的设置让拥有不同才华的学生都有了展示自己的舞台，学生不再拘泥于课堂和学校的学习，而是将自己的精力投入到自己感兴趣的领域。学校涌现出一大批人才，有科技高手、珠心算高手、四驱车高手等。他们的才华得到了肯定，同时也带动了其他学生发展自己的兴趣爱好，丰富课余生活。

（二）巴川中学学生多元发展评价体系的优势

巴川中学小班团队在实践学生多元发展评价的过程中，不仅取得了优秀的成绩，而且还创造出本校学生评价的特色，并且在推行的过程中不断让学生、老师、家长和学校发现与认识到多元评价的好处，在众人的配合努力下，在科学评价的助推中，重庆市巴川中学小班团队让学校文化进一步丰富，并且打造出了一个小班教育品牌，其多元性评价体系的优势如下。

1. 评价标准不对立

以前，许多教师、家长和学生对于评价标准有争论，有的认为学生评价应该是选拔性的，才能做到择优录取；有的则认为学生评价应该是发展性的，有利于学生的长远发展。现在大家都开始转变观念，认为选拔性的评价和发展性的评价不是非此即彼的，只要坚持正确的评价标准，学生学习成绩提高和综合素质的提升可以实现共赢，真正做到"素质好，不怕考"。

2. 评价目的少功利

过去许多教师、家长都太看重学习成绩，在学习过程中常常是考什么就学什么，忽略了学生的持续性发展与全面发展，常常导致学生在学习过程中后劲不足。案例中的学生评价体系除了注重学习成绩外，还将体质、习惯、心理健康、口语交际、课外成就等纳入其中，使学生得到持续性发展与全面发展。

3. 评价标准重过程

学生评价只有成为一个活动的、持续的过程才能更好地促进学生的发展。形成性的过程评价让师生之间的交流更加频繁，教师更多更好地了解学生的学习、生活和心理状况等，学生也能更准确地掌握自己的各种情况，教师和学生都可以及时调整自己的教学和学习，积极主动地参与到教学活动中，实现最高效的学习。

4. 评价主体多元化

学生评价主体不再只是教师，学生与家长也都积极参与到学生评价的过程中去，使学习与生活更紧密地联系起来。学生自主评价的加入极大地提高了学生的学习主动性。每天、每周、每学期对自己的学习和生活进行规划和反思使得学生更加主动地投入到学习生活中。

附表 1 随机数码表

随机数字表（1）

编号	1	2	3	4	5	6	7	8	9	10	11	12	13	14	15	16	17	18	19	20	21	22	23	24	25
1	3	47	43	73	86	36	96	47	36	61	46	98	63	71	62	33	26	16	80	45	60	11	14	10	95
2	97	74	24	67	62	42	81	14	57	20	42	53	32	37	32	27	7	36	7	51	24	51	79	89	73
3	16	76	62	27	66	56	50	26	71	7	32	90	79	78	53	13	55	38	58	59	88	97	54	14	10
4	12	56	85	99	26	96	96	68	27	31	5	3	72	93	15	57	12	10	14	21	88	26	49	81	76
5	55	59	56	35	64	38	54	82	46	22	31	62	43	9	90	6	18	44	32	53	23	83	1	30	30
6	16	22	77	94	39	49	54	43	54	82	17	37	93	23	78	87	35	20	96	43	84	26	34	91	64
7	84	42	17	53	31	57	24	55	6	88	77	4	74	47	67	21	76	33	50	25	83	92	12	6	76
8	63	1	63	78	59	16	95	55	67	19	98	10	50	71	75	12	86	73	58	7	44	39	52	38	79
9	33	21	12	34	29	78	64	56	7	82	52	42	7	44	38	15	51	0	13	42	99	66	2	79	54
10	57	60	86	32	44	9	47	27	96	54	49	17	46	9	62	90	52	84	77	27	8	2	73	43	28
11	18	18	7	92	46	44	17	16	58	9	79	83	86	19	62	6	76	50	3	10	55	23	64	5	5
12	26	62	38	97	75	84	16	7	44	99	83	11	46	32	24	20	14	85	88	45	10	93	72	88	71
13	23	42	40	64	74	82	97	77	77	81	7	45	32	14	8	32	98	94	7	72	93	85	79	10	75
14	52	36	28	19	95	50	92	26	11	97	0	56	76	31	38	80	22	2	53	53	86	60	42	4	53
15	37	85	94	35	12	83	39	50	8	30	42	34	7	96	88	54	42	6	87	98	35	85	29	48	39
16	70	29	17	12	13	40	33	20	38	26	13	89	51	3	74	17	76	37	13	4	7	74	21	19	30
17	56	62	18	37	35	96	83	50	87	75	97	12	25	93	47	70	33	24	3	54	97	77	46	44	80
18	99	49	57	22	77	88	42	95	45	72	16	64	36	16	0	4	43	18	66	79	94	77	24	21	90
19	16	8	15	4	72	33	27	14	34	9	45	59	34	68	49	12	72	7	34	45	99	27	72	95	14
20	31	16	93	32	43	50	27	89	87	19	20	15	37	0	49	52	85	66	60	44	38	68	88	11	80
21	68	34	30	13	70	55	74	30	77	40	44	22	78	84	26	4	33	46	9	52	68	7	97	6	57
22	74	57	25	65	76	59	29	97	68	60	71	91	38	67	54	13	58	18	24	76	15	54	55	95	52
23	27	42	37	86	53	48	55	90	65	72	96	57	69	36	10	96	46	92	42	45	97	60	49	4	91
24	0	39	68	29	61	66	37	32	20	30	77	84	57	3	29	10	45	65	4	26	11	4	96	67	24
25	29	94	98	94	24	68	49	69	10	82	53	75	91	93	30	34	25	20	57	27	40	48	73	51	92
26	16	90	82	66	59	83	62	64	11	12	67	19	0	71	74	60	47	21	29	68	2	2	37	3	31
27	11	27	94	75	6	6	9	19	74	66	2	94	37	34	2	76	70	90	30	86	38	45	94	30	38
28	35	24	10	16	20	33	32	51	26	38	79	78	45	4	91	16	92	53	56	16	2	75	50	95	98
29	38	23	16	86	38	42	38	97	1	50	87	75	66	81	41	40	1	74	91	62	48	51	84	8	32
30	31	96	25	91	47	96	44	33	49	13	34	86	82	53	91	0	52	43	48	85	27	55	26	89	62

走向均衡：
教育评价五级系统开发

编号	1	2	3	4	5	6	7	8	9	10	11	12	13	14	15	16	17	18	19	20	21	22	23	24	25
31	66	67	40	67	14	64	5	71	95	86	11	5	65	9	68	76	83	20	37	90	57	16	0	11	66
32	14	90	84	45	11	75	73	88	5	90	52	27	41	14	86	22	98	12	22	8	7	52	74	95	80
33	68	5	51	18	0	33	96	2	75	19	7	60	62	93	55	59	33	82	43	90	49	37	38	44	59
34	20	46	78	73	90	97	51	40	14	2	4	2	33	31	8	39	54	16	49	36	47	95	93	13	30
35	64	19	58	97	79	15	6	15	93	20	1	90	10	75	6	40	78	73	89	62	2	67	74	17	33
36	5	26	93	70	60	22	35	85	15	13	92	3	51	59	77	59	56	78	6	83	52	91	5	70	74
37	7	97	10	88	23	9	98	42	99	64	61	71	62	99	15	6	51	29	16	93	58	5	77	9	51
38	68	71	86	85	85	54	87	66	47	54	73	32	8	11	12	44	95	92	63	16	29	56	24	29	48
39	26	99	61	65	53	58	37	78	80	70	42	10	50	67	42	32	17	55	85	74	94	44	67	16	94
40	14	65	52	68	75	87	59	36	22	41	26	78	63	6	55	13	8	27	1	50	15	29	39	39	43
41	17	53	77	58	71	71	41	61	50	72	12	41	94	96	26	44	95	27	36	99	2	96	74	30	83
42	90	26	59	21	19	23	52	23	33	12	96	93	2	18	39	7	2	18	36	7	25	99	32	70	23
43	41	23	52	55	99	31	4	49	69	96	10	47	48	45	88	13	41	43	89	20	97	17	14	49	17
44	60	20	50	81	69	31	99	73	68	68	35	81	33	3	76	24	30	12	48	60	18	99	10	72	34
45	91	25	38	5	90	94	58	28	41	36	45	37	59	3	9	90	35	57	29	12	82	62	54	65	60
46	34	50	57	74	37	98	80	33	0	91	9	77	93	19	82	74	94	80	4	4	45	7	31	66	49
47	85	22	4	39	43	73	81	53	94	79	33	62	46	86	28	8	31	54	46	31	53	94	13	38	47
48	9	79	13	77	48	73	82	97	22	21	5	3	27	24	83	72	89	44	5	60	35	80	39	94	88
49	88	75	80	18	14	22	95	75	42	49	39	32	82	22	49	2	48	7	70	37	16	4	61	67	87
50	90	96	23	70	0	39	0	3	6	90	55	85	78	38	36	94	37	30	69	32	90	89	0	76	33

随机数字表 （2）

编号	1	2	3	4	5	6	7	8	9	10	11	12	13	14	15	16	17	18	19	20	21	22	23	24	25
1	53	74	23	99	67	61	32	28	69	84	94	62	67	86	24	98	33	41	19	95	47	53	53	38	9
2	63	38	6	86	54	99	0	65	26	94	2	82	90	23	7	79	62	67	80	60	75	91	12	81	19
3	35	30	58	21	46	6	72	17	10	94	25	21	31	75	96	49	28	24	0	49	55	65	79	78	7
4	63	43	36	82	69	65	51	18	37	88	61	38	44	12	45	32	92	85	88	65	54	34	81	85	35
5	98	25	37	55	26	1	91	82	81	46	74	71	12	94	97	24	2	71	37	7	3	92	18	66	75
6	2	63	21	17	69	71	50	80	89	56	38	15	70	11	48	43	40	45	86	98	0	83	26	91	3
7	64	55	22	21	82	48	22	28	6	0	61	54	13	43	91	82	78	12	23	29	6	66	24	12	27
8	85	7	26	13	89	1	10	7	82	4	59	63	69	36	3	69	11	15	83	80	13	29	54	19	28
9	58	54	16	24	15	51	54	44	82	0	62	61	65	4	69	38	18	65	18	97	85	72	13	49	21
10	34	85	27	84	87	61	48	64	56	26	90	18	48	13	26	37	70	15	42	57	65	65	80	39	7

续表

编号	1	2	3	4	5	6	7	8	9	10	11	12	13	14	15	16	17	18	19	20	21	22	23	24	25
11	3	92	18	27	46	57	99	16	96	56	30	33	72	85	22	84	64	38	56	98	99	1	30	98	64
12	62	95	30	27	59	37	75	41	66	48	86	97	80	61	45	23	53	4	1	63	45	76	8	64	27
13	8	45	93	15	22	60	21	75	46	91	98	77	27	85	42	28	88	61	8	84	69	62	3	42	73
14	7	8	55	18	40	45	44	75	13	90	24	94	96	61	2	57	55	66	83	15	73	42	37	11	61
15	1	85	89	95	66	51	10	19	34	88	15	84	97	19	75	12	76	39	43	78	64	63	91	8	25
16	72	84	71	14	35	19	11	58	49	26	50	11	17	17	76	86	31	57	20	18	95	60	78	46	75
17	88	78	28	16	84	13	52	53	94	53	75	45	69	30	96	73	89	65	70	31	99	17	43	48	76
18	45	17	75	65	57	28	40	19	72	12	25	12	74	75	67	60	40	60	81	19	24	62	1	61	16
19	96	76	28	12	54	22	1	11	94	25	71	96	16	16	88	68	64	36	74	45	19	59	60	88	92
20	43	31	67	72	30	24	2	94	8	63	38	32	36	66	2	69	36	38	25	39	48	3	45	15	22
21	50	44	66	44	21	66	6	58	5	62	63	15	54	35	2	42	35	48	96	32	14	52	41	52	48
22	22	66	22	15	86	26	63	75	41	99	58	42	36	72	24	58	37	52	18	51	3	37	18	39	11
23	96	24	40	14	51	23	22	30	88	57	95	67	47	29	83	94	69	40	6	7	18	16	36	78	86
24	31	73	91	61	19	60	20	72	93	48	98	57	7	23	69	65	95	39	69	58	56	80	30	19	44
25	78	60	73	99	84	43	89	94	36	45	56	69	47	7	41	90	22	91	7	12	78	35	34	8	72
26	84	37	90	61	56	70	10	23	98	5	85	11	34	76	60	76	48	45	34	60	1	64	18	39	96
27	36	67	10	8	23	98	93	35	8	86	99	29	76	29	81	33	34	91	58	93	63	14	52	32	52
28	7	28	59	7	48	89	64	58	89	75	83	85	62	27	89	30	14	78	56	27	86	63	59	80	2
29	10	15	83	87	60	79	24	31	66	56	21	48	24	6	93	91	98	94	5	49	1	47	59	38	0
30	55	19	68	97	65	3	73	52	16	56	0	53	55	90	27	33	42	29	38	87	22	13	88	83	34
31	53	81	29	13	39	35	1	20	71	34	62	33	74	82	14	53	73	19	9	3	56	54	29	56	93
32	51	86	32	68	92	33	98	74	66	99	40	14	71	94	58	45	94	19	38	81	14	44	99	81	7
33	35	91	70	29	13	80	3	54	7	27	96	94	78	32	66	50	95	52	74	33	13	80	55	62	54
34	37	71	67	95	13	20	2	44	95	94	64	85	4	5	72	1	32	90	76	14	53	89	74	60	41
35	93	66	13	83	27	92	79	64	64	72	28	54	96	53	84	48	14	52	98	94	56	7		89	30
36	2	96	8	45	65	13	5	0	41	84	93	7	54	72	59	21	45	57	9	77	19	48	56	27	44
37	49	83	43	48	35	82	88	33	69	96	72	36	4	19	76	47	45	15	18	60	82	11	8	95	97
38	84	60	71	62	46	40	80	81	30	37	34	39	23	5	38	25	15	35	71	30	88	12	57	21	77
39	18	17	30	88	71	44	91	14	88	47	89	23	30	63	15	56	34	20	47	89	99	82	93	24	98
40	79	69	10	61	78	71	32	76	95	62	87	0	22	58	40	92	54	1	75	25	43	11	71	99	31
41	75	93	36	57	83	56	20	14	82	11	74	21	97	90	65	96	42	68	63	86	74	54	13	26	94
42	38	30	92	29	3	6	28	81	39	38	62	25	6	84	63	61	29	8	93	67	4	32	92	8	9
43	51	29	50	10	34	31	57	75	95	80	51	97	2	74	77	76	15	48	49	44	18	55	63	77	9
44	21	31	38	86	24	37	79	81	53	74	73	24	16	10	33	52	83	90	94	76	70	47	14	54	36

续表

编号	1	2	3	4	5	6	7	8	9	10	11	12	13	14	15	16	17	18	19	20	21	22	23	24	25
45	29	1	23	87	82	58	2	39	37	67	42	10	14	20	92	16	55	23	42	45	54	96	9	11	6
46	95	33	95	22	0	18	74	72	0	18	38	79	58	69	32	81	76	80	26	92	82	80	84	25	39
47	90	84	60	79	80	24	36	59	87	38	82	7	53	89	35	96	35	23	79	18	5	98	90	7	35
48	46	40	62	98	82	54	97	20	56	95	15	74	80	8	32	16	46	70	50	80	67	72	16	42	79
49	20	31	89	3	43	38	46	82	68	72	32	14	82	99	70	80	60	47	18	97	63	49	30	21	30
50	71	59	73	5	50	8	22	23	71	77	91	1	93	20	49	82	96	59	26	94	66	39	67	98	60

随机数字表（3）

编号	1	2	3	4	5	6	7	8	9	10	11	12	13	14	15	16	17	18	19	20	21	22	23	24	25
1	22	17	68	65	84	68	95	23	92	35	87	2	22	57	51	61	9	43	95	6	58	24	82	3	47
2	19	36	27	59	46	13	79	93	37	55	39	77	32	77	9	85	52	5	30	62	47	83	51	62	74
3	16	77	23	2	77	9	61	87	25	21	28	6	24	25	93	16	71	13	59	78	23	5	47	47	25
4	78	43	76	71	61	20	44	90	32	64	97	67	63	99	61	46	38	3	93	22	69	81	21	99	21
5	3	28	28	26	8	73	37	32	4	5	69	30	16	9	5	88	69	58	28	99	35	7	44	75	47
6	93	22	53	64	39	7	10	63	76	35	87	3	4	79	88	8	13	13	85	51	55	34	57	72	69
7	78	76	58	54	74	92	38	70	96	92	52	6	79	79	45	82	63	18	27	44	69	66	92	19	9
8	23	68	35	26	0	99	53	93	61	28	52	70	5	48	34	56	65	5	61	86	90	92	10	70	80
9	15	39	25	70	99	93	86	52	77	65	15	33	59	5	28	22	87	26	7	47	86	96	98	29	6
10	58	71	96	30	24	18	46	23	34	27	85	13	99	24	44	49	18	9	79	49	74	16	32	23	2
11	57	35	27	33	72	24	53	63	94	9	41	10	76	47	91	44	4	95	49	66	39	60	4	59	81
12	48	50	86	54	48	22	6	34	72	52	82	21	15	65	20	33	29	94	71	11	15	91	29	12	3
13	61	96	48	95	3	7	16	39	33	66	98	56	10	56	79	77	21	30	27	12	90	49	22	23	62
14	36	93	89	41	26	29	70	83	63	51	99	74	20	52	36	87	9	41	15	9	98	60	16	3	3
15	18	87	0	42	31	57	90	12	2	7	23	47	37	17	31	54	8	1	88	63	39	41	88	92	10
16	88	56	53	27	59	33	35	72	67	47	77	34	55	45	70	8	18	27	38	90	16	95	86	70	75
17	9	72	95	84	29	49	41	31	6	70	42	38	6	45	18	64	84	73	31	65	52	53	37	97	15
18	12	96	88	17	31	65	19	69	2	83	60	75	86	90	68	24	64	19	35	51	56	61	87	39	12
19	85	94	57	24	16	92	9	84	38	76	22	0	27	69	85	29	81	94	78	70	21	94	47	90	12
20	38	64	43	59	93	98	77	87	68	7	91	51	67	62	44	40	98	5	93	78	23	32	65	41	18
21	53	44	9	42	72	0	41	86	79	79	68	47	22	0	20	35	55	31	51	51	0	83	63	22	55
22	40	76	66	26	84	57	99	99	90	37	36	63	32	8	58	37	40	13	68	97	87	64	81	7	83
23	2	17	79	18	5	12	59	52	57	2	22	7	90	47	3	28	14	11	30	79	20	69	22	40	98
24	95	17	82	6	53	31	51	10	96	46	92	6	88	7	77	56	11	50	81	69	40	23	72	51	39

续表

编号	1	2	3	4	5	6	7	8	9	10	11	12	13	14	15	16	17	18	19	20	21	22	23	24	25
25	35	76	22	42	92	96	11	83	44	80	34	68	35	48	77	33	42	40	90	60	73	96	53	97	86
26	26	29	13	56	41	85	47	4	66	8	34	72	57	59	13	82	43	80	46	15	38	26	61	70	4
27	77	80	20	75	82	72	82	32	99	90	63	95	73	76	63	89	73	44	99	5	48	67	26	43	13
28	46	40	66	44	52	91	36	74	43	53	30	82	13	54	0	78	45	63	98	35	55	3	36	67	68
29	37	56	8	18	9	77	53	84	46	47	31	91	18	95	58	24	16	74	11	53	44	10	13	85	57
30	61	65	61	68	66	37	27	47	39	19	84	83	70	7	48	53	21	40	6	71	95	6	79	88	54
31	93	43	69	64	7	34	18	4	52	35	56	27	9	24	86	61	85	53	83	45	19	90	70	99	0
32	21	96	60	12	99	11	20	99	45	18	48	13	93	55	34	18	37	79	49	90	65	97	38	20	46
33	95	20	47	97	97	27	37	83	28	71	0	6	41	41	74	45	80	9	39	84	51	67	11	52	49
34	97	86	21	78	73	10	65	81	92	59	58	76	17	14	97	4	76	62	16	17	17	95	70	45	80
35	69	92	6	34	13	59	71	74	17	32	27	55	10	24	19	23	71	82	13	74	63	52	52	1	41
36	4	31	17	21	56	33	73	99	19	87	26	72	39	27	67	53	77	57	68	93	60	61	97	22	61
37	61	6	98	3	91	87	14	77	43	96	43	0	65	98	50	45	60	33	1	7	98	99	46	50	47
38	85	93	85	86	88	72	87	8	62	40	16	6	10	89	20	23	21	34	74	97	76	38	3	29	63
39	21	74	32	47	45	73	96	7	94	52	9	65	90	77	47	25	76	16	19	33	53	5	70	53	30
40	15	69	53	82	80	79	96	23	53	10	65	39	7	16	29	45	33	2	43	70	2	87	40	41	45
41	2	89	8	4	49	20	21	14	68	86	87	63	93	95	17	11	29	1	95	80	35	14	97	35	33
42	87	18	15	89	79	85	43	1	72	73	8	61	74	51	69	89	74	39	82	15	94	51	33	41	67
43	98	83	71	94	22	59	97	50	99	52	8	52	85	8	40	87	80	61	65	31	91	51	80	32	44
44	10	8	58	21	66	72	68	49	29	31	89	85	84	46	6	59	73	19	85	23	65	9	29	75	63
45	47	90	56	10	8	88	2	84	27	83	42	29	72	23	19	66	56	45	65	79	20	71	53	24	25
46	22	85	61	68	90	49	64	92	85	44	16	40	12	89	88	50	14	49	81	6	1	82	77	45	12
47	67	80	43	79	33	12	83	11	41	16	25	58	19	68	70	77	2	54	0	52	53	43	37	15	26
48	27	62	50	96	72	79	44	61	40	15	14	53	40	65	39	27	31	58	50	28	11	39	3	34	25
49	33	78	80	87	15	38	30	6	38	21	14	47	47	7	26	54	96	87	53	32	40	36	40	96	76
50	13	13	92	66	99	47	24	49	57	74	22	25	43	2	17	10	97	11	69	84	99	63	22	32	98

随机数字表（4）

编号	1	2	3	4	5	6	7	8	9	10	11	12	13	14	15	16	17	18	19	20	21	22	23	24	25
1	10	27	53	96	23	71	50	54	36	23	54	31	4	82	93	4	14	12	15	9	26	78	25	47	47
2	28	41	50	61	88	64	85	27	20	18	83	36	36	5	56	39	71	65	9	62	94	76	62	11	89
3	34	21	42	57	2	59	19	18	97	48	80	30	3	30	98	5	24	67	70	7	84	97	50	87	46
4	61	81	77	23	23	82	82	11	54	8	53	28	70	58	96	44	7	39	55	43	42	34	43	39	28

编号	1	2	3	4	5	6	7	8	9	10	11	12	13	14	15	16	17	18	19	20	21	22	23	24	25
5	61	15	18	13	54	16	86	20	26	88	90	74	80	55	9	14	53	90	51	17	52	1	63	1	59
6	91	76	21	64	64	44	91	13	32	97	75	31	62	66	54	84	80	32	75	77	56	8	25	70	29
7	0	97	79	8	6	37	30	28	59	85	53	56	68	53	40	1	74	39	59	73	30	19	99	85	48
8	36	46	18	34	94	75	20	80	27	77	78	91	69	16	0	8	43	18	73	68	67	69	61	34	25
9	88	98	99	60	50	65	95	79	42	94	93	62	40	89	96	43	56	47	71	66	46	76	29	67	2
10	4	37	59	87	21	5	2	3	24	17	47	97	81	56	51	92	34	86	1	82	55	51	33	12	91
11	63	62	6	34	41	94	21	78	55	9	72	76	45	16	94	29	95	81	83	83	79	88	1	97	30
12	78	47	23	53	90	34	41	92	45	71	9	23	70	70	7	12	38	92	79	43	14	85	11	47	23
13	87	68	62	15	43	53	14	36	59	25	54	47	33	70	15	59	24	48	40	35	50	3	42	99	36
14	47	60	92	10	77	88	59	53	11	52	66	25	69	7	4	48	68	64	71	6	61	65	70	22	12
15	56	88	87	59	41	65	28	4	67	53	95	79	88	37	31	50	41	6	94	76	81	83	17	16	33
16	2	57	45	86	67	73	43	7	34	48	44	26	87	93	29	77	9	61	67	84	6	69	44	77	75
17	31	54	14	13	17	48	62	11	90	60	68	12	93	64	28	46	24	79	16	76	14	60	25	51	1
18	28	50	16	43	36	28	97	85	58	99	67	22	52	76	23	24	70	36	54	54	59	28	61	71	96
19	53	29	62	66	50	2	63	45	52	38	67	63	47	54	75	83	24	78	43	20	92	63	13	47	48
20	45	65	58	26	51	76	96	59	38	72	86	57	45	71	46	44	67	76	14	55	44	88	1	62	12
21	39	65	36	63	70	77	45	85	50	51	74	13	39	35	22	30	53	36	2	95	49	34	88	73	61
22	73	71	98	16	4	29	18	94	51	23	76	51	94	84	86	79	93	96	38	63	8	58	25	58	94
23	72	20	56	20	11	72	65	71	8	86	79	57	95	13	91	97	48	72	66	48	9	71	17	24	96
24	75	17	26	99	76	89	37	20	70	1	77	31	61	95	46	26	97	5	73	51	53	33	18	72	87
25	37	48	60	82	29	81	30	15	39	14	48	38	75	93	29	6	87	37	78	48	45	46	0	84	47
26	68	8	2	80	72	83	71	46	30	49	89	17	95	88	29	2	39	56	3	46	97	74	6	56	17
27	14	23	98	61	67	70	52	85	1	50	1	84	2	78	43	10	62	98	19	41	18	83	99	47	99
28	49	8	96	21	44	25	27	99	41	28	7	41	8	34	66	19	42	74	39	91	41	96	53	78	72
29	78	37	6	8	43	63	61	62	42	29	39	68	95	10	96	9	24	23	0	62	56	12	80	73	16
30	37	21	34	7	68	68	96	83	23	56	32	84	60	15	31	44	73	67	34	77	91	15	79	74	58
31	14	20	9	34	4	87	83	7	55	7	76	58	30	83	64	87	29	25	58	84	86	50	60	0	25
32	58	43	28	6	36	49	52	83	51	14	47	56	91	29	34	5	87	31	6	95	12	45	47	9	9
33	10	43	67	29	70	80	62	80	3	42	10	80	21	38	84	90	56	35	3	9	43	12	74	49	14
34	44	38	88	39	54	86	97	37	44	22	0	95	1	31	76	17	16	29	56	63	38	78	94	49	81
35	90	69	59	19	51	85	39	52	85	13	7	28	37	7	61	11	16	36	27	3	78	86	72	4	95
36	41	47	10	25	62	97	5	31	3	61	20	26	36	19	62	68	69	86	95	44	84	95	48	46	45
37	91	94	14	63	19	75	89	11	47	11	31	56	34	19	9	79	57	92	36	59	14	93	87	81	40
38	80	6	54	18	66	9	18	94	6	19	98	40	7	17	81	22	45	44	84	11	24	62	20	42	31

续表

编号	1	2	3	4	5	6	7	8	9	10	11	12	13	14	15	16	17	18	19	20	21	22	23	24	25
39	67	72	77	63	48	84	8	31	55	58	24	33	45	77	58	80	45	67	93	82	75	70	16	8	24
40	59	40	24	13	27	79	26	88	86	30	1	31	60	10	39	53	58	47	70	93	85	81	56	39	38
41	5	90	35	89	95	1	61	16	96	94	50	78	13	69	36	37	68	53	37	31	71	26	35	3	71
42	44	43	80	69	98	46	68	5	14	82	90	78	50	5	62	77	79	13	57	44	59	60	10	39	66
43	61	81	31	96	82	0	57	25	60	59	46	72	60	18	77	55	66	12	62	11	8	99	55	64	57
44	42	88	7	10	5	24	98	65	63	21	47	21	61	88	32	27	80	30	21	60	10	92	35	36	12
45	77	94	30	5	39	28	10	99	0	27	12	73	73	99	12	49	99	57	94	82	96	88	57	17	91
46	78	83	19	76	16	94	11	68	84	26	23	54	20	86	85	23	86	66	99	7	36	37	34	92	9
47	87	76	59	61	81	43	63	64	61	61	65	76	36	95	90	18	48	27	45	68	27	23	65	30	72
48	91	43	5	96	47	55	78	99	95	24	37	55	85	78	78	1	48	41	19	10	35	19	54	7	73
49	84	97	77	72	73	9	62	6	65	72	37	12	49	3	60	41	15	20	76	27	50	47	2	29	16
50	87	41	60	76	83	44	88	96	7	80	83	5	83	88	96	73	70	66	81	90	30	56	10	48	59

随机数字表（5）

编号	1	2	3	4	5	6	7	8	9	10	11	12	13	14	15	16	17	18	19	20	21	22	23	24	25
1	28	89	65	87	8	13	50	63	4	23	25	47	57	91	13	52	62	24	19	94	91	67	48	57	10
2	30	29	43	65	42	78	66	28	55	80	47	46	41	90	8	55	98	78	10	70	49	92	5	12	7
3	95	74	62	60	53	51	57	32	22	27	12	72	72	27	77	44	67	32	23	13	67	95	7	76	30
4	1	85	54	96	72	66	86	65	64	60	56	59	75	36	75	46	44	33	63	71	54	50	6	44	75
5	10	91	46	96	86	19	83	52	47	53	65	0	51	93	51	30	80	5	19	29	56	23	27	19	3
6	5	33	18	8	51	51	78	57	26	17	34	87	96	23	95	89	99	93	39	79	11	28	94	15	52
7	4	43	13	37	0	79	68	96	26	60	70	39	83	66	56	62	3	55	86	57	77	55	33	62	2
8	5	85	40	25	24	73	52	93	70	50	48	21	47	74	63	17	27	27	51	26	35	96	29	0	45
9	84	90	90	65	77	63	99	25	69	2	9	4	3	35	78	19	79	95	7	21	2	84	48	51	97
10	28	55	53	9	48	86	28	30	2	35	71	30	32	6	47	93	74	21	86	33	49	90	21	69	74
11	89	83	40	69	80	97	96	47	59	97	56	33	24	87	36	17	18	16	90	46	75	27	28	52	13
12	73	20	96	5	68	93	41	69	96	7	97	50	81	79	59	42	37	13	81	83	92	42	85	4	31
13	10	89	7	76	21	40	24	74	36	42	40	33	4	46	24	35	63	2	31	61	34	59	43	36	96
14	91	50	27	78	37	6	6	16	25	98	17	78	80	36	85	26	41	77	63	37	71	63	94	94	33
15	3	45	44	66	88	97	81	26	3	89	39	46	67	21	17	98	10	39	33	15	61	63	0	25	92
16	89	41	58	91	63	65	99	59	97	84	90	14	79	61	55	56	16	88	87	60	32	15	99	67	43
17	13	43	0	97	26	16	91	21	32	41	60	22	66	72	17	31	85	33	69	7	68	49	20	43	29
18	71	71	0	51	72	62	3	89	26	32	35	27	99	18	25	78	12	3	9	70	50	93	19	35	56

编号	1	2	3	4	5	6	7	8	9	10	11	12	13	14	15	16	17	18	19	20	21	22	23	24	25
19	19	28	15	0	41	92	27	73	40	38	37	11	5	75	16	98	81	99	37	29	92	20	32	39	67
20	56	38	30	92	30	45	51	94	69	4	0	84	14	36	37	95	66	39	1	9	21	68	40	95	79
21	39	27	52	89	11	0	81	6	28	48	12	8	5	75	26	3	35	63	5	77	13	81	20	67	58
22	73	13	28	58	1	5	6	42	24	7	60	60	29	99	93	72	93	78	4	36	5	76	1	54	3
23	81	60	84	51	57	12	68	46	55	89	60	9	71	87	89	70	81	10	95	91	83	79	68	20	66
24	5	62	98	7	85	7	79	26	69	61	67	85	72	37	41	85	79	76	48	23	61	58	87	8	5
25	62	97	16	29	18	52	16	16	23	56	62	95	80	97	63	32	25	34	3	36	48	84	60	37	65
26	31	13	63	21	8	16	1	92	58	21	48	79	74	73	72	8	64	80	91	38	7	28	66	61	59
27	97	38	35	34	19	89	84	5	34	47	88	9	31	54	88	97	96	86	1	69	46	13	95	65	96
28	32	11	78	33	82	51	99	98	44	39	12	75	10	60	36	80	66	39	94	97	42	36	31	16	59
29	81	99	13	37	5	8	12	60	39	23	61	73	84	89	18	26	2	4	37	95	96	18	69	6	30
30	45	74	0	3	5	69	99	47	26	52	48	6	30	0	18	3	30	28	55	59	66	10	71	44	5
31	11	84	13	69	1	88	91	28	79	50	71	42	14	96	55	98	59	96	1	36	88	77	90	45	59
32	14	66	12	87	22	59	45	27	8	51	85	64	23	85	41	64	72	8	59	44	67	98	36	65	56
33	40	25	67	87	82	84	27	17	30	37	48	69	49	2	58	98	2	50	58	11	95	39	6	35	63
34	44	48	97	49	43	65	45	53	41	7	14	83	46	74	11	76	66	63	60	8	90	54	33	65	84
35	41	94	54	6	57	48	28	1	83	84	9	11	21	91	73	97	28	44	74	6	22	30	95	69	72
36	7	12	15	58	84	93	18	31	83	45	54	52	62	29	91	53	58	54	66	5	47	19	63	92	75
37	64	27	90	43	52	18	26	32	96	83	50	58	45	27	57	14	96	39	64	85	73	87	96	76	23
38	80	71	86	41	3	45	62	63	40	88	35	69	34	10	94	32	22	52	4	74	69	63	21	83	41
39	27	6	8	9	92	26	22	59	28	27	38	58	22	14	79	24	32	12	38	42	33	56	90	92	57
40	54	68	97	20	54	33	26	74	3	30	74	22	19	13	48	30	28	1	92	49	58	61	52	27	3
41	2	92	65	68	99	5	53	15	26	70	4	69	22	64	7	4	73	25	74	82	78	35	22	21	88
42	83	52	57	78	62	98	61	70	48	22	68	50	64	55	75	42	70	32	9	60	58	70	61	43	97
43	82	82	76	31	33	85	13	41	38	10	16	47	61	43	77	83	27	19	70	41	34	78	77	60	25
44	38	61	34	9	49	4	41	66	9	76	20	50	73	40	95	24	77	95	73	20	47	42	80	61	3
45	1	1	11	88	38	3	10	16	82	24	39	58	20	12	39	82	77	2	18	88	33	11	49	15	16
46	21	66	14	38	28	54	8	18	7	4	92	17	63	36	75	33	14	11	11	78	97	30	53	62	38
47	32	29	30	69	59	68	50	33	31	47	15	64	88	75	27	4	51	41	61	96	86	62	93	66	71
48	4	59	21	65	47	39	90	89	86	77	46	86	86	88	86	50	9	13	24	91	54	80	67	78	66
49	38	64	50	7	36	56	50	45	94	25	48	28	48	30	51	60	73	73	3	87	68	47	37	10	84
50	48	33	50	83	53	59	77	64	59	90	58	92	62	50	18	93	9	45	89	6	13	26	98	86	29

随机数字表（6）

编号	1	2	3	4	5	6	7	8	9	10	11	12	13	14	15	16	17	18	19	20	21	22	23	24	25
1	25	19	64	82	84	62	74	29	92	24	61	3	91	22	48	64	94	63	15	7	66	85	12	0	27
2	23	2	41	46	4	44	31	52	43	7	44	6	3	9	34	19	83	94	62	94	48	28	1	51	92
3	55	85	66	96	28	28	30	62	58	83	65	68	62	42	45	13	8	60	46	28	95	68	45	52	43
4	68	45	19	69	59	35	14	82	56	80	22	6	52	26	39	59	78	98	76	14	36	9	3	1	86
5	69	31	46	29	85	18	88	26	95	54	1	2	14	3	5	48	0	26	43	85	33	93	81	15	97
6	37	31	61	28	98	94	61	47	3	10	67	80	84	41	26	88	84	59	69	14	77	32	82	81	89
7	66	42	19	24	94	13	13	38	69	96	76	69	76	24	13	43	83	10	13	24	18	32	84	85	4
8	33	65	78	12	35	91	59	11	38	44	23	31	48	75	74	5	30	8	46	32	90	4	93	56	16
9	76	32	6	19	35	22	95	30	19	29	57	74	43	20	90	20	25	36	70	69	38	32	11	1	1
10	43	33	42	2	59	20	39	84	95	61	58	22	4	2	99	99	78	78	83	82	43	67	16	38	95
11	28	31	93	43	94	87	73	19	38	47	54	36	90	98	10	83	43	32	26	26	22	0	90	59	22
12	97	19	21	63	34	69	33	17	3	2	11	15	50	46	8	42	69	60	17	42	14	68	61	14	48
13	82	80	37	14	20	56	39	59	89	63	33	90	38	44	50	78	22	87	10	88	6	58	87	39	67
14	3	68	3	13	60	64	13	9	37	11	86	2	57	41	99	31	66	60	65	64	3	2	58	97	
15	65	16	58	11	1	98	78	80	63	23	7	37	66	20	56	20	96	6	79	80	33	39	40	49	42
16	24	65	58	57	4	18	62	85	28	24	26	45	17	82	76	39	65	1	73	91	50	37	49	38	73
17	2	72	64	7	75	85	66	48	38	73	75	10	96	59	31	48	78	0	8	88	72	8	54	57	1
18	79	16	78	63	99	43	61	0	66	42	76	26	71	14	33	38	86	76	71	65	37	85	5	56	7
19	4	75	14	93	39	68	52	16	83	34	64	9	44	62	58	48	2	72	26	95	32	67	35	49	71
20	40	64	64	57	60	97	0	12	91	33	22	14	73	1	11	83	97	68	5	65	67	77	80	98	87
21	6	27	7	34	26	1	52	48	69	57	19	17	53	55	96	2	41	3	89	33	86	85	73	2	32
22	62	40	3	87	10	96	88	22	46	94	35	56	60	94	20	60	73	4	84	98	96	41	18	47	7
23	0	98	48	18	97	91	51	63	27	95	74	25	84	3	7	88	29	4	79	84	3	71	13	78	26
24	50	61	19	18	91	98	55	83	46	9	49	66	41	12	45	11	49	36	83	43	53	75	35	13	39
25	38	54	52	25	78	1	98	0	89	85	86	12	22	89	25	10	10	71	19	45	88	54	77	0	7
26	46	86	80	97	78	65	12	64	64	70	58	41	5	49	8	68	68	88	54	0	81	61	61	80	41
27	90	72	92	93	10	9	12	81	93	63	69	30	2	4	26	92	26	48	69	45	91	99	8	7	65
28	66	21	41	77	60	99	35	72	61	22	52	40	74	67	29	97	50	71	39	79	57	82	11	88	6
29	87	5	46	52	76	89	96	34	22	37	27	11	57	4	19	57	96	8	36	69	7	51	19	92	66
30	46	90	61	3	6	89	85	33	22	80	34	89	12	29	37	44	71	38	40	37	15	49	55	51	8
31	11	88	53	6	9	81	83	33	98	29	91	27	59	43	9	70	72	51	49	73	35	97	25	83	41
32	11	5	92	6	97	68	82	34	8	83	25	40	58	40	64	56	42	78	54	6	60	96	96	12	82
33	33	94	24	20	28	52	42	7	12	63	34	39	2	92	31	80	61	68	14	19	69	92	14	73	40
34	24	89	74	75	61	61	2	73	36	85	67	28	50	49	85	37	79	95	2	66	73	19	76	28	13

走向均衡：
教育评价五级系统开发

编号	1	2	3	4	5	6	7	8	9	10	11	12	13	14	15	16	17	18	19	20	21	22	23	24	25
35	15	19	74	67	23	61	38	93	73	68	76	23	15	58	20	35	36	82	82	59	1	33	48	17	66
36	5	64	12	70	88	80	58	35	6	88	73	48	27	39	43	43	40	13	35	45	55	10	54	38	50
37	57	49	36	44	6	74	93	55	39	26	27	70	98	76	68	78	36	26	24	6	43	24	56	40	80
38	77	82	96	96	97	60	42	17	18	48	16	34	92	19	52	98	84	48	42	92	83	19	6	77	78
39	24	10	70	6	51	59	62	37	95	42	53	67	14	95	29	84	65	43	7	30	77	54	0	15	42
40	50	0	7	78	23	49	54	36	85	14	18	50	54	18	82	23	79	80	71	37	60	62	95	40	30
41	44	37	76	21	96	37	3	8	98	64	90	85	59	43	64	17	79	96	52	35	21	5	22	59	30
42	90	57	55	17	47	53	26	79	20	38	69	90	58	64	3	33	48	32	91	54	68	44	90	21	25
43	50	74	64	67	42	95	28	12	73	23	32	54	98	64	94	82	17	18	17	14	55	16	61	64	29
44	44	4	70	22	2	84	31	64	64	8	52	55	4	24	29	91	95	43	81	14	66	13	18	47	44
45	32	74	61	64	73	21	46	51	44	77	72	48	92	0	5	83	59	89	65	6	53	76	70	58	78
46	75	73	51	70	49	12	53	67	51	54	38	10	11	67	73	22	32	61	43	75	31	61	22	21	11
47	76	18	36	16	34	16	28	25	82	98	64	26	70	54	87	49	48	55	11	39	91	25	20	80	85
48	0	17	37	71	81	64	21	91	15	82	81	4	14	52	11	39	7	30	60	77	39	18	27	85	68
49	54	95	57	55	4	12	77	40	70	11	79	86	61	57	50	52	49	41	73	46	5	63	34	92	33
50	69	99	95	54	63	44	37	33	53	17	38	6	58	37	93	47	10	62	31	28	63	59	40	40	32

附表 2　正态分布表

x	0.00	0.01	0.02	0.03	0.04	0.05	0.06	0.07	0.08	0.09
0.0	0.500 0	0.504 0	0.508 0	0.512 0	0.516 0	0.519 9	0.523 9	0.527 9	0.531 9	0.535 9
0.1	0.539 8	0.543 8	0.547 8	0.551 7	0.555 7	0.559 6	0.563 6	0.567 5	0.571 4	0.575 3
0.2	0.579 3	0.583 2	0.587 1	0.591 0	0.594 8	0.598 7	0.602 6	0.606 4	0.610 3	0.614 1
0.3	0.617 9	0.621 7	0.625 5	0.629 3	0.633 1	0.636 8	0.640 4	0.644 3	0.648 0	0.651 7
0.4	0.655 4	0.659 1	0.662 8	0.666 4	0.670 0	0.673 6	0.677 2	0.680 8	0.684 4	0.687 9
0.5	0.691 5	0.695 0	0.698 5	0.701 9	0.705 4	0.708 8	0.712 3	0.715 7	0.719 0	0.722 4
0.6	0.725 7	0.729 1	0.732 4	0.735 7	0.738 9	0.742 2	0.745 4	0.748 6	0.751 7	0.754 9
0.7	0.758 0	0.761 1	0.764 2	0.767 3	0.770 3	0.773 4	0.776 4	0.779 4	0.782 3	0.785 2
0.8	0.788 1	0.791 0	0.793 9	0.796 7	0.799 5	0.802 3	0.805 1	0.807 8	0.810 6	0.813 3
0.9	0.815 9	0.818 6	0.821 2	0.823 8	0.826 4	0.828 9	0.835 5	0.834 0	0.836 5	0.838 9
1.0	0.841 3	0.843 8	0.846 1	0.848 5	0.850 8	0.853 1	0.855 4	0.857 7	0.859 9	0.862 1
1.1	0.864 3	0.866 5	0.868 6	0.870 8	0.872 9	0.874 9	0.877 0	0.879 0	0.881 0	0.883 0
1.2	0.884 9	0.886 9	0.888 8	0.890 7	0.892 5	0.894 4	0.896 2	0.898 0	0.899 7	0.901 5
1.3	0.903 2	0.904 9	0.906 6	0.908 2	0.909 9	0.911 5	0.913 1	0.914 7	0.916 2	0.917 7
1.4	0.919 2	0.920 7	0.922 2	0.923 6	0.925 1	0.926 5	0.927 9	0.929 2	0.930 6	0.931 9
1.5	0.933 2	0.934 5	0.935 7	0.937 0	0.938 2	0.939 4	0.940 6	0.941 8	0.943 0	0.944 1
1.6	0.945 2	0.946 3	0.947 4	0.948 4	0.949 5	0.950 5	0.951 5	0.952 5	0.953 5	0.953 5
1.7	0.955 4	0.956 4	0.957 3	0.958 2	0.959 1	0.959 9	0.960 8	0.961 6	0.962 5	0.963 3
1.8	0.964 1	0.964 8	0.965 6	0.966 4	0.967 2	0.967 8	0.968 6	0.969 3	0.970 0	0.970 6
1.9	0.971 3	0.971 9	0.972 6	0.973 2	0.973 8	0.974 4	0.975 0	0.975 6	0.976 2	0.976 7
2.0	0.977 2	0.977 8	0.978 3	0.978 8	0.979 3	0.979 8	0.980 3	0.980 8	0.981 2	0.981 7
2.1	0.982 1	0.982 6	0.983 0	0.983 4	0.983 8	0.984 2	0.984 6	0.985 0	0.985 4	0.985 7
2.2	0.986 1	0.986 4	0.986 8	0.987 1	0.987 4	0.987 8	0.988 1	0.988 4	0.988 7	0.989 0
2.3	0.989 3	0.989 6	0.989 8	0.990 1	0.990 4	0.990 6	0.990 9	0.991 1	0.991 3	0.991 6
2.4	0.991 8	0.992 0	0.992 2	0.992 5	0.992 7	0.992 9	0.993 1	0.993 2	0.993 4	0.993 6
2.5	0.993 8	0.994 0	0.994 1	0.994 3	0.994 5	0.994 6	0.994 8	0.994 9	0.995 1	0.995 2
2.6	0.995 3	0.995 5	0.995 6	0.995 7	0.995 9	0.996 0	0.996 1	0.996 2	0.996 3	0.996 4
2.7	0.996 5	0.996 6	0.996 7	0.996 8	0.996 9	0.997 0	0.997 1	0.997 2	0.997 3	0.997 4
2.8	0.997 4	0.997 5	0.997 6	0.997 7	0.997 7	0.997 8	0.997 9	0.997 9	0.998 0	0.998 1
2.9	0.998 1	0.998 2	0.998 2	0.998 3	0.998 4	0.998 4	0.998 5	0.998 5	0.998 6	0.998 6
x	0.0	0.1	0.2	0.3	0.4	0.5	0.6	0.7	0.8	0.9
3	0.998 7	0.999 0	0.999 3	0.999 5	0.999 7	0.999 8	0.999 8	0.999 9	0.999 9	1.000 0

附表 3 t 值表

| n' | P(2): | 0.5 | 0.2 | 0.1 | 0.05 | 0.02 | 0.01 | 0.005 | 0.002 | 0.001 |
	P(1):	0.25	0.1	0.05	0.025	0.01	0.005	0.0025	0.001	0.0005
1		1	3.078	6.314	12.706	31.821	63.657	127.321	318.309	636.619
2		0.816	1.886	2.92	4.303	6.965	9.925	14.089	22.327	31.599
3		0.765	1.638	2.353	3.182	4.541	5.841	7.453	10.215	12.924
4		0.741	1.533	2.132	2.776	3.747	4.604	5.598	7.173	8.61
5		0.727	1.476	2.015	2.571	3.365	4.032	4.773	5.893	6.869
6		0.718	1.44	1.943	2.447	3.143	3.707	4.317	5.208	5.959
7		0.711	1.415	1.895	2.365	2.998	3.499	4.029	4.785	5.408
8		0.706	1.397	1.86	2.306	2.896	3.355	3.833	4.501	5.041
9		0.703	1.383	1.833	2.262	2.821	3.25	3.69	4.297	4.781
10		0.7	1.372	1.812	2.228	2.764	3.169	3.581	4.144	4.587
11		0.697	1.363	1.796	2.201	2.718	3.106	3.497	4.025	4.437
12		0.695	1.356	1.782	2.179	2.681	3.055	3.428	3.93	4.318
13		0.694	1.35	1.771	2.16	2.65	3.012	3.372	3.852	4.221
14		0.692	1.345	1.761	2.145	2.624	2.977	3.326	3.787	4.14
15		0.691	1.341	1.753	2.131	2.602	2.947	3.286	3.733	4.073

续表

n'	P (2)： P (1)：	0.5 0.25	0.2 0.1	0.1 0.05	0.05 0.025	0.02 0.01	0.01 0.005	0.005 0.0025	0.002 0.001	0.001 0.0005
16		0.69	1.337	1.746	2.12	2.583	2.921	3.252	3.686	4.015
17		0.689	1.333	1.74	2.11	2.567	2.898	3.222	3.646	3.965
18		0.688	1.33	1.734	2.101	2.552	2.878	3.197	3.61	3.922
19		0.688	1.328	1.729	2.093	2.539	2.861	3.174	3.579	3.883
20		0.687	1.325	1.725	2.086	2.528	2.845	3.153	3.552	3.85
21		0.686	1.323	1.721	2.08	2.518	2.831	3.135	3.527	3.819
22		0.686	1.321	1.717	2.074	2.508	2.819	3.119	3.505	3.792
23		0.685	1.319	1.714	2.069	2.5	2.807	3.104	3.485	3.768
24		0.685	1.318	1.711	2.064	2.492	2.797	3.091	3.467	3.745
25		0.684	1.316	1.708	2.06	2.485	2.787	3.078	3.45	3.725
26		0.684	1.315	1.706	2.056	2.479	2.779	3.067	3.435	3.707
27		0.684	1.314	1.703	2.052	2.473	2.771	3.057	3.421	3.69
28		0.683	1.313	1.701	2.048	2.467	2.763	3.047	3.408	3.674
29		0.683	1.311	1.699	2.045	2.462	2.756	3.038	3.396	3.659
30		0.683	1.31	1.697	2.042	2.457	2.75	3.03	3.385	3.646
31		0.682	1.309	1.696	2.04	2.453	2.744	3.022	3.375	3.633
32		0.682	1.309	1.694	2.037	2.449	2.738	3.015	3.365	3.622
33		0.682	1.308	1.692	2.035	2.445	2.733	3.008	3.356	3.611

续表

| n' | $P(2):$ 0.5 | 0.2 | 0.1 | 0.05 | 0.02 | 0.01 | 0.005 | 0.002 | 0.001 |
	$P(1):$ 0.25	0.1	0.05	0.025	0.01	0.005	0.0025	0.001	0.0005
34	0.682	1.307	1.691	2.032	2.441	2.728	3.002	3.348	3.601
35	0.682	1.306	1.69	2.03	2.438	2.724	2.996	3.34	3.591
36	0.681	1.306	1.688	2.028	2.434	2.719	2.99	3.333	3.582
37	0.681	1.305	1.687	2.026	2.431	2.715	2.985	3.326	3.574
38	0.681	1.304	1.686	2.024	2.429	2.712	2.98	3.319	3.566
39	0.681	1.304	1.685	2.023	2.426	2.708	2.976	3.313	3.558
40	0.681	1.303	1.684	2.021	2.423	2.704	2.971	3.307	3.551
50	0.679	1.299	1.676	2.009	2.403	2.678	2.937	3.261	3.496
60	0.679	1.296	1.671	2	2.39	2.66	2.915	3.232	3.46
70	0.678	1.294	1.667	1.994	2.381	2.648	2.899	3.211	3.436
80	0.678	1.292	1.664	1.99	2.374	2.639	2.887	3.195	3.416
90	0.677	1.291	1.662	1.987	2.368	2.632	2.878	3.183	3.402
100	0.677	1.29	1.66	1.984	2.364	2.626	2.871	3.174	3.39
200	0.676	1.286	1.653	1.972	2.345	2.601	2.839	3.131	3.34
500	0.675	1.283	1.648	1.965	2.334	2.586	2.82	3.107	3.31
1000	0.675	1.282	1.646	1.962	2.33	2.581	2.813	3.098	3.3
∞	0.6745	1.2816	1.6449	1.96	2.3263	2.5758	2.807	3.0902	3.2905

附表 4　*F* 表

$\alpha = 0.10$

n_2 \ n_1	1	2	3	4	5	6	7	8	9	10	12	15	20	24	30	40	60	120	∞
1	39.86	49.50	53.59	55.83	57.24	58.20	58.91	59.44	59.86	60.19	60.71	61.22	61.74	62.00	62.26	62.53	62.79	63.06	63.33
2	8.53	9.00	9.16	9.24	9.29	9.33	9.35	9.37	9.38	9.39	9.41	9.42	9.44	9.45	9.46	9.47	9.47	9.48	9.49
3	5.54	5.46	5.39	5.34	5.31	5.28	5.27	5.25	5.24	5.23	5.22	5.20	5.18	5.18	5.17	5.16	5.15	5.14	5.13
4	4.54	4.32	4.19	4.11	4.05	4.01	3.98	3.95	3.94	3.92	3.90	3.87	3.84	3.83	3.82	3.80	3.79	3.78	3.76
5	4.06	3.78	3.62	3.52	3.45	3.40	3.37	3.34	3.32	3.30	3.27	3.24	3.21	3.19	3.17	3.16	3.14	3.12	3.10
6	3.78	3.46	3.29	3.18	3.11	3.05	3.01	2.98	2.96	2.94	2.90	2.87	2.84	2.82	2.80	2.78	2.76	2.74	2.72
7	3.59	3.26	3.07	2.96	2.88	2.83	2.78	2.75	2.72	2.70	2.67	2.63	2.59	2.58	2.56	2.54	2.51	2.49	2.47
8	3.46	3.11	2.92	2.81	2.73	2.67	2.62	2.59	2.56	2.54	2.50	2.46	2.42	2.40	2.38	2.36	2.34	2.32	2.29
9	3.36	3.01	2.81	2.69	2.61	2.55	2.51	2.47	2.44	2.42	2.38	2.34	2.30	2.28	2.25	2.23	2.21	2.18	2.16
10	3.29	2.92	2.73	2.61	2.52	2.46	2.41	2.38	2.35	2.32	2.28	2.24	2.20	2.18	2.16	2.13	2.11	2.08	2.06
11	3.23	2.86	2.66	2.54	2.45	2.39	2.34	2.30	2.27	2.25	2.21	2.17	2.12	2.10	2.08	2.05	2.03	2.00	1.97
12	3.18	2.81	2.61	2.48	2.39	2.33	2.28	2.24	2.21	2.19	2.15	2.10	2.06	2.04	2.01	1.99	1.96	1.93	1.90
13	3.14	2.76	2.56	2.43	2.35	2.28	2.23	2.20	2.16	2.14	2.10	2.05	2.01	1.98	1.96	1.93	1.90	1.88	1.85
14	3.10	2.73	2.52	2.39	2.31	2.24	2.19	2.15	2.12	2.10	2.05	2.01	1.96	1.94	1.91	1.89	1.86	1.83	1.80
15	3.07	2.70	2.49	2.36	2.27	2.21	2.16	2.12	2.09	2.06	2.02	1.97	1.92	1.90	1.87	1.85	1.82	1.79	1.76
16	3.05	2.67	2.46	2.33	2.24	2.18	2.13	2.09	2.06	2.03	1.99	1.94	1.89	1.87	1.84	1.81	1.78	1.75	1.72
17	3.03	2.64	2.44	2.31	2.22	2.15	2.10	2.06	2.03	2.00	1.96	1.91	1.86	1.84	1.81	1.78	1.75	1.72	1.69
18	3.01	2.62	2.42	2.29	2.20	2.13	2.08	2.04	2.00	1.98	1.93	1.89	1.84	1.81	1.78	1.75	1.72	1.69	1.66
19	2.99	2.61	2.40	2.27	2.18	2.11	2.06	2.02	1.98	1.96	1.91	1.86	1.81	1.79	1.76	1.73	1.70	1.67	1.63

续表

α = 0.10

n_1 \ n_2	1	2	3	4	5	6	7	8	9	10	12	15	20	24	30	40	60	120	∞
20	2.97	2.59	2.38	2.25	2.16	2.09	2.04	2.00	1.96	1.94	1.89	1.84	1.79	1.77	1.74	1.71	1.68	1.64	1.61
21	2.96	2.57	2.36	2.23	2.14	2.08	2.02	1.98	1.95	1.92	1.87	1.83	1.78	1.75	1.72	1.69	1.66	1.62	1.59
22	2.95	2.56	2.35	2.22	2.13	2.06	2.01	1.97	1.93	1.90	1.86	1.81	1.76	1.73	1.70	1.67	1.64	1.60	1.57
23	2.94	2.55	2.34	2.21	2.11	1.05	1.99	1.95	1.92	1.89	1.84	1.80	1.74	1.72	1.69	1.66	1.62	1.59	1.55
24	2.93	2.54	2.33	2.19	2.10	2.04	1.98	1.94	1.91	1.88	1.83	1.78	1.73	1.70	1.67	1.64	1.61	1.57	1.53
25	2.92	2.53	2.32	2.18	2.09	2.02	1.97	1.93	1.89	1.87	1.82	1.77	1.72	1.69	1.66	1.63	1.59	1.56	1.52
26	2.91	2.52	2.31	2.17	2.08	2.01	1.96	1.92	1.88	1.86	1.81	1.76	1.71	1.68	1.65	1.61	1.58	1.54	1.50
27	2.90	2.51	2.30	2.17	2.07	2.00	1.95	1.91	1.87	1.85	1.80	1.75	1.70	1.67	1.64	1.60	1.57	1.53	1.49
28	2.89	2.50	2.29	2.16	2.06	2.00	1.94	1.90	1.87	1.84	1.79	1.74	1.69	1.66	1.63	1.59	1.56	1.52	1.48
29	2.89	2.50	2.28	2.15	2.06	1.99	1.93	1.89	1.86	1.83	1.78	1.73	1.68	1.65	1.62	1.58	1.55	1.51	1.47
30	2.88	2.49	2.28	2.14	2.05	1.98	1.93	1.88	1.85	1.82	1.77	1.72	1.67	1.64	1.61	1.57	1.54	1.50	1.46
40	2.84	2.44	2.23	2.09	2.00	1.93	1.87	1.83	1.79	1.76	1.71	1.66	1.61	1.57	1.54	1.51	1.47	1.42	1.38
60	2.79	2.39	2.18	2.04	1.95	1.87	1.82	1.77	1.74	1.71	1.66	1.60	1.54	1.51	1.48	1.44	1.40	1.35	1.29
120	2.75	2.35	2.13	1.99	1.90	1.82	1.77	1.72	1.68	1.65	1.60	1.55	1.48	1.45	1.41	1.37	1.32	1.26	1.19
∞	2.71	2.30	2.08	1.94	1.85	1.77	1.72	1.67	1.63	1.60	1.55	1.49	1.42	1.38	1.34	1.30	1.24	1.17	1.00

α = 0.05

n_1 \ n_2	1	2	3	4	5	6	7	8	9	10	12	15	20	24	30	40	60	120	∞
1	161.4	199.5	215.7	224.6	230.2	234.0	236.8	238.9	240.5	241.9	243.9	245.9	248.0	249.1	250.1	251.1	252.2	253.3	254.3
2	18.51	19.00	19.16	19.25	19.30	19.33	19.35	19.37	19.38	19.40	19.41	19.43	19.45	19.45	19.46	19.47	19.48	19.49	19.50
3	10.13	9.55	9.28	9.12	9.01	8.94	8.89	8.85	8.81	8.79	8.74	8.70	8.66	8.64	8.62	8.59	8.57	8.55	8.53
4	7.71	6.94	6.59	6.39	6.26	6.16	6.09	6.04	6.00	5.96	5.91	5.86	5.80	5.77	5.75	5.72	5.69	5.66	5.63
5	6.61	5.79	5.41	5.19	5.05	4.95	4.88	4.82	4.77	4.74	4.68	4.62	4.56	4.53	4.50	4.46	4.43	4.40	4.36
6	5.99	5.14	4.76	4.53	4.39	4.28	4.21	4.15	4.10	4.06	4.00	3.94	3.87	3.84	3.81	3.77	3.74	3.70	3.67
7	5.59	4.74	4.35	4.12	3.97	3.87	3.79	3.73	3.68	3.64	3.57	3.51	3.44	3.41	3.38	3.34	3.30	3.27	3.23
8	5.32	4.46	4.07	3.84	3.69	3.58	3.50	3.44	3.39	3.35	3.28	3.22	3.15	3.12	3.08	3.04	3.01	2.97	2.93
9	5.12	4.26	3.86	3.63	3.48	3.37	3.29	3.23	3.18	3.14	3.07	3.01	2.94	2.90	2.86	2.83	2.79	2.75	2.71

续表

$\alpha = 0.025$

n_2 \ n_1	1	2	3	4	5	6	7	8	9	10	12	15	20	24	30	40	60	120	∞
10	4.96	4.10	3.71	3.48	3.33	3.22	3.14	3.07	3.02	2.98	2.91	2.85	2.77	2.74	2.70	2.66	2.62	2.58	2.54
11	4.84	3.98	3.59	3.36	3.20	3.09	3.01	2.95	2.90	2.85	2.79	2.72	2.65	2.61	2.57	2.53	2.49	2.45	2.40
12	4.75	3.89	3.49	3.26	3.11	3.00	2.91	2.85	2.80	2.75	2.69	2.62	2.54	2.51	2.47	2.43	2.38	2.34	2.30
13	4.67	3.81	3.41	3.18	3.03	2.92	2.83	2.77	2.71	2.67	2.60	2.53	2.46	2.42	2.38	2.34	2.30	2.25	2.21
14	4.60	3.74	3.34	3.11	2.96	2.85	2.76	2.70	2.65	2.60	2.53	2.46	2.39	2.35	2.31	2.27	2.22	2.18	2.13
15	4.54	3.68	3.29	3.06	2.90	2.79	2.71	2.64	2.59	2.54	2.48	2.40	2.33	2.29	2.25	2.20	2.16	2.11	2.07
16	4.49	3.63	3.24	3.01	2.85	2.74	2.66	2.59	2.54	2.49	2.42	2.35	2.28	2.24	2.19	2.15	2.11	2.06	2.01
17	4.45	3.59	3.20	2.96	2.81	2.70	2.61	2.55	2.49	2.45	2.38	2.31	2.23	2.19	2.15	2.10	2.06	2.01	1.96
18	4.41	3.55	3.16	2.93	2.77	2.66	2.58	2.51	2.46	2.41	2.34	2.27	2.19	2.15	2.11	2.06	2.02	1.97	1.92
19	4.38	3.52	3.13	2.90	2.74	2.63	2.54	2.48	2.42	2.38	2.31	2.23	2.16	2.11	2.07	2.03	1.98	1.93	1.88
20	4.35	3.49	3.10	2.87	2.71	2.60	2.51	2.45	2.39	2.35	2.28	2.20	2.12	2.08	2.04	1.99	1.95	1.90	1.84
21	4.32	3.47	3.07	2.84	2.68	2.57	2.49	2.42	2.37	2.32	2.25	2.18	2.10	2.05	2.01	1.96	1.92	1.87	1.81
22	4.30	3.44	3.05	2.82	2.66	2.55	2.46	2.40	2.34	2.30	2.23	2.15	2.07	2.03	1.98	1.94	1.89	1.84	1.78
23	4.28	3.42	3.03	2.80	2.64	2.53	2.44	2.37	2.32	2.27	2.20	2.13	2.05	2.01	1.96	1.91	1.86	1.81	1.76
24	4.26	3.40	3.01	2.78	2.62	2.51	2.42	2.36	2.30	2.25	2.18	2.11	2.03	1.98	1.94	1.89	1.84	1.79	1.73
25	4.24	3.39	2.99	2.76	2.60	2.49	2.40	2.34	2.28	2.24	2.16	2.09	2.01	1.96	1.92	1.87	1.82	1.77	1.71
26	4.23	3.37	2.98	2.74	2.59	2.47	2.39	2.32	2.27	2.22	2.15	2.07	1.99	1.95	1.90	1.85	1.80	1.75	1.69
27	4.21	3.35	2.96	2.73	2.57	2.46	2.37	2.31	2.25	2.20	2.13	2.06	1.97	1.93	1.88	1.84	1.79	1.73	1.67
28	4.20	3.34	2.95	2.71	2.56	2.45	2.36	2.29	2.24	2.19	2.12	2.04	1.96	1.91	1.87	1.82	1.77	1.71	1.65
29	4.18	3.33	2.93	2.70	2.55	2.43	2.35	2.28	2.22	2.18	2.10	2.03	1.94	1.90	1.85	1.81	1.75	1.70	1.64
30	4.17	3.32	2.92	2.69	2.53	2.42	2.33	2.27	2.21	2.16	2.09	2.01	1.93	1.89	1.84	1.79	1.74	1.68	1.62
40	4.08	3.23	2.84	2.61	2.45	2.34	2.25	2.18	2.12	2.08	2.00	1.92	1.84	1.79	1.74	1.69	1.64	1.58	1.51
60	4.00	3.15	2.76	2.53	2.37	2.25	2.17	2.10	2.04	1.99	1.92	1.84	1.75	1.70	1.65	1.59	1.53	1.47	1.39
120	3.92	3.07	2.68	2.45	2.29	2.17	2.09	2.02	1.96	1.91	1.83	1.75	1.66	1.61	1.55	1.50	1.43	1.35	1.25
∞	3.84	3.00	2.60	2.37	2.21	2.10	2.01	1.94	1.88	1.83	1.75	1.67	1.57	1.52	1.46	1.39	1.32	1.22	1.00

走向均衡：
教育评价五级系统开发

$\alpha = 0.025$

n_2 \ n_1	1	2	3	4	5	6	7	8	9	10	12	15	20	24	30	40	60	120	∞
1	647.8	799.5	864.2	899.6	921.8	937.1	948.2	956.7	963.3	968.6	976.7	984.9	993.1	997.2	1001	1006	1010	1014	1018
2	38.51	39.00	39.17	39.25	39.30	39.33	39.36	39.37	39.39	39.40	39.41	39.43	39.45	39.46	39.46	39.47	39.48	39.40	39.50
3	17.44	16.04	15.44	15.10	14.88	14.73	14.62	14.54	14.47	14.42	14.34	14.25	14.17	14.12	14.08	14.04	13.99	13.95	13.90
4	12.22	10.65	9.98	9.60	9.36	9.20	9.07	8.98	8.90	8.84	8.75	8.66	8.56	8.51	8.46	8.41	8.36	8.31	8.26
5	10.01	8.43	7.76	7.39	7.15	6.98	6.85	6.76	6.68	6.62	6.52	6.43	6.33	6.28	6.23	6.18	6.12	6.07	6.02
6	8.81	7.26	6.60	6.23	5.99	5.82	5.70	5.60	5.52	5.46	5.37	5.27	5.17	5.12	5.07	5.01	4.96	4.90	4.85
7	8.07	6.54	5.89	5.52	5.29	5.12	4.99	4.90	4.82	4.76	4.67	4.57	4.47	4.42	4.36	4.31	4.25	4.20	4.14
8	7.57	6.06	5.42	5.05	4.82	4.65	4.53	4.43	4.36	4.30	4.20	4.10	4.00	3.95	3.89	3.84	3.78	3.73	3.67
9	7.21	5.71	5.08	4.72	4.48	4.23	4.20	4.10	4.03	3.96	3.87	3.77	3.67	3.61	3.56	3.51	3.45	3.39	3.33
10	6.94	5.46	4.83	4.47	4.24	4.07	3.95	3.85	3.78	3.72	3.62	3.52	3.42	3.37	3.31	3.26	3.20	3.14	3.08
11	6.72	5.26	4.63	4.28	4.04	3.88	3.76	3.66	3.59	3.53	3.43	3.33	3.23	3.17	3.12	3.06	3.00	2.94	2.88
12	6.55	5.10	4.47	4.12	3.89	3.73	3.61	3.51	3.44	3.37	3.28	3.18	3.07	3.02	2.96	2.91	2.85	2.79	2.72
13	6.41	4.97	4.35	4.00	3.77	3.60	3.48	3.39	3.31	3.25	3.15	3.05	2.95	2.89	2.84	2.78	2.72	2.66	2.60
14	6.30	4.86	4.24	3.89	3.66	3.50	3.38	3.29	3.21	3.15	3.05	2.95	2.84	2.79	2.73	2.67	2.61	2.55	2.49
15	6.20	4.77	4.15	3.80	3.58	3.41	3.29	3.20	3.12	3.06	2.96	2.86	2.76	2.70	2.64	2.59	2.52	2.46	2.40
16	6.12	4.69	4.08	3.73	3.50	3.34	3.22	3.12	3.05	2.99	2.89	2.79	2.68	2.63	2.57	2.51	2.45	2.38	2.32
17	6.04	4.62	4.01	3.66	3.44	3.28	3.16	3.06	2.98	2.92	2.82	2.72	2.62	2.56	2.50	2.44	2.38	2.32	2.25
18	5.98	4.56	3.95	3.61	3.38	3.22	3.10	3.01	2.93	2.87	2.77	2.67	2.56	2.50	2.44	2.38	2.32	2.26	2.19
19	5.92	4.51	3.90	3.56	3.33	3.17	3.05	2.96	2.88	2.82	2.72	2.62	2.51	2.45	2.39	2.33	2.27	2.20	2.13
20	5.87	4.46	3.86	3.51	3.29	3.13	3.01	2.91	2.84	2.77	2.68	2.57	2.46	2.41	2.35	2.29	2.22	2.16	2.09
21	5.83	4.42	3.82	3.48	3.25	3.09	2.97	2.87	2.80	2.73	2.64	2.53	2.42	2.37	2.31	2.25	2.18	2.11	2.04
22	5.79	4.38	3.78	3.44	3.22	3.05	2.90	2.84	2.76	2.70	2.60	2.50	2.39	2.33	2.27	2.21	2.14	2.08	2.00
23	5.75	4.35	3.75	3.41	3.18	3.02	2.87	2.81	2.73	2.67	2.57	2.47	2.36	2.30	2.24	2.18	2.11	2.04	1.97
24	5.72	4.32	3.72	3.38	3.15	2.99	2.87	2.78	2.70	2.64	2.54	2.44	2.33	2.27	2.21	2.15	2.08	2.01	1.94

α = 0.05

n_2 \ n_1	1	2	3	4	5	6	7	8	9	10	12	15	20	24	30	40	60	120	∞
25	5.69	4.29	3.69	3.35	3.13	2.97	2.85	2.75	2.68	2.61	2.51	2.41	2.30	2.24	2.18	2.12	2.05	1.98	1.91
26	5.66	4.27	3.67	3.33	3.10	2.94	2.82	2.73	2.65	2.59	2.49	2.39	2.28	2.22	2.16	2.09	2.03	1.95	1.88
27	5.63	4.24	3.65	3.31	3.08	2.92	2.80	2.71	2.63	2.57	2.47	2.36	2.25	2.19	2.13	2.07	2.00	1.93	1.85
28	5.61	4.22	3.63	3.29	3.06	2.90	2.78	2.69	2.61	2.55	2.45	2.34	2.23	2.17	2.11	2.05	1.98	1.91	1.83
29	5.59	4.20	3.61	3.27	3.04	2.88	2.76	2.67	2.59	2.53	2.43	2.32	2.21	2.15	2.09	2.03	1.96	1.89	1.81
30	5.57	4.18	3.59	3.25	3.03	2.87	2.75	2.65	2.57	2.51	2.41	2.31	2.20	2.14	2.07	2.01	1.94	1.87	1.79
40	5.42	4.05	3.46	3.13	3.90	2.74	2.62	2.53	2.45	2.39	2.29	2.18	2.07	2.01	1.94	1.88	1.80	1.72	1.64
60	5.29	3.93	3.34	3.01	2.79	2.63	2.51	2.41	2.33	2.27	3.17	2.06	1.94	1.88	1.82	1.74	1.67	1.58	1.48
120	5.15	3.80	3.23	2.89	2.67	2.52	2.39	2.30	2.22	2.16	2.05	1.94	1.82	1.76	1.69	1.61	1.53	1.43	1.31
∞	5.02	3.69	3.12	2.79	2.57	2.41	2.29	2.19	2.11	2.05	1.94	1.83	1.71	1.64	1.57	1.48	1.39	1.27	1.00

α = 0.01

n_2 \ n_1	1	2	3	4	5	6	7	8	9	10	12	15	20	24	30	40	60	120	∞
1	4052	4999.5	5403	5625	5764	5859	5928	5982	6022	6056	6106	6157	6209	6235	6261	6287	6313	6339	6366
2	98.50	99.00	99.17	99.25	99.30	99.33	99.36	99.37	99.39	99.40	99.42	99.43	99.45	99.46	99.47	99.47	99.48	99.49	99.50
3	34.12	30.82	29.46	28.71	28.24	27.91	27.67	27.49	27.35	27.23	27.05	26.87	26.69	26.60	26.50	26.41	26.32	26.22	26.13
4	21.20	18.00	16.69	15.98	15.52	15.21	14.98	14.80	14.66	14.55	14.37	24.20	14.02	13.93	13.84	13.75	13.65	13.56	13.46
5	16.26	13.27	12.06	11.39	10.97	10.67	10.46	10.29	10.16	10.05	9.89	9.72	9.55	9.47	9.38	9.29	9.20	9.11	9.02
6	13.75	10.93	9.78	9.15	8.75	8.47	8.26	8.10	7.98	7.87	7.72	7.56	7.40	7.31	7.23	7.14	7.06	6.97	6.88
7	12.25	9.55	8.45	7.85	7.46	7.19	6.99	6.84	6.72	6.62	6.47	6.31	6.16	6.07	5.99	5.91	5.82	5.74	5.65
8	11.26	8.65	7.59	7.01	6.63	6.37	6.18	6.03	5.91	5.81	5.67	5.52	5.36	5.28	5.20	5.12	5.03	4.95	4.86
9	10.56	8.02	6.99	6.42	6.06	5.80	5.61	5.47	5.35	5.26	5.11	4.96	4.81	4.73	4.65	4.57	4.48	4.40	4.31

续表

$\alpha = 0.01$

n_1 / n_2	1	2	3	4	5	6	7	8	9	10	12	15	20	24	30	40	60	120	∞
10	10.04	7.56	6.55	5.99	5.64	5.39	5.20	5.06	4.94	4.85	4.71	4.56	4.41	4.33	4.25	4.17	4.08	4.00	3.91
11	9.65	7.21	6.22	5.67	5.32	5.07	4.89	4.74	4.63	4.54	4.40	4.25	4.10	4.02	3.94	3.86	3.78	3.69	3.60
12	9.33	6.93	5.95	5.41	5.06	4.82	4.64	4.50	4.39	4.30	4.16	4.01	3.86	3.78	3.70	3.62	3.54	3.45	3.36
13	9.07	6.70	5.74	5.21	4.86	4.62	4.44	4.30	4.19	4.10	3.96	3.82	3.66	3.59	3.51	3.43	3.34	3.25	3.17
14	8.86	6.51	5.56	5.04	4.69	4.46	4.28	4.14	4.03	3.94	3.80	3.66	3.51	3.43	3.35	3.27	3.18	3.09	3.00
15	8.68	6.36	5.42	4.89	4.56	4.32	4.14	4.00	3.89	3.80	3.67	3.52	3.37	3.29	3.21	3.13	3.05	2.96	2.87
16	8.53	6.23	5.29	4.77	4.44	4.20	4.03	3.89	3.78	3.69	3.55	3.41	3.26	3.18	3.10	3.02	2.93	2.84	2.75
17	8.40	6.11	5.18	4.67	4.34	4.10	3.93	3.79	3.68	3.59	3.46	3.31	3.16	3.08	3.00	2.92	2.83	2.75	2.65
18	8.29	6.01	5.09	4.58	4.25	4.01	3.84	3.71	3.60	3.51	3.37	3.23	3.08	3.00	2.92	2.84	2.75	2.66	2.57
19	8.18	5.93	5.01	4.50	4.17	3.94	3.77	3.63	3.52	3.43	3.30	3.15	3.00	2.92	2.84	2.76	2.67	2.58	2.49
20	8.10	5.85	4.94	4.43	4.10	3.87	3.70	3.56	3.46	3.37	3.23	3.09	2.94	2.86	2.78	2.69	2.61	2.52	2.42
21	8.02	5.78	4.87	4.37	4.04	3.81	3.64	3.51	3.40	3.31	3.17	3.03	2.88	2.80	2.72	2.64	2.55	2.46	2.36
22	7.95	5.72	4.82	4.31	3.99	3.76	3.59	3.45	3.35	3.26	3.12	2.98	2.83	2.75	2.67	2.58	2.50	2.40	2.31
23	7.88	5.66	4.76	4.26	3.94	3.71	3.54	3.41	3.30	3.21	3.07	2.93	2.78	2.70	2.62	2.54	2.45	2.35	2.26
24	7.82	5.61	4.72	4.22	3.90	3.67	3.50	3.36	3.26	3.17	3.03	2.89	2.74	2.66	2.58	2.49	2.40	2.31	2.21
25	7.77	5.57	4.68	4.18	3.85	3.63	3.46	3.32	3.22	3.13	2.99	2.85	2.70	2.62	2.54	2.45	2.36	2.27	2.17
26	7.72	5.53	4.64	4.14	3.82	3.59	3.42	3.29	3.18	3.09	2.96	2.81	2.66	2.58	2.50	2.42	2.33	2.23	2.13
27	7.68	5.49	4.60	4.11	3.78	3.56	3.39	3.26	3.15	3.06	2.93	2.78	2.63	2.55	2.47	2.38	2.29	2.20	2.10
28	7.64	5.45	4.57	4.07	3.75	3.53	3.36	3.23	3.12	3.03	2.90	2.75	2.60	2.52	2.44	2.35	2.26	2.17	2.06
29	7.60	5.42	4.54	4.04	3.73	3.50	3.33	3.20	3.09	3.00	2.87	2.73	2.57	2.49	2.41	2.33	2.23	2.14	2.03
30	7.56	5.39	4.51	4.02	3.70	3.47	3.30	3.17	3.07	2.98	2.84	2.70	2.55	2.47	2.39	2.30	2.21	2.11	2.01
40	7.31	5.18	4.31	3.83	3.51	3.29	3.12	2.99	2.89	2.80	2.66	2.52	2.37	2.29	2.20	2.11	2.02	1.92	1.80
60	7.08	4.98	4.13	3.65	3.34	3.12	2.95	2.82	2.72	2.63	2.50	2.35	2.20	2.12	2.03	1.94	1.84	1.73	1.60
120	6.85	4.79	3.95	3.48	3.17	2.96	2.79	2.66	2.56	2.47	2.34	2.19	2.03	1.95	1.86	1.76	1.66	1.53	1.38
∞	6.63	4.61	3.78	3.32	3.02	2.80	2.64	2.51	2.41	2.32	2.18	2.04	1.88	1.79	1.70	1.59	1.47	1.32	1.00

续表

$\alpha = 0.005$

n_2 \ n_1	1	2	3	4	5	6	7	8	9	10	12	15	20	24	30	40	60	120	∞
1	16211	20000	21615	22500	23056	23437	23715	23925	24091	24224	24426	24630	24836	24940	25044	25148	35253	25359	25465
2	198.5	199.0	199.2	199.2	199.3	199.3	199.4	199.4	199.4	199.4	199.4	199.4	199.4	199.5	199.5	199.5	199.5	199.5	199.5
3	55.55	49.80	47.47	46.19	45.39	44.84	44.43	44.13	43.88	43.69	43.39	43.08	42.78	42.62	42.47	42.31	42.15	41.99	41.83
4	31.33	26.28	24.26	23.15	22.46	21.97	21.62	21.35	21.14	20.97	20.70	20.44	20.17	20.03	19.89	19.75	19.61	19.47	19.32
5	22.78	18.31	16.53	15.56	14.94	14.51	14.20	13.96	13.77	13.62	13.38	13.15	12.90	12.78	12.66	12.53	12.40	12.27	12.14
6	18.63	14.54	12.92	12.03	11.46	11.07	10.79	10.57	10.39	10.25	10.03	9.81	9.59	9.47	9.36	9.24	9.12	9.00	8.88
7	16.24	12.40	10.88	10.05	9.52	9.16	8.89	8.68	8.51	8.38	8.18	7.97	7.75	7.65	7.53	7.42	7.31	7.19	7.08
8	14.69	11.04	9.60	8.81	8.30	7.95	7.69	7.50	7.34	7.21	7.01	6.81	6.61	6.50	6.40	6.29	6.18	6.06	5.95
9	13.61	10.11	8.72	7.96	7.47	7.13	6.88	6.69	6.54	6.42	6.23	6.03	5.83	5.73	5.62	5.52	5.41	5.30	5.19
10	12.83	9.43	8.08	7.34	6.87	6.54	6.30	6.12	5.97	5.85	5.66	5.47	5.27	5.17	5.07	4.97	4.86	4.75	4.64
11	12.23	8.91	7.60	6.88	6.42	6.10	5.86	5.68	5.54	5.42	5.24	5.05	4.86	4.76	4.65	4.55	4.44	4.34	4.23
12	11.75	8.51	7.23	6.52	6.07	5.76	5.52	5.35	5.20	5.09	4.91	4.72	4.53	4.43	4.33	4.23	4.12	4.01	3.90
13	11.37	8.19	6.93	6.23	5.79	5.48	5.25	5.08	4.94	4.82	4.64	4.46	4.27	4.17	4.07	3.97	3.87	3.76	3.65
14	11.06	7.92	6.68	6.00	5.56	5.26	5.03	4.86	4.72	4.60	4.43	4.25	4.06	3.96	3.86	3.76	3.66	3.55	3.44
15	10.80	7.70	6.48	5.80	5.37	5.07	4.85	4.67	4.54	4.42	4.25	4.07	3.88	3.79	3.69	3.58	3.48	3.37	3.26
16	10.58	7.51	6.30	5.64	5.21	4.91	4.69	4.52	4.38	4.27	4.10	3.92	3.73	3.64	3.54	3.44	3.33	3.22	3.11
17	10.38	7.35	6.16	5.50	5.07	4.78	4.56	4.39	4.25	4.14	3.97	3.79	3.61	3.51	3.41	3.31	3.21	3.10	2.98
18	10.22	7.21	6.03	5.37	4.96	4.66	4.44	4.28	4.14	4.03	3.86	3.68	3.50	3.40	3.30	3.20	3.10	2.99	2.87
19	10.07	7.09	5.92	5.27	4.85	4.56	4.34	4.18	4.04	3.93	3.76	3.59	3.40	3.31	3.21	3.11	3.00	2.89	2.78
20	9.94	6.99	5.82	5.17	4.76	4.47	4.26	4.09	3.96	3.85	3.68	3.50	3.32	3.22	3.12	3.02	2.92	2.81	2.69
21	9.83	6.89	5.73	5.09	4.68	4.39	4.18	4.01	3.88	3.77	3.60	3.43	3.24	3.15	3.05	2.95	2.84	2.73	2.61
22	9.73	6.81	5.65	5.02	4.61	4.32	4.11	3.94	3.81	3.70	3.54	3.36	3.18	3.08	2.98	2.88	2.77	2.66	2.55
23	9.63	6.73	5.58	4.95	4.54	4.26	4.05	3.88	3.75	3.64	3.47	3.30	3.12	3.02	2.92	2.82	2.71	2.60	2.48
24	9.55	6.66	5.52	4.89	4.49	4.20	3.99	3.83	3.69	3.59	3.42	3.25	3.06	2.97	2.87	2.77	2.66	2.55	2.43

续表

α = 0.005

n_2 \ n_1	1	2	3	4	5	6	7	8	9	10	12	15	20	24	30	40	60	120	∞
25	9.48	6.60	5.46	4.84	4.43	4.15	3.94	3.78	3.64	3.54	3.37	3.20	3.01	2.92	2.82	2.72	2.61	2.50	2.38
26	9.41	6.54	5.41	4.79	4.38	4.10	3.89	3.73	3.60	3.49	3.33	3.15	2.97	2.87	2.77	2.67	2.56	2.45	2.33
27	9.34	6.49	5.36	4.74	4.34	4.06	3.85	3.69	3.56	3.45	3.28	3.11	2.93	2.83	2.73	2.63	2.52	2.41	2.29
28	9.28	6.44	5.32	4.70	4.30	4.02	3.81	3.65	3.52	3.41	3.25	3.07	2.89	2.79	2.69	2.59	2.48	2.37	2.25
29	9.23	6.40	5.28	4.66	4.26	3.98	3.77	3.61	3.48	3.38	3.21	3.04	2.86	2.76	2.66	2.56	2.45	2.33	2.21
30	9.18	6.35	5.24	4.62	4.23	3.95	3.74	3.58	3.45	3.34	3.18	3.01	2.82	2.73	2.63	2.52	2.42	2.30	2.18
40	8.83	6.07	4.98	4.37	3.99	3.71	3.51	3.35	3.22	3.12	2.95	2.78	2.60	2.50	2.40	2.30	2.18	2.06	1.93
60	8.49	5.79	4.73	4.14	3.76	3.49	3.29	3.13	3.01	2.90	2.74	2.57	2.39	2.29	2.19	2.08	1.96	1.83	1.69
120	8.18	5.54	4.50	3.92	3.55	3.28	3.09	2.93	2.81	2.71	2.54	2.37	2.19	2.09	1.98	1.87	1.75	1.61	1.43
∞	7.88	5.30	4.28	3.72	3.35	3.09	2.90	2.74	2.62	2.52	2.36	2.19	2.00	1.90	1.79	1.67	1.53	1.36	1.00

α = 0.001

n_2 \ n_1	1	2	3	4	5	6	7	8	9	10	12	15	20	24	30	40	60	120	∞
1	4053+	5000+	5404+	5625+	5764+	5859+	5929+	5981+	6023+	6056+	6107+	6158+	6209+	6235+	6261+	6287+	6313+	6340+	6366+
2	998.5	999.0	999.2	999.2	999.3	999.3	999.4	999.4	999.4	999.4	999.4	999.4	999.4	999.5	999.5	999.5	999.5	999.5	999.5
3	167.0	148.5	141.1	137.1	134.6	132.8	131.6	130.6	129.9	129.2	128.3	127.4	126.4	125.9	125.4	125.0	124.5	124.0	123.5
4	74.14	61.25	56.18	53.44	51.71	50.53	49.66	49.00	48.47	48.05	47.41	46.76	46.10	45.77	45.43	45.09	44.75	44.40	44.05
5	47.18	37.12	33.20	31.09	29.75	28.84	28.16	27.64	27.24	26.92	26.42	25.91	25.39	25.14	24.87	24.60	24.33	24.06	23.79
6	35.51	27.00	23.70	21.92	20.81	20.03	19.46	19.03	18.69	18.41	17.99	17.56	17.12	16.89	16.67	16.44	16.21	15.99	15.75
7	29.25	21.69	18.77	17.19	16.21	15.52	15.02	14.63	14.33	14.08	13.71	13.32	12.93	12.73	12.53	12.33	12.12	11.91	11.70
8	25.42	18.49	15.83	14.39	13.49	12.86	12.40	12.04	11.77	11.54	11.19	10.84	10.48	10.30	10.11	9.92	9.73	9.53	9.33
9	22.86	16.39	13.90	12.56	11.71	11.13	10.70	10.37	10.11	9.89	9.57	9.24	8.90	8.72	8.55	8.37	8.19	8.00	7.80

+: 表示要将所列数乘以100。

$\alpha = 0.001$

n_2 \ n_1	1	2	3	4	5	6	7	8	9	10	12	15	20	24	30	40	60	120	∞
10	21.04	14.91	12.55	11.28	10.48	9.92	9.52	9.20	8.96	8.75	8.45	8.13	7.80	7.64	7.47	7.30	7.12	6.94	6.76
11	19.69	13.81	11.56	10.35	9.58	9.05	8.66	8.35	8.12	7.92	7.63	7.32	7.01	6.85	6.68	6.52	6.35	6.17	6.00
12	18.64	12.97	10.80	9.63	8.89	8.38	8.00	7.71	7.48	7.29	7.00	6.71	6.40	6.25	6.09	5.93	5.76	5.59	5.42
13	17.81	12.31	10.21	9.07	8.35	7.86	7.49	7.21	6.98	6.80	6.52	6.23	5.93	5.78	5.63	5.47	5.30	5.14	4.97
14	17.14	11.78	9.73	8.62	7.92	7.43	7.08	6.80	6.58	6.40	6.13	5.85	5.56	5.41	5.25	5.10	4.94	4.77	4.60
15	16.59	11.34	9.34	8.25	7.57	7.09	6.74	6.47	6.26	6.08	5.81	5.54	5.25	5.10	4.95	4.80	4.64	4.47	4.31
16	16.12	10.97	9.00	7.94	7.27	6.81	6.46	6.19	5.98	5.81	5.55	5.27	4.99	4.85	4.70	4.54	4.39	4.23	4.06
17	15.72	10.66	8.73	7.68	7.02	6.56	6.22	5.96	5.75	5.58	5.32	5.05	4.78	4.63	4.48	4.33	4.18	4.02	3.85
18	15.38	10.39	8.49	7.46	6.81	6.35	6.02	5.76	5.56	5.39	5.13	4.87	4.59	4.45	4.30	4.15	4.00	3.84	3.67
19	15.08	10.16	8.28	7.26	6.62	6.18	5.85	5.59	5.39	5.22	4.97	4.70	4.43	4.29	4.14	3.99	3.84	3.68	3.51
20	14.82	9.95	8.10	7.10	6.46	6.02	5.69	5.44	5.24	5.08	4.82	4.56	4.29	4.15	4.00	3.86	3.70	3.54	3.38
21	14.59	9.77	7.94	6.95	6.32	5.88	5.56	5.31	5.11	4.95	4.70	4.44	4.17	4.03	3.88	3.74	3.58	3.42	3.26
22	14.38	9.61	7.80	6.81	6.19	5.76	5.44	5.19	4.98	4.83	4.58	4.33	4.06	3.92	3.78	3.63	3.48	3.32	3.15
23	14.19	9.47	7.67	6.69	6.08	5.65	5.33	5.09	4.89	4.73	4.48	4.23	3.96	3.82	3.68	3.53	3.38	3.22	3.05
24	14.03	9.34	7.55	6.59	5.98	5.55	5.23	4.99	4.80	4.64	4.39	4.14	3.87	3.74	3.59	3.45	3.29	3.14	2.97
25	13.88	9.22	7.45	6.49	5.88	5.46	5.15	4.91	4.71	4.56	4.31	4.06	3.79	3.66	3.52	3.37	3.22	3.06	2.89
26	13.74	9.12	7.36	6.41	5.80	5.38	5.07	4.83	4.64	4.48	4.24	3.99	3.72	3.59	3.44	3.30	3.15	2.99	2.82
27	13.61	9.02	7.27	6.33	5.73	5.31	5.00	4.76	4.57	4.41	4.17	3.92	3.66	3.52	3.38	3.23	3.08	2.92	2.75
28	13.50	8.93	7.19	6.25	5.66	5.24	4.93	4.69	4.50	4.35	4.11	3.86	3.60	3.46	3.32	3.18	3.02	2.86	2.69
29	13.39	8.85	7.12	6.19	5.59	5.18	4.87	4.64	4.45	4.29	4.05	3.80	3.54	3.41	3.27	3.12	2.97	2.81	2.64
30	13.29	8.77	7.05	6.12	5.53	5.12	4.82	4.58	4.39	4.24	4.00	3.75	3.49	3.36	3.22	3.07	2.92	2.76	2.59
40	12.61	8.25	6.60	5.70	5.13	4.73	4.44	4.21	4.02	3.87	3.64	3.40	3.15	3.01	2.87	2.73	2.57	2.41	2.23
60	11.97	7.76	6.17	5.31	4.76	4.37	4.09	3.87	3.69	3.54	3.31	3.08	2.83	2.69	2.55	2.41	2.25	2.08	1.89
120	11.38	7.32	5.79	4.95	4.42	4.04	3.77	3.55	3.38	3.24	3.02	2.78	2.53	2.40	2.26	2.11	1.95	1.76	1.54
∞	10.83	6.91	5.42	4.62	4.10	3.74	3.47	3.27	3.10	2.96	2.74	2.51	2.27	2.13	1.99	1.84	1.66	1.45	1.00

附表 5　χ²值表

df \ α	0.995	0.99	0.975	0.95	0.9	0.1	0.05	0.025	0.01	0.005
1	0.00004	0.00016	0.001	0.004	0.016	2.706	3.841	5.024	6.635	7.879
2	0.01	0.02	0.051	0.103	0.211	4.605	5.991	7.378	9.21	10.597
3	0.072	0.115	0.216	0.352	0.584	6.251	7.815	9.348	11.345	12.838
4	0.207	0.297	0.484	0.711	1.064	7.779	9.488	11.143	13.277	14.86
5	0.412	0.554	0.831	1.145	1.61	9.236	11.07	12.833	15.086	16.75
6	0.676	0.872	1.237	1.635	2.204	10.645	12.592	14.449	16.812	18.548
7	0.989	1.239	1.69	2.167	2.833	12.017	14.067	16.013	18.475	20.278
8	1.344	1.646	2.18	2.733	3.49	13.362	15.507	17.535	20.09	21.955
9	1.735	2.088	2.7	3.325	4.168	14.684	16.919	19.023	21.666	23.589
10	2.156	2.558	3.247	3.94	4.865	15.987	18.307	20.483	23.209	25.188
11	2.603	3.053	3.816	4.575	5.578	17.275	19.675	21.92	24.725	26.757
12	3.074	3.571	4.404	5.226	6.304	18.549	21.026	23.337	26.217	28.3
13	3.565	4.107	5.009	5.892	7.042	19.812	22.362	24.736	27.688	29.819
14	4.075	4.66	5.629	6.571	7.79	21.064	23.685	26.119	29.141	31.319
15	4.601	5.229	6.262	7.261	8.547	22.307	24.996	27.488	30.578	32.801
16	5.142	5.812	6.908	7.962	9.312	23.542	26.296	28.845	32	34.267

索　引

出版人　所广一

责任编辑　张　璞

版式设计　孙欢欢

责任校对　贾静芳

责任印制　叶小峰

图书在版编目（CIP）数据

走向均衡：教育评价五级系统开发／郭洪，陈亮，
杨鸿主编. —北京：教育科学出版社，2015.10
　ISBN 978-7-5041-9933-1

　Ⅰ.①走…　Ⅱ.①郭…　②陈…　③杨…　Ⅲ.①地方教
育-中小学教育-教育评估-研究-重庆市　Ⅳ.
①G632.0

中国版本图书馆 CIP 数据核字（2015）第 230716 号

走向均衡：教育评价五级系统开发
ZOUXIANG JUNHENG：JIAOYU PINGJIA WUJI XITONG KAIFA

出版发行	教育科学出版社			
社　　址	北京·朝阳区安慧北里安园甲9号	市场部电话	010-64989009
邮　　编	100101	编辑部电话	010-64981232
传　　真	010-64891796	网　　址	http://www.esph.com.cn
经　　销	各地新华书店			
制　　作	北京金奥都图文制作中心			
印　　刷	保定市中画美凯印刷有限公司			
开　　本	169毫米×239毫米　16开	版　　次	2015年10月第1版
印　　张	25.75	印　　次	2015年10月第1次印刷
字　　数	340千	定　　价	59.00元

如有印装质量问题，请到所购图书销售部门联系调换。